面试与教学能力测试

山香教师招聘考试命题研究中心　主编

图书在版编目(CIP)数据

面试与教学能力测试 / 山香教师招聘考试命题研究中心主编. —北京:首都师范大学出版社,2012. 9(2019. 12重印)

ISBN 978-7-5656-1048-6

Ⅰ. ①面… Ⅱ. ①山… Ⅲ. ①中小学—教师—聘用—资格考试—自学参考资料 Ⅳ. ①G635.1

中国版本图书馆CIP数据核字(2012)第222695号

MIANSHI YU JIAOXUE NENGLI CESHI

面试与教学能力测试

山香教师招聘考试命题研究中心　主编

策划编辑　张文强

责任编辑　曹亮亮　王慕飞　　　封面设计　山香教育

首都师范大学出版社出版发行

地　　址　北京市西三环北路105号

邮　　编　100048

咨询电话　010-68418523(总编室)　　010-68982468(发行部)

网　　址　http://cnupn.cnu.edu.cn

印　　刷　河南黎阳印务有限公司

经　　销　全国新华书店

版　　次　2012年9月第1版

印　　次　2019年12月第13次印刷

开　　本　889mm×1194mm　1/16

印　　张　19

字　　数　650千

定　　价　56.00元

序言

面试通关　成就梦想

近年来，国家扩大和补充教师队伍的政策力度不断加大，教育部在《关于进一步做好中小学教师补充工作的通知》中指出："深化教师队伍补充机制改革，确保教师聘用质量。全面推行新任教师公开招聘制度，形成长效机制。"这意味着教师招聘考试各方面将日益规范和深入。对每一位立志成为人民教师的考生来说，这既是新的契机，也将是巨大的挑战。教师招聘考试(教师入编考试，简称招教)是我国公开招聘教师的选拔性考试，其目的是为教育行政部门录用优秀教师提供参考。各地依据考生笔试成绩，结合面试情况，按已确定的招聘计划择优录取。

《面试与教学能力测试》主要面向顺利通过教师招聘考试笔试进入面试的考生，它是山香教育面试专家对各地试讲、说课、结构化面试和答辩的考情进行精心研究的成果，是山香教师在培训学员过程中有关经验技巧的总结，是与很多中小学一线教师沟通交流所碰撞出的智慧火花。我们力求在每一个细节都做到给考生以最实用的备考指南，以帮助考生在最短的时间内获得最全面的指导，顺利走上教师岗位。

本书主要特点：

一、循序渐进　逐步深入

本书在编写过程中遵循人们的思维特点、认识规律，逐步进行编排。首先，介绍教师招聘面试理论，全面了解教师招聘面试；然后，归纳总结教师招聘面试的各个教学技能，对考生进行全方位指导；最后，从试讲、说课、结构化面试和答辩等具体环节，对各学科进行全方面演练。

二、基础充实　全面指导

本书全面介绍了教师招聘面试的基础知识，考生可以了解教师招聘面试是什么、考什么和怎样考，对教师面试有个全面的认识和把握，做到"心中有数"；本书还为考生介绍了教师招聘面试所要做的准备，以帮助考生有效应对教师招聘面试。

三、典例丰富　灵活运用

本书呈现的典例精析是由一线教师的教学经验、山香教师的面试经验技巧汇集而成的，内容丰富详实，通过典例精析来加深考生对于教学技能、教学知识的理解，并提供相关的运用步骤和技巧。

四、技能全面　有效启发

授人以鱼，不如授人以渔。高分技能篇可以使考生提高自己的教学水平，同时在教师招聘面试的试讲、说课等环节做到有的放矢。

山香教育教师团队在编写本书的过程中，总结了有关专家及面试评委的意见，分享了招教状元们的成功经验，倾注了大量的时间，精心编撰和修订了本书。由于时间和水平有限，本书难免存在一些缺点和错误，敬请广大考生批评、指正。

山香教育关注您的成功，助您实现教师梦想！

目录 CONTENTS

第一部分 基础篇

第二部分 高分技能篇

第三部分 面试逆袭篇

第四部分 真题演练篇

第一部分
基础篇

第一章　教师招聘面试全景

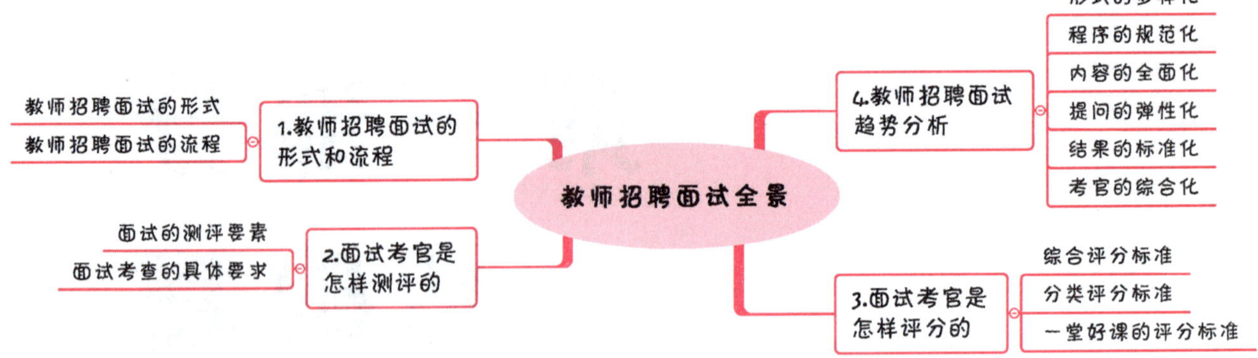

名师精讲

第一节　教师招聘面试的形式和流程

一、教师招聘面试的形式

总的来说，教师招聘面试的形式越来越类似于公务员招考面试中的结构化面试，但又呈现出半结构化面试的特征。具体来说，教师招聘面试的形式主要有试讲、说课以及答辩三种，另外还有简笔画、才艺展示、演讲等形式的补充。

（一）结构化面试

结构化面试，亦称标准化面试，是由多名考官按照预先设计的一套包括各种测评要素在内的试题向考生提问，根据考生的回答，给出考生在各个测评要素上的得分的一种面试方式。

在结构化面试中，各个测评要素得分的总和就是考生面试的最后成绩。面试中，一个题目可能包括一个或者几个测评要素，考官不是按照题目打分，而是按照考生在回答问题中反映出的各种能力也就是测评要素打分，最后将所有测评要素的得分相加得出考生的面试分数。

教师招聘面试实行结构化面试的方法，主要是结合教育工作实际需要，考核考生的职业理解能力、语言表达能力、专业知识能力、综合分析能力、组织管理协调能力等。考生有必要了解教师结构化面试的规律和

特点，然后做相应的练习，才有可能在面试中从容应答，取得好的成绩。

经典例题

学生主体性的基本内涵是自主性、主动性和创造性。作为一名教师，你在教育教学过程中如何尊重和发挥学生的主体性？

【参考答案】作为一名教师，最重要的是要遵循以学生为本的原则，真正把学生当作一个完整的人，一个有思想、有潜力、发展成长中的人。尊重和发挥学生的主体性应该做到：

(1)组织教育教学活动要尊重学生的感觉与感受。学生是学习的主体，只有尊重学生的感觉与感受，才能使学生在学习中真正发挥主观能动性，真正发挥主体的作用。

(2)在教育教学活动中，要给学生留有选择的余地，并尊重学生的选择。在新的学生观中，学生是知识的学习者，又是未知世界的探究者，学生可以构建教材、探究教材，而每个学生又是具体的、特殊的、个性的，其智力因素发展是不同的。因此，现代教育必须尊重学生的选择，因为只有尊重了学生的选择，才能真正发挥其主体性的作用。

(3)在教育中要鼓励学生的创造性。新的教育理念倡导学生的个性发展，即要发展学生的创造力、想象力等优秀的个性品质。因为学生是未来社会的主人，是未来世界的探索者，只有充分发挥他们的创造力，才能调动他们的积极性，使之成为学习的真正主体。

(二)半结构化面试

半结构化面试是相对于结构化面试而言的。半结构化面试是指面试构成要素中有的内容作统一的规定，有的内容则不作统一的规定，也就是在预先设计好试题(结构化面试)的基础上，考官在面试中向考生又提出一些随机性的问题。

半结构化面试是介于非结构化面试和结构化面试之间的一种形式。它结合两者的优点，有效避免了单一方法上的不足。总的来说，半结构化面试的方法有很多优势，面试过程中的主动权主要控制在考官手中，具有双向沟通性，可以获得更丰富、完整和深入的信息，这种面试可以做到内容的结构性和灵活性的结合。所以，半结构化面试越来越多地得到广泛使用。半结构化面试和结构化面试最主要的区别在于，结构化面试的所有题目都是考前确定的，考官在面试过程中只是陈述既定题目，而在半结构化面试过程中，考官会在考生试讲或说课后进行随机提问，这些问题并不是事先拟定好的，而是考官的现场提问。

在结构化面试的考试中，考官可能会根据你的回答追问一个问题。这时，有的考生误以为自己前面的回答有漏洞而引起了考官的追问，这样一来便更加紧张，从而没有回答好考官所追问的问题。其实大可不必，恰恰相反，可能正是因为你前面的回答很精彩，引起了考官极大的重视与进一步了解的欲望。如果考生表现得惊慌失措的话，则中了考官的“圈套”，很可能前功尽弃。而在半结构化面试的考试中，考官一般是针对考生面试中的不足或者说得精彩的地方发问，虽然是主观的，但更具针对性。

(三)教师招聘面试的具体形式

1. 试讲(模拟课堂教学)

试讲又叫模拟课堂教学，是一种课堂行为，通过现场课堂教学实践来体现教学设计、分析与教学技能。

也就是说，试讲和模拟课堂教学是教学的设计及其分析的实施。

参加面试者应认真阅读相关教师招聘简章，很多教师招聘简章使用“试讲”或“试教”一词。试讲在一定程度上属于演示性讲课，是由于考试时间的限制而确定的一种测查形式。由于试讲兼具说课和讲课两方面的特点和要求，因此，考生要充分展示自己的教学基本功和全面素质。试讲过程中，要说清“是什么”和“为什么”，并要示范怎样做，边说边表演做法，如表演指导朗读、教具操作等。

2. 说课

说课是指教师运用口头语言向其他教师或教研人员述说在课堂教学中如何以教育教学理论为指导，依据课程标准和教材，根据学生的实际情况，进行教学设计的一种教研活动形式。说课是一种课前行为，指教学的设计及其分析，是教师在对一定的教学课题制订教学方案后，向听课的教师讲述“教什么”“怎样教”“为什么这样教”，然后由说者和听者共同讨论和评议以达到相互交流、共同提高的目的。说课的主要目的是提高教师的课堂教学素质，理清教学思路，把握教学目标，用好教学手段。面试时的说课，主要考查考生教学素质的现状以及未来的发展潜质。

说课的重点是“为什么这样教”，要把教学设想、教学效果及其理论依据说清楚。说课前，一般都要写说课教案，写说课教案的过程是备课的一种特殊形式。写说课教案不但要写出教什么、怎么教，更重要的是还必须写出为什么要这样教，理论依据是什么，这就是说课教案与课堂教学教案的根本区别。写说课教案和说课能有效地提高教师的教学能力、教研能力，是全面提高教师素质的关键所在。

3. 答辩

面试答辩有两种情况：一是抽签答辩；二是考官随机提问。抽签答辩的内容一般与教育理论知识、新课程改革、教育教学案例、教师职业道德等有关；考官随机提问的内容一般与考生的兴趣、爱好、知识、经验、成就、动机、职业素养、应变能力、综合分析能力、组织管理能力、协调沟通能力、自我控制能力等有关。

二、教师招聘面试的流程

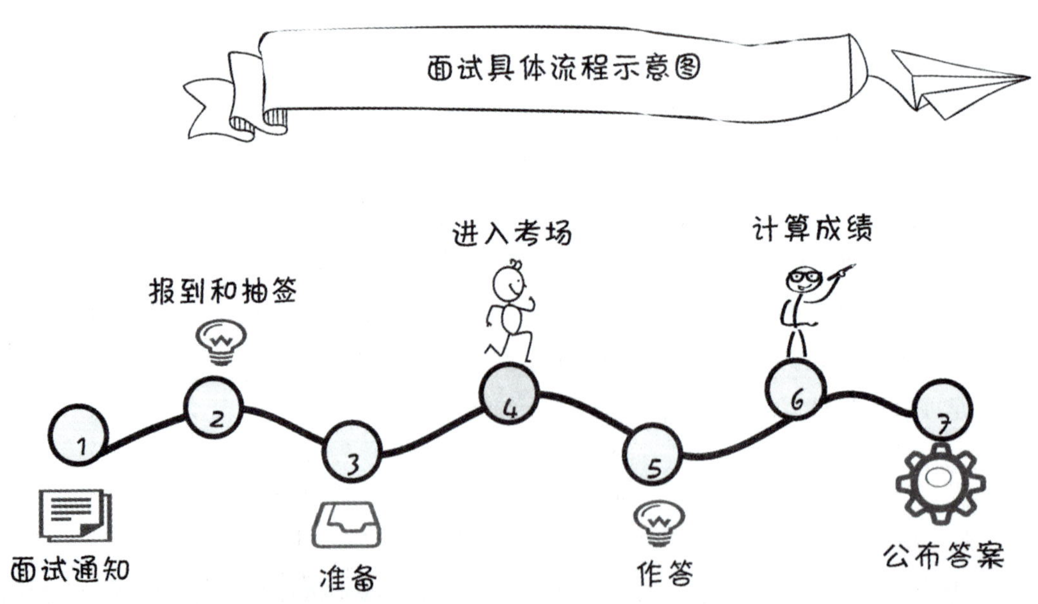

第二节　面试考官是怎样测评的

一、面试的测评要素

面试测评要素就是教师招聘面试到底考些什么，要求具备哪些素质，如何让考生从考题中体现出相关素质。具体表现为以下几方面。

测评要素	说明	行为观测点
语言表达能力	语言表达能力是教师向学生表达情感、传播思想的主要途径，也是其他能力得以表现的载体	①语言表达流畅，口齿清楚 ②概念明确、正确，讲解清楚，深入浅出 ③内容有条理，富于逻辑性，生动形象 ④善于倾听和交流，具有说服力
专业知识技能	教师要具备良好的教学基本功，有扎实的理论知识和实际操作能力	①精通自己所教学科，学科专业知识扎实 ②具备良好的教育理论修养 ③粉笔字书写规范、流利 ④多媒体操作熟练
综合分析和解决问题的能力	综合是在头脑中将事物的各个部分或各种特征联合为整体；分析则是在头脑中将事物的整体分解为部分	①能从宏观方面对教育教学进行总体考虑 ②能从微观方面对课堂教学各环节予以考虑 ③能注意整体和部分之间的相互关系及各部分之间的有机协调组合 ④对教学过程中的突发问题进行有效处理
组织管理协调能力	对自己、他人、班级的活动制订计划、排出日程、调配资源，并对冲突各方的利益根据一定的标准进行协调	①制订教育教学工作计划，保证教育教学工作的有序进行 ②依据教学目标，规划课堂教学过程，并做出计划 ③灵活组织课堂教学，使课堂形式活泼多样，内容丰富多彩 ④协调学校、家庭和社会各方的教育力量，形成教育合力 ⑤做好班级团体管理工作
应变和自我控制的能力	在有压力的情境下，思考、解决教学中可能出现的问题时能够迅速而灵巧地转移角度、随机应变、触类旁通，做出正确的判断和处理，顺利完成教学活动	①具有较好的情绪调控能力 ②理解他人，能够了解和体会他人的感受 ③具有较好的环境适应能力 ④思维反应敏捷，考虑问题周到 ⑤发挥教育机智，消除不利影响，正常完成教学工作
人际沟通能力	具备良好的人际交往能力，善于观察人的感受变化，注重人与人之间的沟通交流，建立和谐的人际关系	①人际合作的主动性 ②尊重学生人格和思想，遵循学生主体性原则 ③对组织中权属关系的意识(包括权限、服从、纪律等意识) ④有效沟通，有效传递信息 ⑤处理人际关系的原则性与灵活性

续 表

测评要素	说明	行为观测点
求职动机与拟任岗位匹配性	个人的求职目的与拟任职位所能提供的条件相一致时，胜任该职位工作并稳定地从事该工作的可能性较大	①热爱教育事业，责任心强，有正确的教育观 ②对学生具有爱心、耐心，具有正确的职业观、师生观 ③将教育事业作为自己的职业追求
教育研究和创新能力	积极投身教育科学研究，不断完善自己的知识储备和提高自己的教学能力	①根据学生的发展创造性地组织课堂教学，改变教学方式 ②反思教育教学中的不足，关注、研究教育现象 ③带动学生共同参与到求知、创新的过程中去
仪表举止	教师劳动的示范性特点和学生向师性、模仿性的特点决定了教师必须注重自己的仪容仪表和言行举止	①举止得体，文明礼貌 ②衣着整洁、大方，修饰得体 ③精神饱满 ④教态自然

二、面试考查的具体要求

总的来讲，教师招聘面试所考查的内容主要有三部分：

良好的职业道德、心理素质和思维品质。

仪表仪态得体，有一定的表达、交流、沟通能力。

能够恰当地运用教学方法、手段，教学环节规范，较好地达成教学目标。

具体来讲，主要包括八个方面：(1)职业道德；(2)心理素质；(3)仪表仪态；(4)言语表达；(5)思维品质；(6)教学设计；(7)教学实施；(8)教学评价。

各个方面	面试考查的具体要求
职业道德方面	1.热爱教育事业，有较强的从教愿望，对教师职业有正确的认知，能清楚了解教师工作的基本内容和职责； 2.关爱学生，具备从事教师职业应有的责任心
心理素质方面	1.乐观开朗，积极上进，有自信心； 2.具有一定的情绪调控能力，不偏激，不固执； 3.能够冷静地处理问题，具有较强的应变能力
仪表仪态方面	1.行为举止自然大方，有亲和力； 2.衣饰得体，符合教师的职业特点
言语表达方面	1.教学语言规范，口齿清楚，语速适宜； 2.表达准确、简洁、流畅，语言具有感染力； 3.善于倾听，并能做出恰当的回应

续 表

各个方面	面试考查的具体要求
思维品质方面	1.思维严密,条理清晰,逻辑性强; 2.能正确地理解和分析问题,抓住要点,并做出及时反应; 3.具有一定的创新意识,在解决问题的思路和方法上有独到之处
教学设计方面	1.能够根据课程标准处理教学材料,确定教学目标,突出重点和难点; 2.能够基于学生的知识基础和生活经验合理地设计教师活动; 3.学生活动设计有效,能引导学生通过自主参与、合作探究的方式达成学习目标
教学实施方面	1.教学结构合理,条理清晰,能较好地控制教学节奏; 2.知识讲授准确,能基本完成教学任务; 3.能根据学生认知特点和学科教学规律,选择恰当的教学方法,有效激发学生的学习动机; 4.能根据教学需要运用教具、学具和现代教育技术辅助教学; 5.板书工整规范、布局合理
教学评价方面	1.能够采用恰当的评价方式对学生的学习活动做出反馈; 2.能对自己的教学过程进行反思,做出比较客观的评价

第三节　面试考官是怎样评分的

各地教师招聘面试过程中,考官对考生的评价主要有两个模式:一是综合评价,二是分类评价。综合评价,是指不管面试形式有几种,是采用试讲还是说课,即使是说课加答辩,其评价标准仍然是固定的、唯一的;而分类评价,是指考官根据事先拟定好的评价标准,对考生的试讲、说课和答辩采用不同的评价方案。

一、综合评分标准

幼儿园评分标准

序号	测试项目	权重	分值	评分标准
一	职业道德	10	5	热爱幼儿,尊重幼儿
			5	心怀热情、有责任心
二	心理素质	10	5	对情绪与情感有较好的控制力
			5	乐观、善良、开朗
三	仪表仪态	10	6	行为举止自然大方,有礼貌
			4	服饰端庄得体,符合幼儿教师职业特点
四	言语表达	15	8	表达能力较好。普通话标准,表达流畅,语速适当,有感染力
			7	善于沟通,有亲和力

续 表

序号	测试项目	权重	分值	评分标准
五	思维品质	15	8	分析思考问题具有逻辑性
			7	灵活应变能力，在活动设计上表现出一定新意
六	了解幼儿	10	5	有了解幼儿们的特点、兴趣、需要、个体差异的意识
			5	通过观察来了解幼儿
七	技能技巧	20	10	关注幼儿喜欢的游戏和故事
			10	具有弹、唱、画、跳、讲故事、手工制作等基本技能
八	教学评价	10	5	能对教育活动和教育行为做出较客观的评价
			5	能根据评价结果提出改进意见

小学评分标准

序号	测试项目	权重	分值	评分标准
一	职业道德	5	3	热爱教育事业，有正确的职业认知和价值取向
			2	具备从事教师职业应有的责任心和爱心
二	心理素质	10	3	积极上进，有自信心
			3	具有一定的情绪调控能力
			4	具有较强的应变能力
三	仪表仪态	10	5	行为举止自然大方，有亲和力
			5	衣饰得体，符合教师的职业特点
四	言语表达	15	4	教学语言规范，口齿清楚，语速适宜
			6	表达准确、简洁、流畅，语言具有感染力
			5	善于倾听，并能做出恰当的回应
五	思维品质	15	6	思维严密，条理清晰，逻辑性强
			5	能正确地理解和分析问题，抓住要点，并及时做出反应
			4	具有一定的创新意识
六	教学设计	10	4	教学材料处理恰当，教学目标明确，重难点突出
			3	能够基于小学生的知识基础和生活经验合理设计教师活动
			3	学生活动设计有效，能引导学生通过自主参与、合作探究的方式达成学习目标
七	教学实施	25	8	教学结构合理，条理清晰，能较好地控制教学节奏
			6	知识讲授准确，能基本完成教学任务

续 表

序号	测试项目	权重	分值	评分标准
七	教学实施	25	6	能够根据学生认知特点和学科教学规律,选择恰当的教学方法
			2	能够根据教学需要运用教具、学具和现代教育技术辅助教学
			3	板书工整规范、布局合理
八	教学评价	10	5	能够采用恰当的评价方式对学生的学习活动做出反馈
			5	能够对自己的教学过程进行反思,做出比较客观的评价

中学评分标准

序号	测试项目	权重	分值	评分标准
一	职业道德	5	2	有较强的从教愿望,对教师职业有高度的认同,对教师工作的基本内容和职责有清楚的了解
			3	关爱学生,尊重学生、平等对待学生,关注每个学生的成长
二	心理素质	5	3	活泼、开朗,有自信心
			2	有较强的情绪调节能力
三	仪表仪态	5	2	衣着整洁,仪表得体,符合教师职业特点
			3	行为举止稳重,端庄大方,教态自然,肢体表达得当
四	言语表达	15	8	语言清晰,表达准确,语速适宜
			7	善于倾听、交流,有亲和力
五	思维品质	15	3	思维缜密,富有条理
			4	迅速地抓住核心要素,准确地理解和分析问题
			4	看待问题全面,思维灵活
			4	具有创新性的解决问题的思路和方法
六	教学设计	10	4	了解课程的目标与要求、准确把握教学内容
			3	能根据学科的特点,确定具体的教学目标、教学重点和难点
			3	体现学生的主体性
七	教学实施	35	6	情境创设合理,关注学习动机的激发
			10	教学内容表述和呈现清楚、准确
			4	有与学生交流的意识,提出的问题富有启发性
			8	板书设计突出主题,层次分明;板书工整、美观、适量
			7	教学环节安排合理;时间节奏控制恰当;教学方法和手段运用有效
八	教学评价	10	5	能对学生进行过程性评价
			5	能客观地评价教学效果

二、分类评分标准

序号	测试项目	总分值	分项	分值	评分标准
一	答辩的评分标准	20	职业道德和责任心	10	①热爱教育事业，有较强的从教愿望，对教师职业有正确的认知，能清楚了解教师工作的基本内容和职责 ②关爱学生，具备从事教师职业应有的责任心
			思维品质	10	①思维严密，条理清晰，逻辑性强 ②能正确地理解和分析问题，抓住要点，并及时做出反应 ③具有一定的创新意识，在解决问题的思路和方法上有独到之处
二	说课的评分标准	80	仪表仪态	10	①行为举止自然大方，有亲和力 ②衣饰得体，符合教师的职业特点
			言语表达	15	①教学语言规范，口齿清楚，语速适宜 ②表达准确、简洁、流畅，语言具有感染力 ③善于倾听，并能做出恰当的回应
			教材分析	10	说明本节教学内容的地位和作用（在该教材中），说明重难点及其成因（生理、心理特征）
			目标分析	10	①认知、能力和情感目标的确定 ②联系学生认知基础和心理特征分析教学目标确定的合理性、科学性
			过程分析	15	①说明课题引入的方式及其优越性 ②说明教与学双边活动有机结合的设计及其依据（交流与沟通） ③说明教学过程的设计及其对培养学生创新意识的作用 ④说明教学过程对实现教学目标的作用
			教法分析	15	①阐述教法设计对调动学生的参与意识，提高教学效率的积极意义 ②说明现代化教育手段的运用在突破难点上的作用和优势 ③说明反馈、控制与调节的措施及设计
			教学评价	5	①能够采用恰当的评价方式对学生的学习活动做出反馈 ②能客观地评价自己的教学效果

续 表

序号	测试项目	总分值	分项	分值	评分标准
三	试讲的评分标准	80	仪表仪态	10	①行为举止自然大方,有亲和力 ②衣饰得体,符合教师的职业特点
			言语表达	15	①教学语言规范,口齿清楚,语速适宜 ②表达准确、简洁、流畅,语言具有感染力 ③善于倾听,并能做出恰当的回应
			心理素质	10	①乐观开朗,积极上进,有自信心 ②具有一定的情绪调控能力,不偏激,不固执 ③能够冷静地处理问题,具有较强的应变能力
			教学设计	20	①能够根据课程标准处理教学材料,确定教学目标,突出重点和难点 ②能够基于学生的知识基础和生活经验合理设计教师活动 ③学生活动设计有效,能引导学生通过自主参与、合作探究的方式达成学习目标
			教学实施	20	①教学结构合理,条理清晰,能较好地控制教学节奏 ②知识讲授准确,能基本完成教学任务 ③能根据学生认知特点和学科教学规律,选择恰当的教学方法,有效激发学生的学习动机 ④能根据教学需要运用教具、学具和现代教育技术辅助教学 ⑤板书工整规范、布局合理
			教学评价	5	能够采用恰当的评价方式对学生的学习活动做出反馈

三、一堂好课的评分标准

各地的教师招聘面试虽然形式多样,评价标准也不尽相同,但都有一个隐性的比较对象。考官会不自觉地将考生的表现同自己心目中的优秀课堂教学相比较,从而评出优劣。所以,了解一堂好课的评价标准对于考生来说也是必要的。

怎样才算是一堂好课?在不同时期、不同地点、不同条件下评价标准也应有所不同,但还是有一个基本标准的，特别是新课程背景下我们更应该把握一堂好课的基本标准。

1. 基本素质、基本教态

语言准确、简洁、亲切、自然，有亲和力；衣着端庄得体，仪表大方；面带微笑，精神饱满；举止优雅，能适时、适度地应用肢体语言；能用信任和鼓励的眼神注视每一位学生；板书工整、美观，层次清楚。

2. 教材处理、教学目标

领会课程标准所蕴含的理念，能正确处理教材与课程标准之间的关系，对教材的深度、广度、难易度把握得当。能以课程标准为依据，综合不同版本教材的优点，将教材与课程资源进行恰当的有机整合，从而创造性地使用教材。教学目标能够准确，符合课程标准、教材和学生实际；重点、难点把握准确到位，目标达成意识强。

3. 教学内容、教学过程

教学内容科学严谨、主线明朗、层次分明，知识剖析由浅入深、由表及里，能引领学生主动去探究、去学习、去体验。内容的安排要有梯度、有层次，要让所有的学生都有机会参与到学习过程中，并能从中体会到成功的愉悦。教师设计的问题要准确、环环相扣，并体现有效的师生对话。

4. 教学方法与教学手段

教学方法、教学手段的选择是否合理是影响教学效果的重要因素。教学要体现训练意识，教师应充分了解学生的已有知识及其认知水平，结合教材的内容特点，选择多种教学方法和教学手段，要能熟练应用多媒体进行辅助教学。教师要能够根据不同的教学内容、学生的不同认知水平，选择适合他们的教学方法，以满足不同层次学生的需求，真正体现“面向全体学生”的新课程理念。

5. 教学评价体系

教师要有多元化的智能评价标准，要能给有不同智能倾向的学生提供展示自我、表现自我、认可自我的机会。让所有的学生都能得到成功的体验，以激发学生学习的内在动机，不断促进和强化不同层次的学生建立学习的自信心和自尊心。

6. 教学“生成”情况

一节课不应该完全是预先设计好的，在课堂中应有教师和学生情感、智慧、思维和精力的投入，有互动的过程，气氛比较活跃。在这个过程中，既有资源的生成，又有过程状态的生成，这样的课才是丰实的课。

一堂好课应是全面的、多方位的，可从教师的基本功、学生的参与度、学生的合作意识与创新精神、师生互动的有效性以及教学“生成”情况等方面进行综合评价。

第四节　教师招聘面试趋势分析

最近几年，随着面试实践的逐步改进以及公务员面试实践的成熟，教师招聘面试也出现了新的发展趋势。

教师招聘面试趋势分析

- **形式的多样化**
  - (1) 从单独面试到集体面试；
  - (2) 从一次性面试到分阶段面试；
  - (3) 从非结构化面试到结构化面试；
  - (4) 从传统的问答到试讲、说课、答辩有机结合。
- **程序的规范化**
  - (1) 从主考官的角度来说，面试要问什么、要注意什么，事先都有具体方案，以提高面试过程和面试结果的可控性；
  - (2) 对考生来说，意味着面试更加规范，更有规律可循。
- **内容的全面化**
  - (1) 不再局限于举止礼仪、言语表达、知识背景、教育理论等方面；
  - (2) 逐渐发展到对思维能力、反应能力、逻辑推理能力、心理素质、精神状态等多角度全方位的考查。
- **提问的弹性化**
  - (1) 面试中主考官的问题源于事先拟定的思路，但却是为适应面试过程的需要而自然提出的，前后问题自然衔接，并且是围绕测评的情境与测评的目的而提出的；
  - (2) 最后的评分不是仅依据内容的正确与否，还要综合考生的总体行为表现及整体素质状况评定。
- **结果的标准化**
  - (1) 结果的处理逐渐标准化、规范化、程式化；
  - (2) 基本上趋于表格式、等级标度与打分等正规形式。
- **考官的综合化**
  - (1) 主要由教育行政机关、组织人事部门、具体用人单位和优秀教师共同组成面试考评小组，并由纪检监察部门进行全程监督；
  - (2) 提高了面试的科学性和公正性。

第一部分

第二章　教师招聘面试技巧

思维导图

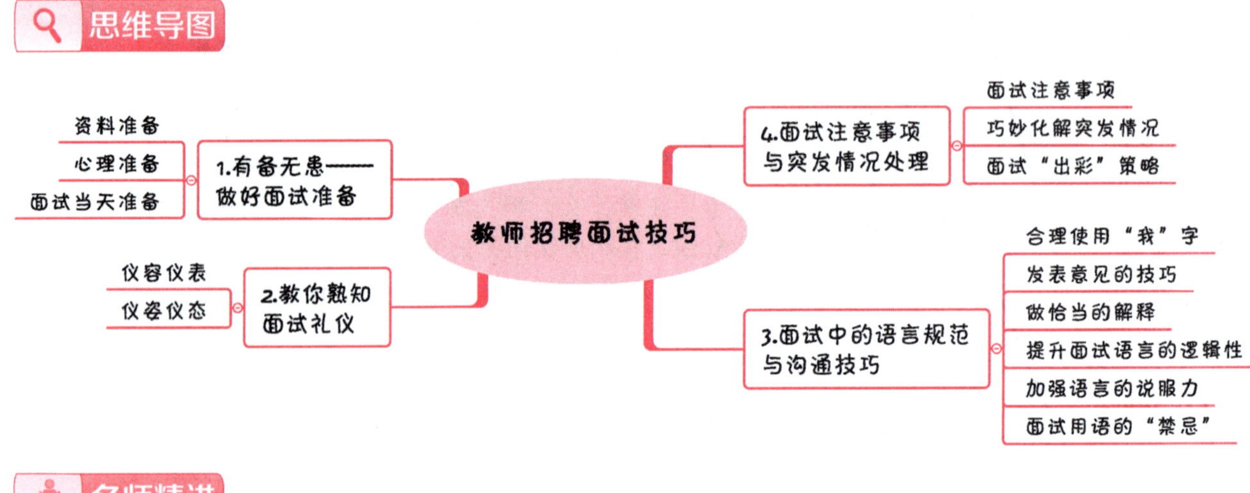

名师精讲

第一节　有备无患——做好面试准备

一、资料准备

(一)对公告的解读

面试公告虽然是信息的公布,但也不能忽视,里面信息很多,有效掌握这些信息,可以从容应对面试。如今面试公告都会在网上发布,还会附有进入面试的考生名单。参加完笔试的考生应时时关注所在地区教育局的网页,确定自己是否进入面试,以便为下一步面试做好准备。

进入面试的考生,按照面试公告要求在面试前要进行面试报名资格审核确认。只有通过资格复审的考生才能进行面试报考,并到各考区指定的地点进行现场确认、缴费。因此,考生也应将相应的资料准备妥当,按照面试公告中的信息进行网上报名、现场确认、网上缴费及打印准考证,注意各个环节的时间限定,以免错过面试。

【例】

××省××市人力资源和社会保障局××年公开招聘××教师公告(节选)

为满足我市教育系统用人急需,拟为××市××学校并代为××区公开招聘××教师××名。依据

《××省事业单位公开招聘工作人员暂行办法》及《××市事业单位公开招聘工作人员暂行办法》等规定，特公告如下：

（一）笔试

…………

（二）面试

按招聘岗位（专业）1∶3的比例，依据笔试成绩从高到低的顺序确定进入面试人员，比例内末位成绩并列的人员全部进入面试。考虑到场地、工作人员保障等因素，面试分两批进行。

1. 第一批：应聘××岗位的考生，××年××月××日××时至××时到××大厅，凭本人有效二代居民身份证和笔试准考证领取面试通知单，面试时间：××，面试地点及具体要求等详见面试通知单；

2. 第二批：应聘其他岗位的考生……

3. 面试方式：采取××的方式进行，时间××分钟（面试前考生有××分钟的准备时间），内容在应聘岗位现行教材中随机抽取，或由专业人员在封闭状态下选定。其中所有专业的所有考生均不得将备课时的资料及乐器、体育器材、三角尺、录音机等教辅工具带入考场。面试时，考生只准报抽签顺序号，不得报姓名。

4. 打分采取××打分法，即……

（三）考试总成绩的计算方法

个人有效总成绩＝笔试得分×50%＋面试得分×50%。

（四）考核、体检

…………

（五）公示、聘用

依据各招聘岗位的考试成绩及考核、体检结果，确定拟聘人员并在招聘单位办公地点和××市人力资源和社会保障局网站公示7个工作日。

…………

咨询电话：

××市人力资源和社会保障局：1234567

××市教育局：1234567

（二）熟悉面试科目教材，合理安排复习计划

考生在面试前不仅要对面试科目教材进行系统有效的复习，还要了解面试中的作答规定问题、试讲和答辩的技巧。考生应根据面试科目的难易程度，合理安排复习计划。

在熟悉教材的基础上，通过搜集相关内容的教学设计、课堂实录资料，结构化面试资料，包括其题型、命题形式、作答思路和技巧，仔细研究，把自己的教学设计与其作对比，找出自己的不足之处来完善，从而提高自己的教学设计能力。对板书内容及字体大小，课堂小结，教师的语言、语速、语气及语调等都要有一定的

把握。

二、心理准备

沉稳的心态,平静的心情,积极自信的态度……面试之前,如果你的心理状态如此,那么,我们就可以预料你在面试考场上能够有洒脱自如的成功表现了。

可能,你轻松地赢得了这次面试机会;可能,这次机会的获得已使你信心百倍;可能,自己平时的表现令你对自己的言谈举止等面试技能充满信心。但不到最后一刻,千万不要松懈。面试考官不喜欢面对一个过分自信、不稳重的人,你能力再强,自我发挥再出色,但面试考官经历的人多了,他已习惯将过分自信的人看成是缺少自知之明的人。而你也许还面临着许许多多更加自信和强有力的对手。所以,不管是什么情形,都不要产生“刀枪入库”“马放南山”的松懈心理。面试之前,适当地放松是必要的,但切不要放纵自己。放松的度,要以面试时能将自己的心态收拢起来,能重新以谨慎、积极、认真的态度面对考官为宜。

对于多数考生而言,面试前的紧张、焦虑,莫名的兴奋才是主要的问题。这时候,不必刻意去消除它们,因为正常的人难免会有适度的焦虑,况且适度焦虑往往是发挥自己潜能的必要前提。如果你感觉到紧张、焦虑已令你难以承受,可采取下述的即时性调适方法让自己归于平静。

面试心理调节方法:(1)积极的自我暗示;(2)利用“系统脱敏法”,消除过度焦虑;(3)充分的自我认知和对面试过程的详尽了解。

(一)放松身体

身心相通,当你的身体放松时,你的心理紧张也就得到了缓解。

(1)散步解忧。一项研究要求考生分别用三种不同的步子步行:正常步伐、摆动双臂昂首阔步、低头懒散行走。结果发现,前两种姿势能使人心情更加愉快。

(2)开怀大笑。开怀大笑可令你紧绷的躯体迅速放松,在开心地笑过之后,由于手臂、脚部的肌肉不再紧张,血压、心跳有所缓和,你会感觉全身如同卸掉了千斤重担,心里会相当轻松。

(二)调整饮食

饮食专家指出,在你的菜谱中除了常见的具有高蛋白的肉、鱼和蛋等之外,再加上粗面粉做成的几片面包、丰富的蔬菜和水果等,有助于乐观情绪的产生和保持。

(三)睡一个好觉

面试前,很多人睡不好觉,这固然与紧张有关,但多数时候还是因为他们太重视睡觉的质量了。他们往往喜欢推论:太紧张——睡不好觉——明天精神肯定不好——面试要糟,以至于搞得自己越来越紧张,只能在极度疲劳时才能入睡。以轻松的态度对待睡眠,你便能如平时一样自然入睡。另外,如下一些窍门可帮助入睡:

(1)适当活动

对于整日伏案工作静坐不动的人来说，入睡前散散步或做做操有助于睡一个好觉。

(2)尽量松弛

平躺在床上，双臂、双腿的姿势保持相同，深呼吸一次，把注意力先集中在一个具体部位，然后从此端开始放松直到全身。

(3)喝杯热奶

牛奶的一些成分有助于睡眠。

(4)冥想

躺在床上，想象一些枯燥无味的事情有助于入睡。在英国，人们常常以羊一只只跳过栅栏这种想象来催眠。

(四)心理状态调整

面试对考生至关重要,而绝大多数参加面试的考生在这个重大关头会焦虑,这是正常的。要学会以平常心对待面试,调整心态,若能做到这一点就会发现,面试远非那么可怕。

1. 积极暗示,树立乐观心态

面试前可适当看些励志以及人生哲理方面的书,尤其是对成功、失败、挫折的看法以及如何应对压力等,以增强自己的心理承受力。

在面试前,考生习惯叙述一些自身的事情。这些叙述通常是讲给别人听的,然而,却无意中暗示着自己的想法。面试焦虑者的叙述常常是消极的,他或她习惯性地对别人讲"我可能通不过面试""我缺乏应变能力,恐怕难以对付面试中的应变题""我表达能力不够好"等。这些消极的暗示会破坏心境,分散注意力,降低自己的信心,以至于自己无法在面试中积极地发挥自己的水平,其面试结果自然会不幸被自己的消极暗示所言中。相反,假如能对自己进行积极的暗示,就会充满自信、心境悠然,注意力集中,思维敏捷,也就能在面试中积极地表现自我,而面试结果也会常常被自己的积极暗示所击中。

参加面试的考生必须习惯于多给自己积极的评价,必须学会积极暗示。当然,积极的自我暗示并不是盲目乐观、脱离自我现实,以空幻美妙的想象来替代现实,而是客观、理性地看待自己,并对自己有积极的期待。人天生就有自我接纳的倾向,如果学会通过适度的、积极的暗示接纳自我,那么焦虑必然会减轻。

2. 运用"系统脱敏法",消除过度焦虑

系统脱敏法,即通过一系列的步骤,逐步训练心理平衡能力,增强适应能力,从而消除敏感反应,保持身心的平衡状态。

面试焦虑的系统脱敏可以这样进行:第一步,认真反思自己的情况,依程度轻重将引起面试焦虑的情境排序。比如面试准备期间、面试前一天、面试等待时间、进入面试地点、和考官打招呼、面试中的尴尬局面等。第二步,运用想象进行"脱敏"训练。首先,从能引起你最轻度焦虑的情境开始想象,尽量逼真地想象当时的各种情境、考官的表情和自己的内心体验,一旦有身体的紧张反应或内心的焦虑状态出现,便用语言暗

示“沉着”“冷静”“停止紧张”，同时进行有规律的深呼吸，尽量放松肌肉，以减弱身体的紧张状态，直至镇定自若；其次，按安排好的顺序想象第二个情境，依次进行训练；最后，想象最紧张的面试情境。需要指出，系统脱敏的最后完成需要一定的时间，只要坚持下去，就一定能取得良好的效果。

三、面试当天准备

（一）去考点之前

面试当天早上起床，早饭按照平时的饭量和习惯，不要吃得太多，以免消化不好。着装上，穿上事先准备好的衣服和鞋子，保证干净整洁。出门前仔细检查所需物品是否齐全，特别是身份证件、准考证等一定要带好。考生可提前半小时出发，避免交通堵塞和其他情况的发生；注意携带好自己的包和物品，不要落在车上。尽量不与人谈考试的事情，可以聊一些其他话题，保持轻松心态。

（二）到达考点后

到达考点后，考生可先去洗手间对着镜子再次检查一下自己的形象，注意头发不要乱、衣服要平整等。之后回到指定位置，保持稳重、安静，自觉排队，礼貌进入考场。

1. 在考场候考区期间

在候考区等候期间，听从工作人员的指示进行相关程序。如果面试顺序靠前，可以简单跟其他考生交流一下，不要紧张，想象一下整体流程，等待引导员。如果面试顺序靠后，则耐心坐下休息，拿出面试资料再次熟悉一下。

2. 进入考场

在引导员指引下，来到考场门口，尊重引导员，对引导员表示感谢，敲门进入考场。这个时候考生要留给考官第一印象，考生适宜的表现就是抬头挺胸、双臂自然摆动，面带微笑，自信大方地走向考官，环顾所有在场的考官和工作人员，表现出对每一位工作人员的尊重，最后目光落在主考官身上。在合适的位置站定，问好、鞠躬。声音洪亮利索，显示出干练，这正是教师应该具备的素质。

3. 开始面试

考生在作答时，目光注视主考官。目光要坚定柔和，拉近距离，不要过于犀利，让人感到不舒服。注意力集中，不要漫不经心。开始答题后，注意层次清晰、语言流畅、语速快慢适中。目光兼顾周围其他考官，主要是注视主考官。从考官一天的精神状态来看：面试在上午时，考官比较认真仔细，所以考生作答应尽量详细；面试若在下午，考官经过一上午的面试以及很多考生作答可能会审美疲劳，应简洁扼要，最好有些创新或者亮点。

4. 面试结束

考官宣布面试结束后，考生应礼貌道谢，及时退出考场。

第二节　教你熟知面试礼仪

一、仪容仪表

(一)男生的仪容仪表

(1)头发。提前理发。如头发较长,要梳理整齐,不可披头散发。

(2)衣服。夏天可以穿短袖长裤,但不要太过花哨,春、秋、冬最好穿西装。衣服颜色最好是纯色,也可带些不是很明显的暗条纹。

(3)饰物。切记身上不要佩戴任何饰品以装酷,特别是脖子和手等明显的部位。

当然,也可以根据个人特点,穿着适合自己的服饰,但不要过于休闲。另外不要穿走路太响的皮鞋。

前不遮额头、
侧不盖耳朵、
后不盖衣领、

(二)女生的仪容仪表

(1)头发。根据服装搭配或自己的习惯决定发型,注意刘海不要遮眼睛。

(2)衣服、鞋子。中长款连衣裙或者西服套裙可作为首选。夏天切忌穿吊带裙或无袖的衣服、裙子。

(3)饰物。女生佩戴的饰物不要多,要少而精。一条项链、手链或者一枚胸针即可。

(4)妆容。面容要整洁,女生尽量化淡妆。但要注意,不要使用颜色过于鲜艳的口红。保持手和指甲的整洁,建议不要涂抹指甲油。考试当天可适当喷洒淡味的香水,祛除异味。

山香指导

教师服饰“四忌歌”

一忌脏破杂乱,为人师表重礼仪;二忌过分鲜艳,引人注目不偿失

三忌暴露透视,态度端正最重要;四忌短小紧身,考官反感失分多

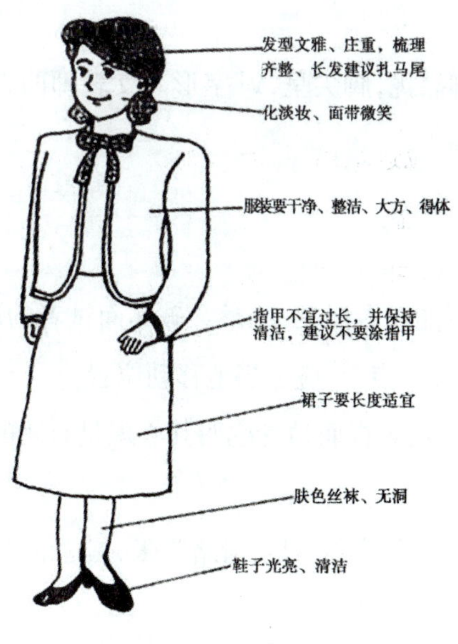

女士穿戴图

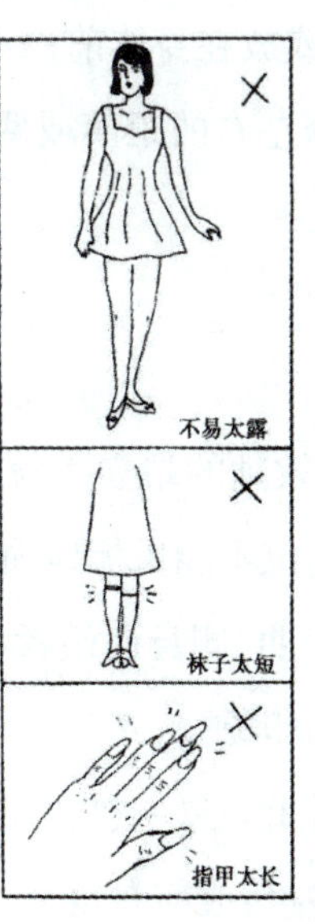

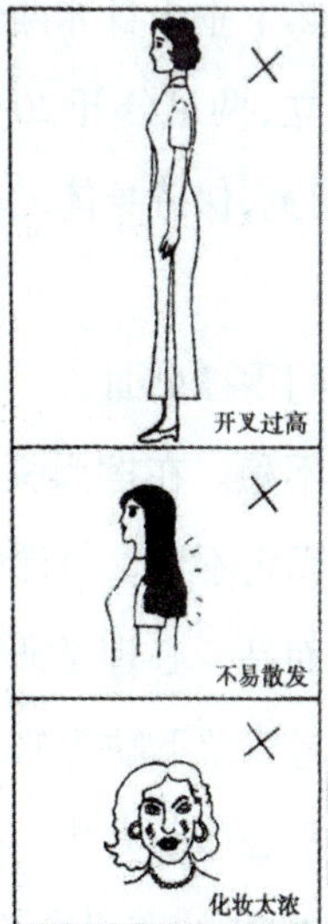

女士穿戴禁忌

（三）面部表情

1. 目光

教师的眼睛是最重要的教学“工具”之一。在面试时，考生应以祥和的目光注视着面试官，这是一个相当重要的礼仪，这样会让面试官觉得你为人正直，如果眼神飘浮不定，面试官会觉得你缺乏可信度。面带淡淡的微笑和面试官不时地目光接触，这种温和而有效的方式，会营造出一种温馨的氛围。

在教师招聘考试的面试中，宜采用仰视，即主动居于低处，抬眼向上注视他人，以表示尊重、敬畏之意，同时适用于面对尊长之时。参加面试的考生，倘若碰到比较年长的评委，可以适当地选择仰视的目光，表示对评委的尊重。

2. 微笑

微笑即是在脸上露出愉快的表情，是善良、友好、赞美的表现。微笑是教师在教育教学中的重要体态语。因此，在面试过程中，要注意微笑。

微笑要做到表里如一，不能让人感觉像是皮笑肉不笑的样子。要令笑容与自己的举止、谈吐相辅相成。要笑得适时，讲究笑时精神饱满、气质典雅。

二、仪姿仪态

（一）站姿

1. 正确的站姿

正确的站姿不但是自我尊重和尊重他人的表现，也能反映出考生今后的工作态度和责任感。站姿的基本要求：端正、稳重、亲切、自然。下面介绍一下正确的站姿：

（1）正向抬头，双目平视前方，嘴唇微闭，面带微笑，自然平和；

（2）两肩平行、放松，稍往下压，使人体有向上的感觉；

（3）躯干挺直，身体重心应在两腿的中央，做到挺胸、收腹、立腰（这样会给学生以“力度感”）；

（4）双臂自然下垂于身体两侧，或放在身体前；

（5）双腿直立，两足分开20公分左右的距离或两脚靠拢，脚尖呈“V”字形。女教师两脚可并拢，男教师双腿张开与肩同宽，保持身体的端正。

2. 站姿禁忌

（1）忌长时间手撑桌面。

（2）忌身体不稳。在擦黑板时，教师的站立要稳，不能左右摇晃，此举会破坏面试者的课堂形象。

（3）忌位置固定不变。讲课的站位不能呆板地固定在一点上，应适当地移动位置。

（4）忌侧身而站。心理学研究表明，侧身而站者和面向黑板而站者说明其心理是封闭的，不利于阐述教学内容，而且给考官留下缺乏修养的印象。

（5）忌站时重心移动太快。站时重心忽左忽右，给人一种信心不足、情绪紧张、焦虑的感觉。

（6）忌远离讲桌，站在讲台的前左角或前右角。

（7）忌教师把双手交叉抱在胸前或背在身后，这些动作会给考官一种傲慢的感觉。

(二)坐姿

教师的坐姿,是一种静态造型。端庄优美的坐姿,会给学生以优雅、稳重、自然、大方的美感,从而提升教学效果。

1. 教师落座的方法

女教师在落座前应回视座椅,右腿退后半步(视面部朝向而定),待右小腿后部触到椅子后,方可轻轻坐下(如着裙装,需同时整理好)。坐定后,膝盖并拢,腿可以放在身体正中或一侧。如果想跷腿,两腿需并紧。女教师若着短裙一定要小心盖住膝盖(在讲台上需落座的女教师不适合穿短裙)。男教师落座时,膝部可以分开一点,但不要超过肩宽,也不能两腿叉开,半躺在椅子里。

标准式

侧腿式

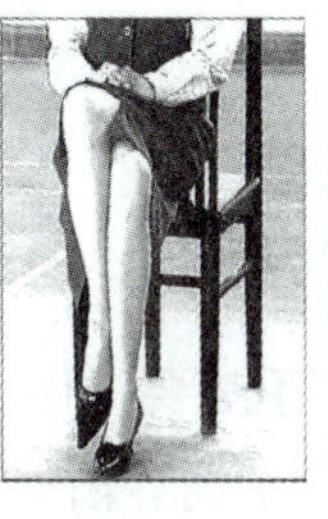

重叠式

前交叉式

双手平放在双膝上

双手重叠于一条腿的中前部

2. 教师坐姿和要求

(1)头要端正。不出现仰头、低头、歪头、扭头等情况,整个头部看上去,应当如同一条直线一样,和地面垂直。在办公时可以低头俯瞰桌上的文件等物品,但在回答学生问题时,必须抬起头。在和学生交谈的时候,可以正向对方,或者面部侧向对方,不可以把头后部对着对方。

(2)上身直立。坐好后,身体也要端正。需要注意的地方有:

①倚靠座椅。倚靠座椅主要用于休息。在教室就座时,不应把上身完全倚靠在座椅的背部,最好不要倚靠。

②占用椅面。在课堂上,不要坐满椅面,最合乎礼节的是占椅面的3/4左右。

③身体的朝向。交谈的时候,为表示重视,不仅应面向学生,而且应该将整个上身朝向对方。

(3)手臂的摆放:

①手臂放在双腿上。双手各自扶在一条大腿上,也可以双手叠放后放在两条大腿上,或者双手相握后放在双腿上。

②手臂放在身前桌子上。把双手平扶在桌子边沿,或是双手相握置于桌上,也可以把双手叠放在桌上。

③手臂放在椅子扶手上。当正身而坐时,要把双手分扶在两侧扶手上;当侧身而坐时,要把双手叠放或相握后,放在侧身一侧的扶手上。

(三)行姿

正确的行姿可以表现一个人朝气蓬勃、积极向上的精神状态。行走时,应上身挺直,头部端正,下颌微收,两肩齐平,挺胸、收腹、立腰,双目平视前方,精神饱满,表情自然。左脚起步时身体向前方微倾,走路要用腰力,身体重心要有意识地落在前脚掌上。

行进时步伐要直，两脚应有节奏地交替踏在虚拟的直线上，脚尖可微微分开。左脚前迈时，微向左前方送胯，右脚前迈时，微向右前方送胯，但送胯不要太明显。双肩平稳，以肩关节为轴，两臂前后自然协调地摆动。手臂与身体的夹角一般在10~15度，摆幅以30~35度为宜。

(四)手势

讲课时，都需要配以适度的手势来强化讲课效果。手势要得体、自然、恰如其分，要随着相关内容进行。一般而言，手势由进行速度、活动范围和空间轨迹三个部分构成。在教学中，主要被用以发挥表示形象、传达感情两个方面的作用。

手势的运用有如下要求：

(1)大小适度

在社交场合，应注意手势的大小幅度。手势的上界一般不应超过对方的视线，下界不低于自己的胸区，左右摆的范围不要太宽，应在自己胸前或右方进行。在试讲上，手势动作幅度不宜过大，次数不宜过多，不宜重复。

(2)自然亲切

在试讲时，多用柔和的曲线手势，少用生硬的直线手势。

(3)恰当适时

试讲应伴以恰当的、准确无误的手势，以加强表达效果，并激发学生的听课情绪。切忌不停地挥舞或不礼貌的、含有教训人的意味。

(4)简洁准确

在试讲时，手势要适度舒展，既不要过分单调，也不要过分繁杂。一般来说，向上、向前、向内的手势表示失败、悲伤、惋惜等。手势应该正确地表示感情，不能词不达意，显得毫无修养。

第三节 面试中的语言规范与沟通技巧

教师招聘面试中，考生和考官之间的沟通主要是靠语言来进行的，因此语言沟通技巧在面试中占据着很重要的地位。

语言表达能力是教师招聘面试的重要测评要素，面试中语言技巧使用的优劣，直接反映了考生的知识和修养。良好的语言表达技巧，会推动面试的顺利进行，协调考生与考官的沟通，使考官能够全面了解考生的能力和素质。下面我们介绍一些面试实战中的语言技巧，以促进考生与考官良好的沟通。

一、合理使用“我”字

在面试中，考生会极力向考官推销自己：“我”适合这份工作；“我”毕业于某某学校等。心理学家告诉我们，多数人既有展示自我的欲望又有不愿意做别人的观众的心态，因此在考生痛快地使用“我”字的时候，考官可能已经厌烦了。所以应适当减少“我”的使用频率：①可以变单指的“我”为泛指的“我们”；②对“我”字作修饰和限定，如“我的拙见”“我个人的看法”等；③在符合语法的情况下省略主语“我”，如将“我认为这是一次成功的运作”省略主语“我”变为“这是一次成功的运作”。

另外，使用“我们”的替代语，如“大家”等，以转移“我们”的语义积累作用。

总之，除了在明确主体、承担责任的语义环境下，应慎用和巧用“我”字。

二、发表意见的技巧

在面试中，针对某一教育问题，考生能否发表合理的、深刻的、有建设性的观点，是面试中的一项常规的而且是重要的测评项目。为了争取考官的认可，考生除了要具备真才实学以发表真知灼见外，也要掌握表达自己观点的技巧，以此来促进考官对自己观点的理解和接受。

注意事项	具体要求
保持与评委及时沟通	·发言时，一定要密切观察评委的反应：评委未听清楚，要及时重复 ·评委表示困惑，要加以解释或补充说明 ·如果评委流露出不耐烦的情绪，自己要主动结束话题，而不要等到被打断
尊重评委意见	·允许评委提出与自己相反的意见，并且虚心倾听，真诚请教 ·若经过讨论仍坚持自己的观点，也要有理有据，并且不要明确否定与批判评委的意见
直接表达观点	·当问题属于中性或不易引起争论时，可直接坦率地提出自己的观点
委婉证明观点	·当自己的观点不易被接受时，可以使用“层层递推法”和“反证法”来证明自己的观点，因为人们反对错误的观点往往比接受正确的观点更容易 ·当你提供了详实的论据来支持自己的观点，而不是仅提供自己的主张时，你的观点就更容易被接受

三、做恰当的解释

解释是面试中常用的表达方式。解释的目的是将考官不明白或不了解的事实、观点说清楚，或是阐释某件事的原因，或是将考官的误解及时澄清。“解释”本身并不难，但要使自己的解释达到预期效果，这就需要一定的原则和技巧了。

1.态度应端正

考生在做解释时,不能因为考官要求你解释的问题太简单而表现得不耐烦或自傲,很多时候,考官并不是真的不懂或没听清,他们也不是想搞清楚你到底懂多少。考官要求考生解释某一问题,往往考查的就是考生会不会解释。考生也不能因为自己被误解或自己的回答被怀疑,需要自己做出解释而感到委屈和不满。考生在做解释时必须态度诚挚,用富有情感的语言来说明问题。

2.应具有针对性

正确理解考官的疑问,有针对性地对考官的问题进行有效的解释,切忌答非所问。必要的时候也可以适当使用间接解释,即以第三者的角度去解释。引用第三者的身份进行解释,将会增强自己解释的客观性和说服力。

3.应有理有据、实事求是

解释其实就是阐明考生的论点和论据。在确凿的证据和一定的逻辑推理的支持下,考官将很容易接受考生的解释。解释时若真实情况难以直言,请考生不要寻找借口,强词夺理,更不能巧言令色,凭空编造。该解释的,就讲明客观原因,表明自己的态度;不该解释的,不要乱加说明。考生若有不便直说的或不愿在考场表露的,可以如实向考官说明并请求他们的谅解。

4.承担责任

当考生被要求解释自己过去工作学习中的失误或某些不足时,若仅仅说明事情的经过而回避自己的责任,就不明智了。欲通过自己的解释获得考官的信任和谅解,考生最好勇于承担责任。请放心,对此考官不会只注意“错误是谁造成的”,他们真正感兴趣的是“谁承担的责任并做了怎样的解释”。在自己承担责任时,要就事论事,将责任严格限定于所解释的事情上,不要随意扩大。有的考生误以为自己承担的责任越大,就表明自己的态度越诚恳,这种误解后果会很严重。有的问题甚至只需自己承认自己的失误或不懂之处即可,不用解释。例如,考生迟到五分钟,除非有确实的理由,否则不要解释,诚恳地向考官道歉就可以了。

四、提升面试语言的逻辑性

考生的发言需简洁、精练,谈吐流利、清楚,以中心内容为线索,展开发挥。考生不要东拉西扯,将主题漫无边际地外延。为了突出自己的中心论点,考生可采用结构化的语言。回答问题时,开宗明义,先做结论,然后再做叙述和论证,条理清晰地展开主要内容。当然也要避免议论冗长。

1.避免表达模糊不清和前后歧义

面试回答中如果没有事先交代,不要使用简称或把一些名词进行简化,否则很容易让考官误解或使考官觉得模棱两可。如某考生叙述大学期间某次青年志愿者活动:我成功地进行大学生勤工俭学活动,初次体会到大学生创业的感觉。该考生用“青年志愿者活动”来指“勤工俭学活动”,造成考官们认为他所说的话模棱两可。

2.前后指代清楚

口语不同于书面语,后者可以大量使用代词,而读者有足够的视觉空间容纳上下文,因此,代词使用得多也没关系。而口语速度快,如果代词用得太多,考官难以根据上文来分清指代关系。尤其是“他”“她”

"它"在口语中是分不清的，因此考生在考场上为了避免指代不清造成的误解，可以少用人称代词，能用姓名的地方尽量用姓名。

3.情节叙述需提供确切信息

有些考生回答问题，不紧扣题意，泛泛而谈。例如，被问到对过去的某件过失怎样认识时，考生回答："有一次我做错了一件事情，我觉得……"这样的回答由于未提供足够的信息，是没有意义的。

4.避免使用语义含糊的词语或句式

有些词语本身就语义含糊，一些句式也是这样，如"可能""也许""如果必须做出结论的话……"等，在面试时应注意避免。

5.不要随意省略主语

日常生活中我们的口语可能很随便，经常进行谈话的双方都明白是省略主语，如"昨天去哪了"，对方不会听不懂。但在考场上，即使是在双方都能理解的情况下，也最好不要随意省略主语。面试考场上应使用较正式的口语，尤其是必须注意对考官的称呼不能省略。

6.可以在话题末尾做一个小结

对于一些时间、空间、逻辑结构不明显的叙述或较长的一段话，考生可以在结尾言简意赅地做一个小结，给考官一种清晰、完整的感觉。

7.增强谈话的逻辑性

考生可以多使用一些连接词，加强句与句之间的过渡连接，并突出逻辑关系。

五、加强语言的说服力

面试是一个考生说服考官录取自己的过程，同时也是让考官信服自己的过程。在这个过程中，考生要通过肢体语言、口语等各种方式向考官展示自己的个人能力。首先，考生要真正做到尊重考官。考官觉得你是尊重他的，才会愿意接受你的观点和看法。尊重考官表现在实际行动中，比如与考官的眼神交流，不要打断考官的问话，记得随时和考官说"谢谢"等。其次，在接受考官的观点的基础上，委婉地提出自己的观点。不要固执己见，应该允许考官提出相反意见并虚心倾听，真诚请教。最后，有逻辑地贯穿观点，表达清晰，让考官正确理解你的思想，这是使语言具有说服力的根本保证。

六、面试用语的"禁忌"

禁忌	具体说明
抢话	有些考生前一句话刚完马上又抢着说下一句话，并在话题连接的部分插入无意义的"所以……""而……"等连接词，让自己的语言密不透风，难以让评委插话以做出适当的响应
重复	考生说话时若反复重复某一句话或经常补充前面的话，就会令评委烦躁
极端	有些考生经常使用绝对肯定或很不确定的词语，例如一些考生总是说："肯定是……绝对是……当然了……"，另一些考生却总把"也许、大概、差不多、还可以吧"等挂在嘴边，这两种情况都应该避免

续表

禁忌	具体说明
呆板	如果考生回答每一个问题都像小学生解问答题一样:“因为……所以……”那么即使其内容再精彩,也会令评委乏味 考生应尽可能地变换语言、句式,使用同义词或近义词等
夸大	有的考生随便扩大指代范围,经常使用“众所周知……”“正如每一个人了解的那样……”等话语,这样说话容易造成评委的逆反心理:“我就不知道……”
习惯	有些考生习惯使用的口头禅“那个、然后”以及诸如扬眉、歪嘴角、搔头发、抹鼻子的伴随动作,这些都是应该避免的

第四节　面试注意事项与突发情况处理

一、面试注意事项

(一)要留下良好的“第一印象”

面试的起始阶段非常重要,由于首因效应即我们平常所说的“第一印象”的影响,考生已经被定型化或概念化了。首因效应是指依赖于首次接触时产生的印象而做出判断或评价,这种印象往往是片面的、不可靠的,极易造成误差。

首因效应会在很大程度上左右着考官对考生的判断,但这种凭第一印象评判一名考生往往是难以避免的。即使是伟大的教育家孔子也曾感叹过:“吾以辞取人,失之子我;以表取人,失之子羽。”子我是个能言善辩的人,孔子听了子我的滔滔宏论就觉得子我是个人才。虽然子我当上了齐国的大夫,可终因参与反叛而被处刑罚,孔子曾为此而感到羞愧,因为孔子凭着自己的先入之见相信了子我,并把他推荐给了齐国。而另外一个叫子羽的人,无论是容貌还是风度都属下等,当子羽提出要拜孔子为师时,孔子曾觉得这个人天资很差,不可造就。可结果同孔子的评价恰恰相反,子羽才略过人,在诸侯中名望很高。虽然考官都接受过培训,但仍不可避免因首因效应对其评判产生影响,所以考生应尽量给考官留下良好的“第一印象”。

(二)要谦虚谨慎

面试时考官往往有多人,其中不乏专家、学者,考生在回答一些比较有深度的问题时,切不可不懂装懂,胡侃一通,不明白的地方就要虚心请教或保守答复,这样才会给考官留下诚实的好印象。

(三)言语要准确、流畅、规范

考生在进行答辩或试讲时,语言一定要准确、流畅、规范,切忌使用太多的“啊”“呢”“啦”“吧”等语气词。这样会让考官感觉很不舒服,甚至反感。

准确,就是要注意科学性,不能讲错,也不能模棱两可;流畅,就是要前后连贯,过渡自然;规范,就是要

让自己的语言符合教学的要求,让学生都能听得懂。理科重在逻辑推理,文科重在生动形象,这是学科自身特点决定的,但也不是截然分开的。许多考生抄的是教案选集中的教案,还总是疙疙瘩瘩地讲不通顺,其原因就在于没有把教案语言(书面语)转换成教学语言(口头语),而且没有注意前后内容与环节的逻辑联系。

同时,考生也不要使用不文明、不礼貌的词语,不要讲社会上流行的网络语或其他艰涩难懂的语言。或许你认为这些语言很时尚,殊不知考官听后是什么心理反应。考生在整个面试过程中的语言表达要自然流畅,切忌吞吞吐吐和天马行空。良好的言语表达是教师教育教学的重要砝码,是作为一名职业教师必备的素养与能力。如果言语表达不过关,就很难成为一名优秀的职业教师,那么教师招聘面试也就难以顺利通过。

(四)要机智应变

考生一人面对众多考官,心理压力不会小,面试的成败大多取决于考生是否能机智果断,随机应变,能当场把自己的各种聪明才智发挥出来。

(1)要注意分析面试类型。如果是主导式,你就应该把目标集中投向主考官,认真礼貌地回答问题;如果是答辩式,你则应把目光投向提问者,切不可只关注甲方而冷待乙方;如果是集体式面试,分配给每个考生的时间很短,事先准备的材料可能用不上,这时最好的方法是根据考官的提问在脑海里重新组合材料,言简意赅地作答,切忌长篇大论。

(2)要避免尴尬场面。在回答问题时常遇到这些情况:未听清问题便回答;听清了问题自己一时不能作答;不知怎么回答或回答时出现错误,这时可能使你处于尴尬的境地。避免尴尬的技巧是:对未听清的问题可以请求对方重复一遍或解释一下;一时回答不出可以请求考官提下一个问题,等考虑成熟后再回答前一个问题;遇到偶然出现的错误也不必耿耿于怀而打乱后面要回答的问题的思路。

(五)要扬长避短

每个人都有自己的特长和不足,无论是在性格上,还是在专业上都是这样。因此在面试时一定要注意扬我所长,避我所短。必要时可以婉转地说明自己的不足,用其他方法加以弥补。

【案例】

有些考官会问这样的问题:“你曾经犯过什么错误吗?”这时候你就可以选择这样回答:“以前我一直有一个粗心的毛病,有一次实习的时候,由于我的粗心叫错了一名学生的名字,全班学生都笑了,害得我很没面子。后来我经常和学校里一个非常细心的女老师合作,从她那里学来了很多处理事情细节的好办法,一直到现在,我都没有因为粗心再犯什么细节性的错误。”这样的回答,既可以说明你曾经犯过这样的错误,回答了考官提出的问题,也表明了那样的错误只是以前出现过,现在已经改正了。

(六)要显示潜能

面试的时间通常很短,考生不可能把自己的全部才华都展示出来,因此要抓住一切时机,巧妙地显示潜能。例如,应聘数学教师职位时可以将业余时间参加计算机的学习情况委婉地表达出来,可使对方认为你不仅熟练地掌握了数学教学技能,而且具有教计算机学科的潜力。显示潜能时要实事求是、自然、巧妙,否则也会弄巧成拙。

二、巧妙化解突发情况

每一个考生在面试现场都会紧张，甚至产生恐惧心理，非常容易出现错误。错误的出现，又会加剧紧张情绪，致使面试效果越来越差，最终可能导致语无伦次。那么，面试现场出错应该怎么办呢？

（一）正确认识考试

面试中的试题大多是没有标准答案的，主要是考查考生的能力。考生只要鲜明地亮出自己的正向观点即可，尽可以按照自己的思考做出回答，表现出自己的综合素质。偶尔出现一些差错，考官也不会对你全盘否定，所以不必过分紧张，要坦然面对，积极准备后面的问题。

（二）迅速判断能否弥补

答错了，总是想着找机会弥补，总想解释刚才为什么没答好，以证明自己水平不差，但由于后面的问题一个接一个，考生可能会前后难以兼顾，这时，就要迅速做出判断，如果能弥补，就以简洁的语言加以解释；如果不能进行弥补，就不必耿耿于怀，而要马上忘记，继续沉着地回答后面的问题。

（三）弥补讲究方式方法

具体来说，面试出错补救有以下几种技巧：

1. 以正改错

意识到错了，就要诚实地加以纠正，不要为了面子而置之不理。最好的办法就是按正确的讲法再讲一遍。诸如语句不通、词不达意、口误等，只要很自然地加以纠正，就会得到考官的理解。

2. 化错为正

察觉自己说错了，如果考生能够针对自己的失误，进行一番合乎情理的阐释，只要能够自圆其说，也不失为一种补救的办法。

【案例】

如提问对大学生卖猪肉、当保姆等现象的认识，考生在回答时，本来想好要重点谈大学生就业观念的改变、就业环境的变化、就业压力的增大等方面的问题，但具体回答时一开口就说是人才的浪费，自己觉得说错了，考生也不必紧张，就把人才浪费作为重点阐述，其他观点作为一般论述，自圆其说，效果也不会差。

3. 续错成正

在答问时，如果说错了话，有时可以采用调整语意、改换语气等方式予以补救，只要反应敏捷，应变及时，就可以收到不露痕迹的纠错效果。

【案例】

如列举了一系列学生打架的现象后，考生想好要说的是“我们绝不允许这种现象存在下去”，结果说成“我们允许这种现象存在”。此时如果直接承认自己说错了，把正确的再说一遍，效果并不好。这种情况下，续错成正是最好的选择，考生可以接着“我们允许这种现象存在”说下去，“就是对教育的失职”。这样续接补救，可谓顺理成章，天衣无缝。

在紧张的面试过程中，要进行纠错不是一件容易的事，这就要求考生尽量不出错。而要不出错或少出

错，就要做好应试准备。平时的积累不可少，考前参加强化训练也很有必要。在专家的指导下全面提高自己，在面试时就能少出错，即使出错了，也能及时纠错，从容应对。

三、面试"出彩"策略

（一）良好的精神状态

良好的精神状态，既是保持个人身心健康的需要，也是做好教育教学工作的必要条件。因此，良好的精神状态是对从事教师职业者的基本要求，如果考生从步入考场的那一刻起就一直保持一种积极的精神面貌，那么一定会在众多的竞争者中给评委留下一个不错的第一印象。

良好的精神状态不仅体现在考生的穿着打扮上，更体现在行为举止上，尤其体现在由内而外散发出来的精神气质上。

穿着打扮和行为举止简单来说就是大方得体，这里所说的精神状态主要指人的精神气质，一个情绪饱满、充满朝气活力、平和自信的考生一定会让评委眼前一亮，进而对他的实际表现充满期待，相反一个精神不佳、紧张急躁的考生容易让人觉得底气不足或者准备不充分，进而使评委降低期待。

总之，精神状态是每个人内心世界的外现，它体现在考生表现出来的方方面面。面试过程中，妆容整洁、和颜悦色、不卑不亢是最佳的精神状态。

（二）展示自己的与众不同

在竞争越来越激烈的教师招聘考试中，每个进入面试的考生都是比较优秀的，要想在众人中脱颖而出，一定要有自己的特点，展示自己与众不同的地方。考生不妨在考前对自身的优势和劣势加以分析，力求扬长避短，充分展示自己的能力。

1. 展示理论知识

在答辩时，如果自己的理论知识深厚，或者平时积累的各方面知识较多，对评委提出的问题就可以多回答一些，提出一些较为新颖独到的观点或见解，抓住问题本质进行深入分析，从而为自己加分。

2. 展现个人才华

在试讲或者说课时，考生有更多机会来展现自己的才华。

如果你的粉笔字好，不妨在板书设计上多下功夫，在保证板书整体和谐的基础上充分展示。

如果你的语言表达能力好，就要在语言上多下功夫，争取摆脱教案的束缚，多自由发挥，注重课堂的互动，多设置一些随机的环节，当然这些要在保证不影响课程主题的条件下进行。

3. 尝试新颖的教学方法

考生在试讲时，可以尝试使用一些新的教学方法，如设计一些探究问题或实验，激活课堂气氛，充分调动听课者的积极性。这些方法都能使自己同一般的竞争者拉开距离，表现自己的与众不同，在面试中"出彩"。

（三）良好的个人修养

面试靠的主要是平时的积累，通过面试可看出一个人的沟通能力和品德修养，因此体现出作为教师必备的职业修养也是使面试"出彩"的一个重要方面。

良好的个人修养体现在面试的全部过程中，如进场时的向评委礼貌问好，随手轻轻关门，不随意打断评委的提问，表情自然、面带微笑，回答问题时诚恳谦虚，这些都可以为自己的面试增光添彩。

因此，考生可在平时多注意加强自己的个人修养，从一点一滴做起，不断提升自身的素质。

（四）灵活的答题技巧

1.认真倾听，准确把握问题的含义

要抓住考官的思路，在回答问题的时候，不要着急回答，要想清楚考官这个问题想了解什么信息，想考查哪方面的素质等。考生在面试中用点时间来沉思，相信考官不会急着让考生回答，反而衬托出考生的谨慎、稳重。面试中经常出现答非所问的现象，主要原因多是考生过于紧张，以致根本没听清楚问题，或者根本不知该如何回答，因而刻意地忽略原来的问题。

2.紧扣中心，突出重点

回答问题一定要把握重点、言简意赅、简洁明了、条理清楚、有理有据。一般情况下要结论在先，议论在后，先将自己的中心意思表达清晰，然后再做叙述和论证。

3.注意逻辑性，保持连贯性

面试时，考官就是通过各式各样的问题来深入了解考生的具体情况。所以千万不要以胡吹乱编的情况来应付考官，否则将陷自己于十分被动的境地。回答时注意连贯性很重要，不仅考查考生的反应能力，也是看考生的诚实和思路清晰的程度。

4.态度诚恳，灵活作答

当考官提及自己尴尬的问题或者确实不会回答的问题时，首先要敢于诚实作答，不要给面试人员留下撒谎或是推卸责任的印象。

其次，也是最为重要的是要表现出自己对待这种问题的灵活机智的态度，考生在这种情形下可以如实地说出自己的想法，表明自己确实有不懂的地方，回去以后通过学习，加以改进；脸上应始终保持微笑，神色自若，这样才能表现出自己良好的心理素质。

5.充满自信，落落大方

评委在评分的时候，主要是看考生的基本素质，观察考生是不是自信大方，是不是有掌控场面的能力，是不是敢于面对观众。

因此，如果有机会，准备参加面试的考生一定要登台说课或试教。有了亲身的体验，面试就会有足够的底气。

第二部分
高分技能篇

第一章　如何备好一节课

思维导图

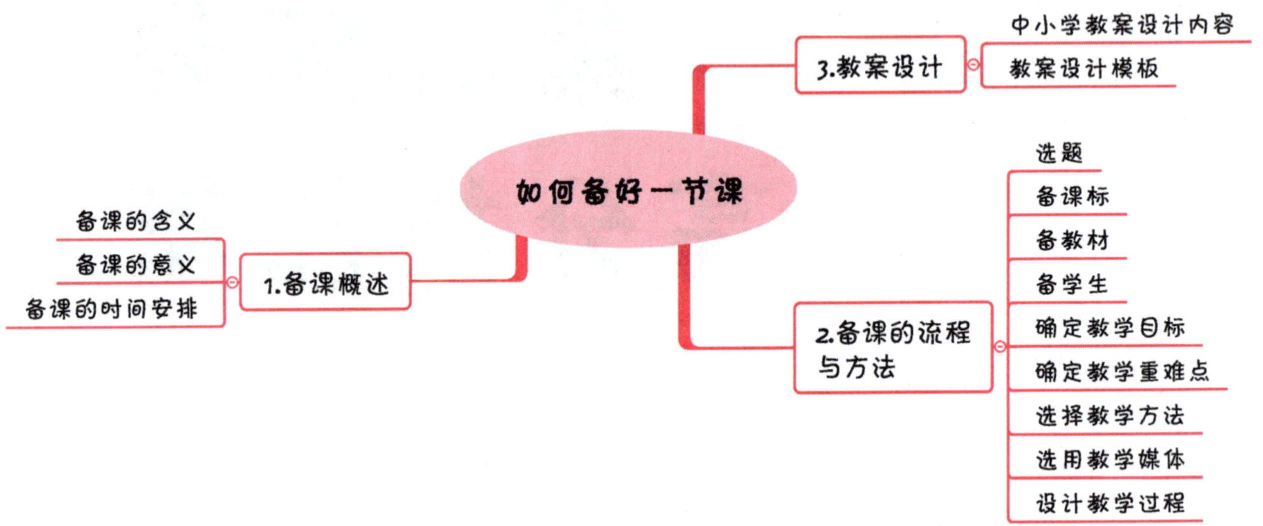

名师精讲

第一节　备课概述

一、备课的含义

备课就是教师根据学科课程标准的要求和本门课程的特点，结合学生的具体情况，选择最合适的表达方法和顺序，以保证学生有效地学习。备课是教师职业中最习以为常的，然而又是最为重要的工作，对课堂教学的质量起着决定性作用。

备课的工作包括学习国家课程标准，钻研教学内容，阅读参考资料，研究有关教学经验以及深入了解学生情况，选择具体恰当的教学方法，编写每一节课的教学方案等。

二、备课的意义

备好课是教好课的前提。对教师而言，备好课可以加强教学的计划性，有利于教师充分发挥主导作用。教师应在平时的学习、生活中有意识地收集教学资料，为上课做准备。

很多考生在试讲或说课的过程中，经常会出现课讲不完的情况，这是因为教学内容与时间安排不当。

哪些环节需要重点展示，哪些可以简略带过，很多考生都会纠结这一点。因此，备课是为考生进行后面试讲或说课的重要铺垫。

三、备课的时间安排

各地区在面试中的备课时间不尽相同。多数地区在面试中的备课时间通常设置在30分钟左右。“研读”是备课的必要前提，很多考生拿到教学材料后会苦思冥想很久才开始动笔，提示时间到的时候发现自己还没怎么写。对于此种情况，我们以30分钟备课时间为例，建议时间安排是10~15~5，前10分钟要完成教案设计前半部分，主要难度在于了解教材的主要内容和知识点并确定教学目标；中间15分钟设计教学过程，并且着重解决重难点部分的安排，对于导入和活动设计置后安排；后面5分钟检查教案并且尽可能用语言串一遍。当然这只是参考时间，但是这种做法在练习前期能有效提高备课进度，熟悉之后再完善细节并且留出时间串讲一遍，避免上场时讲不完。

第二节　备课的流程与方法

一、选题

在实际的试讲过程中，通常采用抽签的形式来确定所讲授的内容。面试之前一般会指定学科教材，所以，在准备试讲的过程中，可以尽量多备些教案或尝试不同类型的教学方法，这样就不至于在抽到自己不熟悉的内容时手足无措。

二、备课标

备课标，即要求教师在备课的时候从大处着眼，了解课标对各个学段的要求，这样可以使学生的知识发展具有持续性。各学科课程标准一般包含：课程定位、课程理念、课程设计思路、课程目标、课程设置、课程内容和要求以及实施建议。备课中，要对这些部分的内容有细致的了解。备课标要找准两个落脚点：一是找准课标确立的完成教学任务的实现程度，即不管是知识的积累，抑或技能的培养，都要切实明确课标要求是“领会”“了解”，还是“熟记”“会用”等；二是通过研究课标，准确把握课标里的总目标和自己所教年级所处学段的学段目标、单元目标，再把这些目标一一细化到所教的每节课的课时目标中去。

三、备教材

要科学、合理地组织课堂教学，必须寻找教学内容与教学现实的结合点，从目标、内容、结构等方面对教材内容进行“二次规划”，这包括教学内容的整合、教学内容的呈现顺序和教学内容的结构化重组。

(1)教学内容的整合

教师要在尊重教材的基础上，根据教学目标对教材内容进行有目的地重新筛选与整合，包括新编、增删与调整教材内容，从而形成符合学生认知水平和有利于学生发展的教学内容，并做到详略适度、突出重点。

(2)教学内容的呈现顺序

教学内容按什么样的顺序来组织和呈现,是教师在备好教学内容之后要思考的问题。从教学起点到教学终点,教学内容的呈现有多种序列的可能。当教学内容经过重新加工整合后,其教学内容的组织顺序也要随之进行相应的调整,这样才能使内容和形式相统一。

(3)教学内容的结构化重组

备课中,教师在处理教学内容时要以条理化、结构化和整合化为原则,要把零散的知识“碎片”进行整理,使之条理化、结构化。可采取两种策略:一是根据学情对教学内容进行适当调整或组合,加强教学主题之间的整合,使之尽量符合学生的认知水平;二是当一节或一章内容结束时,及时对已学过的知识进行归纳整理,联系以往相关知识进行整合,形成新的结构,使之与原有认知结构一体化。

四、备学生

新课标要求我们在备课时充分考虑学生,认真落实“以学生为主体”,以学生的发展为中心组织教学。

(1)学生年龄特点分析

包括所在年龄阶段的学生长于形象思维还是抽象思维;乐于发言还是羞涩保守;喜欢跟老师合作还是抵触老师。不同年龄段学生注意的深度、广度和持久性也不同。

(2)学生学习态度分析

对学生学习态度的分析泛指对学生学习新内容的非智力因素的分析。学生的非智力因素是重要的学习因素,对大部分学生而言是决定性因素。

(3)学生已有知识经验分析

教师应针对课时或本单元的教学内容,确定学生需要掌握哪些知识、具备哪些生活经验,然后分析学生是否具备这些知识经验。

(4)学生学习能力分析

对学生学习能力的分析是指对学生学习新内容所具有的学习能力的分析。这些能力主要包括观察判断能力、思维能力、知识迁移能力、知识运用能力、实践操作能力等。分析不同班级学生理解和掌握知识的能力如何、学习新的操作技能的能力如何,据此设计教学任务的深度、难度、广度。

(5)学生学习风格分析

一个班级的学生在一起时间长了会形成“班级性格”,有些班级思维活跃、反应迅速,但思维深度不够、准确性欠缺;有些班级则较为沉闷,但可能具有一定的思维深度。不同的学生个体也是如此,教师应该结合教学经验和课堂观察,敏锐地捕捉相关信息,通过提出挑战性的问题、开展小组合作等方式使学生取他人之长、补己之短。

五、确定教学目标

制订课时教学目标的具体操作步骤:①在分析教材的基础上,弄清本课时基本的教学内容有哪些,基本要求是什么。②找出教材内容与学生实际、社会生活实际联系的结合点。③分析、思考、挖掘蕴含在教材内容中的“学科核心素养”,并用简洁的语言表述出来。④适当参照教师教学用书中对全课教学目标的表述,纠正、充实、完善自己所制订的课时教学目标。

设计教学目标需要注意的问题:①目标设计要从教学内容问题本身和师生实际出发,通过自己的思考而得出;②目标设计要坚持预设与生成的统一;③目标的行为主体必须是学生,并用动词来描述学生的变化,使目标具有可测评性;④目标设计要全面而统一。

六、确定教学重难点

教学重点，是教材中的关键性知识，是学生领会知识的关键点，如关键性的概念、观点和原理等。教学重点的确定应从以下两方面考虑：①要根据课程目标的要求和教材的知识体系来确定；②学生中普遍存在的、带有倾向性的问题。

教学难点，是学生在接受知识、提高能力的过程中遇到的主要障碍，以及情感、态度、价值观形成过程中碰到的困惑。教学难点的确定应以学生的接受程度为依据：①教材内容中学生最难接受、最难理解的知识，特别是比较抽象的教学内容；②在理论上容易理解，但在思想道德上难于接受的理论认识问题；③容易混淆的概念。

七、选择教学方法

教学方法的选择要根据教学目标、学生特征、学科特点、教师特点、教学环境、教学时间、教学技术条件等具体情况而有所改变。

教学方法选用的依据：①依据师生实际情况选择教学方法；②教学方法的选择要依据本学科教学的特点；③根据实现教学目标的需要选用教学方法；④根据不同的教学内容设计适当的教学方法；⑤教学方法的选用还需考虑班级、学校及社会环境的实际情况；⑥教学方法应注意综合运用与优化组合。

八、选用教学媒体

教学媒体是教学内容的载体，是教学内容的表现形式，是师生之间传递信息的工具。传统教学媒体一般指黑板、粉笔、教科书等。现代教学媒体主要指电子媒体，由两部分构成：硬件和软件。硬件指与传递教育信息相联系的各种教学机器，如幻灯机、投影仪、录音机、电影放映机、电视机、录像机、电子计算机等。软件指承载了教育信息的载体，如幻灯片、投影片、电影胶片、录音带、录像带、光盘等。

现在很多学校都有多媒体教学设备，如何把这些设备应用起来，用到好处，用到极致，是教师们备课的一个主要任务。教师要学会从互联网上搜寻自己需要的资源，做到资源共享。但要有原则，即：哪些环节不适合使用多媒体，就不可强用。

九、设计教学过程

教学过程是整个教案的核心和主体，在备课时要根据教学目标及具体的教学内容，该详则详，该略则略，做到内容充实、重点突出、详略得当、利于教学等。具体来说，包括导入新课、讲授新课、巩固练习、小结作业等。

第三节　教案设计

教案，也称课时计划，是教师为顺利而有效地开展教学活动，根据课程标准的要求，以课时或课题为单位，对教学内容、教学步骤、教学方法等进行具体安排和设计的一种实用性教学文书。

一、中小学教案设计内容

新课程改革背景下的中小学教案,实际上是以学生为中心,围绕学生在学习过程中遇到的学习问题而展开的教学设计。它具有鲜明的目的性、科学的计划性和有序的系统性,而不是一般的教学经验和案例。它是不断循环往复的过程,包括检测、反馈、修正及再实施的认识深化过程,这个过程特别讲究科学性和创造性。

(一)中小学教案的基本内容

1.基本内容

(1)课题(说明本课名称)。

(2)教学目标(或称教学要求,说明本课所要完成的教学任务)。

(3)课型(说明是新授课,还是复习课)。

(4)课时(说明共需几课时)。

(5)教学重点(说明本课所必须解决的关键性问题)。

(6)教学难点(说明本课学习时易产生困难和障碍的知识点)。

(7)教学过程(或称课堂结构,说明教学进行的内容、方法和步骤)。

(8)作业处理(说明如何布置书面或口头作业)。

(9)板书设计(说明上课时准备写在黑板上的内容)。

(10)教具(或称教具准备,说明辅助教学手段使用的工具)。

2.教学过程的步骤

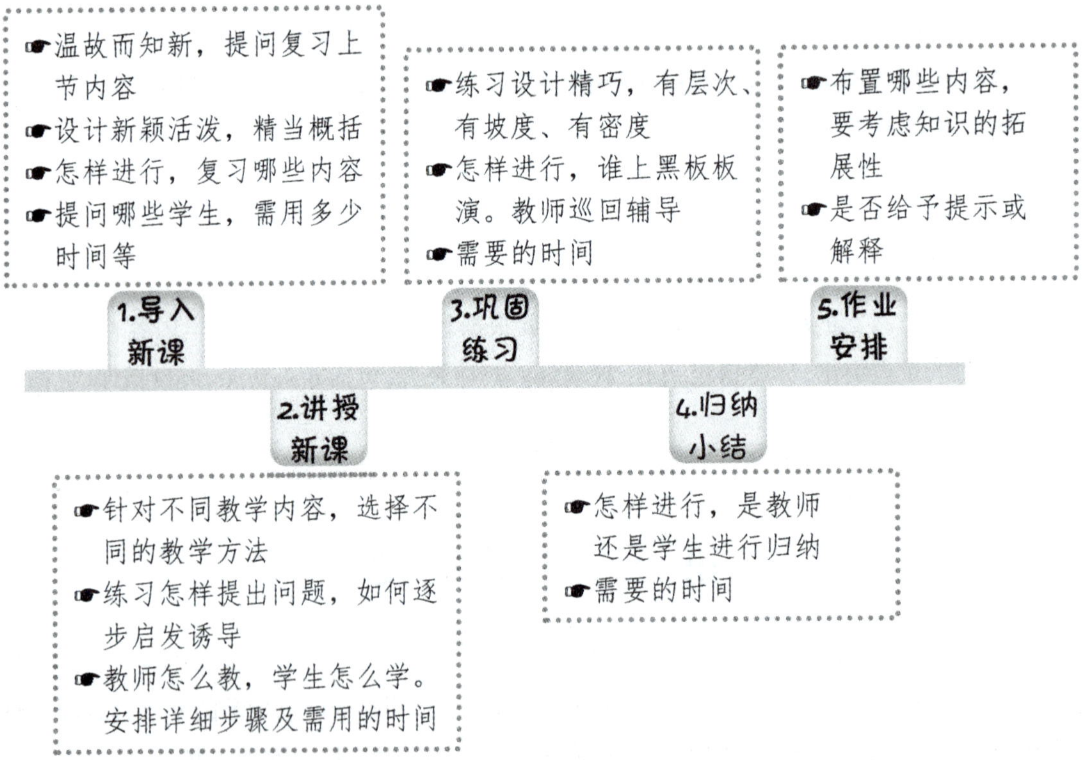

1.导入新课
☛温故而知新,提问复习上节内容
☛设计新颖活泼,精当概括
☛怎样进行,复习哪些内容
☛提问哪些学生,需用多少时间等

2.讲授新课
☛针对不同教学内容,选择不同的教学方法
☛练习怎样提出问题,如何逐步启发诱导
☛教师怎么教,学生怎么学。安排详细步骤及需用的时间

3.巩固练习
☛练习设计精巧,有层次、有坡度、有密度
☛怎样进行,谁上黑板板演。教师巡回辅导
☛需要的时间

4.归纳小结
☛怎样进行,是教师还是学生进行归纳
☛需要的时间

5.作业安排
☛布置哪些内容,要考虑知识的拓展性
☛是否给予提示或解释

(二)教学设计的具体内容

新课程理念要求中小学教师在备课中,不仅要对整个教学活动做系统策划,而且要把一般的教学理论物化到具体的教学实践之中,要以学生的学为出发点,遵循学生学习的内在规律,站在学生的立场上,确定具体的内容:设计教学目标,选择教学策略,应用教学媒体,描述教学过程。新课程理念下的中小学备课的教学设计包括如下具体内容。

1.设计教学目标

教学目标主要包括过程性目标和结果性目标,分为知识与技能、过程与方法、情感态度与价值观三个方面。

2.进行学习任务分析

学习任务分析,即学生的起点分析,学生主要的认知障碍和可能的认知途径分析,教学内容的重点、难点、关键分析,达成目标的主要途径和方法分析。

进行学习任务分析,一是要关注学生的经验基础;二是要正确认识教材。

(1)关注学生的经验基础。不仅要考虑学科自身的特点,更应遵循学生学科学习的心理规律,把学生的个人知识、直接经验和现实世界作为课堂教学的重要资源。

(2)正确认识教材。"用教材教,而不是教教材"。教材主要对"教师教什么、学生学什么"起指向作用,仅仅是教师组织课堂教学活动的素材,学生学习的平台。新课程理念要求教师在处理教材时,要根据学生实际、教学实际和当地实际,模拟教材、重组教材、编制教材,削减技巧性训练,增加其探索性、思考性和现实性的成分,为实施开放式与活动式的探究、合作、参与等新型学习方式创造条件。

3.设计教学思路与教学环节

设计教学思路与教学环节主要考虑具体的教学过程,包括情境的创设、活动的线索、学生可能提出的问题,可能的情况下附设计说明。在新课程理念下,中小学课堂教学过程通常有两种基本模式:一个是探究发现式,另一个是有意义接受式。

探究发现式的基本环节:
问题情境→建立模型(得出有关的概念、法则、定理等结论)→求解→解释与应用→拓宽、反思

有意义接受式的基本环节:
创设有意义接受的情境→采用接受式传授有关知识→正反例解释与应用→巩固、强化→小结、结束

按照新课程理念设计教学思路与教学环节,要将新的学科观、课程的综合性体现在具体的教学内容之中,充分利用生活、经验、情境、问题、背景,精心设计问题情境和教学过程,关注学生学习的兴趣,关注自主实践、合作、探究与传统学习方式的融合和优化。

第一部分

4.设计教学评价

设计教学评价需要考虑的问题在于是否达到预期目标。没有达到的话，分析原因，提供改进的方案。有哪些突发的灵感，哪些地方与设计的教学过程不一样，学生提出了哪些没有想到的问题，为什么会提出这些问题。

5.编写教案

中小学备课报告编写的格式，一般有课时教案、表格、流程图等几种形式。

在新课程理念下，中小学备课是一个学习、研究的过程。一个成功的教学离不开成功的设计，只有充分酝酿、思考，具备驾驭教材、驾驭学生的能力，才有可能使我们的教学精彩纷呈。

（三）教案设计的类型及编写的要点

教案设计的类型取决于课的类型和结构。课的类型划分标准有两种：一种是根据教学的任务来分，可分为新授课、巩固课、技能课、检查课；另一种是根据使用的主要教学方法来分，可分为讲授课、演示课、练习课、实验课、复习课。

课的结构是由课的类型来决定的，不同类型的课有不同的结构，那么其相应的教案类型也不同。通常，我们按课的类型可将教案分为：新授课教案、复习课教案、实验课教案、检查课教案。在同一类型的课中，教案常由于其应用功能的不同，又分为详细教案（简称教案）、表格式教案（简称简案）、课堂实录教案（简称实案）。

1.各类型教案的主要内容及其任务

教案类型	主要内容	主要任务
新授课教案	提出新课的教学目标，把握传授新知识的深度、广度、重点、难点	完成新知识的传授
复习课教案	提出复习的范围和要求	帮助、引导学生巩固掌握已学过的知识，并将知识系统化、网络化
实验课教案	提出培养技能、技巧的具体内容与要求	教师完成示范性操作、实验原理的讲解，指导学生独立进行实验，培养学生的技能、技巧和严谨的科学态度，掌握基本的学科实验操作方法
检查课教案	提出检查（即形成性评价、诊断性评价、终结性评价）的具体目标和要求	检查了解学生学习的实际情况，以利于下阶段制订针对性极强且有效的教学设计方案
详细教案	有课题、课时、教学目标、教学重难点、教学方法、教具（包括学具）、教学过程（包括反馈检测题等）、板书内容、补充教材、教材前后知识点的衔接、当今科技动态等，侧重把握教材的深度和广度	（1）教师完成对教材深度和广度的把握； （2）通过多年的备课，搜集和整理大量的信息，不断地补充同一问题的新知识、新进展，同时完成教师的知识更新

续表

教案类型	主要内容	主要任务
表格式教案	有课题、课时、教学目标、教学重难点、教具(包括学具)、教学程序(包括所有教具的操作顺序、教学方法的具体操作过程、学法指导的具体操作过程)、板书设计等,侧重教法、学法的具体操作。多适用于有经验的老教师	————
课堂实录教案	有课题、课时、教学目标、教学重难点、教学方法、教具(包括学具)、教学过程、板书设计等,侧重于教学过程的具体安排	(1)为各级领导、各类教师听课、评课提供参考资料; (2)为教师互相学习、交流经验进行教学改革和研究提供学习的资料

2. 常见课型教案编写的要点

不同的课型,其教案的编写虽有共性,但也有各自的特点。下面就几种常见课型教案的各自要点加以说明。

新授课

①抓好教学各环节的过渡与衔接;

②写明有效措施,便于突破难点。

复习课

①明确目标,提出问题;

②对症下药,实施补救。

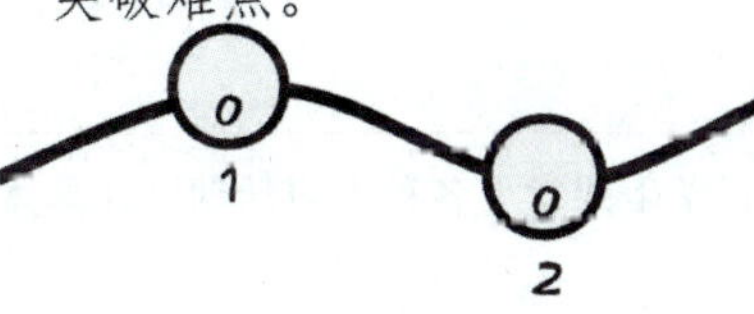

习题课

①设计好设问的问题和时机;

②写好方法性总结;

③启发引导思维的方向。

实验课

①写明要求;

②写清实验中易出现的问题及处理方法。

(四)面试中教案设计的标准

序号	测试项目	权重	分值	评分标准
一	教学目标设计	10	3	明确(目标清楚、具体,便于师生操作)
			3	恰当(符合课程标准或教学大纲、学科特点和学生实际)
			4	全面(体现知识、能力、思想等几个方面)

续 表

序号	测试项目	权重	分值	评分标准
二	教学方法设计	10	5	教学方法选择得当(结合教材特点与学生、教师实际,一法为主,多法配合,优化组合)
			5	现代教学手段运用恰当(根据实际需要,教具、学具、软硬件并举)
三	教学程序设计	10	4	教学环节设计合理(有层次,结构合理,过渡自然)
			3	教学环节中的小步骤设计具体(根据实际需要,有些教学环节中有小步骤设计,教学环节或小步骤时间分配合理)
			3	教学程序设计巧妙(体现在教学过程中和教学方法运用上新颖独特,有艺术性)
四	教材处理设计	20	4	教学思路清晰(有主线,内容系统,逻辑性强)
			3	以旧引新(寻找新旧知识的关联和生长点)
			5	突出重点(体现在目标制定和教学过程设计之中)
			5	突破难点(体现在教材处理从具体到抽象、化难为易、以简驭繁等方面)
			3	抓住关键(能找到教材特点及本课的疑点,并恰当处理)
五	师生活动设计	10	2	精讲巧练(体现以思维训练为核心,落实“双基”
			2	教为学服务(体现在教师课堂上设疑问难,引导点拨,学生动口、动手、动脑,主动参与教学过程)
			2	体现知识形成过程(通过呈现思维过程,学生自悟与发现,总结出规律和体会)
			2	学法指导得当(学生课堂上各种学习活动设计具体、充分,教师指导有方)
			2	体现现代教育思想的六种意识(目标意识、主体意识、训练意识、情感意识、创新意识、效率意识
六	板书设计	10	4	紧扣教材,突出重点,主次分明,有启发性
			3	言简意赅,图文并用,有美感
			3	设计巧妙,有艺术性
七	教案创新与个性特点	25	25	遵循常规,但不拘泥,根据个人差异和特点,写出有个性特点的教案
八	书写要求	5	3	详略得当
			2	字迹清晰,文通辞达

（五）教学设计中的教后反思

教后反思也称为教后记，指教师在教完课后，对教案设计和实施过程进行回顾、总结和反思，将经验、教训等记录下来，作为改进教学的依据和提炼教育科研课题的资料。

1.教后反思的内容

一般说来，教后反思可着重从以下三个方面进行：

（1）反思课堂中问题情境设计的趣味性、典型性与层次性

课堂教学中启迪学生思维、培养学生能力是在一个接一个的问题情境和问题解决中实现的。为了使学生积极地进入思维状态并能获得成果，所设计的问题必须是典型的、有趣的、具有层次性的，要符合学生的"最近发展区"。而这些在经历了教学实践后，当然就有了更深的体会和更好的改进。此时，再进行反思和改进教案，则更有针对性。

（2）反思解题方法、解题结果、问题延伸与突发问题的处理

教学时，在问题的解决过程中，学生往往会迸发出许多思维的火花——新颖的观点、巧妙的构思、多样的解法、问题的延伸等。同时也会产生一些认识上的错误，这些往往又是教师始料不及的突发性问题。教师要利用这些思维的火花及认识上的错误，因势利导加以探究。课后更应该从科学性、严谨性与学科的意义等方面去反思、审视它们，分析学生思维的火花及认识上错误行成的原因，总结因势利导的方法和处理突发性问题的技巧，然后加以整理记录，为以后的教学中熟练处理相似问题提供借鉴。

（3）反思教学方法和师生情感交流方式是否合理、得当

"教学有法，但无定法"。一节课的成功与否，首先取决于本课的教法设计和实施，也取决于师生情感交流是否顺畅得当。对某一教学内容，教师采用哪种方法更合适有效，采用的教法能否激发学生的求知欲和参与兴趣，能否调动学生学习的积极性和主动性，是否有利于学生的知识掌握和能力发展，是否有利于师生的情感交流，是否体现了以人为本、以学为主的新课程理念，这些问题在教后反思中也应得到较清楚的回答。

2.教后反思的写法

（1）记成功做法

记成功做法就是将教学过程中达到预先设想目的，取得良好教学效果的做法，如将形象贴切的比喻、导入新课的巧妙方法、留有悬念的结束语、激发学生思维的提问等记录下来。可能有时仅仅是一句话，但它将对今后的教学提供最直接的参考。

教学实践

在教学比赛中，参赛选手郭老师抽到了刘绍棠的《榆钱饭》。学习完第一部分，他便提问："这一部分写的是什么时期的事？"班上的学生都积极踊跃地举手。郭老师请一个学生回答，学生声音洪亮："儿童时期！"听课的教师都想，这是一个"险滩"。因为后两部分，一个是写"文革"时期，一个是写改革开放时期，都是政治概念，必须要有"旧社会"这个政治概念与它们为伍；而"文革"时期和改革开放时期都可以是"儿童时期"。只见郭老师笑着表扬学生："对，不错，书上就是这么写的，看书很认真！"接着，郭老师满面笑容地问那个学生："刘绍棠的儿童时期是什么社会？"那个学生很有把握地大声回答："旧社会！"郭老师又一次表扬了他："聪明，真聪明！""险滩"轻而易举地渡过去了，之后的教学气氛愈发浓烈，所有听课的教师都说："这样的课评为一等奖，当之无愧！"

郭老师课后反思：之所以在此次教学比赛中能获得较好的成绩，原因是我从不轻易否定学生的回答，而是顺藤摸瓜，帮助他们解决问题。这是我一直以来坚持的做法。这种成功的案例，值得总结。

点评：学生的答案往往似是而非，但有的答案离正确的目标并不远。教师的引导分析，才是真功夫。从郭老师的教学反思中可见，平时在教学反思中，他非常注意对引导学生达到预期目标的教学经验进行积累，所以在关键时刻能很好地处理类似情况。

(2)记失败之处

记失败之处就是将处理不当的教学重点、难点，安排不妥的教学内容，以及当堂没有处理好的学生问题记录下来，使之成为以后教学应吸取的教训。

其实，教学是遗憾的艺术，即使最成功的教学过程，也难免有疏漏失误之处，把这些“败笔”记录下来，认真反思，仔细查找根源，寻求对策，以免重犯，教学必然日臻完善。

教学实践

有一位老师讲授《爱莲说》，准备了几个问题，需要几个同学上台，当一回小老师，来指导学生探讨，并要对学生的回答做出判断与评析。

没想到，这堂课的气氛非常好，上台的学生也特别多。老师反复强调，“只需要7位！只需要7位！”一部分同学下去了，最后讲台上留下了8位同学。老师于是说：“中间的那位同学下去。”你想想，台上的同学正好是双数，中间的那位同学，到底是第4位还是第5位呢？指向本身就是模糊的。所以那两位同学你望着我，我望着你，似乎都没有下去的意思。老师也不知道怎么办，因为准备的问题只有7个，多出来的那一个同学做什么呢？最后，还是一个看上去性格不怎么张扬的，或者说比较忍让的女同学走下了讲台，替老师解了围。

教者反思：今天上课的一个细节，7个问题与8个学生，因为情急之下一句话没说好，当时的情况让大家都笑了。要反思一下，上课过分按自己的预设走是不行的，今天我对“课堂是生成的”这句话，才真正算是理解了。

点评：教师对这一细节的反思是十分必要的。从自身的失败中汲取教训，可以帮助执教者思考本身的思想理念是否真正开放，是否真正突出学生主体地位等重要的问题。这对执教者的成熟与进步无疑有重大意义。

(3)记教学机智

记教学机智就是把授课过程中偶然出现的灵感或解决问题的方法记下来，供以后参考。课堂教学中常会有这样的情况，当学生对某一问题产生错误认识时，若教师总是简单地予以否定，则难以令学生信服，甚至会产生逆反心理。这时，如果顺着学生错误的思路，诱导学生自己导出错误结论，当他意识到自己的错误时，学生就会迷途知返。

教学实践

那是2012年的下学期，我校有一位教师到省里去进修学习，学校要我临时代课。高三(1)班的第一堂课，“起立”“坐下”，一番礼节之后，我在黑板上板书当天上课的标题。忽然，一束太阳光在我的后脑勺和黑板上晃动。教室里静得出奇。正如上课之前老师们告诫我的一样，这个班的学生调皮是出了名的。我想，给老师的下马威来了。我不动声色，一面继续写我的标题，一面仔细观察太阳光的形状，逐步锁定“嫌疑对象”。

当太阳光再次出现时，我准确地说：“脸有点红的倒数第二排的那位男同学，请把镜子交上来。”全班同学的眼光，齐刷刷地看过去。那位照我后脑勺的男同学在全班同学静静的注目礼中，不得不拿出镜子交上来。

接下来怎么办？批评他一顿，给学生一个下马威吗？我决定用宽容的原则给学生一次机会。当从他手中接过镜子的时候，我对他说了一句这样的话：“感谢你代表全班同学，给了老师一缕阳光！”于是，我继续板书标题，继续上课。

教者反思：那是一个平时不爱学习的学生，调皮违纪是家常便饭，所以才发生了第一节课就给老师下马威的情况。碰到这

样的情况,老师必须做出处理,否则,以后的课就不好上,组织教学就有一定的难度。但我觉得我的处理是恰当的,借“阳光”事件,还学生以“阳光”。

点评:学生的违纪现象是教师经常遇到的,案例中教师对学生违纪行为的处理无疑是机智的,课后反思的捕捉也是及时的。他能将上课时的灵光闪现沉淀为有效的教学经验,这对以后教师教育教学能力的提高有着重要意义。

(4)记学生问题

记教学过程中学生的迷惑点、作业中暴露的欠缺点以及在考试中出现的失分点,并力争在短时期内有针对性地进行补救。教师要善于观察和捕捉学生所反馈的信息,在上完一节课之后应及时与学生进行交流,倾听学生对教学的意见和建议,及时记录下来,这对于改进教学是非常必要的。

(5)记学生见解

记学生见解即把学生“智慧的火花”(如独到的见解、好的思路)记下来,为今后教学补充新鲜血液。对于一些错误见解,只要它存在普遍性,当堂剖析也会收到良好的教学效果。

(6)记学习心得

记学习心得即把教参、资料、相关书籍以及老教师的一些教学经验、学法指导、公开课和观摩课的收获记录下来,写入教后反思,在今后的教学中加以消化、吸收,从而提高自身的教学水平。

二、教案设计模板

1.课题

课题名称即所授课的名称。

2.课型

课型是指根据教学任务而划分出来的课堂教学的类型。按照不同的标准,分类也是多种多样的。在教案中常见的有讲授课、练习课、复习课、实验课、示范课、研讨课、汇报课、观摩课、优质课、录像课等。

3.课时

课时主要是指授课内容是第几个课时,一般为第一课时。

4.教材分析(教材情况+主要内容)

××××是××××(学段)××××(版本)××××年级,第××××册第××××单元中的内容,主要讲解××××(主要内容)。

5.学情分析

××××年级的学生××××,但××××欠缺。所以在教学中××××。

(①学生已有的认知水平和能力基础;②学生可能遇到的问题;③应采取的方法措施)

6.教学目标

根据新课改的要求和学生已有的知识基础和认知能力,我确定的教学目标是:

(1)知识与技能目标:通过自主学习××××,(学生)能够××××。

(2)过程与方法目标:通过合作学习××××,(学生)能够××××。

(3)情感态度与价值观目标:通过探究学习××××,(学生)能够××××。

(教学目标是教师根据课程标准的要求和学生的实际情况,针对课题或课时的教学内容而提出的,是指学生在课程结束时应达到的具体目标或教师应完成的教学任务。新课程理念倡导的教学目标包括三个部分,即知识与技能、过程与方法、情感态度与价值观,具体是指在教学过程中考虑传授给学生哪些知识,培养学生哪些方面的能力,对学生进行哪些方面的情感态度与价值观教育。教学目标要明确、具体、切合学生学习实际。)

7.教学的重点和难点

本课的教学重点：通过××××学生能够掌握××××。

本课的教学难点：通过××××发展/提高学生××××。

（教学重点是指在授课时必须着重讲解和分析的内容，一般是知识目标；教学难点是指学生经过自学还不能理解或理解有较大困难的内容。一节课可以没有教学难点，但是必须有教学重点。）

8.教学方法

主要采取的教学方法：××××法。

在本节课的教学中主要渗透××××法、××××法等。

（教学方法是指在授课过程中所采用的方法，如课堂提问、讨论、启发、自学、演示、演讲、辩论等。）

9.教学过程

（1）导入新课

本课主要采用：故事导入/直接导入/游戏导入/情境导入/演示导入/提问导入等。

（具体怎么导入，需要简单阐述）。

这种方法，不仅能引起学生的兴趣，而且能够引导学生思考，并且引出新课题。

（2）讲授新课

在讲授新课时，为了突出本节课的第一维知识与技能目标，首先引导学生自主学习，学生对基本的概念和知识初步感知，学习完成后，会对重要生词（语文，其他科目视具体情况而定）进行讲解，具体过程如下：

（讲授第一维目标）

通过这种方法，既体现了新课改中以学生为主体的思想，又调动了学生学习的积极性。

这部分讲授完成后，开始讲解本节课的难点，也就是第二维过程与方法目标，引导学生进行探究学习，学生先进行探究学习，能够用自己的话语总结××××方法。然后，结合实例，对××××方法进行详细讲解，具体过程如下：

（讲授第二维目标）

通过这种方法，既能够让学生深入理解这种方法，也可以增进学生之间相互帮助的情感。

（3）巩固练习

必要的练习有利于学生对新知识的掌握，练习题的设计依然要紧紧围绕教学目标设计。练习题的设计要精巧、有层次、有梯度、有密度，还要考虑练习的方式，是教师还是学生板演，如果是学生板演，考生要代替学生将板演的内容写到黑板上（根据各科目自行设计）。

（4）课堂小结

课堂小结也叫归纳小结，在所授课程将要结束时，总结回顾本节课所学的知识。考生在设计时可以根据实际需要，采用合适的方法，力求做到简单明了。

（5）作业布置

作业的设计要适度、适量、新颖，同时要考虑学生的学习差异，对不同程度的学生，设计不同难度的作业，尽量使每个学生都能获得相应的学习成就感。

10.板书设计

板书的内容是学科知识点，教学重点，是教师为了配合讲解，在黑板上运用文字、图画和表格等视觉符号传递知识的教学行为方式。考生在设计板书时要目的明确、布局合理，要与讲授的内容、进度密切结合，同时还要注意板书的形式要美观。

第二章　如何教好一节课

思维导图

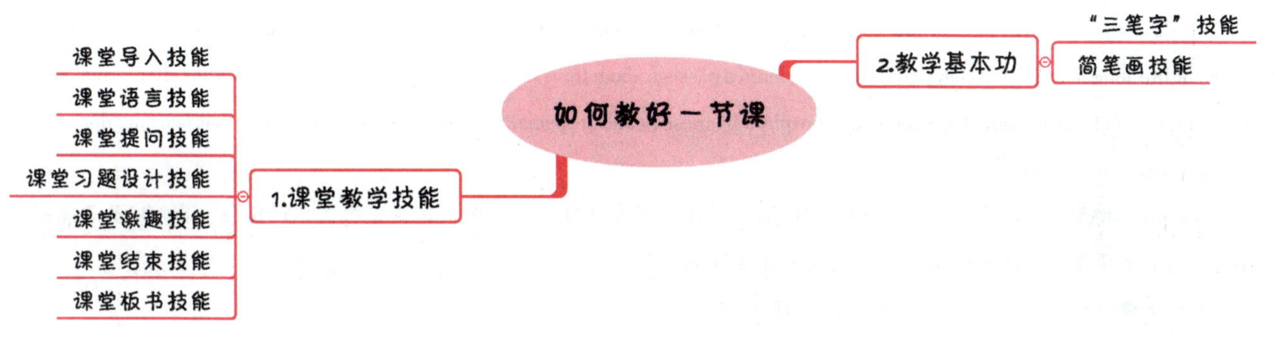

名师精讲

第一节　课堂教学技能

一、课堂导入技能

（一）直接型导入

1.开门见山式导入

开门见山式导入是最简单和最常用的一种导入方法。该方法不用借助其他材料，教师只要概述新课的主要内容及教学程序，明确学习目标和要求，引起学生重视并准备参与教学活动，做到“课伊始，意亦明”。导入可以交代新课学习的主要内容，也可以交代新课学习的目标与现实意义。

2.直观导入

直观导入包括两类：实物导入与电教媒体导入。

（1）实物导入

实物导入是指教师利用实物、教具引导学生直观观察、分析，引出新知识的导入方法。利用实物导入可以使抽象的知识具体化、形象化，为学生架起由形象向抽象过渡的桥梁。例如，圆柱、圆锥、圆台的侧面积和全面积的导入，可以让学生观察模型及其侧面展开图，进而引导学生推导出计算公式。

(2)电教媒体导入

电教媒体导入即运用现代化的多媒体设备导入教学,既有声又有像，形象、直观、生动、新颖、有趣，能迅速激发学生的学习热情，达到事半功倍的效果。

如运用音频教学，教师先放音频让学生听，然后提问让学生回答，这对培养学生的听说能力有很好的效果。运用投影仪、多媒体既能节约时间，又形象直观，并且还有动态功能。

教学实践

1. 英语课Life-long Learning课堂导入:

"Hello, boys and girls. Most of you know something about Life-long Learning? But how much do you know about others' real experience of life-long learning? Today, we are going to learn a passage about three different persons' experience of studies after formal education. At the end of this lesson, I hope you will be inspired by these people, especially Grandpa Chen and, realize that learning doesn't finish when you leave school."

英语点评:教师一开始就提出本课的教学目标，让学生知道在课堂结束时他们需要掌握的学习任务。导入中反复提到的终身学习能够帮助学生理解学习的重要性，提升终身学习的意识。

2. 化学课《物质的量在化学实验中的应用》课堂导入:

在科学实验和工农业生产中，所使用的溶液一般都是量取体积，而较少称量它的质量;对溶液中发生的化学反应，反应物和生成物物质的量也存在一定比例关系，这种关系要比它们之间的质量关系简单得多。

【投影】	NaOH	+ HCl →	NaCl	+ H_2O
质量关系	40 g	36.5 g	58.5 g	18 g
物质的量关系	1 mol	1 mol	1 mol	1 mol

能不能采用另一种新的浓度表示方法，让物质的量与溶液的体积之间建立起联系，便于我们的化学计算和实际运用呢?今天我们就来学习这种新的溶液浓度表示方法——物质的量浓度。

化学点评:这样设计，开门见山，目标明确，针对性强，避免了思维的盲目性。通过直接描述及投影的展示引出物质的量浓度概念，这样的导入更富有启发性，更能引发学生的问题意识。

(二)复习型导入

复习型导入即所谓的“温故而知新”导入，主要是利用新旧知识间的逻辑联系，即旧知识是新知识的基础，新知识是旧知识的发展与延伸，从而找出新旧知识联结的交点，由旧知识的复习迁移到新知识的学习上来导入新课。通过这种方法导入新课，可以淡化学生对新知识的陌生感，使学生迅速将新知识纳入原有的知识结构中，能有效降低学生对新知识的认知难度。使用这种导入方法，教师一定要了解学生原有的知识水平，要精选复习、提问新旧知识联系的“交点”。

教学实践

1. 信息技术课《二进制编码》课堂导入:

师:同学们，通过上节课的学习，我们知道计算机能够正常工作不但需要有硬件部分，还需要软件来支持，否则配置再高的计算机也如同一堆毫无意义的废品。下面请同学思考一下，回忆着画出计算机系统的结构图，老师请一位同学在黑板上画。

师：那就这位男同学在黑板上画吧！其他同学画在自己的练习本上。通过大家的演示，再对比老师所给的正确结构图。(看大屏演示计算机系统的组成)这位男同学对计算机系统的组成掌握的真扎实!你们呢？真棒!

师：表示存储器存储容量的基本单位是什么？对，就是字节，简称B；那计算机存储信息的最小单位是什么？没错，称之为位，又称比特。常用的单位之间的换算关系呀，老师请两个同学写在黑板上，其他同学写在自己的练习本上。(大屏演示)1 KB=__________B，1 MB=__________KB，1 GB=__________MB。

师：这位女生和×××同学，请你们到前面来写。大家这么快就写完了，那老师念着答案，我们一起检查这两位同学写得对不对。1 KB=1024 B，1 MB=1024 KB，1 GB=1024 MB。他们都写对了，你们写对了吗？看来同学们回去都好好复习了。在计算机中，采用二进制数。所以，要在计算机中表示的数、字母、符号等都要以特定的二进制码来表示，这就是二进制编码。今天我们一起来学习二进制编码。

信息技术点评：通过复习计算机系统的组成，由旧知识“表示存储器存储量的基本单位”的复习，迁移到新知识“二进制编码”上，淡化学生对新知识的陌生感，降低了学生对新知识的认知难度和教师的授课难度。学生带着熟悉感进入课堂，听课效果大大提高。

2. 语文课《茶花赋》课堂导入：

师：同学们，现当代散文作家杨朔已经是我们的老朋友了。可以说，每个学期与我们见一次面。第一册他奉献给我们北京香山的红叶；第二册他请我们品尝广东甜香的荔枝蜜；今天他又将捧给我们春城昆明的一丛鲜艳的茶花，大家喜欢吗？

师：在《香山红叶》中，作者借红叶喻老向导，越到深秋越红得可爱；在《荔枝蜜》中，作者借蜜蜂赞美辛勤的劳动人民。那么，今天要学的茶花又象征什么呢？

语文点评：教师从已知知识出发，使学生自然地进入到新知识的学习，提高了学生的参与程度，激发了学生的学习兴趣。需要注意的是，这里所讲的旧知识不一定是指前一节课的知识，而是指与即将学习的新知识有联系的旧知识。

3. 数学课《勾股定理逆定理》课堂导入：

师：同学们还记得勾股定理的内容吗？我们一起回忆一下。

师：勾股定理：直角三角形中，两个直角边边长的平方加起来等于斜边长的平方。设直角三角形两直角边为a和b，斜边为c，那么$a^2+b^2=c^2$。

师：若$a^2+b^2=c^2$，则以a，b，c为边的三角形是什么样的三角形？

师：根据勾股定理很容易知道这个三角形是直角三角形，勾股定理的条件与结论反过来就是今天我们要学习的勾股定理逆定理。

数学点评：勾股定理逆定理是在学习勾股定理之后学习的内容，通过回忆旧知识，能淡化学生对新知识的陌生感，降低学生对新知识的认知难度，使学生将新知识迅速纳入到原有的认知结构中去。

(三)悬念型导入

悬念型导入是指在教学中，创设带有悬念的问题，给学生以神秘感，从而激起学生的好奇心和求知欲的一种导入方法。利用悬念激发学生的好奇心，引发思考，启迪思维，往往能收到事半功倍的效果。

教学实践

1. 语文课《林教头风雪山神庙》课堂导入：

师：同学们应该都知道四大名著是中国文学史中的经典作品，是世界宝贵的文化遗产。这四部巨著在中国文学史上的地位是难分高低的，都有着极高的文学水平和艺术成就，可谓中国文学史上四座伟大的丰碑。《水浒传》就是这四大名著之一，描写了北宋末年以宋江为首的一百零八条好汉在梁山聚义，以及聚义之后接受招安、四处征战的故事。其中有一位好汉不仅棒打洪教头、风雪山神庙，还火并了王伦，大家想知道这是一百零八条好汉中的哪一个吗？想知道答案的话就跟我一起走进课文——《林教头风雪山神庙》，相信一定能让大家尽情目睹这位好汉的风采。

语文点评：该导入的悬念设计得非常巧妙，先提出一个与课文中人物相关的问题，以吸引学生的兴趣，进而激发学生的探究欲望。《水浒传》的具体故事情节大家可能不太熟悉，但是对其中的一百零八条好汉十分有兴趣，教师提出这一问题，可以调动学生学习的积极性，从而主动学习，很好地实现了正确有效的导入。

2. 数学课《离散型随机变量的期望》课堂导入：

师：赌徒分赌金——A，B两个实力相当的赌徒分别掷骰子，各押赌注32个金币，规定谁先掷出3次“6点”就算谁赢。赌博进行了一段时间，A赌徒已掷出了2次“6点”，B赌徒也掷出1次“6点”，此时发生意外，赌博中断。两人应该怎样分这64个金币呢？今天我们就来学习《离散型随机变量的期望》，帮助他们解决这个问题。

数学点评：从学生感兴趣的博弈问题出发，设置悬念，吸引学生的注意力，激发学生的学习兴趣和求知欲，创造了求知的良好情境，从而引入新课。

（四）设疑型导入

设疑型导入要求教师要针对教材的重点和难点，巧妙设疑。利用设疑导入，可以把学生的注意、兴趣、思维一下子吸引到所提的核心问题上来，并促使学生围绕核心问题阅读、思考，极大地诱发学生的求知欲，从而为整堂课的成功教学奠定基础。

教学实践

1. 语文课《孔乙己》课堂导入：

师：凡是读过《孔乙己》这篇小说的人，无不被鲁迅先生所塑造的那个受到社会凉薄的苦人儿的形象所感动。鲁迅先生自己也这样说：“我最喜欢的作品就是《孔乙己》。”为什么鲁迅先生创作了许多小说，偏偏最喜欢《孔乙己》呢？鲁迅先生究竟是用怎样的鬼斧神工之笔，来塑造孔乙己这样一个形象呢？过去有人说，古希腊的悲剧是命运悲剧，莎士比亚的悲剧是主人公性格的悲剧，易卜生的悲剧是社会问题的悲剧。鲁迅的《孔乙己》写的是孔乙己一生的悲剧。读悲剧时人们的心情往往很难过，洒下同情的眼泪。但读《孔乙己》时，大多数人的眼泪流不出来，心里还阵阵绞痛，眼泪往肚子里流。那么《孔乙己》究竟是命运悲剧、性格悲剧，还是社会悲剧呢？现在我们带着这些问题来学习课文《孔乙己》。

语文点评：该导入通过设疑的方式引出《孔乙己》这篇课文的教学重难点，设置的问题由浅入深，层层深入，既激发了学生的求知欲，又调动了学生的思维，同时活跃了课堂的教学氛围，是一种很实用的导入方法。

2. 地理课《地球的运动》课堂导入：

师：请同学们观察老师借助手电筒、地球仪做的演示（地球仪对着灯光，绕地轴自西向东旋转），思考地球仪上会发生什么现象？假设地球仪本身不转动，灯光照在地球仪上，会发生什么现象？白天黑夜是怎样产生的？当北京正午时，西半球的美国华盛顿是白天还是黑夜？

地理点评：老师通过演示，从学生生活实际出发，从学生身边的地理事物和地理现象出发，设疑导入，在设疑中巧妙地提出与地球运动相关的学习任务，激发学生的学习兴趣和探究问题的欲望。

3. 生物课《血糖的来源和去路》课堂导入：

师：马拉松运动员在比赛过程中，血糖不断被消耗，但是它的含量仍然保持在0.9克每升。这是为什么呢？饭后，大量的葡萄糖被吸收到了体内，但是正常人的血糖含量只有短暂的升高，很快就恢复正常，这又是为什么？

生物点评：案例中教师通过实际生活中的例子提出疑问，使学生在学习之前暂时处于一种困惑的状态，有利于学生积极思考，从而提高课堂教学效果。

（五）情境型导入

情境型导入是指教师通过音乐、图画、动画、录像或者满怀激情的语言创设新奇、生动、有趣的学习情境，使学生展开丰富的想象，产生如闻其声、如见其形、置身其中、身临其境的感受，从而唤起学生情感上的共鸣，使学生情不自禁地进入学习情境的一种导入方法。

教学实践

1. 数学课《三视图》课堂导入

幻灯片课件：

横看成岭侧成峰，远近高低各不同。不识庐山真面目，只缘身在此山中。——苏轼《题西林壁》

为什么同是这几个娃娃，拍出来的照片会不同呢？

从正面、左面、上面看一个圆柱，看到的图形分别是什么？

从正面、左面、上面看一个四棱锥，看到的图形分别是什么？

师：从正面看到的图形，称为主视图；从左面看到的图形，称为左视图；从上面看到的图形，称为俯视图。

数学点评：通过设置幻灯片课件，符合学生形象思维的特点，用现实生活中的物件先培养学生认知立体图形的能力，再逐步过渡到三视图，这样三视图的概念就在学生头脑中建立起来了。

2. 英语课 Where's Your Pen Pal From？课堂导入：

"Hello, everyone! All eyes on the picture. What's this? How many people are there in Anne's family? Who are they? Who is the boy? What's the name of Anne's brother? What's the name of Anne's parents?"

英语点评：教师通过图片创设 Anne 一家户外活动的情境，并通过提问来激发学生对 Anne 一家的兴趣。从学生感兴趣的话题出发，这有助于提高学生自主学习英语的热情。

（六）故事型导入

故事型导入是一种通过适当地选用与新课内容有关的故事、趣闻逸事或生活中所熟悉的事例、报纸上的新闻、科学史上的事例设置学习情境，引入新课的方式。学生喜欢听故事、趣闻逸事，特别是一些科学性、哲理性很强的故事，更受学生的欢迎。

教学实践

1. 地理课《大规模的海水运动》课堂导入：

师：1992 年，一艘从中国香港出发的货轮在太平洋海域遭遇风暴，船上近 3 万只塑料玩具鸭坠入大海，漂浮在海面上，形成一支庞大的"小鸭舰队"，并随波逐流。随后几年，玩具鸭先后抵达印度尼西亚、澳大利亚、美洲等地。有人预测，其中的 1 万多只玩具鸭组成的"小鸭舰队"在海上漂流了 15 年后，会抵达英国海岸。今天我们就来探究一下"小鸭舰队"是如何抵达这么多国家的。

地理点评：爱听故事是学生的一大特点，老师通过"小鸭舰队"漂流记的故事，引出《大规模的海水运动》的课题，激发学生的学习兴趣，有利于培养学生的地理思维能力。

2. 物理课《浮力》课堂导入：

师：同学们，老师先给大家讲个故事。传说，古罗马有一个统帅叫狄杜，骁勇善战。有一次出师大捷，捉到不少俘虏。他命令手下的士兵把所有的俘虏捆绑起来，沉入海中处死。出乎意料的是，战俘们不但没有沉入海中，反而一个个都平安地浮在海面上，后来被波涛送回到岸边。狄杜大怒，让士兵再次把这些俘虏投入海中。可他们似乎被某种"神秘"的力量托起，又送回到岸边。狄杜大惊，他想这一定是神灵保护他们，不该把他们处死，只好下令把俘虏全部释放。同学们想知道保护俘虏的“神灵”是谁吗？通过今天这节课我们就能认识这位“神灵”。

物理点评：通过一个小故事让学生兴致顿生，兴趣盎然，使课堂气氛活跃，学生的求知欲得到激发。

3. 音乐课《茉莉花》课堂导入：

师：今天老师给大家带来一个美丽的传说。传说在很久很久以前，沙漠中的楼兰古国有位美丽动人的公主，名叫图兰朵，她貌若天仙，但残酷无情。据说她给来自各国的求婚者提出了一个条件，能回答出她提问的三个问题的人，就可以娶她，并赢得皇位，但如果答不出，就要被砍头。因此，很多人包括其他国家的王子都死在了她的刀下……瞧，月亮出来了，僧侣们的祈祷乐响起了(交响乐——《茉莉花》的旋律响起)。……

音乐点评：歌剧《图兰朵》中吸收了江南民歌《茉莉花》的旋律，带有浓郁的东方韵味。教师通过歌剧《图兰朵》的故事，引出歌曲《茉莉花》，既通过故事吸引学生进入课堂，又使学生了解了歌剧《图兰朵》与歌曲《茉莉花》之间的关系。

(七)音乐型导入

在上课伊始让学生欣赏歌曲，既能营造愉快的课堂气氛，激起学生积极的学习兴趣，又能使学生在歌词中发现该课的教学重点，提前进入学习状态。

教学实践

1. 音乐课《踏雪寻梅》课堂导入：

师：(播放《铃儿响叮当》)老师播放的歌曲是哪个国家的作品？你在什么时候学的这首歌？(生：美国的《铃儿响叮当》，我们在幼儿园或者是小学的时候学过这首歌，圣诞节的时候大街小巷都会播放这首歌曲)

师：我们中国也有一首这样的歌曲，就是我们今天要学习的《踏雪寻梅》。

音乐点评：通过播放同学们熟悉的歌曲《铃儿响叮当》来导入要学习的歌曲《踏雪寻梅》，通过相似的歌曲情绪、旋律来引起学生的学习兴趣，在引入课题的同时，对新歌曲的情绪、内容也有了初步的了解。

2. 政治课《用对立统一的观点看问题》课堂导入：

师：播放王菲演唱的歌曲《水调歌头》“王菲用她空灵的歌声演绎了苏轼的千古绝唱——《水调歌头》。好歌好词，将我们带进了美好的艺术境界。“人有悲欢离合，月有阴晴圆缺，此事古难全。”不仅带给我们艺术上的美感，更带给我们智慧上的启迪。它揭示了世界上万事万物都是对立统一的，矛盾具有普遍性。但是不同事物的矛盾是不同的，不同的矛盾在事物发展过程中的地位、作用也是不同的，因此，我们必须学会用对立统一的观点看问题。今天，我们大家一起来学习第九课第二框的内容。

政治点评：案例中教师用经典的诗词和美妙的歌曲，营造了一个轻松愉悦、富有感染力的课堂氛围，并从中引出本课的课题，将学生之前所学与新课内容自然、流畅地衔接起来，能有效激发学生思考的兴趣和参与的积极性。

3. 美术课《过年啦》课堂导入：

师：(播放歌曲《过新年》，教师跟唱)过新年，过新年，红红火火的中国年，平平安安，岁岁年年，生活就是苦辣酸甜，过新年，过新年，红红火火的中国年，平平安安，岁岁年年，有你有我团团圆圆……同学们，你们从这首歌曲里听到了什么呢？

生：过新年。

师：对，“大红灯笼高高挂，对对春联门上贴，福到寿到财神到，家家户户放鞭炮”说的就是我们的传统节日——春节，也就是说，还有一个多月的时间我们就要过年啦！大家开心吗？

生：开心。

师：刚才的音乐好听吗？从音乐中你感受到了一种什么样的气氛？

生：好听，热闹的新年气氛。

师：春节是我们中华民族一年中最盛大的传统节日，俗称“过年”也叫“过大年”，那今天我们就提前在画本上过一个新年

吧。(板书课题——过年啦)

美术点评:通过听唱欢快的歌曲《过新年》进入气氛愉悦的课堂并引出课题,再以俗语提示让学生回想到有关春节的各种风俗习惯,既增加了学生作画的兴趣又降低了作画时的难度,一举三得。

4. 英语课 Would You Mind Turning Down the Music? 课堂导入:

"Good morning, class. I have a nice song for you. Let's enjoy it.

If you're happy and you know it, /Clap Your hands; /If you're happy and you know it, / Clap your hands; /If you're happy and you know it, /Never be afraid to show it.

The song is wonderful, isn't it? But it's too loud, maybe too noisy. What should we do? Let's start our new lesson, Would You Mind Turning Down the Music?"

英语点评:教师通过歌曲,不仅使课堂气氛变得轻松,而且激发了学生的兴趣。同时由这首 music 自然导入本课的话题 Would You Mind Turning Down the Music?

(八)实验型导入

实验型导入是以演示实验或学生实验的方式设置学习情境的导入方法。实验的好处是现象明显,生动有趣,直观形象,不仅能帮助学生认识抽象的知识,而且能激发思维活动,促使其自觉地去分析问题、探索规律,从而培养学生分析问题和解决问题的能力以及实事求是的精神。

教学实践

1. 美术课《色彩的魅力》课堂导入:

师:同学们,我们美术中的颜料三原色是什么呢?

生:红色、黄色和蓝色。

师:说得对,那么在今天正式开始上课之前,老师要先带你们玩一玩魔术师的游戏(拿出课前准备好的几支分别装有红色、黄色、蓝色液体的试管),大家仔细观察一下会发生怎样的颜色变化。首先,将红色试管中的液体往黄色试管中倾倒,这支黄色试管发生了什么变化?

师:对,变成了橙色。老师再把另一支黄色试管中的液体往蓝色试管中倾倒,这支蓝色试管又发生了什么变化?

师:对,变成了绿色。现在老师再把红色试管中的液体往蓝色试管中倾倒,这支蓝色试管又有什么变化?

师:是的,变成了紫色。同学们非常聪明,色彩就是这么神奇,刚才我们在小魔术中得到的这三种颜色——橙色、绿色和紫色是我们色彩大家园中的三个间色,我们如果再将两个间色进行混合或者将三原色以及它们的补色进行混合还会得到复色。色彩的魅力真是无穷无尽,我们接着来体验吧!

美术点评:案例中教师利用三原色两两相融形成间色的原理,通过做小实验让学生初步了解色彩的魅力,于无形中引出课题,也激发了学生学习本课的强烈兴趣与尝试、创作的冲动。

2. 物理课《大气压强》课堂导入:

师:同学们,看!老师手里有一只灌满水的玻璃杯,这是一张塑料卡片,把它盖在杯口上,现在老师用手按住卡片把水杯倒过来。就像现在这样。同学们猜一猜,如果老师现在把托着卡片的手移开,会怎么样?水会倒出来吗?

师:好,记住你的猜想,老师要松手了,大家注意看。

师:哎!水竟然没有"倒"出来,同学们不要惊讶,今天我们就来学习这是为什么。

物理点评:覆杯实验和瓶"吞"鸡蛋实验是大气压强经典的课堂导入方法,主要是利用奇特的实验现象,唤起学生的注意力,引起学生的思考和强烈的学习兴趣,从而产生强烈的求知欲而导入新课。

3. 科学课《动能和势能转化》课堂导入：

师：同学们，请看，老师今天在教室的天花板上挂了一个铁球，现在把铁球拉到老师的鼻子前，同学们猜一猜，如果老师现在放开铁球，老师的鼻子会怎样呢？

师：好，注意看，老师要放手了，铁球开始动了，额，我的鼻子啊！为什么老师的鼻子能够幸免于难呢？今天我们就来一起学习这其中的奥秘。

科学点评："铁球碰鼻"的实验场面是惊心动魄的，实验开始前学生产生悬念，实验过程中学生会目不转睛，全神贯注，而实验结果出乎意料，这样一个实验能极好地激起学生浓厚的学习兴趣，使学生情不自禁地去思考其中的奥妙。从而为讲授新课作了一个良好的开端。

（九）活动导入

活动导入是指教师通过组织学生做一些与教学内容密切相关的活动或游戏，激发学生的学习兴趣，活跃课堂气氛，使学生在既紧张又兴奋的状态下不知不觉地进入学习情境的一种导入方法。

第二部分

教学实践

道德与法治课《学做"快乐鸟"》课堂导入：

上课之始，教师带领大家开展活动"快乐大本营"。

首先，出示课件展示一些有趣的图片，并配有欢快的音乐，让学生观看、感受。

师：同学们，老师今天给大家带来一个神秘的朋友，它叫快乐鸟。（然后呈现一只漂亮的小鸟的图片）

师：同学们，你们想做一只快乐的小鸟吗？谁能说说自己曾经快乐的时光呢？

紧接着，教师引导学生从家长、小伙伴及自己的角度来回忆，个别发言与自由交流相结合，让学生讲述自己曾经有过的快乐的故事。

道德与法治点评：这样的活动导入，对于低年级的学生来说可以快速集中他们的注意力，将学生的情感调动起来，让学生带着轻松愉快的心理进入到教学内容的学习。

（十）事例导入

用学生生活中熟悉或关心的事例来导入新课，能使学生产生一种亲切感，起到触类旁通的功效；也可介绍新颖、醒目的事例，为学生创设引人入胜、新奇的学习情境。

教学实践

物理课《运动和静止》课堂导入：

师：你们听说过用手抓子弹的事吗？

（待学生凝神倾听后）

师：第二次世界大战时，一名法国飞行员在2000米高空飞行时，发现一个小虫在身边蠕动，伸手一抓，大吃一惊，原来是一颗正在飞行的子弹。这位飞行员为什么能用手抓住飞行的子弹呢？现在我们来学习《运动和静止》，通过本课的学习，同学们可以领会其中的道理。

（接下去讲课，学生注意力自然集中了。）

物理点评：通过这样一则震撼的故事，可以给学生的思想形成强烈的冲击，激发了学生的学习兴趣，学生带着疑惑进入学习情境，听课效果大大提高。

（十一）板书导入

板书导入是指教师通过富有表现力的板书使学生集中注意力，调动学生学习的兴趣，揭示教学内容，引

导学生进入学习情境的一种导入方法。板书导入常用变化字体、变化字的大小、变化书写顺序及格式、采用绘画、故意写错别字等形式来实现。

教学实践

语文课《爱莲说》课堂导入：

著名教师魏书生在上《爱莲说》这一课时，故意将作者周敦颐的“颐”字写错，同学们便议论纷纷，有的学生甚至大声指出教师的错误，魏书生随即请学生起来纠正，进而进入到新课的学习。

语文点评：通过故意写错别字，由学生发现并指出，可以在短时间里调动学生的情绪，使其快速集中注意力到课堂学习。发现教师的错误，也使学生比较有成就感。

二、课堂语言技能

（一）导入语

导入语又叫导语或开讲语，是教师在讲授新内容之初，根据教学目标设计的用以激发学生兴趣的语言。著名特级教师于漪说：“课的开始，其导入就如提琴家上弦，歌唱家定音，第一音定准了，就为演奏奠定了良好的基础。”好的导入语往往能在较短的时间内吸引学生的注意力，安定学生的情绪，沟通师生之间的情感，同时还能为新内容的讲解定下基调，做好铺垫。

1. 导入语的特点与要求

（1）目的明确，准确简明

导入语是一堂课的引子，因此要紧紧围绕教学内容和教学目标精心设计。导入语不可随心所欲，信口开河，而要简明扼要，切忌拖沓冗长。

（2）新颖活泼，意趣巧妙

成功的导入语要求新、求活、求巧。新，就是角度新颖独特；活，就是话语要生动活泼；巧，就是要有巧妙的意趣。新颖的角度会使学生耳目一新，自然能够很快吸引学生的注意力；生动活泼的话语又能使学生兴趣盎然，而巧妙的意趣则能进一步激发学生的学习欲望。

（3）庄谐适度，启发思维

导入语要活泼生动，但也不能过于随便。否则，既会分散学生的注意力，又有损教师的形象。因此，好的导入语活泼而不失庄重，生动而又有雅趣。有人曾把导入语及其作用概括为如下口诀：名言警句，群情振奋；故事谜语，趣味猛增；对比悬殊，令人吃惊；志士伟绩，鼓舞精神；巧插小引，开拓意境；点将开篇，活跃气氛；新闻奇事，娓娓动听；切身利益，人人关心。

（4）导入要有针对性

课堂导入要根据教学实际有针对性地设计。一是导入设计要与学科性质、教学内容和教学目标相适应；二是要针对不同年龄阶段学生的心理特点、知识基础、认识水平设计导入。

（5）要恰当把握导入的“度”

课堂导入的主要目的是把新旧知识联结起来，引出新知识，使学生更好地学习新知识。因此，教师一定要把握好导入的“度”。课堂导入应尽量做到简练省时，力争用最少的话、最短的时间导入新课，引出新的教学内容。

2. 导入语的常见类型

导入语是教师讲授新内容的导言。成功的导言能引起学生的共鸣，赢得学生的信赖和认可。导入语的类型有：

类型	方法与作用
故事型	运用与教学内容密切联系的逸闻趣事作为一堂课的开始。这样能活跃气氛，激发学生的学习兴趣
设疑型	紧扣教材布设疑障，激发诱导学生积极思考以引入新课。设疑式的基本语言形式是设问
描述型	用形象化的语言描述与课堂内容有关的人物、事物或事件，创造引人入胜的情境
概括型	对即将讲解的教学内容做大概的介绍，使学生对所学的内容有初步的了解，可以起到提纲挈领的作用

3. 优秀导入语示例

【示例1】小学语文优秀导入语

(1)“小朋友们知道种树时需要哪些工具吗？”接着说：“老师看见三个小朋友去种树，可是我只看到他们扛着树，手里没什么工具，但是他们还是把树种好了，那么你们想不想知道他们是怎么种树的呀？”“请小朋友们打开课文——《三个小伙伴》。”

——《三个小伙伴》

(2)由“居”想到了“家”，想到了方言“吴音”。吴侬软语，好听啊。方言化作乡音，而后成了乡情。难怪人说一处乡音就是一个地域的文化，居住在家里，说着吴音，就有了一串串故事，于是诗人就用一首首诗、一篇篇文章记录这生活，抒发这情感。今天，我们走进著名诗人辛弃疾的一首词。

——窦桂梅执教的《清平乐·村居》

(3)今年暑假，老师去了一个美丽的地方，并且还给大家带来了两张照片，你们看(演示课件：在草原上的照片)。

——董琼执教的《草原》

(4)小朋友，在晴朗的夜晚，我们抬起头，就看见蓝天上有许多明亮的星星，一闪一闪的，非常有趣。天上的星星多极了，我们平常说的天上的星星多，用哪些词语呢？

——李吉林执教的《数星星的孩子》

(5)生活在这个美丽多彩的世界上，我们每天都会遇到感兴趣的东西。所以，我们要学会观察自己周围的事物。同学们认真想想，你们平时观察都使用了身上的哪些“小助手”？这些“小助手”让你了解到了哪些方面的信息？

——屈太侠执教的《观察作文〈花生宝宝〉》

(6)大家还记得我们学习《北大荒的秋天》的时候，一看题目就知道文章重点写的是什么季节？(秋天)哪儿的秋天？(北大荒)(板书拉萨的天空)我们看到这个题目，不用老师讲，你们就知道了什么？

——刘翠娣执教的《拉萨的天空》

(7)听着这美妙的旋律,让我们想到古诗的韵律美。古诗可以吟,可以唱,关键在古诗的每一个字都是推敲出来的精华。著名诗人贾岛“两句三年得,一吟双泪流”,说的就是这个理。那我们就来读读贾岛的《题李凝幽居》,体会贾岛身上发生的故事。

——窦桂梅执教的《题李凝幽居》

(8)同学们,从古至今,多少文人墨客留下思乡思亲的千古绝唱。看不够的家乡景,念不完的家乡人,写不完的还是家乡情啊!那么你积累了哪些思乡思亲的诗句呢?

——劳丽浓执教的《九月九日忆山东兄弟》

(9)我们祖先看到枝叶的繁茂,联想到的是下面的树根给予的营养,从而创造了这个字,来指有血缘关系的人,比如爸爸、妈妈、爷爷……

——窦桂梅执教的《再见了,亲人》

(10)孙老师也将带你们去旅游,去做一次精神旅游。我们将要到一座精神殿堂,与2500年前的古希腊哲学大师苏格拉底进行对话,去聆听他的声音,去触摸他的智慧,去汲取他的营养。现在就让我们一起走进——《最大的麦穗》。(板书课题)这篇课文,共490个字,只有两个生字。我相信经过认真地练习,你们一定能把课文读得正确、流畅!

——孙建锋执教的《最大的麦穗》

(11)在我国河北省赵县的河上有一座历史悠久、举世闻名的石拱桥——赵州桥。赵州桥经过了1300多年的风吹日晒、洪水侵害和地震的破坏,与它同一时代的建筑几乎都不存在了,可它仍然保持着当年的雄姿,这座桥为什么历经千百年而岿然不动?让我们走进课文《赵州桥》寻找答案吧!

——晁明芳执教的《赵州桥》

(12)(出示地形图)大家看,这是一张中国地图,安塞就在这里,它地处黄土高原,自古以来就是兵家要塞,也是我们中华民族的主要发祥地,安塞腰鼓就诞生在这块土地上,安塞腰鼓被誉为“天下第一鼓”。(齐读课题)

——董琼执教的《安塞腰鼓》

(13)“一提到春天,我们就会想到春光明媚、绿满天下、鸟语花香、万象更新。自古以来许多文人用诗词来描绘春天,杜甫有一首《绝句》,同学们还记得吗?”(学生齐背:“两个黄鹂鸣翠柳,一行白鹭上青天。窗含西岭千秋雪,门泊东吴万里船。”)“王安石的《泊船瓜洲》呢?”(学生又齐背:“京口瓜洲一水间,钟山只隔数重山。春风又绿江南岸,明月何时照我还。”课一开始就充满了诗情画意,这是与即将学的《春》的内容相吻合的。接着于老师又因势利导启发)“现在我们就欢乐地生活在阳春三月的日子里,但是,我们往往是知春,而不会写春。那么,请看朱自清先生是怎样来描写春天景物的色彩、姿态的。”

——于漪执教的《春》

(14)同学们的记忆仓库中,一定也储存了许多有意思的成语。今天,让我们打开记忆的闸门,比一比谁掌握的成语多!

——刘玉兰执教的《成语大比拼》

(15)同学们,在一个伸手不见五指的夜晚,一个人影蹿进了陈列着珍贵字画的展览馆里,准备划破玻璃,偷里面的字画。当他的玻璃刀刚刚触及玻璃的时候,院子里面响起了急促的警报声。警察立即赶来,把这个小偷给抓住了。同学们一定会很奇怪:这是什么玻璃呀,怎么一接触就发出警报声呢?同学们,这是一种新型玻璃。

——于永正执教的《新型玻璃》

(16)春天来了,春姑娘带来了春风,也送来了春雨。滴答,滴答,雨点落下来了。今天,我们来学习一首诗歌——《雨点》。

——许梅芳执教的《雨点》

(17)《圣经》上说:敬畏是上帝,是智慧的开始。在我看来,敬畏生命是智慧的开始。生命是独一无二的奇迹,他的意愿是生存,是好好的活,当灭顶之灾袭来的时候,生命迸发的智慧值得我们敬畏。让我们怀着一颗敬畏的心学习课文。

——孙建锋执教的《生命的悲歌》

(18)看,有月的夜空是多么的宁静而优美,望着画中的月儿,在想象中沐浴着它的清辉,让我们一起轻轻地读课题。

——赵源林执教的《望月》

【示例2】小学数学优秀导入语

(1)同学们,你们到商店买过东西吗?在商品的标价牌上经常见到一些怎样的数?学生举例。今天,我们一起来研究小数。看到这个课题,你想学点什么?

(2)同学们,今天有个低年级的小朋友向我请教了几个问题,他的问题把我难住了,你们能帮助老师解决吗?他问:自行车架为什么要做成三角形?而自行车的轮胎为什么要做成圆形的呢?大家现在知道的只是一些表面原因,其实这里面具有一定的科学知识,你们想知道吗?学完了再回答,好吗?

(3)刚才我们观看了交通、邮政、广播等部门的工作时刻表,你能用平时常用的方法来表示吗?

(4)同学们,你们已经探索出了“9+几”的计算规律。关于“8+几”的运算规律,大部分同学肯定已经触类旁通了。来,谁想当回小老师,把你的研究成果展示给同学们?

(5)一只蚂蚁在圆周上爬了一圈(出示投影),看到这幅情境,你想提出什么问题吗?同学们看到这个课题,你想学到哪些知识?

(6)同学们喜欢过生日吗?你已经过了多少个生日?小华今年13岁,可他才过了三个生日,同学们想知道这是为什么吗?学习了这一课后,你就会明白的。

(7)如果家中有一些暂时不用的钱,你认为怎样处理好?为什么要把钱存入银行?你对“利息”知道多少?这节课我们就来学习有关“利息”的知识。

(8)数据很有说服力,能说明问题,但不能从天而降,因此,需要我们去“收集和整理”。

(9)今天,我们要用以前学过的知识解决一些与同学们有关的问题,在活动过程中,同学们要相互配合,相互帮助,共同把今天的任务完成好。

(10)你想了解××的什么知识?同学们提的这些问题太有价值了,正好抓住了知识的重点,这说明我们同学们都特别会学习,今天的课一定会因同学们的表现而精彩。

(11)我们都学过《乌鸦喝水》这篇课文,乌鸦是怎样喝着水的?石头放入水中后出现什么现象?(做演示)你们看,我将大小不同的两块石头放在水中出现的结果一样吗?有什么不同?为什么?这节课我们就来学习《体积与体积单位》。

(12)同学们,公元前外国有一位科学家叫阿基米德,皇帝故意为难他,拿出一顶镶满金子、珠宝、钻石的皇冠,叫他算出体积有多大,阿基米德一边思考,一边准备洗澡,当他躺进装满水的浴盆里,水溢出水盆,阿基米德恍然大悟,你们说他想出了什么好办法?

(13)有一天,天气炎热,孙悟空叫猪八戒去找西瓜解渴,不久,猪八戒浑身汗淋淋地抱着个大西瓜回来了。孙悟空说:"为了公平一些,每人吃西瓜的四分之一吧。"八戒一听瞪大眼睛,满脸不高兴地说:"西瓜是我找来的,应该多分一些给我,我要六分之一。"孙悟空听了直笑,马上切了六分之一给他。同学们,八戒吃到的西瓜多了还是少了?

(14)你已经知道了年、月、日的哪些知识?谁愿意说给大家听一听。

(15)大家都知道,数学与我们的生活密切相关!今天,咱们就来看一看,谁善于运用所学的数学知识来解决日常生活中的问题。

(16)同学们,有一道题,老师苦思冥想了好长时间,还是没想明白,老师想请教一下同学们,愿意帮老师吗?

(17)同学们,喜欢听故事吗?好,老师就满足你们的愿望,不过,得有一个条件,要边听故事边思考问题,做得到吗?

(18)同学们,昨天晚上老师又到数学王国去了一趟,学到了许多新鲜而有趣的知识。现在你任意说一个数,我就知道它能不能被2整除,你信吗?你想知道其中的奥秘吗?这节课,我们就来研究一下。

(19)有两个角:一个是蓝角,一个是红角。有一天蓝角和红角争吵起来,红角骄傲地对蓝角说:"我比你大。"可蓝角不服气地说:"其实你并不比我大。"那么这两个角的大小到底怎么样呢?请小朋友们用三角板比比看。

(20)如果老师不直接告诉你年龄,你能提供几条信息,使同学们从中推算出老师的年龄。

(21)同学们,看到这个课题,你想了解些什么?

(22)同学们,在我们的生活中,到处可见一幢幢的楼房,那你知道为什么楼房能够盖得又高又直吗?这可是个秘密,你们想不想知道?

(23)同学们,你们想知道车轮为什么做成圆的,车轴为什么装在中间吗?学完了这一课,你们就会明白的。

第二部分

(24)同学们,我们学校操场的东北角上有一棵大杨树,请同学们想一想,不锯倒这棵大树,你能知道它的直径吗?通过这一节课的学习,你们一定会解决这个问题的,希望同学们积极探索、大胆创新,课后看谁最先准确地算出这棵大树的直径是多少?来告诉老师好不好?

(25)同学们喜欢机器人吗?看,它已经一步一步地向我们走来了,“小朋友们好,我是机器人笨笨,今天,让我跟你们一块学习图形一课,好吗?”(电脑显示)

(26)同学们,我们刚刚结束了第三单元新知识的学习,这节课,我想请同学们当小主人,老师当听众,由你们把本单元知识系统整理一遍,你们说好吗?

(27)今天,老师给大家变一个小魔术,只要同学们随便说出一个分数来,老师就能知道它能否化成小数,同学们想不想把老师的这项本领学到手呀?

(28)我们已经认识了自然数和分数,今天在数的大家庭里又来了一位新成员,它和分数关系可好了,同学们想知道它是谁吗?

(29)我校盖了一座楼房,有两个工程队参加最后竞聘。甲工程队用10个月能完工,乙工程队用12个月能完工。大家帮学校拿个主意,聘哪个工程队好?学校希望早点完工,准备两个工程队都聘用,你们想一想多长时间能完工?猜猜看!能不能想法子算出比较准确的时间呢?这节课我们就来解决这个问题。

(二)讲授语

1. 讲授语的含义与功能

讲授语是教师系统、全面地向学生传授知识和技能,同时培养学生情感和价值观的教学语言。讲授语是课堂教学中最基本的、使用频率最高的语言表达形式。

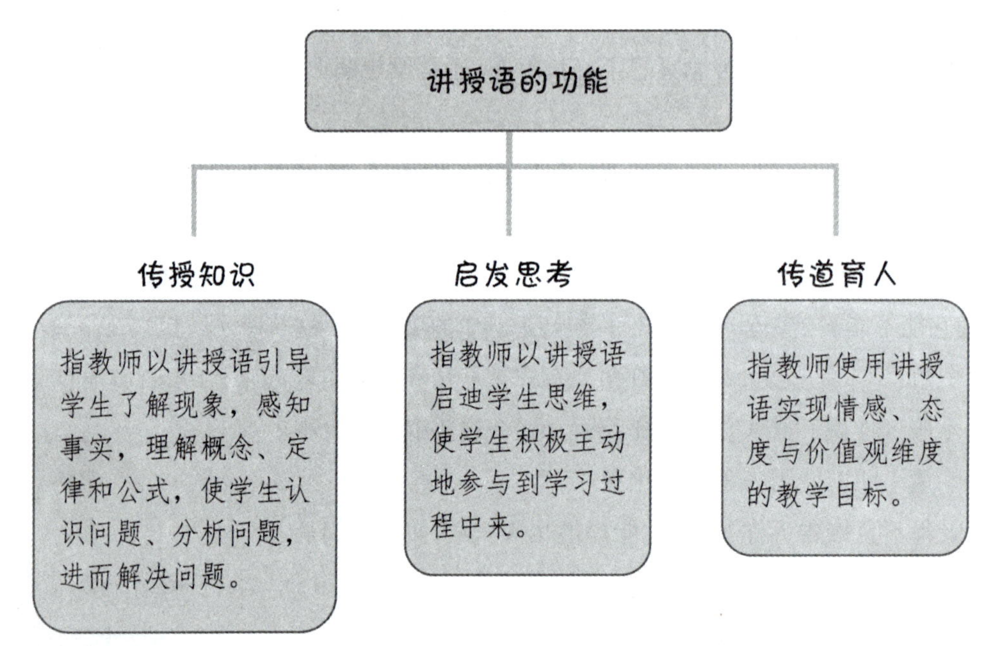

2. 讲授语的特点与要求

讲授语是教师教学活动的中心用语,是教学语言最主要的表现形式。讲授语的基本特点与要求如下:

(1)语义畅达,严谨缜密

语义畅达,表现为话语组织的层次性和连贯性;严谨缜密,则表现为语句选择的规范性与准确性。清晰

明确地表现讲授内容,是讲授语的第一要求;而有序的语言、缜密的语句,才是清晰的、明确的。

(2)主次有别,详略分明

任何一堂课的讲授内容都有重有轻,有主有次。抓住重点、突破难点,是讲授成功的关键。这就要求讲授语的设计不应当详略一贯,而应该主次有别,详略分明,以充分体现讲授的重点和难点。

(3)通俗形象,明白易懂

讲授语应当尽量口语化,讲述形象生动。讲授语的真正作用在于化抽象为具体,化深奥为浅显,化枯燥为风趣。只有这样,才有利于学生接受和理解。

3. 讲授语的常见类型

讲授语因语用目的的不同,一般可分为讲述语、讲解语、归纳语和评点语等几种类型。

(1)讲述语

讲述就是教师运用叙述、描述的方式,向学生说明事物的特征、事物发展变化的过程等(如生物课中对植物外部特征的描述,历史课中对历史事件的叙述,语文课中对人物性格的描述)。讲述语的基本要求是:叙述、描写应遵循一定的顺序,符合事物内在的逻辑性,并详略得当,通俗简练。

教学实践

《最后一课》背景介绍

同学们,今天我们要学习的是法国的短篇小说——都德的《最后一课》,为什么叫"最后一课"呢?这是怎样的"最后一课"呢?

现在我简单地把这篇小说的背景介绍一下:这篇小说反映的是1871年间普法战争的情况。同学们知道,普鲁士是德国的前身。在普法战争中,法国的皇帝拿破仑三世要称霸欧洲,因此就出兵向普鲁士挑战。普鲁士军队早已有准备。所以,拿破仑三世打过去的时候,不但没有把普鲁士军队打败,相反,人家把他打败了。于是,法国把阿尔萨斯和洛林东部两个地方作为赔偿,割让给了普鲁士。

这两个地方的学校,当然也就在普鲁士的统治之下了,学校里只准教德语。从此,小说里的主人公小弗朗士,就不能在学校里学习法语了!小说里的老师韩麦尔先生,也就不能再在学校里教法语了!所以,这篇小说的题目就叫"最后 课"。

点评:该教师先提出问题,引导学生思考课文题目的内涵并留下悬念。然后通过介绍课文创作的背景资料,学生可以更好地理解课文的写作背景和文章内容,为接下来的课堂教学打下基础,同时可以吸引学生的注意力。

(2)讲解语

讲解是教师以阐释和解说的方式向学生传授知识。教学中,有关概念的解说、事理的阐释、规律的揭示、公式的推导都要靠讲解。讲解语的设计应灵活多样,既要深入浅出,通俗晓畅,又要严谨缜密,富有启发性。

教学实践

《愚公移山》教学片段

师:大家说说看,这个老愚公有多大年纪了?

(学生纷纷回答,有人说九十岁,有人说九十不到)

师:到底是九十,还是九十不到?

师:不到?从哪里知道?

师:A同学说"年且九十"中有个"且"字。对,有的同学看书仔细,有的就有些粗心。那么,那个智叟是个年轻人吗?

师:为什么不是?

(学生齐声说"叟"字呀!)

师:对,很好。愚公和智叟都是老头儿。那么,那个遗男有几岁了?

师:你们又是怎么知道是七八岁的呢?

师:有同学说是从"龀"字知道的。很好,"龀"这个字很难写,谁来写一下?(生板书)写得对。"龀"是什么意思?

师:对,换牙。你看,是什么部首?(生答:"齿"字旁)孩子七八岁时开始换牙。同学们不但看得仔细,而且都记住了。那么,这个年纪小小的孩子跟老愚公去移山,他爸爸肯让他去吗?

(生一时答不上来,稍一思索,七嘴八舌地:"他没有爸爸。")

师:你们是怎么知道他没有爸爸的?

师:有同学说他是寡妇的儿子。"孀妇"就是寡妇。

师:对,那遗男是什么意思?

师:对,遗男是孤儿的意思。

点评:该教学片段中教师采用循序渐进的讲解方法引导学生理解课文内容。通过对文中重点字词的翻译解释,引导学生思考,并对学生的回答做出必要的指导,该教师设计的问题具有启发性。

(3)归纳语

归纳是从一系列具体的事实中概括出一般原理。从思维的进程来看,讲解是由整体到局部,由抽象到具体,由深奥到浅显的分析、解疑;归纳则是由局部到整体,由具体到抽象,由感性到理性的综合、总结。在知识的讲授中,讲解是必要的,而及时的归纳也不可少。精要简洁的归纳,能够在详尽分析的基础上,使学生的思维发生质的飞跃,从整体上掌握事物的本质、知识的要领。

教学实践

《从百草园到三味书屋》教学片段

这一段对百草园的描写有声、有色、有形、有味(板书"四有"),就像一幅图画,给人一种绚丽明快、充满生气的感觉(板书"绚丽明快、充满生气"),而鲁迅先生幼年时的形象以及他对百草园的眷恋也在这里展示了出来,而这又真实地反映了鲁迅先生对自由自在、无拘无束的生活的向往与热爱。

点评:这段归纳语总结了对百草园描写的内容,语言简洁明了,通过总结归纳对百草园的描写,分析出作者想要表达的思想感情。并配以板书,归纳知识点,完善知识体系,使学生更好地掌握和理解这段课文的内容。

(4)评点语

评点即画龙点睛式的点评分析。讲授过程中,在重要概念、关键词语或句段处,教师往往需要集中一点进行点评分析来引导学生展开联想,积极思考,挖掘其内在的更加深刻的东西或理解其与整体内容之间的深层联系,以收到更好的讲授效果。

教学实践

《祝福》教学片段

作者为什么让祥林嫂反复地讲"我真傻"?(当学生不得要领时,教师予以点拨讲析)请大家想想看,祥林嫂的悲惨命运究竟是谁造成的?是吃掉阿毛的狼吗?再想想,祥林嫂说自己傻,她到底傻在什么地方呢?(停顿片刻)祥林嫂看到自然界的狼吃掉了她的阿毛,却看不到社会的"狼"正在吞噬着自己。"我真傻"这句辛酸的话,深刻地揭示了祥林嫂受迫害而不自觉的现状。

点评:教师在学生思考不得要领的时候,通过简单的问题,由浅入深,层层深入,运用评点的方法帮助学生理解问题,引导学生积极思考,得到很好的教学效果。

(三)提问语

提问是教师教学过程中必不可少的手段。引导之法,贵在善问。善用提问语,几乎是所有优秀教师教学艺术的普遍特征。陶行知先生说过:“发明千千万,起点是一问。”恰当巧妙的提问,不仅能够激发学生对学习内容的兴趣,而且能推动学生积极地思考。

1. 提问语的特点与要求

(1)启发性——激发思维

课堂提问最大的价值就在于它具有启发性。它能够将教师对学生智能的考查和训练紧密地结合,既引导学生对知识进行深入的理解,又启发他们想象与联想,使他们在学习知识的同时得到思维能力的锻炼。比如在讲授新课时,通过提问把教学内容与学生已有知识关联起来,对学生思维的刺激程度远远超出一般的讲授。

(2)准确性——集中注意

这里所说的准确,包含两个方面的意思:

一是选“点”要准。课堂提问不可随意发问,必须紧紧围绕教学目标,选好“要点”,有准备、有顺序地认真设计。而提问的要点,往往就是教学的重点和难点。

二是提问的话语不能含糊不清,更不能似是而非。清楚、明白、准确地提问,可以使学生在一段时间内把注意力集中到该问题上,使教学收到良好的效果。

(3)适宜性——恰到好处

这里的适宜性有三个方面的具体要求,即适时、适度、适量。适时,指提问的时间不可过早也不可过晚。适度,是针对问题的难易程度而言的,过难或者过易均不利于学生能力的提高。提问适度的关键在于提问角度的把握,一般来说,提问的角度不宜太大,而应尽量从细小处着眼。适量,则是指提问的量不可过多,也不可过少。总之,教师的提问要想方设法做到恰到好处。

2. 提问语的常见类型

提问语是教师在教学中针对教学内容和学生学习的实际提出问题,促使学生思考钻研以加深理解的教学语言形式。提问语主要有以下几种类型:

类型	方法与作用
判断型	这类提问要求学生对所提出的问题进行判断,着重培养学生经过分析、综合形成正确判断的能力。常用“是什么”的语言形式来表述
论证型	这类提问要求学生对所提问题进行论证,着重培养学生的分析、综合能力。常用“为什么”的语言形式来表述
说明型	这类提问要求学生对所提问题做出说明,着重培养学生说明问题的能力。常用“怎么样”的语言形式来表述
想象型	这类提问要求学生对所提问题展开想象,并予以描述,着重培养学生合理想象的能力。常用“会怎样”的语言形式来表述

（四）小结语

小结语又称结尾语、断课语，指教师讲完一部分内容或课堂教学结束时的总结用语。断课同样是课堂教学艺术不可缺少的最后一道程序。一堂成功的课，不仅要有引人入胜的导入语和环环相扣的讲授语，还应有精致的结尾语。成功的小结语，应如撞击洪钟，给学生留下不绝于耳的清音和长久思索的余地。

1.小结语的特点与要求

（1）简洁明了

小结语往往是课堂教学内容的自然结束，因此既不能故弄玄虚，也不可小题大做、拖沓冗长。狗尾续貂和画蛇添足都是要不得的。繁琐、杂乱，甚至啰唆，不但时间不允许（小结语只有两三分钟时间），而且极易引起学生的厌烦，反而会削弱课堂教学效果。因此，小结语必须简洁明了。

（2）完整到位

小结语既不可拖沓冗长，也不可急促匆忙。如果教师在临下课时慌里慌张地讲几句，既不能起到巩固强化知识的作用，还会使学生感到教师有敷衍塞责之嫌。小结语要对学习的主要内容进行总结，具有帮助学生理解、巩固和记忆的作用，因此必须完整而深刻。要突出重点，提纲挈领，抓住核心的寥寥数语强化学生对本节课内容的理解。

（3）灵活有趣

小结语同样忌讳模式化、公式化。小结语若平平淡淡，缺乏生气，就难以给学生留下深刻印象；若常用一个模式，久而久之，就会令学生反感。因此，小结语要根据教学内容精心设计，变换方式，力求巧妙有趣，余味无穷。

2.小结语的常见类型

小结语是教师在一堂课或某一教学环节、阶段将要结束时，对前面的教学进行巩固或强化所用的总结性语言。小结语有以下几种常见类型：

类型	方法与作用
归结式	在完成教材的新授任务后，采用教师总结、学生回忆和师生讨论的方式，对主要内容、重点、难点进行归纳总结
练习式	通过指导学生在课上进行口头或书面的练习，使理论与实践相结合，让学生在实践中巩固所学知识，获得完成课外作业练习的方法和范例，把知识转化为技能
探讨式	在总结常规内容的基础上延伸到课堂之外，指导学生对相关的知识或事理进行研究和探索

3.优秀小结语示例

【示例1】小学语文优秀小结语

（1）白鹭是一首精巧的诗，是一首韵味无穷的诗，让我们再看一眼这美的化身、美的精灵、美的天使。（课件欣赏）

——孙建锋执教的《白鹭》

（2）让我们爱朝夕相处的骨肉至亲，是他们给我们生命中最初的阳光；让我们爱情同手足的老师同学，

是他们让我们平凡的生活泛起欢快的浪花；让我们一起帮助每一个需要帮助的人，以心感动心，以火点燃火。当亲人的含义普遍超越了家庭，世界将无比的温馨和辉煌！

——窦桂梅执教的《再见了，亲人》

(3)这把火可以烧毁举世闻名的圆明园，却烧不毁侵略者的滔天罪行，烧不毁中华民族的仇恨，更烧不毁中国人民的勤劳与智慧！

——王松舟执教的《圆明园的毁灭》

(4)美丽的秋叶，让我们组成了许多有趣的图画，今天我们又用秋叶画讲了许多故事，秋姑姑用秋叶给我们留下了许多美好的回忆，秋姑姑虽然已经走了，可是当我们看到秋叶时，就会想起她。现在冬爷爷已经来到了大地上，小朋友再仔细观察，冬爷爷给我们带来了哪些礼物？下次我们再用观察到的内容练习说话。

——李吉林执教的《秋叶讲的故事》

(5)并不是所有的放弃都意味着怯懦和退缩，请记住福勒放弃射门所表现出来的风范，他是我们所有人学习的榜样，也值得我们发自内心的赞美。

——刘燕执教的《放弃射门》

(6)叶美是因为有树，树美是因为有叶。如果每片叶子都很美，那么，这棵树一定很美；如果每个同学都很美，那么，这个班级一定很美；如果每个人都很棒，那么，这个民族一定有希望！

——孙建锋执教的《做一片美的叶子》

(7)温迪一家是伟大无私的，她的外公和她虽然永远离开了人世，再也看不到这个美丽可爱的世界，但他们的眼角膜却给他人带去了光明，带走了黑暗，现在你明白课文为什么用《永生的眼睛》作题目了吗？

——王献龙执教的《永生的眼睛》

(8)人放还是不放，鸟走还是不走？这的确是个问题。人与人的信赖可以达到美好的境界，那么人与自然的信赖呢？人与动物的信赖呢？怎样赢得信赖？怎样创造信赖的美好境界？一句话，我们人类不只是地球的唯一，我们应该怎样和众生彼此信赖，互相尊重，共同享受和经营这个世界，明白这个问题的沉重与迫切，引发同学们更多的思考，也许这才是我们的真正收获！

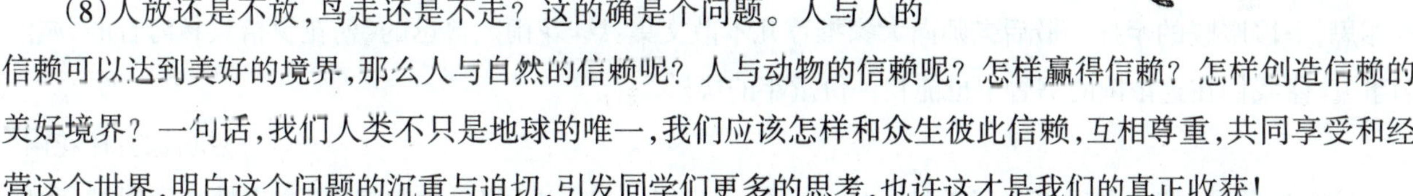

——窦桂梅执教的《珍珠鸟》

(9)布达拉宫的周围本来就没有能够与它相比的高大建筑物，有了这蓝天的映衬，就更加显得雄伟壮丽，如果没有这湛蓝、开阔的天空，布达拉宫的气势就不会让人觉得那么壮观。

——刘翠娣执教的《拉萨的天空》

(10)真好！这才是村居生活的本质，这才是诗人追求的境界。村居成了作者和我们永远的精神家园(安居乐业)。此情此景，一句话“醉在村居，醉在村居！”让我们把这“村居”唱出来。(配乐合唱，借用《水调歌头》曲子)

——窦桂梅执教的《清平乐·村居》

(11)尊重动物，尊重自然，就是尊重人类自己；保护生存环境，保持生态平衡，就是保护我们人类自己。让我们每个人从我做起，从现在做起，尊重自然规律，维护自然平衡。

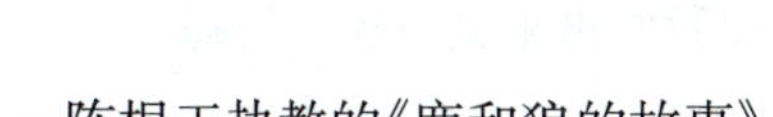

——陈根玉执教的《鹿和狼的故事》

(12)读了《天游峰的扫路人》,我想到了一本名著《老人与海》,我把课题改为《老人与山》,大山赋予了老人自信、豁达、开朗的性格。人能改变自然,自然也能改变人。让我们走进自然,亲近自然,拥抱自然吧!

——孙双金执教的《天游峰的扫路人》

(13)齐读惊世之言,结束我们这一次的穿越历史时空之旅。子曰:三人行必有我师焉……己所不欲,勿施于人……

——周树群执教的《孔子游春》

(14)"二泉映月"不光是一首曲子,它还是阿炳的一段人生经历,它在诉说着阿炳的一番情怀,表达着他与生命抗争、向往美好的一种精神。希望这种精神可以激励我们在座的每一个人,让我们去向往美好、热爱生活。

——王文雨执教的《二泉映月》

(15)孩子们,请你们记住:只要心中有梦,舞台就在你脚下;只要生命还在,我们就不能停止"搏击"。让我们敲响生命的鼓点,迸发生命的激情吧。无所畏惧的搏击之中,人生是有希望的,生命是有希望的,我们脚踏的那一片土地也是有希望的。

——董琼执教的《安塞腰鼓》

(16)幽默本身就是知识和智慧的结晶,大家要像他一样多读书,好吗?还有一点我得告诉大家,讲故事可以创造辉煌,展开想象,但这种想象一定要符合一般的人情和事理,不能有硬伤,至于故事中把唐玄宗、李白都扯进来,那就是一种幽默了。

——支玉恒执教的《学弈》

(17)同学们,桂花是故乡的香,月亮是故乡的明,人是故乡的亲。这一朵朵小巧迷人的桂花,这一场场沁人心脾的桂花雨,让我们收获的不仅仅是芬芳,是香甜,是快乐,是温馨,更是一种心灵的滋润,一种长长的相思,一段暖暖的牵挂。最后老师向大家推荐几本散文集:《桂花雨》、鲁迅的《朝花夕拾》、林海音的《城南旧事》。愿我们在这浓浓的书香中也能找一份童年的快乐。

——卢谦执教的《桂花雨》

(18)这节课,我们共同度过了美妙的四十分钟。我们一起走进了《最大的麦穗》这座精神的殿堂,我们徜徉其间、流连忘返。不知不觉中,我们发现自己变了,变得更加聪慧、自信、个性,变得更加复杂也更加单纯,变得更加细腻也更加大气!谢谢大家!

——孙建锋执教的《最大的麦穗》

(19)这百合在作者眼中是近乎完美的,如果一个人有这些优点,也是近乎完美的,我们读出这些形象还不够。大家想想,林清玄还给百合这个形象赋予了什么意义呢?是什么使它具有如此的品质呢?课下,请同学们再次读一读课文,用你们发现的目光去寻找答案,下节课我们再来交流这个问题。

——薛法根执教的《心田上的百合花》

(20)这时,大白鹅高兴地说:"谢谢你们记住了我身上的字,我现在轻松多了,要去清清的水里游泳唱歌去。请同学们继续学习生字吧,再见!"

——王瑛执教的《咏鹅》

【示例2】小学数学优秀小结语

(1)没有最好,只有更好。老师相信,下节课同学们一定会表现得更出色。

(2)在这节课的学习中,你自己运用了哪些学习方法,学到了哪些知识?有哪些收获?大家自己要学会总结,学会回顾,自己想一想,一起来总结一下。

(3)今天,同学们在学习数学知识的同时,还学会了一种观察事物、分析问题的方法,这就是我们在变化的数学现象中看到了不变的实质,学会这种透过现象看本质的思维方法,对今后的思维发展有很大帮助,掌握了这种方法,同学们看问题就会越来越深刻,变得越来越聪明。

(4)珍惜时间就等于珍惜生命,让我们每个热爱生命的人都去珍惜每分每秒,好吗?

(5)同学们,大家想过吗?为什么人民币的面值只有1分、2分、5分、1角、2角、5角、1元、2元、5元……而没有3分、4分、6分、7分呢?这虽然是个小问题,但老师相信,聪明的你们一定能研究出大学问!

(6)同学们,今天我们学习了什么内容?你会用哪几种方法计算长方形的周长?哪种方法最简便?我们最好用第几种解法?

(7)同学们,老师相信,在你们当中一定有未来的高斯、笛卡儿,只要积极动脑,做生活的有心人,你们一定会为人类的发展做出巨大的贡献,创造出巨大的财富,有信心吗?

(8)今天,我们通过自己的努力,发现并学会了这么多知识,老师真为你们骄傲!其实生活中有更多的知识等着你们去发现、探索,快做个有心人吧,你会成长得更快!

(9)同学们,与数学王国的人交朋友吧,它会让你领略到宇宙的神奇与奥妙!

(10)通过这节课的学习,你有哪些收获?在审题时一定要注意"一字""一词""一句""一号"的细微差别,养成认真细心、一丝不苟的良好学习品质。

(11)这节课上,很多同学都展示了自己在数学方面的才华,我相信,明日的陈景润、华罗庚就会在我们班诞生,同学们努力吧!

(12)这节课,同学们通过合作学习,共同研究推导出了三角形面积的计算公式,真了不起,下节课我们学习梯形面积的计算,希望同学们会有更精彩的表现!

(13)本节课,我们把求平行四边形的面积转化成了求长方形的面积,这种方法叫转化法,它对你有什么启迪吗?对,利用转化法可以把新知识变成旧知识,在今后的学习中,同学们可以充分利用这一方法。

(14)今天我们利用实验的方法解决了一个难题,今后大家在学习生活中碰到问题,也应该像今天一样,多做实验,争取成为明天的科学家。

(15)同学们,以后碰到难题应该多动脑筋,像今天一样努力地探索,相信不久你就会成为一个小小发明家。

(16)同学们,科学的殿堂美不胜收,只要大家以勤为径,每个人都能领略到无限美好的风光。

(17)一分耕耘,一分收获,同学们,体验到成功的喜悦了吗?

(18)这节课有许多知识是通过同学们独立学习、合作学习学会的,希望同学们今后能更好地掌握这种学习方法，学好数学，掌握更多的文化知识，为祖国的繁荣富强贡献自己的一份力量。

(19)同学们，经过我们大家的一起努力，终于攻克了这个难关。看来，要解决一个难题，光靠一个人的努力是不行的，必要时还应该多请教别人，相信大家在以后的生活中会合作得更好。

(20)数学与我们的生活有着密切的联系，希望同学们能留心身边的数学问题，做生活的有心人。

(21)同学们，这节课你们学得高兴吗？数学其实是一门很有趣的学科，只要你们喜欢它，就能从中得到许多乐趣！

(22)今天，在这节课上，老师充分地领略到了21世纪少年的风采，老师被你们所感动。同学们，明天一定是属于你们的！

(23)同学们，数学中有很多有趣的知识，只要大家认真观察，就能领略到数学中无穷无尽的乐趣。

(24)同学们，今天我们认识了圆锥体，希望今后大家能从生活中发现更多的圆锥体来告诉大家，让我们大家一起来为你的发现而高兴。

(25)你有哪些新收获？你是怎样获取这些知识的？你还有什么疑难问题？谁来帮你解决？

(26)同学们，我们好多知识都是前人经过无数次实验总结出来的。老师希望你们在今后的学习中不断探索，获取更多知识，好吗？

(27)只要同学们善于动脑筋，敢于创新，也完全有可能利用这个特性来进行一些小发明、小创造，快行动起来吧！成功总是青睐于那些善于思考的头脑。我相信，用你们的聪明和智慧一定会获得成功！

(28)通过本节课的学习你有哪些收获？你是通过什么方法学会这一知识的？你瞧××同学多么善于总结学习方法呀，这可能就是他学习成绩特别突出的原因吧，让我们向他学习，好吗？

(29)同学们，生活中时时刻刻有数学，事事有数学，因此，我们应该爱数学、学数学、用数学。

三、课堂提问技能

提问是指教师运用所提问题及针对学生的回答所做出的反应的方式来促进学生主动参与学习，了解他们的学习状态，启发思维，使学生理解和掌握知识发展能力的一类教学行为。这种教学行为是通过师生相互作用去实现教学目标的一种主要方式，是教师在课堂教学中进行师生相互交流的重要的教学技能。

名师点拨

试讲提问高分技巧：(1)吐字清晰、表述连贯；(2)注意语速与停顿；(3)运用评价与反馈；(4)肢体语言的配合。

根据提问技巧分类，提问类型主要包括下面四种类型：

(一)诱导提问

诱导提问是启发学生的学习积极性，创设问题情境，使学生形成问题意识，开展定向思维的提问。一般在某个新课题的起始阶段，教师为了引起学生的学习兴趣，进行定向思维，常常使用这一类型的提问，或为学生营造某种学习氛围，又或是将学生的注意力集中到某一特定内容上。

教学实践

《光的直线传播》一课引入阶段

(播放动画：一个人走进一间漆黑的屋子，接着把灯打开，紧接着又进来一个人将他的眼睛蒙上)

师：如果在伸手不见五指的夜晚，我们能看见物体吗？为什么？

生：不能看见物体，因为夜晚没有光，我们什么也看不见。

师：站在明亮的屋子里，将眼睛蒙上，你能看见物体吗？为什么？

生：仍然什么也看不见，因为将眼睛蒙上就看不见物体了。（其他学生在思考，教师用鼓励的眼神望向学生）

师：想一想，谁能进一步解释一下？

生：是不是没有光线进入我们的眼睛里？

师：他说的对不对？

生：对！（齐答）

师：实际上我们的周围就是一个充满五颜六色的光的世界，光使我们的世界绚丽多彩，光使我们的生活五彩缤纷。同学们一定都想知道光的奥秘吧！从本章开始，让我们一起走进光的世界。

点评：通过联系实际提出问题，激发学习兴趣，引起学生的注意，然后循序善诱，使学生迅速把注意力集中到本节课的学习内容上。

（二）疏导提问

疏导提问是在学生学习过程中，思路受阻或是偏离正确方向时，教师进行点拨、疏导的提问。

教学实践

《三角形内角和》教学片段

在教学《三角形内角和》的内容时，教师用课件出示一个等腰直角三角形。

师：这个等腰直角三角形的内角和是多少？

师：有同学说是180度。

师：把这个等腰直角三角形等分成两个三角形，每个三角形的内角和各是多少度？

师：对，90度。怎么得的90度？

师：A同学说180度的一半等于90度。

师：这样计算对吗？

（课件演示等腰直角三角形分成两个直角三角形的过程，让学生进行观察和思考）

师：说说你是怎样想的？画一个任意三角形，把三个角剪下来拼一拼，你能拼成什么？

…………

点评：教学片段中学生想当然地认为把一个三角形分成两个三角形，每个三角形的内角和是原三角形内角和的一半：90度。通过教师用课件演示三角形的等分过程，学生观察和思考以及自己动手操作后，才知道三角形的内角和都是180度，与三角形的大小、形状无关。教师的疏导，既启迪了学生的智慧又帮助学生找到了解题的关键。

（三）台阶提问

台阶提问是将一组提问由简到繁、由浅入深地排列得像阶梯一样，引导学生一阶一阶地攀登，以达到教学目标的提问。设计这种类型的提问，应符合学生的认识规律，即由浅入深、由具体到抽象、由现象到本质、由局部到整体的认识规律。

教学实践

《鸦片战争》教学片段

（教师领着学生层层分析鸦片战争）

师：鸦片战争爆发的根本原因是什么？

（学生回答）

师：中国落后在何处？

（学生讨论，教师总结）

师：中英力量对比状况反映出的根本问题是什么？

…………

点评：教师由简单的问题入手，引导学生进行层层深入的分析，经过这样的提问，学生对鸦片战争有一个更深层次的理解和记忆。

（四）迂回提问

迂回提问也称为“曲问”，即为解决一个问题，有目的地提出另外一个或几个问题的提问，这种类型的提问意在增加思维强度，引导学生自己去解决重点和难点，使学生主动学习。

教学实践

《圆的概念》教学片段

师：车轮为什么要做成圆形的呢？做成三角形、四边形不行吗？（学生笑）

生：不行，那样无法转动。

师：做成椭圆形呢？（学生大笑）

生：那样车子前进时就会一会儿高一会儿低。

师：为什么圆形就不会一会儿高一会儿低呢？（学生议论纷纷）

最后终于得出结论：因为圆形车轮上的点到轴心的距离总是相等的。

点评：在小学阶段学生已经对圆的有关知识有所了解，但是还没有理解“平面上到定点的距离等于定长的所有点组成的图形叫做圆”的概念，通过让学生想象以常见的各种形状做车轮是否可行，激起学生的思维冲突，从而很容易理解圆周上到定点的距离相等，所以车轮行走时平稳的特点，对圆的概念很容易理解。

四、课堂习题设计技能

（一）习题设计

提高教学效率离不开教师精心设计习题，可以说，习题设计的好坏，直接关乎课堂教学效率的高低，直接决定教学任务能否完成，直接决定一节课教学质量的优劣。

1. 习题设计的原则

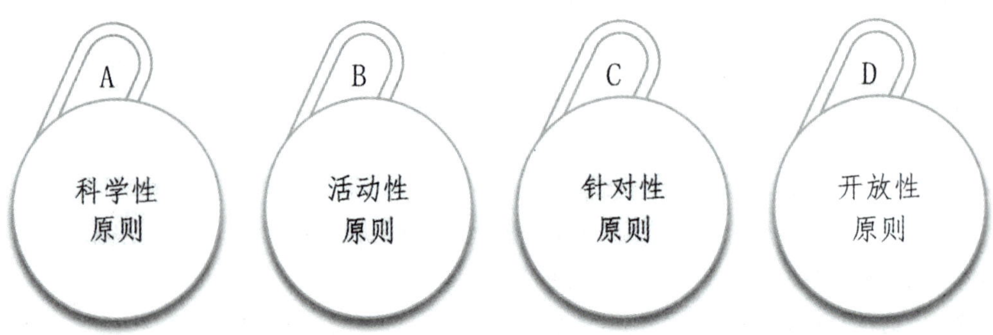

2. 习题设计的方法

(1)多种题型并用,以达到教学目的为选择标准。

(2)做到各层次学生全面发展。

(3)题量适当,关注学生的学习兴趣。

(4)先学后教,当堂训练。

(二)作业布置

1. 作业布置的原则

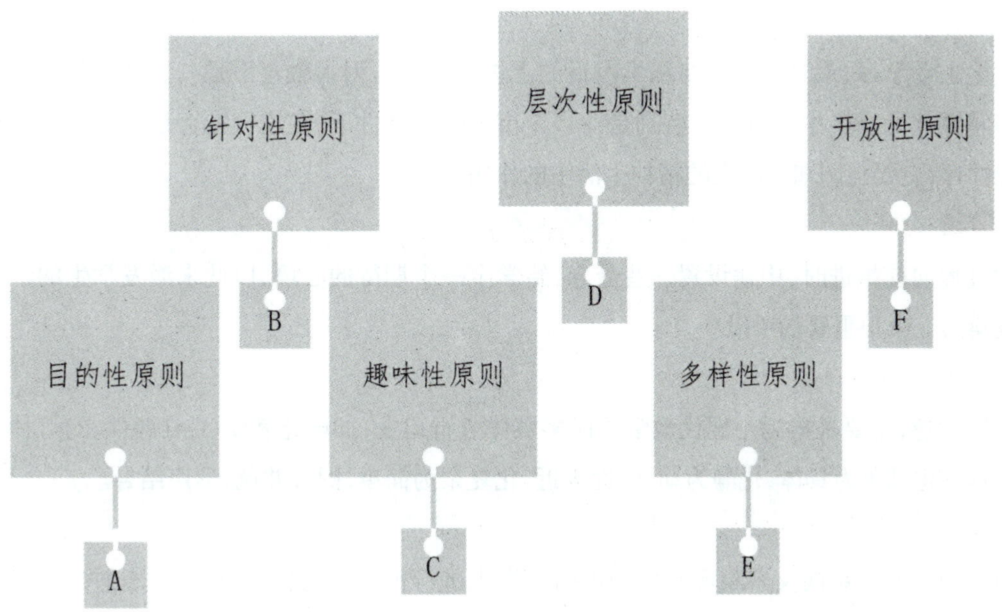

2. 作业布置的要求

(1)课堂作业的布置

课堂作业应注重巩固新知。适当的课堂作业有助于学生对新知识的理解、掌握和消化吸收。因此,适当增加课堂书面作业的数量,可以有效减轻学生过重的课外作业负担,提高课堂教学效益。

(2)课外作业的布置

①变规范、统一的作业为自主的、个性化的作业。

②变封闭性作业为开放性作业。

③变独立完成的作业为合作完成的作业。

教学实践

《认识小数》教学片段

师:同学们,今天我们的课就上到这里! 谁能说说今天的收获?

师:看来大家的收获都不少。是啊,通过今天的学习我们不仅认识了小数,还知道了怎么用小数表示米和元。老师要留一个小作业给大家,请同学们回家后搜集三个小数,并写清楚是从哪里搜集到的……

点评:学生通过自己说今天的收获,能够对本节课所学的知识做个小结,对知识的掌握更加牢固。另外,开放性的作业,能够让学生自由发挥，联系实际，对小数的认识加以巩固。

五、课堂激趣技能

(一)激趣教学法的概念

激趣教学法就是以激发学生的学习兴趣为目的而采取的一系列教学方法。激趣教学法可以有效地激发学生的学习兴趣，引导学生积极主动学习，让学生充分感受到学习的快乐。

(二)激趣教学法的分类

1. 目的激趣

要使学生主动学习，最基本的是要从学习目的上进行启发。因为教育不是一天两天就能奏效的，而是在长期的潜移默化的渗透中进行的。特别是在当今市场经济条件下，在进行社会理想教育的同时，还要进行职业理想教育，更要强调知识在人的精神生活中的作用。

2. 悬念激趣

在教学过程向前推进时，中途设置一些悬念，给学生一个期待的心境，以此来激发学生的学习兴趣，这是启发式教学的一个很重要的手段。

3. 媒体激趣

所谓媒体激趣，主要是指运用现代教学手段多媒体进行启发，如电化教学、CAI课件、幻灯片、录音等现代化教学工具。化抽象为具体，化静为动，化远为近，化复杂为简单，图文并茂，形声结合。

4. 对比激趣

教学中运用相互联系而又容易混淆的知识引导学生进行正反对比和新旧对比，启迪学生积极思维，既在对比分析中加深理解，又在理解的基础上加深记忆。

5. 设疑激趣

在教学中，要尽力去打破学生头脑中的“平静”，激起学生思维活动的“波澜”。也就是激发学生的疑问，引导他们在“生疑—置疑—释疑”的循环往复中探求新知，发展智能。设疑的作用不可低估，它使学生在寻疑中产生求知欲望，形成探索和发现知识的动力，使学习具有自觉探索性、积极性和创造性。

(三)激趣教学法的技巧

1. 增强教学内容的趣味性

(1)充分发掘教材内容，寻找趣味源。在备课过程中，必须深入研究教材内容，深入挖掘教材中具有趣味性的内容，以此增强教学内容的趣味性。语言文学有形象美，数理化有逻辑美，政史地有理性美，无论哪一科的教师都可以从所教学科的内容中找到能激发学生兴趣的内容。

(2)有效整合生活资源，引入趣味源。在教学中增加相关的生活元素，能够让学生感到可亲可近，拉近教学内容与学生的距离，从而让学生产生浓厚的学习兴趣。

(3)有效利用网络资源，激发学生兴趣。网络上有着丰富多彩的教学资源，教师可以根据教学需要选择一些能够激发学生兴趣的网络教学资源，这样不仅能够开阔学生视野，充分调动学生学习的积极性和主动性，而且可以有效地弥补教学资源不足的局限性。

2.增强教学手段的趣味性

(1)有效搭配使用多种传统直观手段。如在小学语文生字教学中可以将生字图片与游戏结合起来,这样既能够发挥图片教学手段直观性、形象性的优势,又能够充分发挥游戏趣味性强的优势,从而充分调动学生学习语文的兴趣。

(2)有效使用多媒体等现代化教学手段。多媒体集文字、图片、幻灯片、动画、声音为一体,能够全方位地刺激人的感官系统,从而在人的大脑中留下深刻的印象。多媒体教学手段的有效应用可以增强教学的直观性和形象性,增强对学生的吸引力。

3.增强教学方式的趣味性

(1)采用故事演绎激趣。大多学生都希望展示自己,都渴望得到教师的重视。特别是很多学生都非常喜欢故事,因此,教师可以根据教学需要而采用故事的方式来激发兴趣。教师可以将课文中的相关情节编成故事,让学生分角色扮演课本剧。学生在课本剧扮演中,能够准确深刻地体验到课本中相关内容的思想感情。

(2)采用悬念问题激趣。问题能够激发学生的学习兴趣,引起学生的思考,让学生产生强烈的好奇心,从而使学生在好奇心的驱使下产生浓厚的求知欲。因此,教师可以在教学中采用悬念问题来激发学生的学习兴趣。

(3)开展学习竞赛激趣。学生都具有较强的好胜心。教师可以根据学生的这一特点开展各种学习竞赛活动,以此充分激发学生的学习兴趣。在学习竞赛活动中,学生为了竞赛胜利就会全身心地投入,进行充分地准备,并在竞赛中投入最大的精力,充分激活思维。

六、课堂结束技能

(一)课堂结束的含义及一般过程

1.课堂结束的含义

结束技能是教师在一个教学内容结束或一节课的教学任务终了时,有目的、有计划地通过归纳总结、重复强调、实践等活动使学生对所学的新知识、新技能进行及时的巩固、概括、运用,把新知识新技能纳入到原有的认知结构中,使学生形成新的完整的认知结构,并为以后的教学做好过渡的一类教学行为。

2.课堂结束的一般过程

(1)简单回忆。对整个教学内容进行简单回顾,整理认识的思路。

(2)提示要点。指出教学内容的重难点、关键点,必要时可做进一步的说明,进行巩固和强化。

(3)提出问题或采用其他形式检验学习结果。

(4)巩固应用。引导学生把所学知识应用到新的情境中去,在应用中解决新的问题,巩固知识,并进一步激发思维。

(5)拓展延伸。有时为了拓展学生的思路,开阔学生的视野,或把前后知识联系起来,形成系统,需要在结课时对教学内容进行必要的拓展延伸。

(二)课堂结束的类型

1.总括式

总括式即总结概括教学内容。一堂课讲授完毕,教师针对前面所讲的内容,作总的梳理和概括,简明扼要地归纳出提纲和要点，以使学生有一个总的印象，这是最常见的小结方式。

教学实践

《林黛玉进贾府》教学片段

总的来说，《林黛玉进贾府》是《红楼梦》中写得极其精彩的篇章之一，具有很高的艺术成就。

第一，它具有精细而富有典型特征的环境描写，具体表现在宏伟的外观、讲究的布局、华贵的陈设(板书)三个方面。第二，它描写了几个具有鲜明个性特征的人物形象。林黛玉小心谨慎，美貌多情，体弱多病；贾宝玉眉清目秀，英俊多情而又蔑视世俗；王熙凤精明强干，惯用权术(板书)。第三，它具有严谨而独特的戏剧性结构。通过林黛玉的耳闻目睹，展现了小说的典型环境和典型环境下的典型人物(板书)。

点评：该教学片段运用了分条概括式的方法，总结了全文的内容。分条总结可以使学生一目了然，配上总结式的板书，简明扼要地归纳要点，条理清晰，更方便学生整体把握全文的内容。

2.拓展式

拓展式即教师除了作常规的内容总结外，还要在此基础上加以拓展、延伸，或强化某方面的内容，或开阔学生的视野，指导学生进行更深入的探索和研究。教师通过总结提出新的课题，从而给学生留下一个有待探索的“未知数”。

教学实践

《泊船瓜洲》教学片段

可见，古代没有一个有成就的作家不在词语的锤炼上下功夫。杜甫说：“为人性僻耽佳句，语不惊人死不休。”卢延让说：“吟安一个字，拈断数茎须。”贾岛说：“两句三年得，一吟双泪流。”曹雪芹谈写《红楼梦》的体会时说：“字字看来皆是血，十年辛苦不寻常。”古人勤奋、严谨的治学精神，确实值得我们好好学习。

点评：该教师在总结时引用了大量的名人诗词，并在此基础上拓展延伸，使学生知道古代有成就的诗人都会在词语的锤炼上下功夫。同时加强了学生对古诗词的积累，拓展了学生的知识面。

3.启下式

启下式小结往往是在前后内容有紧密联系时所采用的。通过总结上节课或上面的内容，引出下节课和下面的内容，并诱导学生将具有某种内在联系的知识进行比较，在新旧知识之间架起联系的桥梁。在这里，总结只是铺垫，启下才是关键。

教学实践

《繁荣统一的隋朝》教学片段

同学们，这节课我们了解了隋文帝统一天下和隋炀帝开凿大运河的历史功绩。那么你们知道接下来的唐朝会发生什么吗？唐朝的历代皇帝有没有可以为人称颂的功绩呢？又创造了哪些辉煌呢？想知道这些，我们下节课一起来探索。

点评：该教师通过总结本节课所学的知识，提出问题，引起学生们的好奇心，为下节课的学习做了很好的铺垫。

4.悬念式

教师在讲授完上节课的内容后，设置悬念，以引起学生的注意和思考，同时又为下节课的内容留下巧妙的接头处。这种总结往往是通过艺术化、风格化的语言，着意增添浓郁的色彩，使学生课后展开想象。

教学实践

《少年闰土》教学片段

师：同学们，“我”和少年闰土结下了深厚情谊，离别时难舍难分。那么，三十年后他们又见面了，会怎么样？

（学生循着课文思路，纷纷自圆其说）

师：大家说了很多，可惜都没说对。（学生困惑）三十年后，真实的情况是，闰土一见“我”便喊了一声“老爷”。这是怎么回事呢？请大家课后阅读鲁迅的小说《故乡》就会明白了。

点评：该教学片段中教师给了学生一个想象的空间，“我”与闰土见面时是怎样的场景，先让学生自由发言，激发学生的学习兴趣，然后教师说出小说的结果，但教师并未继续追问学生，而是巧妙地将问题留在课下，激发学生对《故乡》的阅读兴趣，既强化了教学重点，又激发了学生的学习欲望。

（三）课堂结束的基本要求

1.深化认识、突出重点

结束过程要站在更高的层次或从新的角度来进行概括，让学生温故知新；要在学生的薄弱环节给予弥补与澄清，让学生先学然后知不足；要在易混淆、易忽视的地方进行辨析比较，使学生的认识更全面准确；在最关键之处采取巧妙的手法予以点拨，使学生恍然大悟。

2.立足发展、全体参与

结束要立足学生多方面的发展，启发学生思维，培养学生能力，让学生获得新的成功。课的结束并不是学习的终结，而是学习的新起点，是促进学生进一步学习发展的一个环节。

3.形式多样，有吸引力

一般来说，临近下课学生比较疲劳，精力容易分散，因而课的结束应设计得富有吸引力，形式要多样活泼，内容要丰富多彩，情理深远耐人寻味，留给学生深刻的印象和善始善终的和谐美。

4.紧凑有序，时间有度

结束教学的时间很短，教师必须言简意赅，学生活动要精要简练。当各种原因使课尾出现意外的情况时，教师要善于运用教育机智，因势利导，巧妙地给教学画上一个完美的句号。

对于新旧知识联系紧密的课，课尾时，教师可引导学生把新旧知识纳入同一系统，形成知识网络，便于学生记忆，并掌握知识之间的区别。

七、课堂板书技能

（一）课堂板书的含义及基本要求

1.课堂板书的含义

教学板书是教师在教学过程中，根据教学的需要，配合语言、多媒体等，运用文字、符号、图表向学生传播信息的教学行为方式。板书是教师必备的基本教学技能。

2.课堂板书的基本要求

（1）精选内容，突出重点

板书设计要紧扣教材内容，精心挑选关键词，在有限的时间和版面内，全面展示课堂教学的重点内容。

板书内容的多少要依教学需要和讲授内容而定，要抓住核心和关键，同时要处理好主次关系。

(2)条理清晰，层次分明

课堂板书的目的就是要把教材的脉络和结构条理化，并直观地展示给学生。因此，教师板书时无论使用哪种板书形式，都要做到条理清晰、层次分明、逻辑严密。

(3)形式灵活，布局合理

板书不应局限于一个模式，应该根据不同学科、不同教学内容、不同的教学对象选择不同的模式。课堂教学是千变万化的，是师生的双边活动，教师要根据课堂实际，灵活处理包括板书在内的各种问题，使事先设计好的板书灵活展现。布局合理指板书布局匀称得体，讲求整齐美、协调美。

(4)文字精当，科学性强

这是从内容上对教师的板书提出的要求。板书的用词要精练、准确、恰当，图表要规范，线条要匀称流畅，并能科学地表述教学内容及其内在逻辑关系。

(5)书写规范，示范性强

教师的板书除了传授知识外，还会潜移默化地影响学生的书写习惯。因此，教师的板书在做到书写规范的同时还应有适当的书写速度，尽量节省时间。

(6)把握时机，适时板书

课堂板书的时间把握要根据教学进程和讲授的需要来确定。具有启发性的知识应提前板书，写在推导过程之前；演算、推理等板书要与讲授结合进行，采用并进方式，边讲边写；具有结论性的知识应滞后板书，写在分析推理之后。讲授与板书的有机结合能够调动学生视听感官的综合参与，从而更有效地传递教学信息。

(二)课堂板书类型

文字板书是教师在黑板上以文字形式表述教学内容的一种板书形式，它主要有下列五种类型。

1. 提纲式板书

提纲式板书是指教师以讲授内容的内在逻辑关系为线索，运用简洁的重点词句，分层次、按部分地列出教材的内容提要，从而体现教学信息的结构体系的一种板书形式。提纲式板书是最常见的一种板书形式，几乎适用于所有学科。这类板书的主要特点是层次清楚、重点突出、文字简明扼要，便于学生理解和记忆教学内容。

教学实践

《桂林山水》

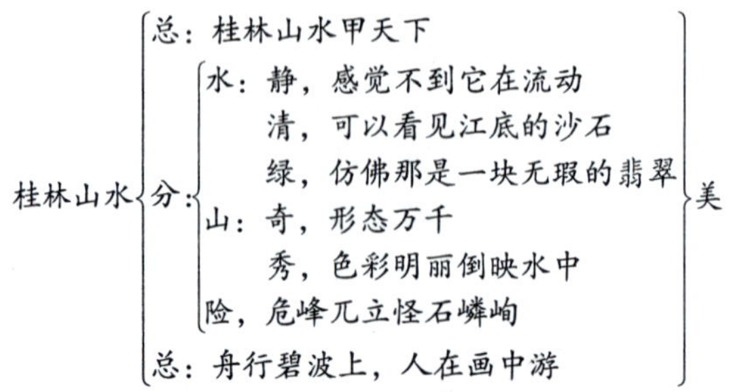

点评：提纲式板书——按课文内容，用课文中的重点词语，编排出本课的内容提纲。紧扣教学内容，突出教学重点，直观地

给学生呈现出完整的内容体系。

2. 语词式板书

语词式板书是指教师从讲授内容中选择一些关键性的词语，或者概括总结一些准确反映教学内容的词语，随着教学的进展依次书写到黑板上的一种板书形式。语词式板书常用于语文、政治等学科中。其主要特点在于紧扣教学内容，重点突出，使学生能够以这些词语为生长点再现全部教学内容。

教学实践

《惠子相梁》

人物：惠子、庄子

地点：魏国

起因：庄子往

惠子恐

经过：惠子受人挑　　搜捕之

庄子从容往　　奇喻之

结果：辛辣地嘲笑那些追求名利的人

点评：语词式板书——以记叙文六要素（人物、时间、地点、起因、经过、结果）来梳理并概括《惠子相梁》的课文内容，在“起因”和“经过”中以“三个字”来概括，体现板书设计的清晰条理性以及语言的简洁凝练。

3. 表格式板书

表格式板书是指教师根据教材内容在黑板上绘制表格，把在讲解过程中提炼出的关键词填入表格的一种板书形式。表格式板书通常用于可以明显分项或具有明确对比性的教学内容中，最大的特点就是对比性强，通过分析和比较，使学生准确把握事物的本质。

教学实践

《惠子相梁》

人物	喻体	特点	喻义
惠子	鸱	得腐鼠 仰而视之曰：‘吓！’	功名利禄 以小人之心度君子之腹
庄子	鹓	非梧桐不止 非练实不食 非醴泉不饮	高洁的志趣 清高自守、机智幽默

点评：表格式板书——选取文中出现的重要的两个人物，抓住文中重要的修辞手法比喻，来将本体和喻体进行比较，罗列喻体的特点，找出喻义以启发学生明白庄子讲鹓的故事用意。

4. 图画式板书

图画式板书是根据教学内容显现出的特征，采用图中夹文或文中夹图的办法形象地勾画出事物间的内在联系的板书。图画式板书生动、形象、直观，事物的内在关系显现得淋漓尽致，能有效地激发学生的学习兴趣，促进学生抽象思维能力的发展。

教学实践

《惠子相梁》

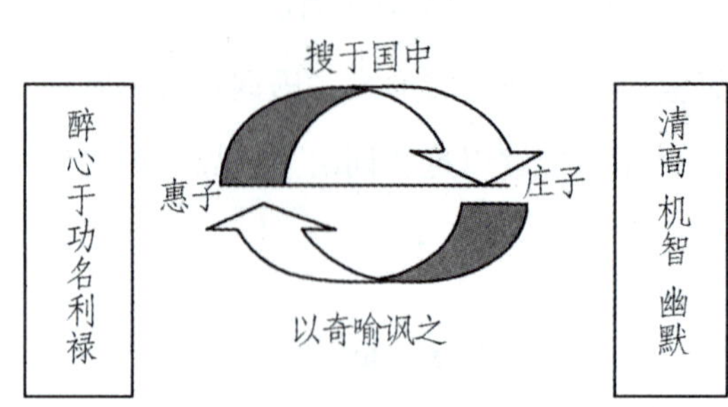

点评:图画式板书——以上下弧形箭头构成一个惠子与庄子对话的动态圆形图,既具有曲线美,又体现二者互动的关系。惠子搜庄子于国中,庄子往见之并且以奇喻讽之。将惠子与庄子两人对话过程中所体现出来的不同品质标注在两个对称的竖卷形中,简洁明了。

5. 线索式板书

线索式板书是指教师通过在黑板上板书教材内容的行文线索,使学生把握教学的主要内容的一种板书形式。线索式板书指导性强,有利于学生认识的条理化和明晰化。

教学实践

《荔枝蜜》

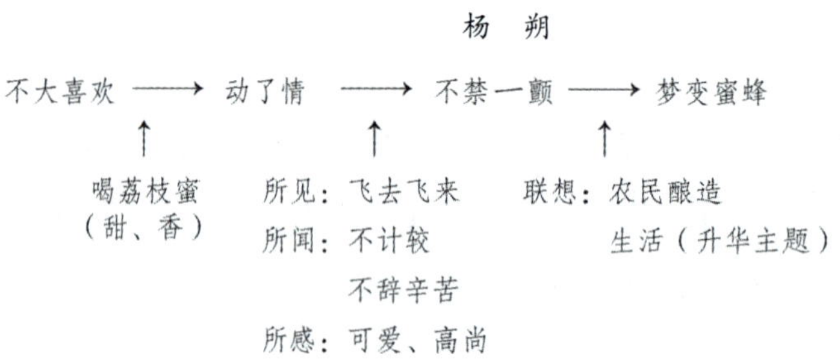

点评:线索式板书——抓住显示文章结构线索的关键词语,简要概括出行文的结构线索,使学生很快地掌握文章全貌。

6. 演算式板书

演算式板书是指教师在黑板上用文字、数字和数学符号表述演算内容和证明过程的一种板书形式。演算式板书的书写格式规范,条理清晰,逻辑性强。

教学实践

解方程组 $\begin{cases} x^2+4y^2=4, \\ \sqrt{3}x+2y=2。 \end{cases}$

【解】由 $\sqrt{3}x+2y=2$ 得 $4y^2=4-4\sqrt{3}x+3x^2$,

将其代入 $x^2+4y^2=4$ 中,得 $x^2-\sqrt{3}x=0$,

解得 $x_1=0, x_2=\sqrt{3}$。

当 $x_1=0$ 时,$y_1=1$;当 $x_2=\sqrt{3}$ 时,$y_2=-\frac{1}{2}$,

所以原方程组的解是 $\begin{cases} x_1=0, \\ y_1=1, \end{cases}$ 或 $\begin{cases} x_2=\sqrt{3}, \\ y_2=-\frac{1}{2}。 \end{cases}$

点评:演算式板书——将解题步骤一步一步清晰地写出来,帮助学生理解解题步骤。

第二节　教学基本功

一、"三笔字"技能

(一)汉字规范

汉字是记录汉语、传递信息的重要工具,也是教师教育工作的重要工具。教师是否能写好规范的汉字(或较好的汉字),直接关系到教育教学的效果和教师的威信。

作为教师,应具有书写规范汉字的技能,掌握汉字的书写规范和标准,做到笔画清晰、正确规范、熟练有力、匀称美观。汉字笔顺是指书写汉字时笔画的先后顺序。笔顺的基本规则是:

1. 先横后竖,如:十、干、丰。
2. 先撇后捺,如:人、八、乂。
3. 先上后下,如:三、呆、高。
4. 先左后右,如:川、衍、做。
5. 先外后内,如:月、同、匀。
6. 先中间后两边,如:小、水、办。
7. 先进去后关门,如:回、目、国。

注:以上规则并不能概括所有汉字的笔顺。

(二)"三笔字"书写

"三笔字"(钢笔字、粉笔字、毛笔字)是教师的重要基本功。钢笔字和粉笔字统称为硬笔字,是指以硬笔为书写工具,以汉字为表现对象书写出的汉字。毛笔字又称软笔字,是指以笔尖软的笔为书写工具,以汉字为表现对象书写出的汉字。在教学活动中,教师最常书写的是粉笔字和钢笔字。

1. 粉笔字

粉笔不同于毛笔与钢笔,它一般是立式书写,手腕、手臂均要悬起,因此执粉笔的方法也不同于其他笔类的执法。最常见的方法是采用"三指法",即拇指、食指、中指三者齐力握笔,其中拇指、中指对应相抵,食指在前控制行笔方向,其余二指(无名指和小指)自然弯曲相依即可。在前的食指距离粉笔头不能太远也不能太近,大约1~2厘米,这样书写时既着力又灵活。此外,执粉笔时还要指实掌虚。"指实"即手指执笔要紧而有力量,这样写出的字才能刚劲有力;"掌虚"就是手心不能握拳,要留有一定的空间,灵活运笔,这样写出的字才能流利而不呆板。

运笔,就是在写字时粉笔在黑板上行走的运动过程。讲究运笔,点画就有生气,再加上结体合理,字就美观。运笔讲究提按、顿挫、转折等。"提"就是将粉笔从板面提起,使笔迹从粗到细;"按"就是将粉笔在板面上重按，使笔画变粗。运笔的提按往往是在同一笔画中完成，如斜撇的写法就是先按后提，以达到右上粗、左下细的笔画效果。“顿”就是在“按”的基础上停顿一下，使点画的某一处圆浑而有力量。“顿”经常在点画的起笔、收笔或勾挑捺角处体现出来。“挫”是指转换笔尖方向的一种急促而有力的行笔方式，常和“顿”一起连用，称为“顿挫”，比如在钩画的出钩处就要用“挫”。以竖钩为例，钩画就是先顿后挫，粉笔尖扭转方向而形成的一种运笔线路。如果没有“挫”笔扭转做准备，而径直出钩，其钩画则如断柴折芦，了无“精神”。“转折”也是改变粉笔尖书写方向的一种运动形式，但它不像“挫”那样急促而含“扭”的运笔动作，而是圆转或方折地改变运笔方向。由于粉笔写到一定程度会磨损成扁平，于是出现线条粗细不均，我们通过转折运笔也正好能弥补这一缺陷。

书写时除了讲究运笔之外，还应该有正确的板书姿势，姿势正确能充分利用人体各部分的有利因素，还有益于身心健康。因为板书通常是站着写，且板面与人体平行，所以要讲究站得稳，两脚平放地面且分开与肩同宽，执粉笔的手臂自然弯曲，另一手臂自然下垂，头要正，头正则视线平，板书也容易平正。一般地，板书者都是正面对黑板，背向学生，但有特殊需要也可侧向黑板，侧向学生。另外，根据板书者身高的不同，板书时亦可适当踮脚或下蹲，以适应板面高低的需要。总之，正确的粉笔板书姿势要与实践相结合。

2. 钢笔字与毛笔字

钢笔一直是教师与学生、家长书面交流的主要工具。教师的字写得规范与否直接影响到其交流的效果，如果写得一笔好字，会在无形中增加教师的影响力。在教学工作中，与钢笔字、粉笔字相比，毛笔字与我们较为疏远。对于教师来说，作为一种基本功来练习毛笔书法是有必要的。教师可以根据自己的具体情况选择相应的图书作参考并进行练习。

二、简笔画技能

（一）简笔画概述及其要点

简笔画是物体形象的简单抽象，在画法上有其自身规律，掌握了简笔画的基本要领和技法就可以根据各学科教学的需要举一反三，创造出更多更新的画面。

画简笔画的基本要点如下：

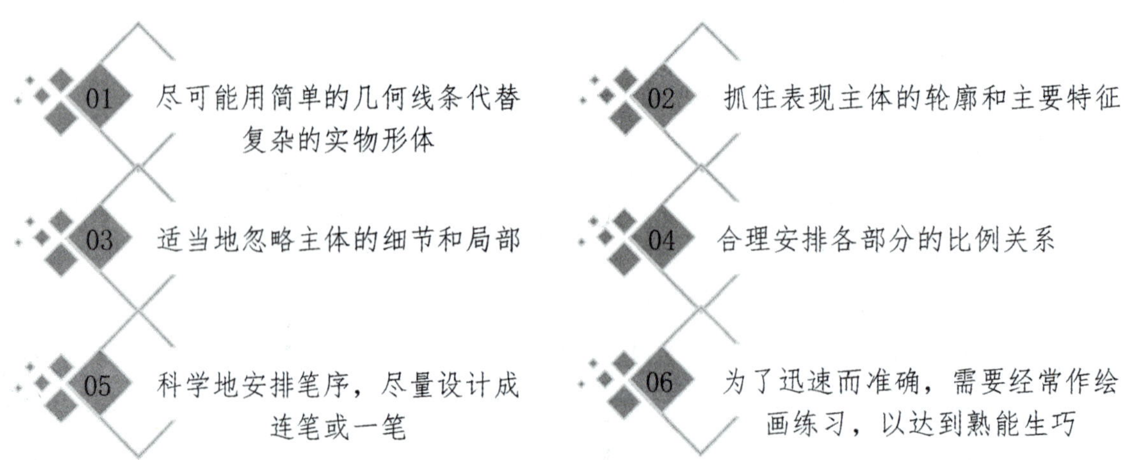

简笔画在简化的过程中有两条基本原则：一是简化后的形象要以人们能够识别辨认为准；二是笔画随表现主体与观察者之间的距离增大而减少，也就是说背景不同，笔画多少也不同。

(二)教师简笔画示例

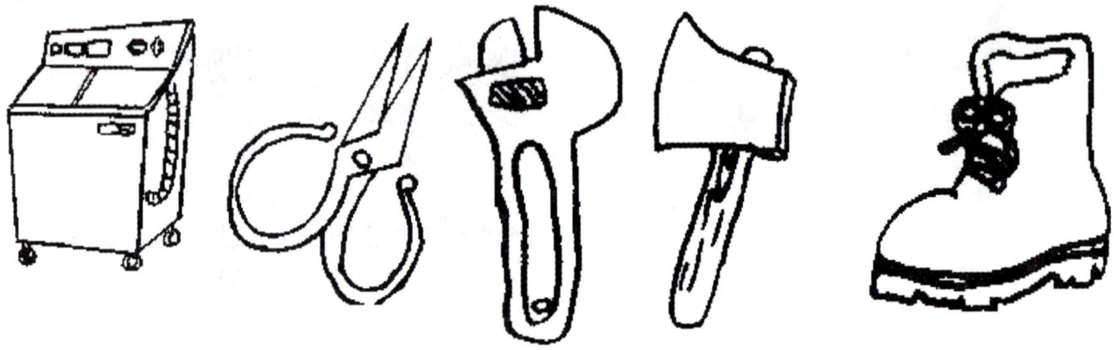

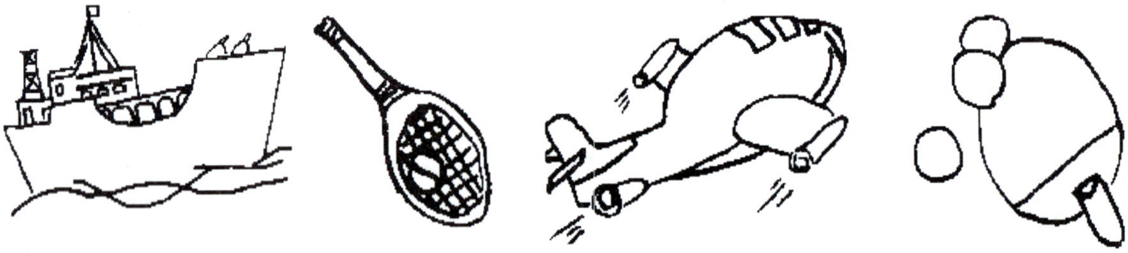

第三部分
面试逆袭篇

第一章　面试逆袭之试讲

思维导图

名师精讲

第一节　试讲概述

目前,我国各地教师招聘面试中,试讲是测试准教师考生实际教学技能的一种主要形式。教师招聘面试中的“试讲”与教师在学校中的“试讲”有许多不同点,其中最大的不同点在于教师招聘面试的“试讲”过程中没有学生,故称为“模拟课堂教学”。

一、什么是试讲

试讲又叫模拟课堂教学,是指在有限的时间内,教师通过口语、形体语言和各种教学技能与组织形式的展示而进行的一种教学形式,考查的是教师的综合能力。

二、试讲与常规课堂教学的差异

1.面对对象不同

(1)常规课堂教学的对象只是学生,学生与教师接触的时间比较长,与教师有很深的感情,相互间配合得比较默契。教学时在知识体系上具有一定的连贯性,是按照一定的次序讲下来的。学生有一定的预期心理,即知道将上什么课,将这一节课的知识填入自己原有的知识体系中即可。

(2)试讲是在面试过程中,由评委评判考生所教授的内容是否合适,同时观察、研究考生的一举一动,根据考生讲课的好坏,对考生面试成绩做出评判,决定考生是否可以被录用,这无疑会使考生产生无形的压力。

2. 目的与手段不同

(1)常规课堂教学是循序渐进的,达到教学目标才是最终目的。教师讲课的好坏,不是通过单独的10分钟,或者一两节课来评判的,而是通过较长的时间来实现的。如做学生的思想工作、端正学生的学习态度、传授学生学习方法等,都是一种“磨刀不误砍柴工”的铺垫。

(2)模拟课堂教学是以教学内容与环境为展示的载体,不能脱离教学环节,不能影响教学任务,必须达到教学效果,但最终的目的是表现出自己拥有成为一名优秀教师的潜力,尽量利用有限的时间展示自己最优秀的一面,让考官们赏识,并最终录用你。

3. 教学内容安排不同

(1)常规课堂教学的时间一般是固定的。教师最重要的不是展示自己的才华,而是将自己的知识和技能传授给学生,重点在于增长学生的知识,启迪学生的思维。在具体讲解过程中,要注意区分详略。

(2)模拟课堂教学时,考官有可能会中途打断你的讲课,尤其是在认为你水平不行的情况下,这种打断会来得更快。在模拟课堂教学中,展示自己才华的时间是非常短暂的,这个时间值是不确定的,有长有短,有时仅仅为几分钟,或者不经意间的动作或眼神。考生要让考官能认真听你继续讲下去,继续保留一种期待,甚至听出兴趣,你必须在每一时间段都高质量地延续自己的才华。为此,考生可以采用时空分割法,如“上节课我们讲了……通过预习我们又初步了解了……今天我们介绍……”“刚才我们学习了……下面我们接着探讨……”这样十几秒钟的话便可以很快把考官吸引到另一个教学环节之中,充分展示自己不同的教学才华。

此外,教学内容的安排不能贪大求全,尤其是模拟课堂教学,不能坚持将每个相关知识点的来龙去脉都讲清楚,要学会截取一个相对独立的侧面。

4. 组织教学不同

模拟课堂教学与一般课堂在教学设计上是相同的,如确定教学内容、教学目标、教学方法及教学过程等;在教学过程中,目光的组织与交流作用,形体语言对于教师思想的传递与延伸,同样存在。但模拟课堂教学的最终目的是实现对考生的选拔。

模拟课堂教学和一般课堂教学的差异还体现在以下几个方面:

	差异	
	常规课堂教学	**模拟课堂教学**
组织重要性	师生在长期教学过程中,通过师生互动逐渐相互了解并形成一定的思维习惯而进行的日常教学	考生与评委之间缺乏充分的了解与情感支持,需要在讲课内容引人入胜的同时兼顾听课评委的感受,观察评委的情绪以调整教学
组织艺术	教师的目光直视学生眼睛,是“无声”的教学语言	考生的目光不可咄咄逼人,应短暂扫过对方眼睛和嘴之间的部分,以体现出对对方的尊重和关注
组织形式	(1)多种多样,启发法、讨论法运用居多; (2)占用时间长,个别课程需几节课的支持与协同	时间有限,需在模拟课堂教学过程中适当节制运用教学方法,避免出现不配合的尴尬场面

第二节　试讲的流程与内容

一、试讲的流程

流程		说明
试讲开场白		考生对考官行礼，自我介绍(切忌自报姓名)
试讲四环节	导入新课	创设情境，引入课题，1分钟左右
	新课教学	全面讲解知识点，师生互动，小组活动
	巩固提高	延伸拓展，练习纠错
	小结作业	归纳试讲内容，布置课后作业，1分钟左右
试讲结束语		结束试讲，感谢评委

二、试讲的基本内容

(一)教学导语

好的开端是成功的一半。好的导入，可以激活听课者求知的欲望，引起听课者对新知识学习的兴趣，可以架起新旧知识间的桥梁，可以启迪听课者的思维，学会思考问题的方法，可以唤起听课者的情感，在积极参与新知学习活动中感受学习的快乐。

课堂导入可以通过复习前面所学习的知识进行，也可以通过相关联的其他事物进行。对于试讲者来说，教学内容的选取不具有连贯性，教学对象的选择也不具有特定性，所以通过复习旧知识进行导入是不太容易把握的。那么，就可以通过与所要讲述的教学内容相关联的内容来导入新课。

1.导入常用开头语

(1)今天的课程开始之前，老师先提一个问题……

(2)今天的课程开始之前，老师先讲一个故事、介绍一个人……

(3)今天的课程开始之前，我们先做个实验，请大家仔细观察……

(4)请大家看(听)一段视频/歌曲/图片，或者展示实物……

(5)今天的课程开始之前，我们先一起做个游戏……

2.导入常用结束语

(1)这就是我们今天要学习的内容……

(2)今天我们要学习的内容就是……

(3)请同学们带着这些问题来学习今天的课程……

(4)我们学过今天的课程以后，这些疑问就有了答案。

(5)今天的课程之后，也许我们能够找到一个更好的方法来解决这个问题。

3.导入注意事项

(1)导入语不宜过长，最好1分钟之内，最多不超过2分钟。

(2)导入语和内容要切合。导入语激起学习兴趣之后，与后续环节要能够连贯。

(3)注意语气,尤其是引发学生思考的语气。

(二)教学过程

教学过程是教师依据教学步骤,运用口头语言,分析、解释、说明、论证课程内容,系统地向学生传授知识、培养能力、进行思想教育的过程。教学过程主要遵循学生的认知规律,引领学生去发现、探究客观事物的规律。教学过程的重点在于建构学习知识。这一过程一般是运用讲解的方式来完成的。从认知规律来看,讲解侧重于从已知到未知,运用学生已有的知识和逻辑思维规律,进行判断、推理,使学生将新旧知识相互联系,从而实现认知上的转化,达到对新知识的理解。讲解也侧重于从无知到有知,向学生传递新的知识内容。讲解适合于内部结构比较复杂的教学内容,在各科教学中被广泛采用。

1. 合作探究——新课教学

(1)重难点突出

讲课内容要有重点,这是基本要求。考生切不可在试讲的时候出现“面面俱到”的问题,不肯舍得一些不能突出试讲者能力的问题只会影响面试成绩。

以语文为例,有的考生在试讲时,对作者介绍、文章层次各个步骤都进行了很认真的分析,既不能突出重点,也不能显示出特长,而面试试讲是有严格的时间限制的,应该在短时间里发挥出最佳水平,突显出自己的能力,在众多考生中脱颖而出,取得面试高分,最为重要的一点是,要在试讲过程中尽量做到突出重点,达到新课标的要求。因此,要尽快切入重点。试讲时,可以略讲作家作品介绍、字词、修辞手法等次要内容。深挖重点,勾出文章整体思路,给人以整体感。分析重点段落时,集中落脚到关键句、关键词,这样才具体而实在,不然笼而统之,难以讲清。

(2)条理清晰

1

文科讲究线索和感情

a. 要有感情的升华,有深度的分析(情感、态度与价值观方面)。
b. 可以提及各个要点,但是只抓住一个主线展开,不能喧宾夺主。

2

理科讲究逻辑和归纳

a. 知识点要讲解清晰,过渡恰当,理论与生活和科技发展相联系。
b. 观察思考、设疑猜想、分析讨论、实验探究,归纳得出结论。
c. 多用列表或者图表的方式进行辨析。

(3)体现以学生为本的教学方法——自主、合作、探究

新课程改革所主张的教学方法可以归结为一句话:“以学生为本”。在此基础上,追求有效教学。

教学方法的改变首先要体现在学生学习方式的转变上。学习方式不是指具体的学习策略和方法,而是学生在自主性、合作性、探究性方面的基本特征。

(4)互动方式举例

①问答

a.应用广泛,贯穿始终;b.提问时要注意语气。

【例】

刚才我们学习过……下面老师提一些问题,请大家利用我们学过的知识进行解答。

第二部分

②自主学习

a.要提出明确的学习要求；b.要有巡视的动作；c.要有结束语，表明自主学习时间结束，之后教师开始听取和归纳。

【例】

请大家自读一下教材的××页的阅读材料。在读的过程中要注意……看过以后教师会有针对性地提出一些问题……

【教师巡视】

【巡视过后结束语】

好了，大家都已经看得差不多了，现在我们请几位同学来说说结论。

【直接跳到教师点评】

好，这位同学，他的主要观点是……另一位同学，他的意见有一些不同……

③小组讨论

a.如何分组；b.讨论什么问题；c.如何讨论，如何汇报。

【例】

【高年级】

前三排左边这几位同学，讨论……右边这几位同学，你们的任务是……后面这几位同学……

在讨论的时候要注意……

【低年级】

下面给大家5分钟时间，每四个人一组就这个问题进行讨论……

讨论的时候需要注意：第一，大家分工合作，共同完成；第二，注意倾听其他同学的意见；第三，每组选出一个汇报员，汇报员先在小组汇报，听听大家的意见，然后再拿到全班汇报。

【巡视过后结束语】

好了，大家都已经讨论得差不多了，现在我们请各组代表来说说结论。

【直接跳到教师点评】

好，这组同学，你们的主要观点是……另一组同学，他们的意见有一些不同……下面我们综合大家的意见……

【开始归纳板书】

④实验互动

a.理科常用；b.现场没有器材，可以由教师口头叙述实验目的、实验器材、实验注意事项、实验过程、实验结果记录。

【例】

今天实验的目的是……大家面前有以下实验器材……在实验的过程中要注意……实验结果要记录在……下面请大家开始动手实验。

【巡视过后结束语】

好了，大家的实验都做得差不多了，现在我们请大家迅速对实验结果进行分析，形成一个结论。

【直接跳到教师点评】

好，这组同学，请把实验数据写到黑板的表格上，我们一起来看一下，他们的实验结果……经过计算，他

们的主要实验结论是……另一组同学,他们的结论有一些不同……下面我们综合大家的实验结果……

【开始归纳板书】

⑤其他互动方式

a.分角色表演,学生互评;b.教师出错,学生质疑;c.教师带读,学生跟读;d.小组合作,引入竞争;e.教师做动作,学生猜。

2.自评互评——巩固提高

(1)需要记忆的知识点:提问巩固,填空填表。

(2)需要理解的知识点:例题习题,学生解答,教师评价。

(3)需要应用的知识点:设置应用练习、讨论、教师点评。

【例】

①刚才我们讲过……

下面,请两位同学到黑板前来作答,其他同学也在自己的练习本上试着计算一下。

这两位同学都做完了,下面请大家一起来看一下他们的解答过程。

②刚才我们讲过……

下面,请大家设置一个表格对我们刚才所讲的知识点进行总结。

③刚才我们讲过……

下面,请大家思考以下几个问题:第一……第二……第三……

3.回忆拓展——小结作业

在试讲最后都应该有适当的小结,这是对试讲内容的复习、归纳。适当的小结能够帮助听课者将知识系统化,使听课者抓住教学内容的重难点。在做课堂小结时,应该用精练的语言将教学内容的重难点系统地归纳总结,使得试讲更加完整。

【例】

下面同学们和老师一起回忆一下,本节课我们都讲过哪些重点内容……

下面我请一位同学来归纳一下,本节课的主要内容……

对于这个问题,大家可能还留有疑问,课后大家可以接着思考,下节课我们将继续探讨。

作业的形式有很多种,例如:习题作业,论文(作文)作业,动手操作作业,课外搜集资料的作业,实验、观察、测量、制作,口头作业(小学),独立作业和小组作业相结合等。

(三)教学板书

板书是教师在教学过程中,配合语言、媒体等,运用文字、符号、图表向学生传播信息的教学行为方式,是教师必备的基本教学技能。

1.板书的设计

(1)设计原则

板书是一种高浓缩的提炼艺术,要达到教材内容与教师讲授合拍共振,板书设计要符合以下三个原则。

①准确——反应课程标准要求;体现教材内容结构特点;突出教学重点;用恰当方式准确表述教学内容。

②精要——内容简明扼要;字数恰当适量。

③醒目——布局安排合理;文字、图表直观、醒目。

(2)内容构成

板书一般分为主板书和副板书两种类型。

类别	书写要求	书写内容	书写位置
主板书	对教学内容的高度概括	讲课提纲、基本内容、重要结论	位于黑板的重要位置,相对保持时间长
副板书	根据教学需要列出教学中强调的内容	重要概念、名词术语、重要的时间地点	位于黑板的一侧,往往边写边擦

(3)布局谋划

板书布局合理是指在黑板上书写的文字、图表、线条安排严密周到,既符合书写规范要求,格式行款讲究,又充分利用黑板的有限空间,实现教学板书紧凑、匀称、协调、美观。一般板书要求主次分明,常见的教学板书布局有以下几种:

类别	布局谋划
中心板	以黑板中心为主板,始终保持整洁,不轻易擦,两侧留有少许板面做副板书用,随用随擦
两分板	板面一分为二,左侧为主板书,右侧为副板书
三分板	左侧:主板书,所写内容提纲挈领,始终不擦 中间:副板书,用做演算、作图,讲完一个内容略作小结后擦去 右侧:副板书,随用随擦
四分板(五分板)	将大标题横向排列,以一、二、三、四……标号,依大标题纵向向下排列小标题,内容简练,一堂课一板,基本不擦

2. 板书内容设计应注意的问题

(1)深挖教材,把握重点

板书是学生掌握教材的载体,是巩固知识的依据。因此,教师的板书设计,应在十分准确地掌握了教材基本观点的基础上进行。要力求向更深层次奋力挖掘,使认识达到更高的层次。设计应遵循教材的逻辑顺序,紧紧把握教学内容的重点和难点。

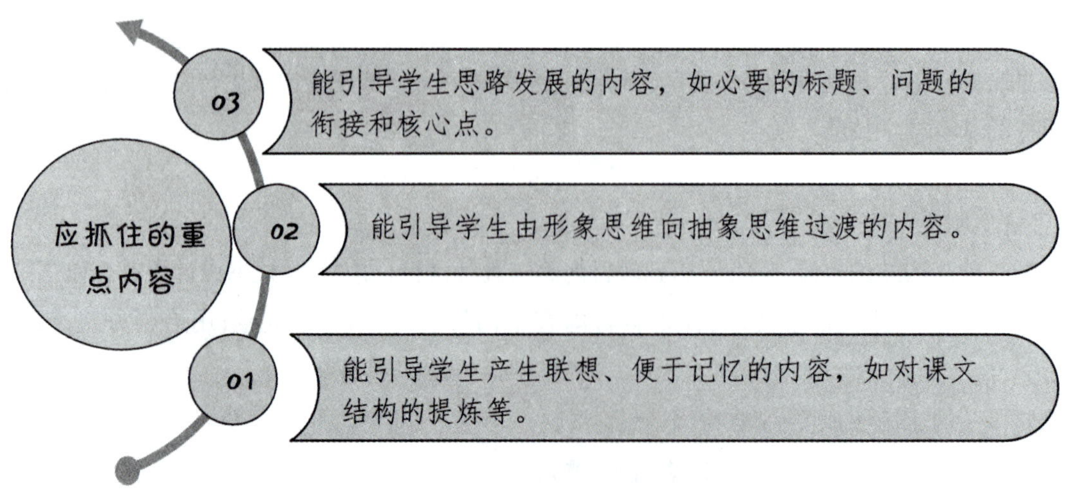

总之，备课时应十分注意把握重点，采取恰当的方法解决难点，突出特点，在此基础上再设计板书的内容。只有这样才能设计出高质量的板书。

(2)掌握情况，有的放矢

设计好一堂课的板书，必须掌握学生的动态，了解他们的知识水平和接受能力。不然，设计出的板书就不会发挥很好的作用，勉强使用也不会得到好的效果。

(3)讲写结合，相得益彰

板书内容的设计必须与讲解紧密结合。课堂的板书只是条条框框，它与教师的讲解是纲与目的关系。因此板书的内容不可过多，这就要求教师在进行内容设计时，对写哪些内容、什么时机写、写在什么位置作周密合理的安排，使板书与讲解互相协调，相得益彰。

(4)主辅相随，紧密结合

系统性板书与辅助性板书应紧密结合。系统性板书是板书的主体，辅助性板书为系统性板书奠定基础。二者相辅相成，密切结合才能收到好的效果。

(5)语言准确，启发性强

教师板书的语言要确切、一目了然，给人以凝练之感，能起到“画龙点睛”、指点引路的作用。

(6)内容完整，条理系统

有些板书虽是在授课过程中不规则地间隔出现的，但最后还是要形成一个整体。一堂课的板书，应是对该堂课讲述内容的浓缩，内容应系统完整，以便学生在课后利用板书的章、节、目、条、款，进行归纳小结，收到再现知识、加深理解、强化记忆的效果。

三、试讲如何考核

(一)考官的组成及考核要点

考官组成	考核要点
本学科专业教师、优秀教师、教研室主任	①教学内容中知识点讲解是否正确、表述是否清晰、逻辑是否严密 ②教学重、难点是否突出，详略是否得当 ③教学方法是否符合本学科的特点和学生的认知特点 ④深度及广度是否适宜学生的年龄段 ⑤与本学科相关的教学基本功的细节考查(比如:语文老师会考查粉笔字的笔顺是否正确)
其他学科专业教师、优秀教师、教研室主任	①教学方法是否符合课程标准倡导的以学生为主体的教育理念 ②教学程序是否合理，过渡是否自然顺畅 ③语言、体态、板书等教学基本功是否符合基本要求
教育主管部门的领导或工作人员、学校领导或教务工作人员	①站在讲台上的教学状态是否自信、亲和、有活力 ②语言是否流畅，体态是否自然，板书是否美观 ③知识讲解是否清晰，教学方法是否得当

(二)试讲评分表

科目:	考场号: 抽签序号:	
项目	内容	得分
教材分析	①专业知识把握准确 ②教学目标明确、具体、完整 ③教学内容突出重点,把握难点	
教学方法	①教学方法选择适用教学内容,符合学生实际情况 ②教学过程中渗透学法指导,重视学生学习能力的培养 ③教学方法能调动学生自主学习、自主发展,切实可行 ④教学手段的运用科学、合理	
课堂教学设计	①教学过程中教学步骤清晰、自然、逻辑性强 ②课堂教学结构合理,符合课程要求和学生实际,可操作性强 ③适时启发引导、重视学生参与 ④教学环节合理有效(如提问、设疑、演示、阅读等) ⑤课堂反馈针对性强,有利于知识的掌握、能力的提升	
教学基本功	①普通话标准、流利,语言规范、简洁、逻辑性强,生动、具有感召力 ②着装得体,举止大方,教态自然 ③板书字迹工整、内容有序、布局合理 ④遵守时间(每超时1分钟扣1分)	
		总分:
考官说明	①本表为面试考官为考生评定面试成绩的依据,请各位考官认真学习,严格按评分项目客观评分 ②请在考生面试全部完成后填写本表,提交记录,请勿在考生面试过程中记录 ③考试结束后,请将本表如数上交主考官,由主考官清点数量,记录签发后,统一交由记分员统计,封存,严禁将本表带出考场	
考官签字:		
记分员签字:	监督员签字:	

第三节　试讲的应试策略

一、试讲前的准备

试讲前需要做很多准备,归纳起来有知识准备、理论准备、心理准备等。

(一)知识准备

知识是基础,没有丰富的知识,要想试讲成功是不可能的,所以,首先要做好知识准备。知识准备的内容很多,其中比较重要的是课程标准、教材知识以及其他相关知识。

1. 熟悉课程标准

学科课程标准是规定某一学科的课程性质、课程目标、内容目标、实施建议的教学指导性文件。试讲前,考生一定要熟悉课程标准,掌握课程标准所规定的教学任务、教学目标以及各年级的教学要求,教学中应遵循的原则。尤其是要根据教学内容分解课程标准所规定的教学目标。离开课程标准的具体要求,试讲就会偏离正确方向。

2. 钻研教材

熟悉自己所报考科目的教材的编写意图和教学目标,了解知识的承接性和延续性,对知识系统的内在联系要做到心中有数。还要掌握本课在本册书中所处的地位和作用,明确教学重点和难点。

3. 涉猎边缘学科的知识

扩展知识视野,使自己具备多学科多层次的知识结构,这样才可以在本学科里游刃有余,使试讲具有深度和广度。

(二)理论准备

试讲的理论因素有很多,一定要在理论指导下去研究教学内容的分析、过程的设计、教学方法的运用,否则试讲就没有高度,就是无本之木。因此,教师在试讲前要针对教学实际需要,有计划、有步骤地学习教育学、心理学、学科教学法等有关理论。明确教育规律,掌握听课者的生理、心理特点,掌握要遵循的教学原则,掌握本学科的主要教学方法及要求。只有这样,才能使教师不断提高自身教育理论的素质,为试讲打下理论基础。

(三)心理准备

试讲是一种新生事物,一般要求考生在很短的时间内讲完一节课。如果考生心理压力过大,很容易在试讲时失去心理平衡,形成心理障碍,从而影响正常发挥,这就需要考生在试讲之前,做好充分的心理准备。

1. 增强自信心

由于试讲之前已大概圈定了范围,考生已对这些内容做了准备,所以考试时要卸下思想包袱,消除紧张心理,从容自如,同时要正确地评估自己的实力,使能力得到应有的发挥。

2. 注意自我的心理调节

试讲是要在没有听课者的配合下靠自己完成的,有可能会出现漏洞,这时就需要考生具有稳定力、应变力,消除紧张心理,稳定心理状态,恰当巧妙地弥补。这种自我控制心理的能力不能一蹴而就,需要在平时加以训练。

“凡事预则立,不预则废”“不打无把握之仗”,这都说明事前准备的必要性。充分准备是试讲成功的基础,也是自我提高的过程,只有准备充分,才能提高试讲的质量,才能不断提高自身的业务素质。

二、试讲中的应试策略

（一）态度谦虚

近年来由于就业压力增大、教师地位提高等原因，有更多高学历、高水平的考生渴望加入到教师这一行业，而这部分人由于自身条件比较优越，在面试试讲过程中容易表现出不谦虚的态度。而考官都是经验丰富的老师，考生一旦表现出傲慢或是对考官轻视的态度，多半会被淘汰。人无完人，课无完课。无论你的学历有多高、经验有多丰富，也不能达到完美无缺的境界。因此，在面试过程中保持一种谦虚的态度是最基本的要求。

（二）重点突出

考生很难在试讲时做到面面俱到，不肯舍去一些不能突出考生能力的问题只会影响面试成绩。考生如果对试讲内容的方方面面都提到，结果只能是蜻蜓点水，既不能突出重点，也不能显示出自己的特长。

通常试讲都有严格的时间限制，一般为15~20分钟。那么考生如何在短时间里发挥出最佳水平，突出自己的能力，在众多考生中脱颖而出呢？取得面试高分，最为重要的一点是，考生在试讲的过程中尽量做到重点突出，达到新课标的要求。

（三）内容有条理、组织性

授课内容主要包括内容的组织性和条理性、全面完整性、教学方法等。

在内容的组织性和条理性上，讲授的内容必须要全面、完整、基本无疏漏，以适当的速度，将规定的内容在规定的时间内完成；讲授方法要紧扣教学目标，由浅入深，由表及里，简繁处置得当；讲授层次清晰，纲目清楚，先后有序，从属关系分明，并注意新旧知识的联系；对讲授的内容要熟悉，切忌在试讲过程中一直看稿，大部分内容应该脱稿讲解。

教学方法应灵活多样，全方位地展示。比如要讲一个生字，且是形声字，那么应该联系音、形、义，通过列举比较、造句运用等手段强化这个字的特点。

三、试讲的注意事项

试讲中除了应试策略外，还有一些细节需要引起重视，考生要练就一身硬本领，既要着手大处，也要注重细节，包括普通话、发声、眼神交流、教学语言等。

（一）普通话

普通话是教师授课的标准用语，是考官对考生的重要考查之一。尽管来自不同地区，操着各地的方言，但练好普通话是为人师表的责任。要说一口流利的普通话，关键在于平时的练习。

（二）发声

教师依靠语言来传递知识，对声音的把握是试讲中的重中之重。试讲时虽然没有真实的学生，但试讲者也必须鼓足勇气，以洪亮有力的声音进行授课。洪亮、带有情感起伏的声音往往给人以自信、稳重的感觉，随之形象会跟着放大，考官会不知不觉地受到感染并被折服，这样试讲会增色不少。因此，对于说话小声、斯文、不自信的考生来说，平日里要有意识地锻炼发声技巧，训练时要放开自己，用丹田之气说话而非用

喉咙喊，声音尽量使教室中所有的同学都能听到。

(三)眼神交流

在课堂教学中，教师要对听课者微笑、眼神交流。必须时不时接触大范围听课者的眼神，当四目相接的时候，教师要给以肯定、自信、带有鼓励的眼神，让听课者“怕”的同时“尊重”老师，“听”的同时“看”老师，这样听课者会认为，老师正在关注自己，从而跟着老师的思路走。在试讲时，虽然没有听课者，但眼神交流也很重要。考生可以试着把考官当成听课者，这样做一方面会有身临其境的感觉，能正常地发挥；一方面让考官觉得考生能在实际的课堂教学中和听课者互动。

(四)教学语言

因为试讲没有听课者参与，焦点全部集中在考生一人身上，每一句话、每一个字都显得非常重要，非常突出。考生要注意体现语言的流畅性(可以看出教师的心理素质和备课的充分度)；语言的准确性(如教师的语音标准，可以看出教师对教材的把握度和挖掘度)，同时要体现学科语言的特点(如语文教师要体现语文教学语言的艺术性、优美性、欣赏性；数学学科要体现数学语言的准确性、逻辑性、严密性)，同时还要体现启发性，还有衔接语、过渡语、评价语、激励语等各方面都要注意，虽不能说字字珠玑，但这也是每个教师毕生努力的目标。

真 题 演 练

1.**(初中数学)**北师大版八年级下册《分式的加减》试讲10分钟。

【参考答案】

《分式的加减》试讲稿

各位评委老师：

大家好！我是初中数学组的01号考生，今天我试讲的题目是《分式的加减》，下面开始我的试讲。

一、提出问题，导入新课

师：某人用电脑录入汉字文稿的效率相当于手抄的3倍，设他手抄的速度为a字/小时，那么他用电脑录入3000字文稿比手抄少用多长时间？

师：学生1说电脑录入的效率是$3a$字/小时，那么他电脑录入3000字文稿用时$\frac{3000}{3a}=\frac{1000}{a}$小时，手抄用时$\frac{3000}{a}$小时，那么电脑比手抄少用时$\frac{3000}{a}-\frac{1000}{a}$小时。

师：从甲地到乙地有两条路，每条路都是3 km，其中第一条路是平路，第二条路有1km的上坡路，2 km的下坡路。小丽在上坡路上的骑车速度为$v$km/h，在平路上的骑车速度为$2v$km/h，在下坡路上的骑车速度为$3v$km/h，那么当走第一条路时，她从甲地到乙地需要多长时间？

师：学生2说是$\frac{3}{2v}$小时。

师：若是走第二条路，她从甲地到乙地需要多长时间？

师：学生3说是$\frac{1}{v}+\frac{2}{3v}$小时。

师：那大家知道她走哪条路花费的时间少？少用多长时间呢？

师：有学生说不知道。这两道大题涉及的知识就是今天我们要学的——分式的加减。等学完后大家看看自己能不能解决。

二、探索新知

师：你能举出一些同分母分式相加减的例子吗？

师：有学生说第一道题就是。

师：学生4说$\frac{x}{3}+\frac{4x}{3}$，学生5说像$\frac{x}{3+x}+\frac{2x}{3+x}$，$\frac{1}{3-x}-\frac{2}{3-x}$都是。

师：老师这里也有一个：$\frac{1}{a}+\frac{2}{a}$等于什么？

师：学生6说$\frac{1}{a}+\frac{2}{a}=\frac{3}{2a}$。

师：取$a=1$，$\frac{1}{a}+\frac{2}{a}=\frac{3}{2a}$成立吗？试试看。

师：学生6说他把$a=1$代入之后等式不成立了。

师：$\frac{1}{a}+\frac{2}{a}=\frac{3}{a}$。

师：$\frac{x+2}{x+1}-\frac{x-2}{x+1}+\frac{x-2}{x+1}$，同学们会计算这个式子吗？

师：学生7说$\frac{x+2}{x+1}-\frac{x-2}{x+1}+\frac{x-2}{x+1}=\frac{x+2-x+2+x-2}{x+1}=\frac{x+2}{x+1}$。

师：对。猜一猜，同分母的分式应该如何加减？

师：学生说同分母的分式相加减，分母不变，把分子相加减。

师：这就是同分母分式的加减法则。计算时最后的结果能约分的要约分成最简分式。

师：同学们猜一猜$\frac{3}{a}+\frac{1}{4a}$如何计算？

师：学生8说，只要把异分母的分式化成同分母的分式，异分母分式的加减问题就变成了同分母分式的加减问题。学生9说他也是这样想的。

师：能把你们的计算过程说一说吗？

师：学生8说$\frac{3}{a}+\frac{1}{4a}=\frac{3\times4a}{a\times4a}+\frac{a}{4a\times a}=\frac{12a}{4a^2}+\frac{a}{4a^2}=\frac{13}{4a}$。学生9说$\frac{3}{a}+\frac{1}{4a}=\frac{3\times4}{a\times4}+\frac{1}{4a}=\frac{12}{4a}+\frac{1}{4a}=\frac{13}{4a}$。

师：大家觉得这两种做法怎么样？与同伴交流一下。

师：学生10说第一种做法比较繁琐，第二种更简单点。

师：最后计算出的结果一样，能说他们的计算方法都正确吗？

师：学生11说都是正确的，但是第二种找出了最小公分母，所以计算过程更简单点。

师：在通分时要找出最小公分母，这样计算更简便。

师：异分母分式相加减要先化成同分母分式再把分子相加减。在通分时要找出两分母的最小公分母。

三、练习巩固

师：请大家计算这几个分式，看看自己的掌握情况：$\frac{2}{a}+\frac{a-5}{3a}$；$\frac{2}{x-1}+\frac{x-1}{1-x}$；

$\frac{a-2b}{a+b}-\frac{a-b}{b+a}+\frac{-a-4b}{a+4b}$，一会儿老师下去检查。

师：回忆刚开始我们做的两道题，你能得出两题的结论吗？

师：学生说能。学生12说第一道题中，用电脑比手抄节省的时间是 $\frac{3000}{a}-\frac{1000}{a}=\frac{2000}{a}$ 小时。学生13说 $\left(\frac{1}{v}+\frac{2}{3v}\right)-\frac{3}{2v}=\frac{6}{6v}+\frac{4}{6v}-\frac{9}{6v}=\frac{1}{6v}$，走平路花费的时间少，少了 $\frac{1}{6v}$ 小时。

师：大家已经能用学过的知识解决实际问题了，真棒。

四、小结

师：今天大家有什么收获？知道了什么？

师：同分母分式加减法则是同分母的分式相加减，分母不变，把分子相加减。异分母分式相加减，先通分，化为同分母分式，然后按同分母分式的加减法则进行计算。

五、布置作业

师：回去做一下习题5.5的第1,4,5题。

六、板书设计

分式的加减
同分母分式相加减
通分
异分母分式相加减

我的试讲到此结束，谢谢各位评委老师的聆听。

2.（**小学语文**）人教版六年级上册《少年闰土》试讲10分钟。

【参考答案】

《少年闰土》试讲稿

各位评委老师：

大家好！我是小学语文组的01号考生，今天我试讲的题目是《少年闰土》，下面开始我的试讲。

师：上节课我们从课文中概括出闰土给“我”讲的四件事，谁还记得？

师：对，闰土给“我”讲的四件事分别是雪地捕鸟、海边捡贝壳、瓜地刺猹、潮汛看跳鱼儿。

师：那么读闰土讲的四件事，哪件事给你的印象最深？为什么？

师：手举得最高的这位同学，你来说。

师：这位同学说他对看瓜刺猹这件事印象最深。因为这件事是文章主要描写的一件事，课文中先后出现了两次，写得最详细。而且他以前根本没听说过这样的事，听后感到很新鲜，所以印象最深。

师：还有谁来说。这位穿红色衣服的同学，你来说。

师：哦，你也对看瓜刺猹这件事印象最深，因为作者写得生动，特别是“月亮地下，啦啦地响了，猹在咬瓜了”给人一种毛骨悚然的感觉，突出了闰土勇敢、聪明、能干的特点，所以印象最深。

师：同学们的回答好极了，这一段不仅给我们的印象深，而且留给作者的印象也很深。课文一开始写作者回忆中的少年闰土的形象，也是看瓜刺猹的画面。这一段最能突出少年闰土动作上的特点，还

第三部分

能突出少年闰土聪明、能干、勇敢的特点，给我们留下了深刻的印象。

师：我们继续交流，谁能给大家说说其他三件事表现了少年闰土的什么特点呢？

师：第一排的这位同学，你来说。

师：这位同学说从捕鸟这件事也可以看出少年闰土聪明、能干的特点。

师：还有同学说从这件事可以看出闰土知识丰富，他能认识好多鸟。从闰土捡贝壳这件事我们也可以看出闰土知识很丰富，他知道好多种贝壳的名字。从潮汛看跳鱼儿这件事可以看出鱼儿的可爱和闰土能广泛接触大自然。

师：同学们都谈得很好。大家通过对少年闰土看瓜刺猹、捡贝壳、捕鸟等事情的学习讨论，对少年闰土动作上的特点领会得不错，一个海边农村的少年形象给我们留下了很深的印象。

师：刚才同学们读了自己想读的事，如果我们把四件事连起来看，你会有什么发现？找到文章中的省略号后说说省略号的意义。

师：戴眼镜的这位同学，你来说。

师：非常好，这位同学说省略号表示闰土说的话多，作者把它省略了。也表示闰土见到得多、知道得也多，他的脑子里有无穷无尽的稀奇事，而且讲得滔滔不绝。

师：所以，同学们，我们学习课文的时候不仅要抓住重点字、词、句去理解课文内容，还要从特别的标点符号去理解，这样才能把课文理解得更透彻。

师：接下来，同桌一个读闰土讲的四件事，一个读“我”听时的反应，读完后说说对“我”的反应的感受。

师：第二排的这位女同学，你来说。

师：她读到“第二日，我便要他捕鸟”这句话时，知道了“我”对捕鸟一无所知。很好，请坐。

师：现在同学们集体朗读插叙部分(第 14 自然段)，体会这几段话的意思。

师：“那时候……只是无端地……”这一段话插在了“我”与闰土的对话中间有什么作用？“无端”一词如何理解？两个破折号有什么作用？

师：这位同学你来说。

师：非常好，她说这段话说明“我”知识贫乏，什么也不知道。黑暗的封建教育制度脱离实际，脱离生活，并非“我”念书不用功。两个破折号的用法一样，表示注释作用。

师：现在请同学们读第 14、16 自然段。

师：闰土的心中有着无穷无尽的稀奇的事，闰土知道这么多，那么作为少爷的“我”呢？

师：同学们异口同声地说什么都不知道，非常棒。

师：那么“我”都不知道什么呢？

师：闰土知道雪天在沙地上如何捕鸟，而“我”却不知道。闰土知道夏天去海边拾贝壳，而“我”不知道海边有如许五色的贝壳。闰土有看瓜刺猹的经历，而“我”不知道西瓜还有这样危险的经历。闰土会在潮汛来时去看长着两个脚的跳鱼儿，而“我”听也没听说过还有这样的鱼儿。

师：现在小组讨论、交流“我”往常的朋友是些什么样的人？

师：同学们说得很好，“我”往常的朋友都是一些富家子弟。

师：那么“只看见院子里高墙上的四角的天空”是什么意思？

师：“我”和其他富家子弟一样都生活在深宅大院，不能广泛地接触社会、接触自然，像井底之蛙，见识很少。

师：这一自然段表达了“我”怎样的思想感情？

师：同学们说得很好，这一自然段表达了“我”对闰土的佩服，对丰富多彩的农村生活的向往和对自己所处的生活环境的不满。

师：现在请同学们带着自己的理解有感情地读一读第14、16自然段。

师：正因为闰土知道得这么多，所以和他在一起的日子“我”很高兴，很快乐。可惜，正月很快过去了，闰土要回家了，虽然我们哭着不肯离开，但最终闰土却被他父亲带走了。文章最后说从此“我”再也没见过闰土，其实30年后“我”又见到了闰土，不过那时的他变化太大了，有兴趣的同学课后可以找到鲁迅的小说《故乡》来读读就会找到答案了。

板书设计

少年闰土
雪地捕鸟
海边捡贝壳
看瓜刺猹
潮汛看鱼
聪明、能干、勇敢、见多识广
羡慕、佩服、向往、难舍难分

我的试讲到此结束，谢谢各位评委老师的聆听。

第四节　试讲万能模板

一、万能模板

各位评委老师：

大家好！我是________组________号考生，今天我试讲的题目是《________》，下面开始我的试讲。

1. 课堂导入

导入是引导学生进入学习情境从而形成适宜的学习心理准备状态的教学行为方式。导入的恰当使用对一堂课有导向和奠基的作用。常用的导入方式包括直接型导入、复习型导入、悬念型导入、设疑型导入、情境型导入、故事型导入、音乐型导入、实验型导入等。考生在设计试讲稿时，要尽量使导入新颖活泼，精练概括，吸引学生。

2. 讲授新课

讲授新课是试讲的主要环节。考生在设计这一部分时，要针对不同的教学内容，选择不同的教学方法；设想怎样提出问题，如何逐步启发、诱导学生理解新知；怎么掌握重点、难点以及完成课程内容所需的时间和具体的安排。

3. 巩固练习

必要的练习有利于学生对新知识的掌握。因此,练习的设计要精巧,有层次、有坡度、有密度。具体还要考虑练习的进行方式,是教师还是学生板演。如果是学生,应该让谁上黑板上板演,这一环节应控制在多长时间内等。

4. 课堂小结

课堂小结即在所授课将要结束时,由教师或学生对本课所学内容要点的回顾。教师在设计时可考虑实际需要,简单明了,适时总结。

5. 作业设计

作业是为了促进学生对课堂中的教学内容的掌握,依据学生的年龄特征和现有知识水平,有计划、有步骤地布置的课外练习或任务。作业是课堂教学的延续,是实现教学目标不可缺少的环节。作业设计的形式可以有很多种,如书面作业、探究讨论式作业、实践作业、情境表演作业、阅读复习作业等。教师在设计作业时应紧扣教学内容,适当联系旧知,循序渐进。同时也要考虑学生的学习差异,对不同程度的学生,设计不同难度的作业,尽量使每个学生都能获得相应的学习成就感。

6. 板书设计

板书是教师为了配合讲授,在黑板上运用文字、图画和表格等视觉符号传递教学信息的教学行为方式。板书具有提示、强化、示范、解析、直观、总括的作用。教师在设计板书时要做到目的明确、布局合理、时机合适,要与讲课的内容、进度相结合。

7. 结束语

我的试讲到此结束,谢谢各位评委老师的聆听。

二、模板活用

(一)开场

如:

各位评委老师:

大家好!我是小学语文组01号考生,我今天的试讲题目是《颐和园》,下面开始我的试讲。

各位评委老师:

大家好!我是初中数学组01号考生,我今天的试讲题目是《平行四边形的性质》,下面开始我的试讲。

(二)课堂导入(开场+导入2～3分钟)

如语文课《荷花》:

师:同学们,夏天到了,池塘里开满了荷花,真是漂亮极了!谁能告诉老师荷花有哪些特点?太棒了,大家说得非常好,今天叶圣陶先生也想加入我们的谈论,下面我们和叶圣陶先生一起赏荷花吧。

如数学课《面积和面积单位》:

师:同学们,我们每天都住在自己家的房子里面,哪位同学能说一说自己家的房子有多大?

师：很多同学都知道自己家有多大，有65平方米的、有80平方米的、有110平方米的……那么，你们知道65平方米、80平方米它们的含义是什么吗？65平方米究竟有多大？1平方米有多大？为了弄清这些问题，今天我们就来学习最基础的知识——面积和面积单位。

如英语课Feelings：

T：Hello，boys and girls.Nice to see you again.

T：Do you like sing English songs?

T：Let's sing an English song.

T：Good job! Now let's play a bomb game. If you see the picture，speak out English loudly. See the bomb，be quiet. Are you clear? Let's play.

（三）讲授新课

如美术课《字的联想》：

师：同学们，老师今天给大家带来一组神秘的文字，我们来做一个文字闯关游戏吧。大家来看，老师这里有几张图片，你能闯过关卡猜出这是什么字吗？第一排靠窗户的同学你说一下吧。

师：这位同学说第一个字是"山"，第二个字是"水"。

师：我们来看看是不是。（出示图片对应的汉字）

师：同学们的想象力真丰富，这些文字和生活中的图形非常相似，因此被称为象形文字。

师：我们的祖先早在四五千年前就得到了生活和大自然的启示，发明了象形文字。这些文字就像画一样，和现实中的物体十分相似。我国最早的象形文字发现于河南安阳的殷墟，在那里出土了大量的龟壳及兽类的骨头，这些甲骨上面就刻着古人遗留的象形文字。因此，象形文字又被称为甲骨文。我们来看大屏幕，这就是象形文字——甲骨文。

…………

如信息技术课《窗口的基本操作》——学习最小化按钮：

师：同学们注意到了没有，刚才老师动了一下鼠标，然后动画片就没有了？老师是怎样操作鼠标的呢？

师：戴眼镜的这位同学，你来说一下。

师：这位同学说，电脑显示窗口右上角有三个符号，用鼠标点击左边那个减号，电脑上的动画就没有了。

师：现在，老师再来演示一下，请同学们仔细观察。

师：请大家打开"美景1.Jpg"文件练习最小化的方法。

师：大家练习得非常好，其实，这个同学说的减号就叫做最小化按钮。它的用途就是可以使电脑上的显示窗口变成最小。

…………

（四）巩固练习

如音乐课《嗯嗨呀》：

师：刚才我们学习的这首朝鲜族民歌，一下子把我们带到了热火朝天的劳动中去，我们感受到朝鲜族人民的勤劳朴实、团结自强，下面我们再来欣赏几首歌曲。

请判断哪首歌曲是朝鲜族的歌曲?

①《掀起你的盖头来》(维吾尔族)。

②《牧歌》(蒙古族)。

③《我的家在日喀则》(藏族)。

④《乃哟乃》(土家族)。

⑤《阿里郎》(朝鲜族)。

师:对,是第五首。

师:通过欣赏这些民歌,我们领略了民族音乐的魅力,我们的祖国就像一个大花园,盛开着五十六朵美丽的鲜花,每一朵都值得我们赞美,值得我们歌唱,最后让我们再次唱起这首朝鲜族的歌曲《嘿嗨呀》。

…………

如化学课《质量守恒定律》:

师:那么我们再做一个实验吧。我们用白磷和氧气的反应做一下。我们用的是白磷,为什么呢?

师:同学们回答得非常正确,因为白磷能够自燃。

师:白磷和氧气,我们知道在一定的条件下能生成五氧化二磷。怎么操作呢?(学生讨论)

师:老师请一位同学说说看,穿红色衣服的这位同学,你来说。

师:这位同学说在燃烧匙中放一点白磷,把它放在锥形瓶中,用塞子堵住锥形瓶口,聚光让白磷自燃。在实验之前,应该先称一称锥形瓶中所有物质的重量,反应后再称一称它的重量。

师:那么这位同学,我把它放在敞口的烧杯中做可以吗?为什么要加塞子呢?

师:这位同学说反应会生成一些气体。

师:是气体吗?

师:这位同学回答得非常正确。不是气体,是固体。加塞子是为了防止白烟跑掉。

师:有没有同学有不同看法?她的同桌,你来说一下。

…………

(五)课堂小结

如物理课《行星的运动》:

师:本节课学习的是开普勒行星运动的三大定律,其中第一定律反映了行星运动的轨迹是椭圆,第二定律描述了行星在近日点的速率最大,在远日点的速率最小,第三定律揭示了轨道半长轴与公转周期的定量关系,在近似计算中可以认为行星都以太阳为圆心做匀速圆周运动。

如化学课《质量守恒定律》:

师:通过今天这节课的学习,我们知道了任何化学反应都遵守质量守恒定律。今天的学习每个同学都有不同的收获,希望同学们继续努力。

如思想品德课《学会合理消费》:

师:通过这节课的学习,我们明白了在商品、服务日益丰富,消费水平不断提高,消费观念不断变化的今天,我们不仅要关注国家经济建设,还要学会合理理财、理性消费、绿色消费,希望大家能够树立正确的消费观,成为理智的消费者,实现人与社会和谐发展!

(六)布置作业

如语文课《识字、写字》:

师:这节课同学们的表现都很好,我们不仅学会了一首童谣,还学会了三个生字。回家以后把这三个字分解笔顺,按照笔顺写一写,把童谣说给爸爸妈妈听,好吗? 好,下课。

如数学课《数与代数》:

师:看来大家的收获都不少。是啊,通过今天的学习我们不仅认识了小数,还知道了怎么用小数表示米和元。老师要留一个小作业给大家,请同学们回家后搜集三个小数,并写清楚是从哪里搜集到的。好,下课。

如英语课 Let's go to the zoo:

T:Tell your parents or your friends animals' names as many as you can.

T:The time is up. Good-bye everyone !

如物理课《探究运动与力的关系》:

师:刚才我们已经清楚,惯性在生活中非常常见,那么请大家下课以后搜集生活中与惯性有关的事例,作为我们下节课交流的内容。

(七)板书设计

如语文课《水调歌头》:

《水调歌头》
- 上阕
  - 把酒问天　不知何年
  - 欲归又恐　起舞弄影
  - 由月感发—求美好生活
- 下阕
  - 月照无眠　不应有恨
  - 人有离合　千里婵娟
  - 感月怅别—表思念情怀
- 情景交融　理趣盎然

如地理课《我国冬、夏季风的性质》:

季风	风向	发源地	性质	影响区域
冬季风	偏北风	西伯利亚、蒙古	寒冷干燥	我国大部分地区
夏季风	西南季风 东南季风	印度洋 太平洋	高温湿润	我国的季风区

(八)结束语

我的试讲到此结束,谢谢各位评委老师的聆听。

1. 提问学生时,要分情况评价

①学生回答正确——这位同学说得非常好,请坐;嗯,很有道理;没错,正如你说的;太棒了,看来你课下积累了不少知识。

②学生回答错误——表扬,但是,改进。如:你非常有勇气,这一点很棒,但是你再思考一下,×××这样是不是更全面呢;你的看法很独特,但是其他同学还有补充,我们一起让答案更全面。下面我们看看其他同学有什么观点好吗?

2. 如何称呼学生

①衣服颜色:穿红色衣服的同学;②积极性:举手最高的那位同学;③地理位置:第一排的这位同学。(互动次数:4~6次为宜)

三、试讲示例

小学语文《比尾巴》试讲稿

各位评委老师：

大家好！我是小学语文组01号考生，今天我试讲的内容是《比尾巴》，下面开始我的试讲。

（一）做游戏，导入新课

师：同学们，现在我们来做一个摸一摸的游戏，看谁的反应快。摸摸你的头，摸摸你的眼，摸摸你的鼻子，摸摸你的耳朵，摸摸你的尾巴。

师：同学们都说自己没有尾巴，人不需要尾巴，所以退化了。想想什么有尾巴？

师：对！动物有尾巴。谁知道哪些动物有尾巴？

师：我听到有同学说小狗有尾巴，小猫也有尾巴，还有小兔子、小猴子、大老虎。大家说得都对。今天，动物王国特别热闹，因为动物们要举行一项特别的比赛，比什么呢？它们要比尾巴。现在，就让我们一起去看看，都有哪些动物参加了比赛。同学们注意，比尾巴的“巴”在这里要读轻声。

（二）初读课文，读准生字

师：在这次比尾巴大赛中，哪些动物获胜了？它们的尾巴都是什么样的呢？大家听老师读了有趣的小童谣就知道了。

师：听完老师的朗读，请同学们自己朗读一遍课文，边圈生字，边记读音。

师：同学们读得真认真！下面同桌之间互相读课文，互相检查生字的读音。

师：我们一起来学习一下这节课的生字。跟老师一起读“比”“尾”“巴”“谁”“长”“短”“把”“伞”“兔”“最”“公”。

师：现在我们把这些生字朋友放回到课文里，大家再读读课文，要把字音读准了，句子读通顺，读完找一找这篇课文一共有几小节。

（三）再读课文，了解大意

师：这篇课文一共有几小节呢？

师：对，一共四小节，同学们找得真准确。下面请四位同学用开小火车的方法朗读课文，其他同学边听边思考在比尾巴大赛中，哪些动物获胜了呢？

师：有同学说猴子获胜了，还有同学说是松鼠获胜了，老师还听见有同学说获胜的是孔雀。现在我们就从第一小节开始，依次分析到底是哪个小动物赢得了比赛。同学们先来找找第一节有几句话，用了什么标点符号？想想这节告诉我们了什么？

师：A同学说得真棒！第一节一共用了三个问句告诉大家这场比赛的内容，读的时候记得要用问的语气把它们的比赛内容读清楚。

师：第二节又告诉我们了什么呢？

师：B同学真聪明！第二节告诉了我们比赛的结果，猴子的尾巴长，兔子的尾巴短，松鼠的尾巴好像一把伞。同学们看看图，想想松鼠的尾巴像什么伞？

师：C同学说像降落伞，你的想象力真丰富。大家说像不像啊？

师:老师也觉得像。这里还有一组反义词,说出了两种动物尾巴的特点正好相反,谁发现了?

师:D同学反应可真快!“长”和“短”是一对反义词。第二次比赛开始了,我们接着观看比赛。

师:哪位同学来说说第三节和第四节的比赛项目和结果?

师:E同学说得非常正确!公鸡的尾巴弯,鸭子的尾巴扁,孔雀的尾巴最好看。让我们一起通过有语气的朗读让大家都知道这场比赛项目和结果吧!

(四)拓展延伸

师:现在我们一起来做一个找尾巴的游戏,给六种丢了尾巴的动物画上尾巴。请六位同学来黑板上给这六个小动物贴上它们的尾巴吧!

师:这六位同学贴的对不对呢?

师:这六位同学都贴对了,小动物们很感激你们。

(五)课后小结

师:今天,我们在动物王国里玩得可真高兴,亲眼观看了一场有趣的比赛。希望你们课后观察一些小动物或收集一些小动物的图片和资料,看看它们的尾巴是什么样的,都有什么用处,课下讲给你的小伙伴听。

师:好,下课!同学们再见!

(六)板书设计

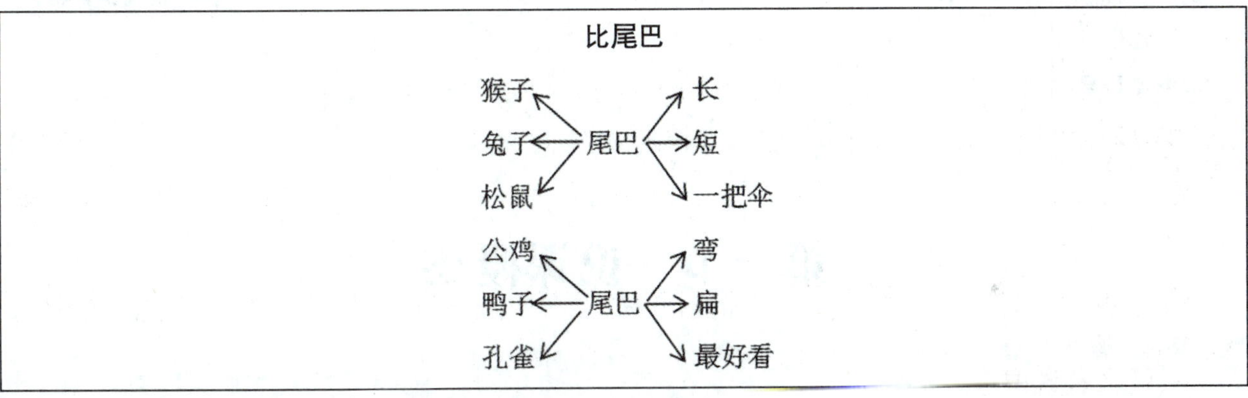

我的试讲到此结束,谢谢各位评委老师的聆听。

教师招聘考试——试讲稿

第二部分

第二章　面试逆袭之说课

思维导图

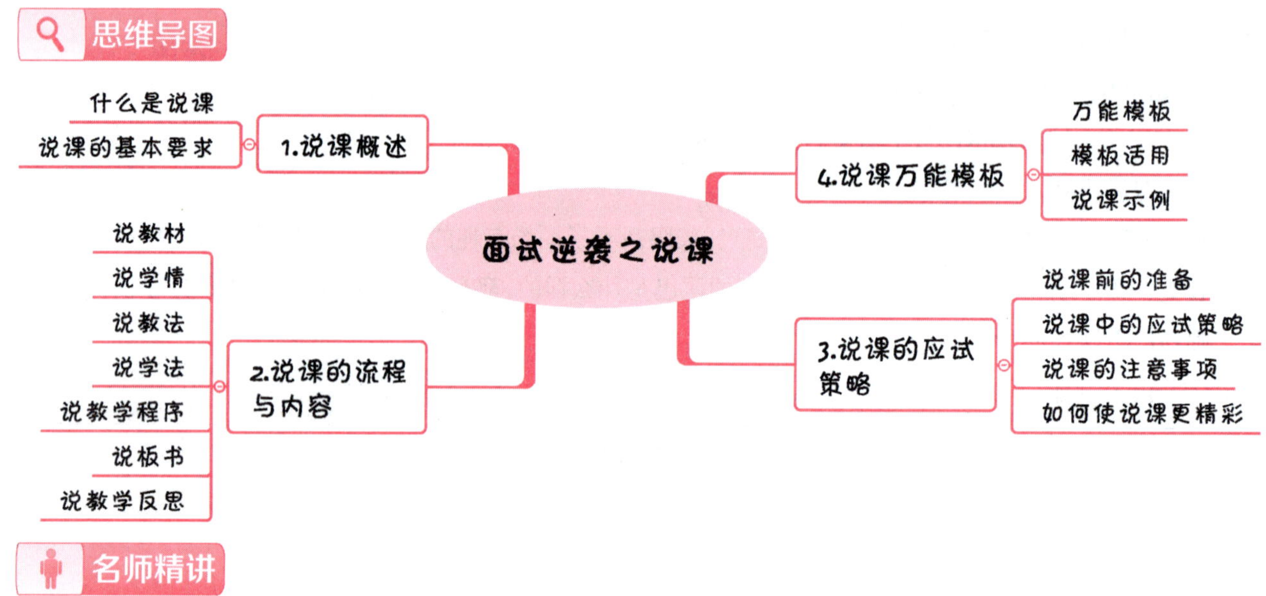

名师精讲

第一节　说课概述

一、什么是说课

(一)说课的含义、特点

1. 说课的含义

说课是教师在模拟教学场合中,依据教育理论、课程标准、教材内容、学生情况、教学条件等,分析教学任务,陈述教学目标,阐释教学重点与难点,讲说教学过程以及所运用的教法和学法,然后与听课者共同讨论、研究其优点与不足,以达到共同提高教学效果的一种教学研究形式。

说课的核心是“教师是怎样教的”“为什么要这样教”。

2. 说课的特点

(1)说理性。说课的说理性,不仅要体现说课者的“说”,还要说出理由、道理或依据来。说课的“说”主要是借助于口语这一载体,把教师对教学的科学认识,对教学目标、教学内容、教学对象以及教学各个环节等设计思路的理由准确地表达出来。只有通过“说”的形式,说课的其他参与者才能了解说课者的教学设计是否有“理”、是否合“理”,哪些方面还需要完善和改进,并从中了解说课者的教学基本功底和理论素养水平。

(2)研究性。说课的受众是具有一定教学经历或研究水平的同行、教研员、教学专家和学校领导,说课者不仅要说清楚自己对教学的科学认识,对教学各个环节等设计的思路,甚至要能够反映出说课者在真实教学情境中的教学过程,这些都离不开说课者对现代教学理论、现代教学设计和真实教学活动中的各种要素进行深入细致的研究。通过说课的研究活动,有利于发挥教师参与教学研究的积极性,使说课成为发现问题、研究问题、解决问题的平台。

(3)科学性。课堂教学要求教师以科学的理论为指导,用科学的方法解决教学中的矛盾和问题,因此,说课者必须遵循教学原则去设计教学程序,处理和挖掘教材,使教学具有科学性、逻辑性和思想性。说课者要想说清"怎样教"与"为什么这样教",必须遵循科学性的原则。

(4)预见性。说课要求教师不仅讲出"怎样教",还要说出学生"怎样学"。所以,说课者要对所教学生的知识技能、智力水平、学习态度、思想状况、心理特点、非智力因素等方面的差异进行分析,预估学生对新知识的学习会有什么困难,并说出根据不同情况采取的相应措施和解决办法。此外,说课者还要说出自己设计的关键问题,估计学生是如何回答的,应该怎样处理。

(二)说课与备课、上课及说课稿与教案的关系

1.说课与备课的关系

		说课	备课
不同点	本质	教研活动	教学活动
	对象	其他教师	学生
	目的	帮助教师认识备课规律,提高备课能力	优化教学过程,提高课堂效率
	形式	集体进行的动态的教学备课活动	个体进行的静态的教学活动
	要求	说出做什么、怎么做、为什么要这样做	强调教学活动的安排,只需要写出做什么、怎么做
相同点		①教学内容和任务相同,都是课前的准备工作 ②做法相同,都是分析教材和学情,设计教学方法和教学过程 ③检验方式相同,都要接受课堂教学的检验	

2.说课与上课的关系

	说课	上课
目的	介绍一节课的教学设想	让学生学会学习
对象	领导、同行或专家、评委	学生
内容	教什么,怎么教,为什么这样教	教什么、怎么教
方法	以教师自己的解说为主	教师与学生的双边活动
评价标准	说教材;说教法、学法;说教学程序;说板书设计	课程导入;新授课;巩固练习;课堂小结;布置作业

3.说课稿与教案的关系

说课稿和教案分别与说课和上课相对应。教案是备课过程的总结和记录,重在设计教学过程;说课稿在教案基础上点明说课者的教学理念、教学思想和理论依据。所以,说课稿是教案的延伸和扩展。

二、说课的基本要求

(一)说课的原则

原则	表现
科学性原则	教材分析与处理正确透彻;学情分析客观准确;教学目标符合新课标要求;教学设计紧扣教学目标,符合课型特点和学科特点,有利于发展学生智能
理论联系实际原则	不仅要说清其教学构想的理论与实际两方面的依据,还要将新课改理念、教育教学理论与课堂教学实践有机结合起来,做到理论与实践的高度统一
实效性原则	要通过说课这一简易、速成的形式或手段在短时间内集思广益,检验和提高教师的教学、教研能力,优化课堂教学过程,提高课堂教学效率
创新性原则	要充分发挥自己的教学特长、教学风格进行说课设计;更要树立创新的意识和勇气,大胆假设,小心求证,从而不断提高自己的业务水平
简约性原则	“说主不说次”“说大不说小”“说精不说粗”

(二)说课的要求

(1)要有侧重点。说课者要围绕教学目标、重点、难点,在把握教材,选择教法、学法以及安排教学程序等方面进行讲述。

(2)突出操作性。说课是为了提高课堂教学效率、优化课堂教学而说,是对教学活动的思想过程、方法、手段的根本指导。因此,它不能脱离教学,应是课堂教学的前奏,这时的说课是为了课堂讲课的具体实践而说,因此,要做到说者“说得好”,听者能操作。

(3)说得有程序。按照一定程序科学地排列各项说课内容,这是说课的基本要求。从说课顺序的排列,往往可以看出一个教师认真严谨的工作态度、缜密细致的思维风格和雄厚扎实的业务功底。当然说课内容的顺序是没有固定模式的,但最起码要做到逻辑严密、层次清楚、思路明晰。

(4)说者心中有数,听者有备而来。说课者须先就某一教学内容写好说课稿,以便在说课中做到有的放矢,也可针对个别问题加以重点说明。听者事先也应对说课的内容有所了解,做到有备而来,有备而听。通过说课评课,取长补短,集思广益,有利于说者及评者教学水平的提高。

(三)说课的评分标准

说课评分标准是评委考核教师的参考指标,体现了说课评分的原则,了解说课的评分标准有助于考生对症下药,提高备考的针对性。

说课评分表

项目	评分要点	得分
教材分析	1.讲清教材的地位、特点和作用 2.教学目标明确、恰当、全面,符合教材和学生实际,并能说出依据 3.教学重点、难点把握准确,专业基础知识扎实、丰富 4.教材处理得当,符合教学实际、结合实际应用	

续 表

项目	评分要点	得分
教法学法	1.在教学理论指导下，正确选择和运用教法、学法、教学手段和教具学具 2.面向全体，因材施教，主体突出 3.注重实践活动，充分调动学生学习的主动性、积极性 4.重视学习兴趣和道德情感的培养 5.重视学习方法的指导、学习习惯的培养和学习能力的提高 6.有利于教学目标的达成	
教学设计	1.教学层次清楚，前后衔接符合学生认知规律 2.教学步骤科学，课堂结构合理，有理论依据 3.教学重点突出，时间运用科学、合理 4.重视教学信息反馈，及时评价指导 5.教学有创新，有特色，方法创新，思维创新	
基本素质	1.普通话标准，语言规范、流畅、逻辑性强 2.教态自然大方 3.仪表端庄 4.板书规范工整	
总分	综合评价：	

第二节　说课的流程与内容

一、说教材

教材是进行教学的依据，是学生获取知识的重要来源。教师要吃透教材、简析教材内容、教学目的、教学重难点。说教材，就是要教者阐述对于教材的理解，听者通过教者说的过程来判断其对教材的把握程度。

教师要全面正确地理解教材，达到以下两个目的：

(1)确定学习内容的范围与深度，明确应该“教什么”；

(2)揭示学习内容中各项知识与技能的相互关系，为设计教学顺序定基础，知道“如何教”。

1.说教材的作用和地位

在认真阅读教材的基础上，说明教材的地位、作用，即：

(1)阐明本节内容在整个知识体系或本册教材或本单元中的地位；

(2)以学生刚刚学习的哪些知识为基础来讲解这段内容，找准前后知识的联系；

(3)本节内容对于发展学生思维、培养学生能力方面有什么重要作用等。

一般来讲，这一部分可以借鉴教学参考书中的教材说明一栏。

说教材的评分要点

(1)是否全面正确地理解和把握课程标准。

(2)是否全面正确地理解和把握教材的地位和作用。

(3)是否贯彻落实教学目标的评价。

(4)是否恰如其分地把握教学重难点。

【案例一】

人教版三年级语文《孔子拜师》的教材地位分析：

《孔子拜师》这篇课文是人教版小学语文三年级上册的内容。——教材的位置

这篇课文主要讲了孔子成为一名远近闻名的老师后，却依然拜老子为师，同时老子也把自己的学问毫无保留地传授给孔子的故事。——教材的内容

本课内容为学生树立正确的学习态度起到了很好的熏陶作用。——教材的作用或意义

【案例二】

初中地理《南极洲》一章的教材地位分析：

本章教材是初中《世界地理》分区中的重要组成部分，是前几章的继续和深入。南极洲虽然是人类发现最晚的大陆，但它具有原始、独特的自然环境和自然资源，是人类进行科研的理想场所。因此，具有很高的科研价值和经济价值。从学生认识世界、面向未来考虑，南极洲一章具有重要的意义。

2. 确定教学目标

(1)教学目标的三个维度

新课程背景下的教学目标设定一般以“三维目标”为基准，即从知识与技能、过程与方法、情感态度与价值观三个维度来开展。各学科考生在备考时，应对各学科课程标准的内涵进行系统而深入的思考，并能够将上述三维目标有机融合起来。

(2)教学目标确定的思路

“说教材”中的“教学目标”的提出，应该遵循如下的思路进行：

①要尽量以学科课程标准总目标的设定为指导，结合本章节教学要求来说教学目标，有时还可结合学生实际来确定本课题的教学目标或任务。

②按知识与技能、过程与方法、情感态度与价值观三个维度具体分解本节课的教学目标，切勿将本学科目标或本章的教学目标取代本节课的具体目标。需要指出的是，强调目标的具体化，绝不是孤立地对待每一个教学目标，而是要把目标的达成贯穿于具体的学习内容中，使它们相辅相成、相互促进。在任何教学活动中，三维目标始终都是一个有机统一的整体，既相对独立，又相互补充。教学活动的过程，其实就是学生习得知识与技能的过程，同时也是形成方法、发展能力和确定情感态度与价值观的过程。

③从“学生学的什么、获得什么、悟出什么”的角度来表达，不能从“教师教什么、怎么教”来表达。

④有相应的量化指标，尤其在知识点的掌握上。量化指标越具体，教学活动的安排就越科学，操作性就越强，也就越容易获得考官的认同。

⑤说教学目标时，必须按照由易到难、由低到高的次序分项、分条述说，要求条理清楚、逻辑严密，不能将不同的目标揉在一起，也不能将同一目标拆分开来。

需要特别强调的是：说课中的“教学目标”不是简单地将备课教案中的文字表达迁移出来，而是应对“目标”的确立与分解作必要的说明。

(3)教学目标表述的要素

①行为主体。说课中的教学目标表述的是学生的学习行为，而不是教师的行为，一般不用来表述教师的教学程序或活动安排，如“使学生……”“让学生……”以及“提高学生……”等描述。这些语言违背了新课程标准的理念。新课程标准的理念强调学生是主体，这些词语则把学生放在了被动的地位。考生应选用“能认出……”“能描述……”“能……”这样的表达，表明达成目标的行为主体是学生。

②行为动词。教学具体目标应采用可观察、可操作、可检验的行为动词来表述。如"了解""掌握""知道""熟悉"等笼统含糊的、难以观察到的、仅表示内部心理过程的动词,往往难以测量,无法检验。而"能认出""能描述""能写出"等,则是意义明确、易于观察、便于检验的行为动词。

常用的知识性目标动词主要有:描述、识别、列出、举例说明、概述、区别解释、选出、收集、处理、阐明、分析、得出、应用、评价、撰写等。

常用的技能性目标动词主要有:尝试、模仿、运用、使用等。

常用的情感性目标动词主要有:体验、参加、参与、交流、关注、认同、树立、确定、形成、养成等。

③行为条件。有时需要表明学生在什么情况下或什么范围内完成指定的学习活动,如"用所给的材料探究……""通过自行设计,完成小实验,体验……"。

④表现程度。指学生对目标所达到的表现水准,用以测量学生学习结果所达到的程度。如"能准确无误地……",便是对"认出植物种子的结构"的要求程度;"详细地……"便是对"写出观察记录"的要求程度,是对目标水平的限定,便于检测。

山香指导

确定教学目标常出现的问题

(1)教学目标设计笼统、模糊。

(2)教学目标设计琐碎、零乱。

(3)忽略学生的主体地位。

表述教学目标的四个要素可以归结为以下四个问题:

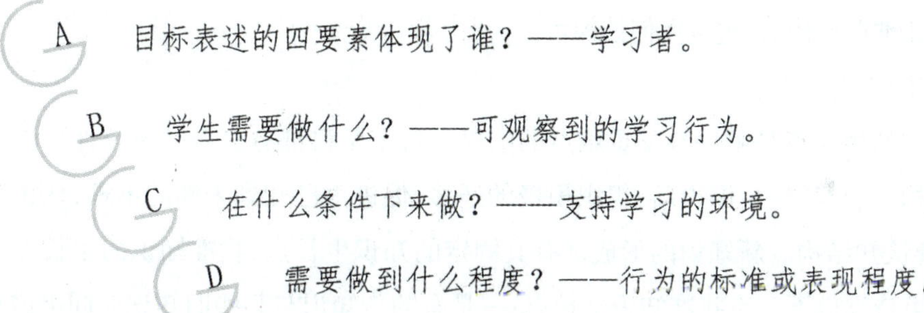

【案例】

根据新课程标准的要求和对教材的理解,将《林黛玉进贾府》一课的教学目标定为:

1.知识与技能目标

(1)能够结合课文阅读,了解《红楼梦》的主要内容和它的思想性、艺术性及其在文学史上的地位。

(2)从分析林黛玉、贾宝玉、王熙凤的不同性格,学习刻画人物的方法。

(3)理解环境描写的特点和作用。

(4)通过揣摩人物语言、动作及细节描写,训练把握人物性格的能力。

(5)分析形象,培养良好的分析习惯和知识迁移能力。

2.过程与方法目标

学生通过观看影片,对《红楼梦》有初步的了解,在此基础上知道古代小说的发展趋势以及《红楼梦》的社会地位。学生通过阅读课文,找出对林黛玉、贾宝玉和王熙凤描写的语句,并加以分析,了解他们的性格特点。最后学会如何进行人物描写,以自己的同桌为例进行试笔。

3.情感态度与价值观目标

在研读小说过程中,养成审美观,领会人物的美感。

3. 说准教学重难点

从某个角度来说,说课过程实际上是突出重点和突破难点的过程。因此,说准教学重难点便成为教学设计的一个关键,也是说课活动必须阐述的一个内容。

(1)教学重难点的定义

教学重点是指学科或教材中最基本、最核心的知识与技能。其中有些对学生的学习起着决定性作用的基本知识与技能,也被称为教学关键。

教学难点是指教师难教、难讲、学生难理解或容易产生错误的一小部分教学内容。教材、教学内容作为认识的客体,有着自身的知识结构与体系,以其知识的深度、思维的难度表现出教学的难点,但它并不是决定因素,主要决定于教师和学生的素质与能力。不同学校、不同教师以及不同班级学生难点的分布、难点的程度显然各不相同。可见,与重点相比,难点具有不稳定性。深入领会和掌握教学难点的这一基本特性,有助于克服确定教学难点时的盲目性和固定性。

教学重点与难点是教学内容的主体,它们是具体特定内涵的两个不同概念,教学重点不一定是难点,一般情况下,教学重点中的局部很可能是难点,教学难点不一定是教学重点。然而,两者在一定条件下往往具有"同一性"。需要强调的是"说课"中的"重点和难点"的说法与教案中的"重点和难点"的文字表达不同。前者应当强调"这些难点和重点"是在怎样的背景下被确定的,点明重点与难点的破解方法;后者则只要写明所教的教材其难点是什么、重点在何处即可。

(2)重难点的突破策略

①找准知识的生长点是解决教学重难点的前提。每个学科都有自身的系统性。教学就是要借助学科本身的逻辑结构,引导学生由旧入新,组织积极的迁移,促进由已知到未知的推理,认识简单与复杂问题的联系,不断完善认知结构。新知识的形成都有其固定的知识生长点,找准知识的生长点,才能突出重点、突破难点。考生可依据以下三点找准知识生长点:一是有的新知识与某些旧知识属同类或相似,要突出"共同点",进而突破重难点;二是有的新知识由两个或两个以上旧知识组合而成,要突出"连接点",进而突破重难点;三是有的新知识由某些旧知识发展而来,要突出"演变点",进而突破重难点。

②采用合适的教学方式是解决教学重难点的关键。教师的教学应该以学生的认知发展水平和已有的经验为基础,面向全体学生,注重启发性和因材施教。教师要发挥主导作用,处理好讲授与自主学习的关系,通过有效的措施,引导学生独立思考、主动探索、合作交流,使学生理解和掌握基本的知识与技能、思想与方法。即根据学生实际,采用合适的教学方式是突出重点、突破难点的关键。

③信息技术的合理应用是解决教学重难点的保障。现代信息技术的发展对教育的价值、目标、内容以及学与教的方式产生了重大影响。现代教育技术已经成为学生学习和解决问题的强有力工具。因此,在突出教学重点和突破教学难点的过程中,要充分发挥现代信息技术的优势,化动为静,化隐为显,化难为易,化抽象为直观,并通过与传统技术的联合、互补,有效促进教学重难点的突破。

山香指导 在"说教材"中,各考生主要是把上述的三部分说清楚,但不要啰唆,不要解释太多,说清主要内容即可。在说这三部分的内容时要注意各部分的衔接语,不要孤立地一部分一部分地说。

【案例一】

华东师大版八年级数学《全等三角形的判定》教学重难点的确定：

通过上面对教材内容的分析以及教学目标的设定，我确定了本节课的教学重点是理解三角形全等的判定以及应用判定。

依据学生的身心发展以及认知结构，我将确定本节课的教学难点是三角形全等的判定定理的探索过程。

【案例二】

人教版七年级数学《绝对值》教学重难点的确定：

通过以上对教材内容及教学目标的分析，以及学生已有的知识水平，本节课的教学重难点如下；

教学重点：绝对值的理解以及有理数的比较。

教学难点：负数的绝对值的理解及比较。

二、说学情

学情是指学生的年龄特征、认知规律等的总和，是教师组织教学活动的依据，是学生学习新知识的基础。说学情，就是要全面客观地阐述学生已有的学业情况和已经掌握的学习方法等，为优化教学设计提供参考。

因此，学情分析也是说课必须突出的一个方面。结合说教材中的说教材的地位和作用，说“准”学情一般重点关注四个方面的内容。

山香指导

说学情的评分要点

(1)对学生已有的学习起点和现有的学习困难分析是否准确，包括学生的学习和能力基础以及学习新课程所存在的困难。

(2)对学生已有的学习方法是否分析到位、透彻，这其中包括分析学生心理上的特点，比如认知风格、思维特点、个体差异等。

(3)是否结合教材特点进行分析。对学情的分析是为教学服务的，具体到某一堂课，实际上就是为实现这节课的教学目标服务的。

考生在说学情方面只有准确地说出了学生学习本课程、本教材的基础状态，如知识技能、智力水平、学习态度、思想状况、心理特点、非智力因素等，才能让考官相信考生做到了“目中有人”“教中知情”。

1. 学生原有的学习基础

首先，各学科都是一门前后知识关联性很强的学科，教师在教授新知识时通常都会和原有的知识发生联系。因此，考生在备考时就要先了解与本节课教学内容相关联的知识到底有哪些，学生对这些相关知识的掌握程度如何。其次，现代社会传媒非常发达，学生已具备了一定的知识和生活经验，注重校内外现代生活的体验，注重学习与生活的联系是新课程的一大亮点。立足文本，联系生活，把学生已有的知识和经验说出来，把打算如何利用这些知识与经验说清楚，有利于实现学生“旧知”向“新知”的迁移，解决教师“怎样教”的问题。

2. 学生已有的学习方法

学习方法，其实就是掌握知识的方法，它具有传递性、交互性的特点。在进行新知识教学时，认真分析学生已有的学习方法和技巧，可以有针对性地指导学生从已有的学习方法和技巧体系中检索有用的信息，培养学生独立分析问题、解决问题的能力。“说”学习方法和技巧，就是要说出学生从已有学习方法转化的切入口或途径，说出学习新知识时应重点关注的方法，有助于解决“怎样教”的问题。

3. 学生的思维与身心特点

从教学任务出发，分析该年龄段学生在学习本教材时的思维和身心特征以及这种特征与本课题知识的相关性。不同年龄段的学生，他们的思维与身心特点差异较大。比如，小学生的特点是好动、注意力不够集中、爱表现、希望得到老师的表扬，具体思维占主导；初中生的特点是抽象思维从经验型逐步向理论型发展，观察能力、抽象能力和想象能力也随着迅速成长，但还是离不开感性经验的支撑，同时他们又好动，注意力容易分散，爱发表意见，希望能够得到老师的表扬；高中生的特点是具有强烈的探究世界的动机，思维活跃，个性鲜明，参与意识强，独立思考和分析问题的能力较强，辩证思维也明显增强，抽象思维占主导。学生的思维和心理特点很大程度上决定了教学方法的选择，例如，小学生的思维特点为具体思维占主导，因此在教学过程中要多采用直观的教学方法。

4. 个性发展和群体提高

新课程强调：一切为了每一位学生的发展。就是要求教师要通过科学的教育教学方式，使每一个学生都能在原有的基础上得到长足的发展。“说”个性发展和群体提高，就是既要对任教班级的班风、学风、合作精神和团队意识等方面进行全面客观的分析，又要对班级中的特殊个体（如后进生、特长生）的个性特征进行单独分析，以整体把握班级群体和个体的实际发展水平，解决“合格+特长”的问题。

【案例】

“二氧化碳制取的研究”

1. 说已有知识和经验

（1）在日常生活和小学《自然》学科的学习中，学生对二氧化碳的性质及获取二氧化碳的几种途径有了一定的生活体验和知识积累。为此，在进行本课题教学时，要充分利用这些经验创设教学情境，使学生在小组讨论中对实验室制取气体的几个基本原则有一个大概的了解。

（2）学生在课题“制取氧气”的学习中，已初步了解气体的制取不仅要考虑反应原理，还要根据药品的状态、反应条件、气体的性质等来选择发生装置和收集装置。因此，在进行本课题教学时，要善于采取对比的方法组织讨论和交流，使学生在回忆、对比、分析、归纳、实验等过程中形成制取气体的一般思路和方法。

2. 说学生心理特点

初中生的思维方式要求逐步由形象思维向抽象思维过渡，因此在教学中应注意积极引导学生应用已初步掌握的基础知识，通过理论分析和推理判断来获得新知识、发展抽象思维能力。

3. 说个性发展和群体提高

同以往试管实验探究活动相比，本课题设置的模型探究活动对学生来说具有更强的挑战性，要求学生不仅要有一定的动手能力，还要有更强的抽象思维能力。因此，在学习过程中尤其要关注那些平时动手能力比较弱的学生，鼓励他们大胆动手、勤于思考、敢于质疑，使他们积极参与到整个探究活动中；而对那些平时动手能力强的学生，要积极引导他们学会合作、学会交流，在动手操作中养成善于争鸣、勇于创新的科学态度，使各类学生通过本次探究活动，都能有所收获、提高和发展。

三、说教法

说教法是说课者根据本节课的内容特点、结构特点以及教学目标，说出自己在课堂教学中所使用的教学方法、教学手段及教学用具。课堂教学是动态的、随机生成的，因而“教学有法，教无定法”。教学方法需要教师根据教学内容、学生特点、教学媒体、教师特长以及授课时间来选择、制订与使用。恰当的教学方法，有利于教学内容的传授，有利于学生对知识内容的理解和掌握，可以引起学生积极思维，提高学生分析问题

和解决问题的能力，较好地完成教学任务，反之，就不能达到预期的效果。因此，在说课中，教师应将采用的教学方法以及采用这些方法的依据及所能达到的教学效果说出来。

1. 说清楚教法

目前，中小学各学科常用的教法大致可归纳如下：

科目	常用教学方法
语文	讲解法、创设情境法、引导法、图文结合法、朗读体会法、读书指导法等
数学	演示法（如图形与空间）、启发式教学法、讲练结合法、类比法等
英语	创设情境法、任务教学法、演示法、游戏法、比赛法等
音乐	演示—练习结合法、创设情境法等
体育	讲解法、示范法、练习法、竞赛法等
美术	讲授法、谈话法、讨论法、演示法、参观法、练习法、评鉴法等
政治	创设情境法、启发式教学法、讲授法、案例教学法等
历史	阅读讲解法、读图分析法、讨论归纳法、联系对比法等
地理	读图分析法、讲授法、比较法等
物理 化学 生物	实验法、探究法、讲授法、练习法等
信息技术	情境法、演示法、启发探究法、任务驱动法等
幼儿园	创设情境法、游戏法、比赛法、启发式教学法、演示法等

考生在应考时，可重点参考使用以上相应学科常用的一些教法，也可选择其他教法。但无论采用哪种教法，一定要让考官清楚自己采用的教法是符合教材特点和学生认知规律的，能够贯彻“具有启发性”“突出主体性”“注重思维品质”的原则。

2. 说清楚如何面向不同层次的学生采用不同的教学方法

“教”是为了“学”，学生怎么学，教师就应该怎么教；教师怎么教，就引导学生怎么学。考生要尽可能地向考官说清楚选用的教法能适应学生的个别差异，能启发学生，让每个学生都动手、动口、动脑，能促进学生进行“创造性”的学习。因此，考生必须从过去的惯性思维中跳出来，从以下几个方面去做：

第一，分析不同学生在学习某一单元或某一课内容时可能出现的困惑与障碍；

第二，有针对性地说清楚，在教学过程中侧重指导学生掌握何种学习方法；

第三，要根据学生的年龄特点和认知规律，说清准备创设何种教学环境和条件，来保证学生在课堂时间有效地进行学习。

说教法的评分要点

(1)所选教法是否适合该学科的教学要求以及教材内容的特点。

(2)所选教法是否符合学生的思维和身心特点，是否重视学生能力培养与学法的养成。

(3)教法的选用能否紧扣教学目标，教法的运用是否有利于实现教学目标、突破教学难点。

(4)教学形式、方法是否灵活多样，能否有效地调动学生的学习积极性和培养学生的学习兴趣。

(5)教法的选择是否体现新课程改革理念，是否体现教师的主导作用。

3. 说清楚准备使用哪些教学辅助手段及使用目的

随着现代教育技术迅速发展，教师在教学中应积极地将现代教育技术引入到课堂教学之中，同时，还应将其他教学辅助手段配套使用，从而实现实效性、有效性的目的。手段为目的服务，方法为内容服务。考生向考官介绍手段的要点和条理要清楚，还要说明采用这些手段的理论依据。

4.教学方法的选择依据

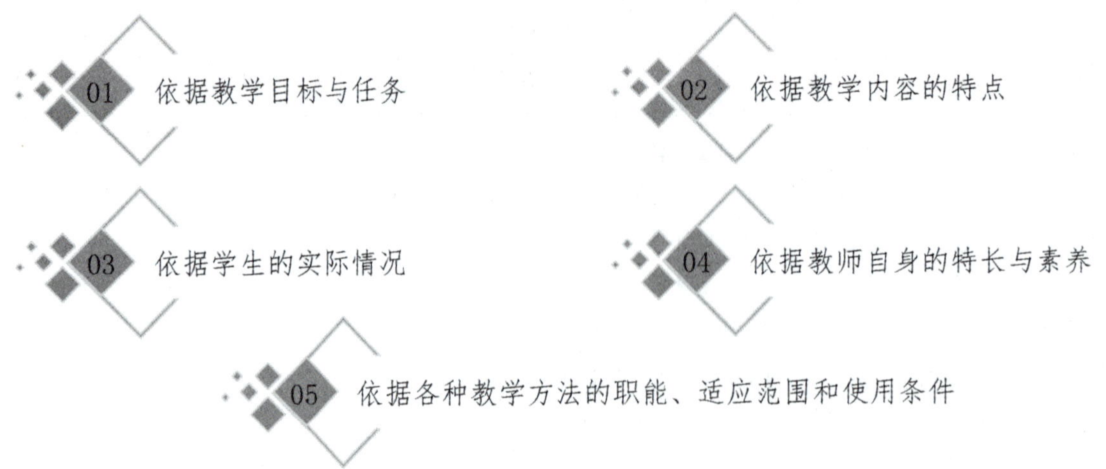

【案例一】

七年级语文《最后一课》教法分析：

这是一篇十分感人的文章。所以我把朗读(朗读全文和朗读能表现人物品质的句子)作为本文的主要教学手段之一。

这是一篇看似浅显，实则耐人寻味的好文章。所以我把教师精巧设问、层层深入与学生的积极质疑、主动探究紧密结合起来作为本文的主要教学手段。

这是一篇很有教育意义的文章。所以我尝试用创设情境的方法来激发学生的道德反思，升华学生的思想情操。我在最后一个教学环节中设计了这样的一些问题：①假如你有机会遇到小弗朗士，你最想对小弗朗士说的一句话(一段话)是：________________。②假如你有机会遇到韩麦尔先生，你最想对他说的一句话(一段话)是：________________。

这个环节的设计，既训练了学生的口头表达能力，又培养了学生高尚的思想情操。

总体来说，设计教法如下：

(1)通过朗读感悟的方法，引导学生把握文章的基本内容和主要情节。

(2)通过合作交流的方法，引导学生抓住能反映人物心情的主要句子，把握文章情感。

(3)通过质疑交流的方法，引导学生深入地理解本文的标题含义、详略安排。

(4)通过情境创设的方法，培养学生的口头表达能力和提高学生的思想道德情操，体现语文学科人文性和工具性结合的特点。

【案例二】

八年级上数学《轴对称》教法分析：

本节课主要采用实验发现法，同时以直观演示教学法、观察法、探究法为辅。

初中学生活泼好动，经历知识的形成过程，将有利于学生更好地理解与应用数学，获得成功的体验，增强学好数学的信心。因此在教法上，教师应尽可能地组织学生自主地通过观察、实验等数学活动，探究轴对称现象的特征，通过对数学问题情境、数学活动情境等设计，调动学生学习数学的积极性，激发学习动机和好奇心，促使学生的思维进入最佳状态。教师应运用多媒体直观演示，化静为动，使学生始终处于主动探索问

题的积极状态中，使数学学习变得有趣、有效、自信、成功。

四、说学法

说学法，即说课者说明自己在教学过程中，针对所授课内容的难易程度，依据学生的身心特点与发展规律，结合学生的实际生活经验，引导学生掌握知识、理解知识并运用知识的方法，也称为学法指导。教师在制订引导学生掌握、理解、运用知识的方法时，要考虑到学生在学习的过程中不仅要掌握知识与技能，还要学会观察与思考、认知与探究、分析与解决问题的能力。所谓“授之以鱼”不如“授之以渔”，就是这个道理。

1. 说学法要说清楚的四个问题

(1)本课题要求学生掌握怎样的学习方法。

(2)为什么要掌握这个学习方法。

(3)怎样指导学生掌握这个学习方法。

(4)在学习的过程中要培养学生怎样的学习习惯。

需要强调的是，考生在说学法指导时，不能只停留在学习方法系列这一层面上，必须把注意力放在如何实施学法指导上来。学法指导要想取得成效，关键在于实施。学法指导是渗透、糅合、交织在学习活动中的，学习活动是学生掌握学习方法的唯一途径。所以，考生要说好学法，就要注重某一方法指导过程的阐述，如通过怎样的情境设计，学生在怎样的活动中养成了哪些良好的习惯，体会、顿悟出何种科学的学习方法，又通过哪些途径，培养了学生哪些能力(如观察能力、想象能力、发现能力、归纳能力、实践能力、分析能力、概括能力、综合能力等)。

2. 说学法的“四要四忌”

(1)要讲究民主，忌强迫

学法指导的过程中，教师只是指导者，由于学生也有属于他们自己的学习方法，所以考生在说课时要让考官听明白自己的教学设计给学生留出了思考、尝试、选择的空间。非强制监督性的建议，更易于被学生接受，从而唤起学生的自主意识，做学习的主人。

(2)要有计划性，忌盲目

考生要向考官说清楚，自己对学生进行哪方面的指导，在什么时候指导，都是有目的性、计划性、系统性的，而不是随心所欲，想到哪说到哪。

(3)要随机应变，忌僵化

随着学习内容的不断拓展和学习程度的加深，有些学习方法要不断调整、完善、改进、创新。而且学生的实际情况也是千差万别、不断变化的，这就要求学法指导也要发生相应的变化，忌把某一种方法当成“万能钥匙”，否则，学法指导很难落到实处。

(4)要细腻耐心，忌粗放

考生在说学法时要特别注意细腻，也要有耐心，要鼓励学生在学习中细心体会成败得失，总结深化。忌粗放，否则容易和说教材中的教学目标或说教法相重复。

说学法的评分要点

(1)学法指导是否符合教材内容和学生的实际情况。

(2)对不同能力水平和学习层次的学生是否给予相应的学法指导，体现“因材施教”的理念。

(3)是否体现新的教学理念，最大限度地调动学生的学习积极性和主动性，培养学生的学习能力，激发学生的探究动机。

第三部分

【案例】

初中语文《背影》说学法：

初中学生具有一定的自学能力和思维能力，并且都很爱表现自己，喜欢和别人比高低，都比较活泼。作为农村学生，语言表达能力和理解能力相对较弱，因此教师的启发诱导很重要。

根据我班学生的情况及素质教育的要求，在学习方法方面我采用“导——思——点拨——练”的学习过程，让学生自主参与知识的发生、发展、形成过程。教师在这个过程中对学生进行以下指导：

(1)课前预习法

要求学生通过预习，扫除字词障碍，并初步了解本课的主要内容，在预习过程中画出关键句与关键词。指导学生注意体会文中语言的特点，加以积累、运用，加强语文基础；指导学生注意文中抓住人物特征进行细节描写的特点，把这种写法运用到具体写作中去，提高语文写作水平。

(2)体验感悟法

让学生有感情地朗读课文。通过朗读，使学生体会并理解文中的父子情。

(3)质疑法

引导学生注意围绕所设计的问题，扣住文中关键性语句，结合当时的特定背景，联系自身的生活，提出问题、解决问题。

五、说教学程序

说教学过程即说课者说出自己的教学设计、教学思路、教学步骤、教学媒体的使用及板书设计等。教学过程是学生在教师的指导下共同认识客观世界，接受前人积累的知识经验，探究未知世界奥秘的过程。教学过程是教师根据制订的教学目标，引导学生掌握系统的科学文化知识，发展智能，提高自身素质的实践活动的过程。

1. 说设计思路

教师在设计教学过程时，总要站在课程标准和完成教学任务的高度来构建教学过程，根据教学内容，配以相应的教学方法手段来组织教学。所以考生在说课时，就要非常简练地把自己对教材的分析、理解和处理，针对学生实际，借助哪些教学手段来组织教学的基本思路说清楚。

设计思路，就是对教学流程主要环节的概括。说设计思路，有助于考官更清晰地了解和把握考生关于教学活动的整体安排。传统知识教学流程一般分为复习旧知识——导入新课——新课讲授——知识应用——巩固小结——练习(布置作业)。在新课改中，提倡重视学生智力、能力的发展，强调重发展教学的三个阶段：设置问题情境——非智力因素(学会参与)、引导信息加工——智力因素(学会学习)、设计实践活动——能力与技术(学会迁移)。

2. 说教学流程

说教学流程，就是围绕教学设计思路，说清楚所涉及的基本结构和主要层次，说出具体的教与学活动安排及这样安排的理论依据。考生在说教与学的内容时，不能照搬教案像给学生上课那样详细讲解，而要力争做到详略得当，重点内容重点说，难点突破详细说，理论依据简单说。具体的教学内容只需概括介绍，只要让考官知道“教什么”“怎样教”“为什么这样教”就行。

(1)说教学板块

现代教学强调教与学的互动、情境创设与情感体验。教师在课堂教学流程中会设计出若干师生互动的板块，说课中常见的教学板块有以下几种：

①创设情境，架设桥梁→探究新知，自主构建→回归生活，解决问题→布置作业，课外延伸。

②联系生活，激趣导入→活动感悟，探究新知→小结作业，强化新知→拓展应用，巩固新知。

③激起兴趣，导入新课→鼓励自学，学法指导→角色扮演，任务驱动→归纳总结，布置作业。

④创设情境，导入新课→深入探究，确定新知→动手操作，内化新知→分层训练，巩固运用→全课小结，畅谈收获。

⑤激情导入，激发兴趣→演示导练，设置任务→合作探究，提高能力→课堂总结，课后延伸。

⑥导入课题→自主探索→组际交流→师生互动→全课总结。

⑦激趣导入→讲授新课→课堂小结→布置作业。

无论采用哪种教学板块，考生说课时应该明确清晰。此外，各教学板块的表述要充分体现是什么、为什么、怎么样，还要突出教与学的双边关系，适度交代板块如何突破或化解重难点，并要有相应的教学理论的阐述。如果有必要的话，各版块的时间安排也应交代清楚。

(2)说教具准备

教具准备是教师为了提高课堂教学质量，根据授课内容的安排或优化教学过程的需要，选择使用的如挂图、幻灯片、录像带、录音带、新闻图片、实验仪器、计算机、网络等教学媒体。这些教具作为辅助教学手段，在教学流程中，要说清什么时候、什么地方需要使用，这样做的道理又是什么。考生说课时，这部分内容一般可结合具体教学环节体现，也可单独列出。

山香指导

说教学过程的评分要点

(1)教学过程的设计是否围绕教学目标展开，所安排的各项学习活动能否有效地为教学目标服务；教学过程是否组织严密，结构完整；教学环节是否分配合理，衔接自然。

(2)教学内容的安排是否结合教材资源，贴近和联系学生生活实际，做到科学正确无差错。

(3)教学方法的选择能否有效地调动学生学习的积极性，是否有利于各类学生都能获得一定的发展和提高。

(4)教学过程是否详略得当，突出重点，突破难点，最终全面有效地实现教学目标。

(5)教学媒体的选择是否有效、实用，能否真正发挥辅助教学的作用。

(6)教学思路是否清晰，教学设计是否有特色、有创意。

(3)说教学流程中教与学的双边活动具体安排

教师在复习旧知识、讲授新知识中，一般都要安排学生的参与。素质教育强调学生的主动发展，课堂上活跃的师生双边活动是成功教学的一个重要标志。因此，教与学的双边活动在说课程序中必须得到明显体现。考生在说教学流程时，要说清楚教与学的双边活动怎样体现教师的主导作用和学生的主体活动的和谐统一、教法学法与练法的和谐统一、知识传授与智力开发的和谐统一、德育与智育的和谐统一。

教师准备提哪些问题，这些问题能起什么作用，学生怎样参与，如何组织，学生可能会出现哪些问题；教师有什么应对措施，有哪些思维定势需要克服，采取哪些措施等。这些问题均属双边活动的内容，考生应该各有侧重地作出阐述。

(4)说总结与延伸

不少考生忽略了教学总结归纳，更未强调拓展延伸。如果考生在设计教学流程时，在总结与延伸上有一定的创意，或占有比较重要的课堂地位，那么，可以说说如何归纳总结知识体系，形成结构。并说清楚准备通过怎样的形式与方法实现知识和思维活动的适度拓展。

(5)说课外作业

一堂高水平的说课，在说课过程中考生绝对不能缺少说“课外作业布置”环节。课外作业是课堂教学的延伸与补充，是复习知识、巩固知识必不可少的手段，也是培养学生独立学习能力的重要环节。说课外作业布置的目的，就是使说课程序更加完整，从而达到更好的说课效果。因此，考生说课时要讲究技巧，要说“准”课外作业，从而有效实现促使学生消化和巩固所学知识，扩大知识面，培养实际动手、操作和运用等能力的目的。

【案例】

人教版七年级数学《数列》(第一课时)说教学过程：

1.创设情境，引入概念

(1)由生活中具体的数列实例引入：①时间：时钟、挂历；②植物：植物的茎。

(2)用古老的有关国际象棋的传说引入，符合七年级学生喜欢探究新奇事物奥妙的特点，有利于激发学生的学习兴趣。

2.观察归纳，形成概念

由实例得出几列数，再有目的地设计，如自然数、自然数的倒数、大于零的偶数、“一尺之棰，日取其半，世不竭”以及从1984年到2004年我国体育健儿参加六次奥运会获得的金牌数15,5,16,16,28,32所形成的数列，教师引导学生概括总结出本课新的知识点：数列的定义。

3.讨论研究，深化概念

精心设计几个数列：有穷数列、无穷数列、递增数列、递减数列、常数数列，等待学生观察、讨论、交流后掌握以上几个概念。数列的相关概念：数列中的每一个数都叫这个数列的项，并且依次叫做这个数列的第一项(首项)，第二项，……，第n项，……，数列的一般形式可写成：a_1,a_2，……，a_n，……，简记为$\{a_n\}$，其中a_n表示数列的第n项。

接着引导学生再观察以上几个数列的项与项数之间的关系，如果数列$\{a_n\}$的第n项a_n与序号n之间的关系可以用一个公式$a_n=f(n)$来表示，那么这个公式就叫做这个数列的通项公式。

最后通过数列通项公式与函数解析式的对比研究，使学生得出：数列通项公式$a_n=f(n)$的图象是一群孤立的点。

在数列中，项数n与项a_n之间存在着对应关系。如果把项数n看作自变量，那么数列可以看作以自然数集(或它的有限子集$\{1,2,3,……,n\}$)为定义域的函数，当自变量由小到大依次取值时，该函数对应的一列函数值就是这个数列。而数列的通项公式也就是相应函数的解析式。当我们把直角坐标系的横坐标看作项数n，纵坐标看作项a_n时，我们得到的图象就是一群孤立的点。

4.即时训练，巩固新知

为了使学生对知识能够深化理解，从而达到巩固提高的效果，我将设计一组即时训练题，并且把课本的例题融入即时训练题中，通过学生的观察尝试、讨论研究、教师引导来巩固新知识。

5.总结反思，提高认识

由学生总结本节课所学习的主要内容：(1)数列及其有关概念；(2)根据数列的通项公式求其任意一项；(3)根据数列的一些相邻项求数列的通项公式；(4)数列与函数的关系(数列是一种特殊的函数)。学生通过知识性内容的小结，把课堂教学传授的知识尽快转化为学生的素质；通过数学思想方法的小结，学生将会更深刻地理解数学思想方法在解题中的地位和应用，并且逐渐培养自身良好的个性品质。

6.任务后延，自主探究

学生经过以上五个环节的学习，已经初步掌握了探究数列规律的一般方法，有待进一步提高认知水平，

因此可以针对学生素质的差异设计有层次的训练题，留给学生课后自主探究，这样学生既能掌握基础知识，学有余力的学生又能有所提高，从而达到“拔尖”和“减负”的目的。

六、说板书

板书是一节课的微型教案，是教学内容的提炼，起到提纲挈领的作用。说板书设计是说课的最后一个步骤，板书一般在说课过程中已经写出来了。所以说板书设计时要展示介绍板书，说明板书的结构，解释这样设计的优点与作用。说板书设计时要体现出程序性、概括性、指导性、艺术性。

山香指导

说板书设计的评分要点

(1)板书是否能体现本课题的主要内容，是否做到了内容系列化。

(2)板书设计意图是否明确，设计是否合理、科学，对学生是否有启发。

(3)板书整体布局是否给人美感，能否做到表达情景化。

(4)考生书写是否工整、美观，字迹及笔顺是否有错误。

【案例】

上海市语文高一课文《牡丹的拒绝》，该文作者是当代著名女作家张抗抗，文中对牡丹的描写独辟蹊径，通过对牡丹花开花落的描写，着力赞美牡丹的拒绝，赞扬牡丹不慕虚华，对生命执着追求的精神。为达到“整体感知情感脉络，探究文章主旨”的教学目标，某教师采用了下列结构网式板书，对三个不同阶段的文本内容作了系统表达。

板书设计：

拒绝{速开之令(权贵)　参拜的人群(荣誉)　天气寒冷} 导致 ⇨ {被贬洛阳　失望 误解 诅咒　放弃展示美的机会} 托物言志 ⇨ {不畏权贵 不趋媚世俗　不苟且妥协 坚守 执着　不遗余力 一鸣惊人}

期待 仰慕 赞誉 ⇨ 惊愕 伴着失望、疑虑 ⇨ 理解而感动、感悟

七、说教学反思

在说教学反思时，我们可以从说教学效果、说存在问题和说教学感悟等方面来展开。

(1)说教学效果，可以从教师教的侧面和学生学的侧面来展开。要全面总结该堂课的教学情况，说出自己在教学指导思想、教学方法、教学技艺、学生学法的指导上是否有长进，是否注意贯彻体现了新课程理念，是否体现了全新的、正确的学生观、教学观。还要看是否突出了学生在课堂学习中的主体地位，从学生学习的效果和学习的质量来分析评价课堂教学的成效。

(2)说存在问题，可以围绕教学过程中存在的困惑、遗憾等来展开，说出自己在该课题教学中的主要不足之处以及改进的措施。任何教学都不是完美的，在教学过程中，我们总是可以发现需要进一步研究的问题，对这些问题展开反思，可以有效地促进教学研究的深化。

(3)说教学感悟，可以结合平时的阅读积累、同行的听课观摩、理论的研修学习来展开。教学感悟本质上是个性化的，没有固定的模式，也没有僵化的思维路径，甚至叙说的语言都可以是个性化的。教学感悟反映的是教师认识的深化，展现的是教师生命成长的心路历程，因此在说课活动中应该给予重视。

第三节　说课的应试策略

一、说课前的准备

（一）知识准备

学科知识是基础，没有扎实的学科知识，要想说好课是不可能的。所以，考生说课前首先要做好知识准备。知识准备的内容有很多，其中，比较重要的是课程标准、教材知识以及其他相关知识。

1. 熟悉课程标准

学科课程标准是指导学科教学的纲领，教材是根据课程标准编写的，这一点有些考生说课时往往会忽略。说课前，考生一定要熟悉课程标准，掌握课程标准所规定的教学任务、教学目标以及各年级的教学要求、教学中应遵循的原则，尤其是要根据教学内容分解课程标准所规定的教学目标。离开课程标准的具体要求，说课就会迷失方向。

2. 钻研教材

熟悉所说教材的编写意图和教学目标，了解知识的承接性和延续性，对知识系统的内在联系要做到心中有数。还要掌握本课在本册书中所处的地位和作用，明确重难点。

3. 涉猎边缘学科知识

随着时代的变迁，现在学生获取信息的渠道不断增加，面对学生可能会提出的各种各样的问题，教师虽不能做到什么都懂、什么都会，但若拥有丰富的知识储备，涉猎诸边缘学科知识，使自身具备多学科多层次的知识结构，最起码可以使教师防止教学中可能出现的“冷门”现象。

（二）教育教学理论准备

说课的理论素养很浓，考生不具有一定的理论水平，是说不好课的。说课一定要在理论指导下去研究教学内容的分析、过程的设计、教学方法的运用。否则，说课就没有高度，就是无本之木、无源之水。因此，考生在说课前要针对教学实际需要，有计划、有步骤地学习教育学、心理学、学科教学法等有关理论。明确教育规律，掌握所教年级学生的生理、心理特点，掌握说本节课所要遵循的教学原则，掌握本学科的主要教学方法及要求。只有这样，才能不断提高自身的教育理论的素质，为说课打下理论基础。

（三）技术准备

说课是一门艺术，因而考生在准备说课的时候，需要掌握一定的技能来为自己的说课增加亮点。如用新颖的导入来增加说课的生动性、用变换的语言增加说课的形象性、用特别的板书设计来引起考官的注意、设计有思维含量的问题来展示自己的专业功底等。考生在考前可做好以下几种技术准备：

1. 明确说课的内容和要求

考生要想说好课，首先要明确说课内容。关于说课的内容，没有什么固定不变的“框架”，通常包括说教材、说学情、说教法和学法、说教学过程、说板书等内容。说课要求考生不但要说出“怎样教”，而且还要说清楚“为什么这样教”的理论依据（包括课程标准依据、教法学法依据等），使考官既能知其然，又能知其所以然，达到理论与实践的有机结合。

2. 掌握说课的技巧

(1)加强说的功夫

说课有不同的类型、不同的目的,但都得用语言表述。要动口,就要加强说的训练,要有说的功夫。要注重语气、语量、语调、语速、语感;要进入角色,脱稿说课不能用背的语调,要用“说”或者“讲”的语气,设计意图则用说明性语气。

此外,考生在说课时,要根据说课各部分内容,能交替使用陈述性语言、课堂教学语言和肢体语言,强化自身“说”的能力。有时候优良的“说”能弥补内容安排的缺陷。

(2)分清主次

考生在说课时对说课内容不能平均使用力量,不能眉毛胡子一把抓,要分清主次。只要说“是什么”和“为什么”即可。应把主要力量放在教学程序上,这里是重头戏。

3. 重视导入技能和提问语设计技巧

导入语是教学过程不可缺少的环节。常用的导入语有温故导入、活动导入、游戏导入、问题导入、悬念导入、实验导入、歌曲导入、故事导入、谜语导入、事例导入、直观导入、情境导入等,这些导入技巧考生备考时应灵活运用。而提问更是教学安排的重要因素,考生在说课时应根据学生的实际水平、身心特点、学习任务来设计各种问题。设计的问题不能太容易,要具备思维含量;但也不能太难,要让学生“跳一跳,便能摘到桃子”。考生应该训练自己的提问语设计技巧,要遵循维果斯基的“最近发展区”理论,着眼于学生的最近发展区。

(四)心理准备

1. 充分认识说课的重要性

“说课”活动是在短时间内向考官展示自身的教学理念、教学风格、教学设计的一种考试形式,它具有一定的演讲特性。要在应考中得到高分,考生平时就要强化这方面的训练。

2. 增强自信心

由于说课的好坏决定着考生是否被录用,考生在备考前就要有充分的自信,要相信自己平时的筹备是充分的;在正式说课时,考生更要卸下思想包袱,消除紧张心理,要将这次机会作为展示自我良好形象的平台。

3. 注意自我的心理调节

说课是在没有学生配合的情况下,一切靠自己完成,有时可能会出现漏洞,这时需要考生具有稳定力、应变力,消除心理紧张,稳定心理状态。

二、说课中的应试策略

教师教育教学的目的是促进学生身心诸方面健康和谐地发展,因此要一切从学生的需要出发,为学生的发展服务。而说课与上课毕竟不同,不能对学生的发展产生直接的影响。在说课过程中,学生的主体地位缺失,教师的引导者、组织者和促进者的角色不能体现,课堂是动态的、多维的,与多种因素联系交织在一起,学生的学习情绪、课堂突发事件等多方面的因素并不为教师的预设所左右。说课只是“半成品”,与“成品”还有很大的差距,要把“半成品”变成“成品”仍需要进一步的加工,讲究一定的策略。

(一)理论运用策略

说课过程中的各个环节需要理论的支撑,教学实践需用理论来指导。但不能孤立地“谈”教育教学理论,而要把说理论与说教学实践有机地结合起来,而且这个“结合”应当自然,具有某种必然的逻辑联系,不要为说理论而说理论，而要使理论为教学实践服务，成为实施教学实践的科学依据，从而使听者既知其然，又知其所以然，以达到增进说课效果之目的。

首先，作为一名说课者，必须学习和钻研课程标准，说课中必须重视"说"课程标准：一要说课程标准对本节课内容的基本要求；二要说课程标准中规定的对学生的能力要求；三要说本节课内容应该贯彻课程标准中规定的哪些教学原则，可以采用课程标准中要求的哪些教学方法（特别注重启发式"教"和探究式"学"）。只有在正确理论指导下的实践才是自觉的、有实效的实践。说课中的说"理"，如果生拉硬扯、牵强附会是没有用处的。我们要的是与说课紧密相关的教育科学理论，包括教育学、心理学、教学论等，要用先进的、科学的理论指导教学，充实、完善、提高说课的科学性、实用性与可行性，增加其深广度和可信度。其次，还要把握好理论的"深浅"程度。浅了，仅仅点到，贴标签似的，固然不好；深了，不管需要不需要或有无直接联系，把可以搬出来的理论依据统统搬出来，也未必就好。总之，在说课中做到理论与教学实践有机结合，而且做到结合得自然、合理、科学，这是对说课最基本的要求。

（二）程序设计策略

按照一定程序科学地排列各项说课内容，这是说课的脊梁。从说课顺序安排是否合理往往可以看出一名说课者是否具有认真、严谨的工作态度，缜密细致的思维风格和雄厚扎实的业务功底。当然说课内容的顺序安排是没有固定模式的，但最起码要让听者明白你此堂课的目标、内容、理念与策略、方法与手段，以及对教学效果的评价（预测），做到逻辑严密、层次清楚、顺理成章、思路明晰。要求内容有详有略，不要面面俱到；重点内容重点说，难点突破详细说，理论依据合理说，以不损害说课内容的完整性和系统性为前提。

（三）情感策略

情感是决定人的活动效率的重要心理因素。情感反映着人对客观事物与人的需要之间的关系，对说课活动具有积极的情感可激发考生的说课活力，活跃自己的思维和表达能力，使考生精神焕发，朝气蓬勃，从而提高说课水准。在说课中适当地运用情感，能调动听课者和评课者的情绪和思想，让人受到感染，产生共鸣效应。因此，考生说课时要准确表达情感。

1. 说课要有激情

激情是一种迅速强烈地爆发而时间短暂的情感。教师由于职业特点，需具备理智、坚强的意志。如果能把对学科的态度转化为激情，合理地加以运用，就能克服困难，攻克难关，爆发出无穷的力量和巨大的创造性，成为说课活动的巨大动力。

2. 说课要有良好的心境

心境是一种微弱平静而持续的情绪状态。在心境产生的全部时间里，它能影响人的整个行动表现。在现实生活中，心境的作用是很明显的，积极向上、良好平和的心境可使人振奋，能把人的智能最大限度地发挥出来。说课要求说课者具有稳定的情绪，不急不躁，在说课中树立起坚定的信心。说课者必须有良好的心境，否则，无论准备得多么充分，也有可能发挥失常。

3. 说课要有热情

热情是一种强有力的稳定而深刻的情感，它可以左右整个人的身心，决定一个人思想行动的基本方向，成为巨大推动力。巴甫洛夫指出："科学是需要人的高度紧张性和很大热情的。"说课是一种新型教学研究活动，要求说课者既要有深厚的专业文化知识，又要有较好的教育教学理论知识，更要有较强的理论联系实

际的应用能力和研究能力。说课的难度大，考生对此经验还不丰富，必然会遇到这样或那样的问题，要想较好地完成这项工作，解决说课时遇到的问题，没有热情是无法做到的，热情是说课活动中必不可少的。

（四）语言艺术策略

说课中“说”的成分很重要，每一过程都要围绕“说”展开、体现。教师在说课过程中通过口头语言表达的同时，要把书面语言和肢体语言有机结合并加以利用，以书面语言为依据，以肢体语言为辅助，用口头语言呈现，相互辅助，可优化效果。说课时要使用普通话和恰当的语气，字正腔圆，底气要足，要有自信，注意语速、语调和语感。语速快慢适中，语调要抑扬顿挫，不要平铺直叙，对于启发性的问题尤其如此；语感要美，体现出机智风趣和连贯性、逻辑性。说课中注意不要使用“通过这节课的教学，使学生掌握××、使学生会做××习题”之类的语句，而应该是“学生通过学习，初步掌握了××思想、发展了××能力”等。此外在说课中适当、合理地运用辅助媒体形成视觉材料，增强听的效果，直观快捷，更能体现出层次性，展现个人能力和运用现代技术进行教学的技能，增强说课的“魅力”。

三、说课的注意事项

（一）说课应注重什么

1. 说课要突出一个“新”字

创新是艺术的生命，只有创新才能突出说课的艺术。“新”是说课成功的关键。“新”的要求很高，具体有以下几点：

方法新——不能平铺直叙。

结构新——要有起伏，高潮迭起。

练习新——要激发学生的兴趣、启发学生的智慧。

手段新——运用多媒体突出重点，图文并茂。

设计新——导入新课、展开新课、巩固新课、结束新课等几个环节，要环环紧扣，具有新意。

引入新，结束新——从引入到结束都要吸引听者，引起共鸣。

2. 说课要体现一个“美”字

美是艺术的核心，说课要跟讲课一样处处体现美，给人美的享受。

内容美——教师要善于从教材里感受美、提炼美、揭示美。

语言美——教师语言美是决定说课成败的关键。

情感美——情感是教学艺术魅力形成的关键因素，没有强烈的情感，说课就不能说得成功。

板书美——板书是教师备课中构思的艺术结晶，它以独特的魅力，给学生以美的熏陶。

教态美——教态是沟通师生情感的桥梁，教态美可以唤起学生对美的追求。

3. 说课要抓住一个“课”字，突出一个“说”字

说课要用15~20分钟的时间说出一节教学环节齐全的课，必须经历完整课堂教学的各个环节。对常规课型来说，要经历“铺垫——新授——举例——巩固——置疑——小结——练习”等过程；对采用目标教学法的课程来说，要经历“目标呈现——揭题展示——反馈矫正——课堂练习”等过程。因此，说课者要根据课型抓住这节课的基本环节去“说”，说思路、说方法、说过程、说结构、说内容、说训练、说学生。无论说什

么，都要说得有理有据。

在说课过程中，要特别注意的点

01 “说课”不等于备课，考生千万不能照教案去说。

02 “说课”不等于讲课，考生不能视听课对象为学生去说。

03 “说课”不等于背死课，考生不应将事先准备好的“说案”一字不漏地死背下去。

04 “说课”不等于读课，考生不能拿着事先写好的材料去读。

因此，考生在说课时，要紧紧围绕一个“课”字，突出“说课”的特点，完成“说”的过程。

4.遵循“课”路，选准“说”法

教学思路是教师课堂教学思想的具体体现，是教师实施教学过程的基本构想。教师讲课时，要紧紧围绕教学思路进行，教师在说课时，当然也要环环扣住课堂教学思路展开。能否围绕教学思路实施“教”法，能否围绕教学思路展开“说”法，无疑是教师授课和说课成败的关键。

诚然，说课的方法很多，需要因人制宜、因材施“说”。可以说理论、说实验、说演变、说现象、说本质、说事实、说规律；也可以正面说、反面说；还可以横向说、纵向说、理论联系实际说。但无论怎么“说”，都要遵循课堂教学思路这一主线去“说”。

5.变换“说”法，找准“说”点

说课的对象是听众，而不是授课的对象——学生。这些听众可能是说课的评委、本学科的教师、本教研组的教师，也可能是其他学科的教师及教务处、教育研究部门、教育行政部门的领导。但无论怎样，这些听众都会站在学生角度去对待说课者所说的课，去审视教法的采用，教学重难点的突出、突破，教学环节的把握等。因此，说课者必须置于听众思维和学生思维的变化处，站在备课讲课的临界点，变换“说”位，编写“说”案，研究“说”法，找准“说”点。

6.把握“说”度，把课“说”活

说课的重点应放在说清思路、说清教学过程、说清教学方法；而讲课的重点则应放在实施教学过程、完成教学任务、反馈教学信息、提高教学效率上。换句话说，说课重理性和思路，讲课重感性和实践。因此，用极有限的时间完成说课，必须做到详略得当。

那么，如何把握“说“度呢？最主要的一点就是因“材”制宜，具体问题具体分析，灵活选取“说”法，把课“说”活。说出该课的特点和特色，把课说得有条有理、有理有法、有法有效，说得生动有趣、绘声绘色，使听众听得清清楚楚、明明白白，并能有“词已尽，而意无穷”的感觉。这就要求说课教师认真钻研说“材”说“案”，灵活选用“说”法，准确实施“说”程，这样才能把课“说”活。

7.语气得体，内容不失真

听说课的对象都是成年人，因此说的语气、称呼要得体。虽然听课者是成年人，但他们会站在学生的角度去听说课，去审视说课者的一字一句、一举一动，包括组织过程、参与过程、教法的采用。因此，说课时既

要真实体现教学设计的理性思路、教学的过程、方法的选择，又要注意说课时的语气、称呼、表情要得体。

8.说出特点，说出风格

说课的重点应放在实施教学过程、完成教学任务、反馈教学信息、提高教学效率上。说课重理性，讲课重感性和实践，因此，用极有限的时间完成说课内容不容易，必须做到详略得当、简繁适宜、准确把握说度。说得太详太繁，时间不允许，也没必要；说得过略过简，说不出基本内容，听众无法接受。

考生应该发挥个人的特长，把课说得生动有趣，入情入理，说出个人的风格。

（二）说课的艺术

教师作为说课活动的主体，必须努力使说课的每个环节到位，做到“说深”“说实”“说准”“说精”，以把握好说课艺术。

1. 说课程标准要“深”

任何一门学科，课程标准都规定了一个相对完整的学科知识体系。每节课的内容都是这个体系中的一个“小分支”。例如，对语文学科而言，它要求教师在说课前就一节内容出发追本溯源，找到这节课在课程标准中的位置，看看课程标准对这节课所在单元及所在课文的要求，然后顺藤摸瓜，准确把握课程标准对这节课的要求。至此，这节课的教学目标、重难点就可随之而确定。反之，脱离课程标准的说课就是无本之木、无源之水，会给人一种虚无缥缈的感觉。

2. 说方法要“实”

这个方法既包括教师实施教学目标的教法，又包括学生在这节课上要掌握的学法。只有教法得当，教师才能有条不紊地施教；只有学法合理，学生也才会兴趣盎然地受教。而要做到教法得当，学法合理，教师在准备说课时必须要“实”。就是要从教材的实际出发，从学生的实际出发，遵循学生掌握知识过程“由浅入深、循序渐进、由感性到理性”的认识规律，依据“主体参与、分层优化、及时反馈、激励评价”的十六字原则、理论联系实际的原则以及传授知识和发展能力相结合等教学原则来确定教法、教学手段和学法。作为教师还要有全局观，树立面向全体学生的思想，实行分层优化，采取建立帮带小组，实行小组讨论等方法，全面提高学生成绩。总之，“教学有法，而无定法，贵在得法”，教师必须找准出发点，采取切实可行的教学方法，从而实现教学所要达到的目的。

3. 说程序要“精”

说课堂教学程序与前三项比起来，应说得详细些，因为课堂教学程序的设计和安排既是说课的出发点，又是落脚点，是贯穿整个说课过程的一条主线。但说课毕竟不同于授课，因它面对的是与说课者水平相当的教师，因此说课堂教学程序时无需将教案全搬出来，而要做到一个“精”字。

具体地讲：一要说出课堂教学的整体思路和环节；二要说出处理教材、教法和学生实际之间联系的方法；三要说出对每个环节、每个层次、每个步骤的设想和安排及其依据；四要说出教学中突出重点、突破难点、抓好关键点的理由和方法；五要说出习题设计和板书以及设计的意图、目的和理论依据。

4.说习题要“准”

课堂练习与课后作业是检查课堂教学效果和巩固课堂教学内容的手段。因此，习题的设计一定要“准”。既要准确体现该节教学的目标、重点、难点，又要与升学考试（中考、高考）题型、难度相吻合。否则就会事倍功半、收效甚微。同时，教师设计这些习题一定要考虑到不同类型学生的接受能力，做到分层设计、区别对待。

四、如何使说课更精彩

(一)精心准备

1. 要在说课前准备好各种课型的框架。这里的框架包含目标框架、理论框架。

2. 要合理安排时间。教学目标一般2~3分钟要确定下来，重点去考虑教学设计的框架，以纲要的形式写下来，特别要记下常见的各种情况和对策，但不要一字一句去写。

3. 如果遇到不熟悉的教材，首先要吃准教材，目标不要定错。

4. 课题确定后，说课能否深刻、生动，从而吸引人、说服人，材料的搜集和选用是最关键的一步。说课内容不充实，会显示出浅薄，而缺乏一种厚重感。要使说课深刻生动，必须围绕教材认真搜集和选用以下材料：

(1)课程标准中的教学要求，教参对教材内容的分析。

(2)有关的教育教学理论及教学原则。

(3)学生的起点。这包括学生原有的知识、技能、能力、学习方法、学习态度等非智力因素情况。

(4)以课程标准所规定的基本要求为下限，针对不同层次的学生配备例题、习题或训练题。

(5)为了突破或分散本节难点，而需要的有关铺垫材料。

(6)为了展示本节课的根基知识的形成与发展过程的材料，或者需要学生制作与实验活动相关的材料。

(7)为培养学生应用意识的有关材料，包括某些实物或模型等。

(二)精选内容

说课的显著特点在于说理，即内容与说理的有机融合要体现在整个说课过程中。依靠内容的充实，环环相扣，会使说课具有科学性、逻辑性、深刻性。要给考官留下深刻的印象，必须做到“说主不说次”“说大不说小”“说精不说粗”。所以要对说课的内容进行锤炼，削枝强干。

(三)精心设计

1. 要设计清晰的结构

能抓住考官心弦的说课，必须有一个经得起推敲的逻辑结构，要在注意把握教材自身内容联系的条件下，组织好说课的结构。

2. 要确定明确的教学目标

依据课程标准、教材和学生实际，从知识、技能、能力、思想品德等方面确定本节课的教学目标，如果说教材是说课的“血肉”，结构就是说课的“骨架”。那么，教学目标是整个说课的“灵魂”。也就是说，目标确定后，说课的整个安排，一切都要服从于教学目标，目标不能虚晃一枪，不能和教学内容脱节，要具体、明确而全面。

3. 要分析教材的重点、难点

要结合教材的地位、作用、内容与学生的起点分析教材重点、难点，尤其要注意分析难点的位置、程度、成因和突破难点或分散难点的关键与措施，以及在难点的教与学中培养学生思维能力的策略。

4. 要采取有效的教学方法

较高的学习积极性，有利于培养学生的能力。而有效的教学方法，能在很大程度上提高学生的积极性。尽可能使用适应学生个别差异的教学方法，即所选择的教法能和学生心中的弦对准音调，能在学生心中弹奏。另外，教学手段的采取要从正确发挥教学作用，提高课堂教学效率出发。如启发式教学法，则要充分运用教具，在实验、演示、操作、观察、练习等师生的共同活动中启发学生，让每一位学生都动手、动口、动脑积极思维，进行“创造性”的学习。

5. 要设计有启发性的教学过程

为了确保既定教学目标的实现，在设计教学过程时，从新课引入到归纳小结，每一个环节的设计都要随时注意教学目标的控制，要与教学目标相呼应。也就是说，对教学目标的控制必须落到实处，不搞形式，不搭花架，一锤一音，一步一印，着眼于各个环节去实实在在地完成任务。要依据教学目标对全部教学内容进行取舍、剪辑，逐一“审查”，该详则详、该略则略，主次分明，重点突出。

教学过程的设计，既要注意强化目标控制，又要注意具有启发性，要始终面向全体学生。应根据学生的实际水平，选择恰当的教学起点、教学方法、教学手段去启发引导，让每个学生都能达到课程标准规定的基本要求。

6. 要采取先进的教学手段

可制作不同颜色的图片、复合投影片的动态演示以及利用多媒体教学等手段，激发学生的学习兴趣，培养学生的应用意识，从而充分发挥说课的教学作用，提高课堂教学效率。

（四）精心组织

组成系统，形成说课稿是形成说课者思维模式的关键。考生应将经过锤炼的说课内容按照它们的内在逻辑组合成一个完整的系统，在整理过程中使内容与说理有机融合，体现在整个说课中。

这个过程，对于准备说课的考生来讲，是对其组合能力的锤炼过程。它需要且让人得到的是认识能力的深化，尤其是对某些现象做出本质的揭示，从而使说课显现出雄辩的本质力量和巨大的说服力；它需要且让人得到的是思想的精确缜密、看问题的周详全面，精当恰切；它需要且让人得到的是思路之敏捷，可以随时捕捉一些现象迅速组合在说课的主体里，使之骤然生辉，发生效应；它需要且让人得到的是情感的丰富，对学生对事物所含的情愫体察入微，移入字里行间辅助理念，以情感人；它需要且让人得到的是逻辑的力量，把一节课的教学，如剥茧抽丝，层层剥落，展现内涵。总之，它需要说课者能加工处理说课的各种要素，并使之相互关联容纳于说课范畴和轨道之中。这种能力和方法是在说课讲稿写作实践中形成和练就的，所以组成系统、形成说课稿对于形成说课的思维模式起着关键的作用，可使说课更加深刻、更加熟练。

（五）精心调控

并不是说课者在形成了说课的思维模式之后，他的说课就一定会精彩了。说课者的语言（音量、音调、音速）及非语言（表情、目光、姿势），都会影响说课的效果。应当强调，只靠说者单调地说，听者处于被动接受信息的状态，难免“走神”。要抓住考官的注意力，调动听者的兴趣，刺激听者留下深刻的印象，并使听者接受，可灵活采用视觉材料恰当地组合在说课的主体中，将会使说课呈现生动、精彩的局面。

统计表明，听者如果仅使用其听觉的话，接受的信息在3小时后仅能保持70%，3天后仅能保持10%；听者如果仅使用其视觉的话，其接受的信息处理3小时后只能保持72%，3天后，却还能保持20%；但听者如果结合使用视觉和听觉的话，其接受的信息在3小时后能保持85%，3天后仍然能保持65%。可见视觉材料在说课中的重要性。恰当地组合在说课中，可促进听者思考，诱发听者的参与意识，跟着说者的思路去理解说课的内容，从而取得最佳的说课效果。

（六）精彩表演

美是艺术的核心。说课与讲课一样要处处体现美。教师在说课中要处处给人以艺术美的享受。

1. 亲切自然，声情并茂

既然是说课，就要求说课者把为什么这么教和指导学生怎样学的科学理论依据等内容“演说”给考官听，而不是简单地“读”给考官。因此，说课时应尽量脱稿。要精神饱满，充满激情，使考官受到感染，得到共鸣。

2. 详略得当，重点突出

说课的时间一般是15分钟左右，因此不能平铺直叙，面面俱到，而要根据课程标准的要求和教材的实际，精心选择教学内容中最主要、最本质的东西来说。有的说课环节可一笔带过，而对“怎样导入新课”“怎样运用恰当的教学方法来突破教材的重点和难点”等则应浓墨重彩，予以渲染。

3. 表现专长，突出特色

要能够说出对教材、教法有别于常规的特殊理解、安排，充分体现出自己的教学优势，突出教学特色和教学成果。应在教材的处理、教法的选用、学法的指导、板书的设计、教学环节的安排等方面都有自己的独到之处。

真题演练

（初中数学）人教版七年级上册《数轴》。

【参考答案】

《数轴》说课稿

各位评委老师：

大家好！我是01号考生，今天我说课的题目是《数轴》。新课标指出：数学课程要面向全体学生，适应学生个性发展的需要，使得人人都能获得良好的数学教育，不同的人在数学上都能得到不同的发展。今天我将贯彻这一理念从教材分析、学情分析、教学过程等几个方面展开我的说课。

一、说教材

首先谈谈我对教材的理解，《数轴》是人教版七年级上册第一章1.2.2的内容，本节课的主要内容是数轴的基本概念，数轴的三要素和用数轴表示数。上一节已经对有理数进行了讲解，并且之前也有生活中的温度计的常识性经验，对于本节课的知识点有了很好的铺垫作用。数轴是一个重要概念，后续的直角坐标系也是以数轴为基础。它是学生第一次正式接触数形结合思想，在整个数学体系中起着不可或缺的作用。

二、说学情

接下来谈谈学生的实际情况。新课标指出学生是教学的主体，所以要成为符合新课标要求的教师，深入地了解所面对的学生可以说是必修课。本阶段的学生已经具备了一定的分析能力，也能做出简单的逻辑推理，而且在生活中也为本节课积累了很多经验。所以，学生学习本节课是相对比较容易的。

三、说教学目标

根据以上对教材的分析以及对学情的把握，我制订了如下三维教学目标：

（一）知识与技能目标

了解数轴的概念，能用数轴上的点准确地表示有理数。

（二）过程与方法目标

通过观察与实际操作，体会有理数与数轴上的点的对应关系，体会数形结合的思想。

（三）情感态度与价值观目标

在数与形结合的过程中，体会数学学习的乐趣。

四、说教学重难点

我认为一节好的数学课,从教学内容上说一定要突出重点、突破难点。而教学重点的确立与本节课的内容肯定是密不可分的。那么根据授课内容可以确定本节课的教学重点是:用数轴上的点表示有理数。数形结合的思想方法学生首次正式接触,所以本节课的教学难点是:掌握数形结合的思想方法。

五、说教法和学法

现代教学理论认为,在教学过程中,学生是学习的主体,教师是学习的组织者、引导者、合作者,教学的一切活动都必须以强调学生的主动性、积极性为出发点。根据这一教学理念,结合本节课的内容特点和学生的年龄特征,我采用讲授法、练习法、小组合作等教学方法。

六、说教学过程

下面我将重点谈谈我对教学过程的设计。

(一)新课导入

首先是导入环节,通过对生活中常见的温度计的提问,恰当地引出数轴这一课题。

用贴近学生的生活实例导入,有助于后续数轴三要素的学习,并且培养学生将生活实际与数学相联系的能力。

(二)新知探索

接下来是教学中最重要的新知探索环节,我主要采用讲授法、小组合作、启发法等。

在这个环节中,我会通过课件呈现一个情境,然后让学生们将杨树、柳树、站牌表示出来。在学生将图画好以后,我会提出以下问题:

问题1.马路可以用什么几何图形表示?

问题2.你认为站牌起什么作用?

问题3.你是怎么确定问题中各物体位置的?

并请一或两位同学进行解答,由此帮助学生总结画图时可以用直线、点、方向、距离等几何符号表示实际问题,实现数学问题的第一次数学抽象。

接下来进行引导,和学生一起采用正负数、几何符号、方向等知识将树、电线杆与汽车站牌的相对位置关系画出来。并且将0表示基准点、数的符号的实际意义是方向等知识进行强调。随后,我再通过课件山示温度计的图片,让学生对比树、电线杆与汽车站牌的相对位置关系,从而分析温度计的结构。讲解0℃是温度的基准点,冰水混合物的温度规定为0℃。以此帮助学生提前感受数轴的原点、单位长度、方向这三要素。

接下来明确数轴的定义:在数学中,可以用一条直线上的点表示数,这条直线叫做数轴,并且提出数轴的三要素。询问大家对三要素的理解,以此来帮助学生深刻认识到数轴这个概念。

最后是一个难点,引导学生采用数形结合的思想动手画一画。让学生画出数轴并表示出有理数1,5,-2,2,5,$\frac{9}{2}$,$-\frac{3}{4}$,0。

学生能够用数轴上的点表示有理数,采用类比的思想得出数轴上的点与有理数对应。

至此本节课的主要教学内容已经完成,做到了突出重点,突破难点。

(三)课堂练习

接下来是巩固提高环节。

归纳题让学生更加明确数轴上点的意义;基础练习题巩固本节课所学习的知识点。

这样的问题设置，让学生进一步巩固知识，进而能够熟练掌握新知识。

(四)小结作业

在课程的最后我会提问：今天有什么收获？

引导学生回顾：什么是数轴，数轴的三要素，以及数轴上的点怎样与有理数对应？

本节课的课后作业我设计为：

1.课后习题第2题；

2.思考数轴上到原点距离相等的点有何特点？

这样的设计能让学生理解本节课的核心，感受数形结合思想，并且为下节课做铺垫。

七、说板书设计

我的板书设计力求简洁明了，突出重点部分，以下是我的板书设计：

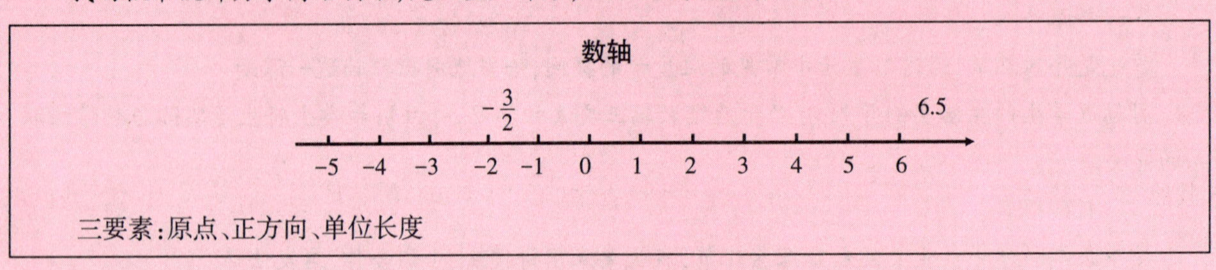

我的说课到此结束，谢谢各位评委老师的聆听。

第四节　说课万能模板

说课是教师职业的基本素养，它要求教师对课程标准、教学目标、课堂设计都有详尽的了解。说课的要素包括教材、目标、重点、难点、教法、学法、过程、板书、小结。

一、万能模板

各位评委老师：

大家好！我是××组××号考生，今天我说课的题目是《__________》，下面开始我的说课。

(一)说教材

1. 说教材的地位和作用

《__________》是_______教材第_______单元第_______节内容。在此之前，学生们已经学习了_______，这为过渡到本课题的学习起到了铺垫的作用。因此，本课题在_______中具有重要的地位。

本课题前面承接本教材的_______部分，后面是本教材的_______部分，本课题的理论知识是学好以后课题的基础，在整个教材中起着承上启下的作用。

2. 说教学目标

根据本教材的结构和内容分析，结合××年级学生的认知结构及其心理特征，我制订了以下的教学目标：

(1)知识与技能目标：_______；

(2)过程与方法目标：_______；

(3)情感态度与价值观目标：_______。

3. 说教学的重难点

本着×××新课程标准，在吃透教材的基础上，我确定了以下的教学重点和难点：

教学重点：________。

依据：只有掌握了________，才能理解和掌握________。

教学难点：________。

依据：________较抽象，学生没有这方面的基础知识。

为了讲清教材的重难点，使学生能够达到本课题设定的教学目标，我再从教法和学法上谈谈。

（二）说学情

________年级的学生学习了________，而且有一定的________能力与________能力。学生的和________增强，但是________能力以及________能力不够，需要激发学生的学习兴趣，使其积极参与到教学过程中，通过________和________等活动掌握________。这都是我在本节课中需要重点关注的地方。

（三）说教法

我们都知道________是一门培养人的________能力的重要学科。因此，在教学过程中，不仅要使学生“知其然”，还要使学生“知其所以然”。我们在师生既为主体又为客体的原则下，展现获取理论知识、解决实际问题的思维过程。

考虑到××年级学生的现状，我主要采取情境教学法，让学生积极主动地参与到教学活动中来，使他们在活动中得到认识和体验，产生践行的愿望。培养学生将课堂教学和自己的经验结合起来，引导学生主动地去发现周边的客观事物，发展思辨能力。

当然，教师自身也是非常重要的教学资源。教师本人应通过课堂教学感染和激励学生，充分调动起学生参与活动的积极性，激发学生对解决实际问题的渴望，并且要培养学生理论联系实际的能力，从而达到最佳的教学效果，同时也体现了课改的精神。

基于本课题的特点，我主要采用以下教学方法：

1. 直观演示法：利用图片等手段进行直观演示，激发学生的学习兴趣，活跃课堂气氛，促进学生对知识的掌握。

2. 活动探究法：引导学生通过创设情境等活动形式获取知识，以学生为主体，使学生的独立探索性得到充分的发挥，培养学生的自学能力、思维能力、活动组织能力。

3. 集体讨论法：针对学生提出的问题，组织学生进行集体和分组讨论，促使学生在学习中解决问题，培养学生的团结协作精神。

由于本课题内容与社会现实生活的关系比较密切，学生已经具有了直观的感受，可以让学生自己阅读课本并思考，并列举一些社会上存在的有关现象，在老师的指导下进行讨论，然后通过归纳总结，得出正确的结论。这样有利于调动学生的积极性，发挥学生的主体作用，让学生对本课题知识的认知更清晰、更深刻。

（四）说学法

我们常说：“现代的文盲不是不懂字的人，而是没有掌握学习方法的人。”因而，我在教学过程中特别重视学法的指导。让学生从机械的“学答”向“学问”转变，从“学会”向“会学”转变，成为学习的真正主人。这节课在指导学生的学习方法和培养学生的学习能力方面主要采取以下方法：思考评价法、分析归纳法、自主探究法、总结反思法。

最后我具体来谈谈这一堂课的教学过程。

（五）说教学过程

在这节课的教学过程中，我注重突出重点，条理清晰，紧凑合理。各项活动的安排也注重互动、交流，最大限度地调动学生参与课堂的积极性、主动性。

1. 导入新课（2～3分钟）

由上节课学过的知识和教材开头的情境设置导入新课。导语设计的依据：一是概括了旧知识，引出新知识，温故而知新，使学生能够知道新知识和旧知识之间的联系；二是使学生明确本节课要讲述的内容，以激发起学生的求知欲望。这是________教学非常重要的一个环节。

2. 讲授新课（35分钟）

在讲授新课的过程中，我突出教材的重点，明了地分析教材的难点。根据教材的特点、学生的实际、教师的特长以及教学设备的情况，我选择了多媒体教学手段。这些教学手段的运用可以使抽象的知识具体化、枯燥的知识生动化、乏味的知识兴趣化。重视教材中的疑问，适当对题目进行引申，使它的作用更加突出，有利于学生对知识的串联、积累、加工，从而达到举一反三的效果。

3. 课堂小结（2～3分钟）

课堂小结的目的是强化认识，可以使学生将课堂讲授的知识尽快地消化；简单扼要的课堂小结，可使学生更深刻地理解××理论在实际生活中的应用，并且逐渐地培养学生具有良好的个性。

4. 板书设计

我比较注重直观、系统的板书设计，能及时地体现教材中的知识点，以便于学生能够理解掌握。我的板书设计是：________。

5. 布置作业

针对××年级学生素质的差异，我进行了分层训练，这样做既可以使学生掌握基础知识，又可以使学有余力的学生有所提高，从而达到拔尖和“减负”的目的。我布置的课堂作业是：________。

（六）说小结

1. 对教材内容的处理

根据新课程标准的要求、知识的跨度、学生的认知水平，我对教材内容有增有减。

2. 教学策略的选用

（1）运用了模拟活动，强化学生的生活体验。对于教材这部分知识所对应的××现象，学生已经具有了一定的生活体验，但是缺乏对这种体验的深入思考。因此在进一步强化这种体验的过程中应进行思考和认知的指导，使知识从学生的生活体验中来，从学生的思考探究中来，提高学生的兴趣，充分调动学生现有的知识，培养学生的各种能力，实现理论知识与实际生活的交融。

（2）组织学生探究并形成新的知识。我从学生的生活体验入手，运用案例等形式创设情境、呈现问题，使学生在自主探索、合作交流的过程中，发现问题、分析问题、解决问题，在问题的分析与解决中主动构建知识。在引导学生思考、体验问题的过程中，可以使学生逐步学会分析、解决问题。这样做既有利于发展学生的理解、分析、概括、想象等创新思维能力，又有利于学生表达、动手、协作等实践能力的提高，促进学生全面发展，力求达成教学过程与教学结果并重、知识与能力并重的目标。也正是由于这些认识来自于学生自身的体验，因此学生不仅“懂”了，而且“信”了。从内心上认同这些观点，进而能够主动地内化为自己的情感、态度、价值观，并融入到实践活动中去，有助于实现知、行、意的统一。

(七)结束语

我的说课到此结束,谢谢各位评委老师的聆听。

二、模板活用

(一)开场

如:

各位评委老师:

大家好!我是小学语文组的01号考生,今天我说课的题目是《收藏阳光》,下面开始我的说课。

各位评委老师:

大家好!我是初中体育组的01号考生,今天我说课的题目是《排球正面上手发球》,下面开始我的说课。

(二)说教材

1. 说教材的地位和作用

如小学语文课《金色的草地》:

《金色的草地》是人教版三年级上册第五单元的一篇课文,本单元的主题是"生活中不缺少美,只是缺少发现美的眼睛",本单元描写的是作者从生活小事中发现的自然美。《金色的草地》这篇课文讲的是可爱的草地和有趣的蒲公英给兄弟俩的生活带来的快乐,以及给"我"带来了探索自然现象的喜悦,让"我"无意中发现草地的颜色的变化,并通过仔细观察,发现了草地颜色变化的原因。课文情节真实生动,语言简洁流畅,情感丰富,学习这篇课文不仅能引导学生体会语言表达的妙处,同时也能引导学生观察生活、热爱自然。

如初中音乐课《打支山歌过横排》:

《打支山歌过横排》选自人音版八年级下册第三单元《山野放歌》第一课,《打支山歌过横排》是一首兴国山歌,$\frac{2}{4}$拍,一段体歌曲,情绪高亢嘹亮,具有兴国山歌的特有风格,本节课对中国民歌中的山歌体裁进行教学,为拓展学生的视野和资源的整合,故在教材内容中加入小调和劳动号子的知识进行补充说明。

如高中物理课《力的分解》:

《力的分解》选自人教版高中物理必修一第三章第五节,是在学生学习了力的基础知识和力的合成之后编排的,分解法不仅是处理力的运算的方法和手段,它同时还为其他矢量的分解以及牛顿第二定律的应用奠定了基础。从整个高中物理知识体系来看,分解法是处理矢量运算的最有效手段和方法,学习本节课的内容,进一步强化和巩固了矢量运算普遍遵循的规律"平行四边形定则"。因此,力的分解教学内容是整个高中力学知识体系的核心之一,是联系新旧知识的桥梁,具有基础性和预备性。

2. 说教学目标

如小学体育课《蹲踞式跳远》:

根据三年级学生特有的身体素质与注意力集中时间,我制订了以下教学目标:

1. 知识与技能目标:能区别单脚起跳与双脚起跳。
2. 过程与方法目标:能做出跑动中单脚起跳,做到衔接好,不停顿,两腿伸直。
3. 情感态度与价值观目标:对练习感兴趣,表现出不甘落后、不断进取的精神。

如初中生物课《生物对环境的适应和影响》:

基于以上分析,结合《义务教育生物课程标准》(2011年版)的理念,我制订了如下教学目标:

1. 知识与技能目标

(1)认同生物的形态结构、生活方式与环境相适应的观点;

(2)能够选取多方面的事例来分别描述生物对环境的适应和影响。

2. 过程与方法目标

(1)通过分析文字和图片资料来提高说明问题的能力;

(2)学习收集、处理数据的方法;

(3)学习通过测量进行科学探究的方法。

3. 情感态度与价值观目标

(1)了解生物与环境的关系,渗透环保意识;

(2)树立"生物与环境是一个不可分割的整体"的观点;

(3)利用技能训练,提高从生活中发现问题、提出问题的能力,培养科学精神。

3. 说教学重难点

如小学语文课《金色的草地》:

针对《义务教育语文课程标准》(2011年版)对三年级阅读教学的要求,结合学生的年龄特点,我确定了以下教学重点及教学难点:

(1)能用自己的话解释草地变色的原因;体会作者的思想感情,体验大自然给人们生活带来的快乐。

(2)抓住蒲公英在一天之内不同时间的变化,体会细致观察的重要性,懂得只有细心地观察,才能发现事物的本质,才能发现生活中的美。

(三)说学情

如小学英语课 My clothes:

Then it's about students. The students are in primary school, grade 4. They are very active and full of curiosity. But they don't know many words, sentences and don't have many skills to solve English problems. So I will arrange lots of activities to help them join in the class.

如初中音乐课《打支山歌过横排》:

本节课的教授对象是八年级的学生,这个阶段的学生已经具备了一定的音乐基础知识和鉴赏能力,无论是从生理还是心理上也已经日趋成熟,故在课堂中参与活动的积极性不高,因此就需要教师在课堂中进行启发、引导和调动。

(四)说教法

如小学英语课 My clothes:

To help students achieve the teaching aims much easier, I will use task-based teaching method and multimedia method which can provide students more chances to take part in the class. As for students, I will lead students to study by themselves and learn to communicate with others, so their listening and speaking skills can be trained and they will be the host of the class.

如小学科学课《声音的传播》:

为了体现教学活动是教与学的双边活动,充分发挥学生的主体作用和教师的主导作用,我将在教学过程中采用讲授法、小组合作法、实验探究法、课堂讨论法进行教学,让学生在看看、想想、做做中掌握知识。

如初中数学课《平行四边形的判定》:

根据课堂学习的内容特点,本节课主要采用以下教学方法:

1. 引导启发:本节课的教学中,教师所起的作用不再是一味的"传授",而是巧妙地创设问题情境,以问题的形式启发学生发现、解决问题,在学生思维受阻时给予适当引导。

2. 激趣教学:学习本应是件快乐的事,为了让学生“乐”学,我通过游戏、拼图极大地激发学生的学习兴趣,提高学生的学习效率。

如初中道德与法治课《责任与角色同在》:

本课我将采用案例分析法与合作探究法。本课教学多采用日常生活中的案例,让学生自主学习、合作探究、讨论交流、分析,通过这些环节,能够充分调动学生的学习积极性和主动性,拉近了学生与课堂之间的距离,在这些过程中建构知识,发展能力,在教师引导下师生互动交流、共同总结。

(五)说学法

如小学美术课《魔幻的颜色》:

学生是课堂的主体。本课首先将采用学生观察——直观感受的学习方法,然后让学生自主探究,在试验中去发现问题、解决问题,并加深对已学知识的理解。

如初中数学课《平行四边形的判定》:

本节课主要指导学生以下两种学法:

1. 自主探究:“纸上得来终觉浅,绝知此事要躬行。”本节课的两条判定定理都是通过学生的动手操作、观察、实验、猜想、推理等活动得出的,学生亲历知识的发生、发展、形成的全过程,从而变被动接受为主动探究。

2. 合作学习:教学中学生积极合作,充分交流,在学习活动中获得最大的成功,促使学习方式的改变。

如初中生物课《种子的萌发》:

学生学习不仅仅是为了“学会”知识,而且是为了“会学”知识。在教学中,要注重学生学习方法的指导和培养。在本节课中,学生将通过多种途径,如观察、阅读、思考、分析、讨论、尝试操作等,来开展学生之间的协作学习和自主学习,形成以学生为主体的教学模式。

(六)说教学过程

1. 导入新课

如小学语文课《倾斜的伞》:

这时我会创设这样一个情境:同学们,下雨天校门外有许多撑着伞等待孩子的爸爸妈妈,当爸爸妈妈为你们撑上伞时,你们有没有观察过伞倾斜的方向呢?(让学生自由回答),然后我通过课件出示家长接送孩子的图片,引出“倾斜的伞”。(板书:倾斜的伞)

这样的导入,既触动了学生对生活细节的回忆,又增强了课堂的趣味性,营造了一种“课伊始,情已生”的境界。

如小学音乐课《愉快的梦》:

由音乐童话故事“一个孩子的梦”导入歌曲《愉快的梦》。小学阶段的学生都喜欢童话故事,抓住学生的这一心理特征,以故事为切入点,使学生很快进入情境,体验身在童话世界的感觉,充分调动学生的兴趣。故事讲了一个开头却戛然而止,我是想更进一步激发学生听下去的欲望。此时歌曲《愉快的梦》出现了,使学生强烈希望在歌曲中听到故事的结果。此处我认为强化了学生脑海中的歌曲情境,突出了歌曲《愉快的梦》的重要地位。听完歌曲,我充分发挥了教师自身的主导作用,引导学生发挥想象力说出梦里的内容。随着学生一点点的回答,我便一步步地把粘贴画补充完整,一幅美妙的梦境图画由师生共同完成,呈现在大家眼前。这样,使设置的情境更加具体化,使学生更确认了自己的想象。此时告诉学生:这就是我们今天要学习的新歌《愉快的梦》。这句话起到强化主题的目的。

如初中历史课《鸦片战争》：

我会首先请学生看一幅图片：罂粟花。罂粟花外表非常美丽，这种花的果实可以熬成鸦片，具有麻醉作用。鸦片确实有一定的药用价值，但它也是一种毒品。人一旦吸食就容易上瘾不易戒除，大量吸食不仅对人体有害，而且给社会带来许多不安定的因素，如倾家荡产、家破人亡等。这些毒品是英国作为商品向我国非法输入的，英国为什么要向中国走私鸦片呢？英国走私鸦片又带来了什么影响呢？带着这些问题我们一起来学习新课：鸦片战争。

利用图片导入，引起学生兴趣，设置疑问，激发学生探究的动力，进而导入新课。

2. 讲授新课

如小学体育课《脚内侧踢球》：

接下来是学练环节。首先我会进行完整的动作示范，并要求学生注意观察。通过标准优美的动作示范，激发学生的学习兴趣，帮助他们初步建立动作表象，为接下来的学习奠定基础。

接下来我会边讲解边示范，针对脚内侧踢球的助跑、支撑脚站位、踢球腿的摆动、脚触球的部位和踢球腿的随前动作这五个环节进行动作要领的讲解。

动作要领为：直线助跑，支撑脚站于球侧10~15厘米处，膝盖微屈，脚尖指向出球方向；踢球腿由大腿带动小腿向前摆动，在摆动的过程中膝关节外展；踢球脚脚尖微上翘，脚底大致与地面平行，用脚内侧踢球的后中部，将球推或敲击出去，踢球腿要跟随球有随前动作。

如小学科学课《声音的传播》：

在这一环节，我将分为如下两个活动进行。

活动一：振动物体与声波。

我将结合本单元第二课所接触过的实验：用振动的音叉接触水面引起水面波动，指导学生动手实验，并要求学生仔细观察并描述水面是如何波动的，以此引导学生初步感知：震动的物体会引起周围物体的振动。在这基础上我会让学生玩一玩“土电话”小游戏，并通过思考“声音是怎么从电话的一端到达另一端的?”进一步感知声音的传播方式。游戏结束后，我将引导学生总结：声音是以波的形式传播的。

通过动手实验、小游戏能充分激发学生的探究欲望，为后面的活动探究做好铺垫。

活动二：声音在不同物体中的传播。

我将用PPT展示各种不同的实验材料，并引导学生猜测声音在这些物体中的传播效果是否一致以及哪一种材料传播效果最好，并将想法记录下来。在此之后，我会让学生对自己的猜想进行验证。在实验前，我将组织学生谈论实验中的注意事项，然后我再强调三点：(1)每次敲击音叉的力度大小要一样；(2)将物体的一端紧连着音叉，另一名同学在另一端倾听；(3)时刻保持教室安静，认真倾听各种材料物体的声音传播并记录。再让学生亲自动手实验，将实验结果填入实验记录表。

通过两个活动，我会结合学生的回答进行总结：声音是以波的形式进行传播的，在不同物体中的传播能力不同。最后让学生结合结论解释导入中的问题，这样可以让学生在实验活动过程中领悟实验在科学探究中的重要性。

3. 课堂小结

如初中历史课《洋务运动》：

深入学习后，为了体现各部分知识之间的紧密联系，我安排了回顾全文这一重要的教学环节，将教学回到整体，师生根据整课板书总结全文，构筑本课的主体知识结构，培养学生梳理知识的能力。

如初中地理课《北方地区和南方地区》：

中学生对重难点的把握还不够准确，因此最后用多媒体展示课堂笔记，让学生参照课堂笔记，回答课前导入时所提出的问题，对本节课所学内容进行小结。

4. 板书设计

如初中化学课《燃烧与缓慢氧化》：

燃烧与缓慢氧化

一、燃烧

燃烧的两个条件：

1. 可燃物要与氧气接触

2. 要使可燃物达到燃烧所需的最低温度（最低温度也叫着火点）

二、燃烧的现象

1. 可燃物不同，性质不同，决定燃烧的现象不同

2. 可燃物与氧气的接触面积越大，燃烧越剧烈

3. 氧气的浓度越大，燃烧越剧烈

4. 爆炸：在有限空间内，由于急速燃烧放出大量能量，骤然产生大量气体的现象

三、缓慢氧化和自燃

1. 缓慢氧化：不像燃烧那样剧烈发光、发热的氧化反应

2. 自燃：由缓慢氧化而引起的自发燃烧

5. 布置作业

如小学科学课《声音的传播》：

在作业布置方面，我会让学生课下以小组合作的方式探究：木棒和铁棒的声音传播能力，并记录下来，下节课进行分享。

这样运用开放性且学习小组合作的形式布置作业，可以较好地激发学生参与的积极性，将知识的学习延伸到第二课堂。

（七）结束部分

我的说课到此结束，谢谢各位评委老师的聆听。

三、说课示例

初中数学《多边形及其内角和》说课稿

各位评委老师：

大家好！我是初中数学组01号考生。今天我说课的内容是人教版八年级上册第十一章第三节《多边形及其内角和》的第二课时。我将在新课程理念的指导下从以下六个方面进行说课。

一、说教材

（一）教材分析

多边形的内角和是三角形内角和知识的拓广和发展，是从特殊到一般的深化，是后面学习多边形镶嵌的基础，也是今后学习空间几何的基础。学好多边形内角和的内容，为学生认识探索客观世界中不同形状物体存在的一般规律打下基础。对发展学生的空间观念和几何直观有很大的帮助。

(二)教学目标分析

新课程标准注重学生经历观察、操作、猜想、归纳等探索过程。根据新课程标准的要求和本节课的内容特点我确定以下教学目标:

(1)知识与技能目标:掌握多边形的内角和公式,并能熟练运用。

(2)过程与方法目标:通过测量、类比、推理等数学活动,探索多边形的内角和公式,感受数学思考过程的条理性,发展推理能力和语言表达能力。通过把多边形转化成三角形体会转化思想在几何中的运用,同时体会从特殊到一般的认识问题的方法。

(3)情感态度与价值观目标:通过动手实践、相互间的交流,进一步激发学习热情和求知欲望;体验猜想得到证实的成就感,在解题过程中感受生活中数学的存在。在探索过程中激发、培养爱国主义精神。

(三)教学重难点分析

基于以上教学目标,我确定以下教学重、难点:

(1)教学重点:探索多边形的内角和公式。

(2)教学难点:探究多边形的内角和时,如何把多边形转化为三角形。

本节课我借助课件辅助教学,可以更好地突破重难点,增强直观效果,丰富学生的感性认识,提高课堂效率。

二、说学情

我所任教的班级,大部分学生来自农村,由于自小独立性较强,具有较强的理解能力和应用能力,喜欢合作讨论,对数学学习有较浓厚的兴趣。大部分学生的学习习惯和学习方式较好。本节课让学生通过实验探索出多边形的内角和公式。在此之前学生对三角形、特殊四边形的内角和已经有了一定的理解和认识。估计学生在探究任意四边形内角和时会想到量、拼、分的方法,但是分割多边形为三角形这一过程会是学生学习的难点,在探究的过程中要想办法把难点分散,有利于学生对本节知识的学习和掌握。

三、说教法和学法

本节课借鉴了美国教育家杜威的“在做中学”的理论和叶圣陶先生所倡导的“解放学生的手,解放学生的大脑,解放学生的时间”的思想,我确定如下教法和学法:

1.教学方法

根据本节课的教学目标、教材内容以及学生的认知特点,我采用启发式、探索式教学方法,意在帮助学生通过观察,自己动手,从实践中获得知识。整个探究学习的过程中充满了师生之间、学生之间的交流和互动,体现了教师是学生学习活动的组织者、引导者与合作者,而学生才是学习的主体。

2.学习方法

利用学生的好奇心设疑,解疑,组织积极互动、有效的教学活动,鼓励学生积极参与,大胆猜想,使学生在自主探索和合作交流中理解和掌握本节课的内容。

四、说教学过程

(一)创设情境、引入新课

请学生观察“上海世博园”的宣传视频。从“情境认知理论”得知:图文加情境能够有效提高课堂教学效率,而图文和情境并用可使效率提高到300%。通过观看上海世博园视频,激发学生的爱国主义热情,并引导学生大胆提出问题,将建筑物的外观抽象成已知的三角形、长方形、正方形等多边形。

提出问题:三角形的内角和是多少?设计这个问题是因为探索多边形内角和与边数关系的根本方法是

把多边形转化为多个三角形，以此唤醒学生已有知识“三角形内角和等于180°”，有助于解决后面的问题。接下来提出问题：正方形、长方形的内角和是多少？学生回答后进入新课内容，根据三角形的内角和是个确定值，引导学生猜想任意四边形的内角和是多少。

（二）合作交流、探索新知

【活动1】

猜一猜：围绕“任意四边形的内角和等于多少度？”这一问题引导学生从正方形、长方形这两个特殊的多边形的内角和入手，很容易猜测出四边形的内角和等于360°。

议一议：你是怎样得到的？你能找到几种方法？

这个环节学生可能出现“度量”“剪拼”“作辅助线”等方法。为此我又抛出问题：五边形、六边形、七边形的内角和怎么求？你发现了什么？通过这个问题让学生自然过渡到用作辅助线的方法求多边形的内角和，同时也要告诉学生在测量和剪拼活动中可能会产生误差，由此感受作辅助线在解决几何问题中的必要性。

这一环节要给予学生充分的探究时间，鼓励学生积极参与，合作交流，用自己的语言表达解决问题的方式方法，发展自己的语言表达能力与推理能力。针对不同层次的学生，要适当地引导学生利用作辅助线的方法把多边形转化为三角形，鼓励学生寻找多种分割形式，深入领会转化的本质——将四边形转化为三角形来解决。然后让学生表达自己解决问题的方法，并用电脑演示四边形分割成三角形的多种方法让学生体验数学活动充满探索性，体验解决问题策略的多样性。

想一想：这些分法有什么异同点？学生积极思考，大胆发言，教师给予适当的评价和鼓励。教师在学生回答的基础上小结：借助辅助线把四边形分割成几个三角形。分割的关键在于公共点的选取，并演示公共点在图形内、外、顶点处。利用三角形内角和求得四边形内角和，这是数学学习中一种常用的转化的思想方法。

【活动2】

做一做：选一种你喜欢的上述分割的方法，类比求四边形内角和的方法求五边形、六边形、七边形等多边形的内角和，让学生再一次经历转化的过程，加深对转化思想的理解，体会由简单到复杂，由特殊到一般的思想方法。

上节课我们学习了多边形的对角线，我们来看对角线与多边形的边数和多边形的内角和之间有什么关系？

议一议：

问题1：对比上面探究四边形内角和的过程，你能得出五边形的内角和、六边形的内角和吗？

问题2：能否采用不同的分割方法来解决这些问题？

问题3：n边形的内角和是多少？

【活动3】

想一想：采取表格的形式，首先请学生找出多边形分割成三角形的个数，再根据三角形个数求出多边形的内角和。

学生分组讨论、归纳分析并展示自己发现的规律，要求用已探究的不同多边形来有条理地发现和概括出多边形的边数与内角和之间的关系，水到渠成地归纳、类比推出n边形的内角和公式，体会从特殊到一般的思考问题的方法。

根据本组探究过程填写下面表格的第三、四、五列，你能从中发现什么规律？尝试完成第七列。

多边形的边数	4	5	6	7	…	n
分成三角形的个数	2					
多边形的内角和	360°					

由于学生不熟悉完全归纳法，采取表格的形式使归纳更富有条理性。为了让学生更好地理解多边形内角和公式$(n-2)\times180°$，我又鲜明地指出：n表示什么？但是学生有可能出现其他的解决问题的办法，比如：由四边形内角和求五边形内角和，由五边形内角和再求六边形内角和……依次类推，边数每增加1条，内角和就增加180°。但是这种方法给活动3中公式的得出带来困难。所以教师要因势利导，给予学生正确的评价。在探索的过程中再一次培养学生的推理能力和表达能力，以及选择解决问题的最佳方法的能力。

练一练：为了使学生达到对知识的巩固与应用，我特地设计了一组（5个）即时抢答题，这些题目要求学生当堂训练、独立计算，并根据学生都喜好竞赛的特点，采用抢答式完成。运用所学公式解决问题并巩固、理解、记忆公式。

抢答：

(1)过一个多边形一个顶点有10条对角线，则这是________边形；

(2)过一个多边形一个顶点的所有对角线将这个多边形分成五个三角形，则这是________边形；

(3)多边形的内角和随着边数的增加而________，边数每增加一条时它的内角和增加________度；

(4)十二边形的内角和等于________度；

(5)一个多边形的内角和等于720°，那么这个多边形是________边形。

（三）例题讲解，知识巩固

在此，我设计了2个例题，并对教科书上的例题作了较小的改动，书上的例1简略讲解，这个例题就是对四边形内角和的简单应用，对于学生来说比较简单；对于例2我把书中第25页习题第9题变成例题，这一道题目具有较好的典型性，特别是知识间的融会贯通，主要要求学生掌握三角形、五边形的内角和，正五边形等相关知识。

（四）分组竞赛、情感升华

(1)智慧大比拼

内容：P26的活动1。

通过新颖的形式激发学生的竞争意识和主动参与活动的热情。学生利用当堂所学知识解决问题，巩固本节知识。

(2)拓展探究

内容：用一把剪刀，将一张正方形卡片一个角截去，剩下的卡片是一个几边形？它的内角和是多少？

小组合作探究，引导学生分析每一种可能的截取情况，根据不同截法得出不同结论。鼓励学生积极参与思考、大胆尝试、主动探讨、勇于创新。让学生深刻地感受到合作交流的重要性，体会成功的喜悦。

(3)情系世博

内容：2010年5月1日世博会在上海拉开帷幕，小明为了纪念这一特殊时间，他想用2010°设计一个多边形，他的愿望能实现吗？

引导学生利用多边形的内角和公式解释小明的设想能否实现。让学生感受到数学的趣味性，以及与实际生活之间的密切联系，激发学生的爱国之情。

(五)畅所欲言、分享成果

请学生谈自己在学习过程中的收获,并整理自己参与数学活动的经验,回味成功的喜悦,形成良好的学习习惯,同时也是给学生正确地评价自己和他人表现的机会,这也是给教者本身一个反思提高的机会。通过这个环节使学生对这节课所学的知识系统化,从感性认识上升为理性认识。

(六)布置作业、课后提升

(1)习题11.3第2题、第4题。

(2)选做题:用另外一种作辅助线的方法证明多边形内角和定理。

采用分层布置作业,让不同水平的学生得到不同的发展,培养学生的思维灵活性、体验成就感,从而贯彻因材施教的原则。

五、说教学评价

评价学生,不仅仅是一个手段和结果,它对学生的人格、个性的发展有着极其重要的作用。新课程下课程的评价应把形成性、发展性评价和终结性评价相结合,在实践中我打算在课堂上从以下几个方面进行评价:

(1)评价学生在学习中各种能力(如表达、想象、动手、思维、自学能力等)的发展情况;

(2)评价学生学习过程中的创新表现;

(3)评价学生在学习过程中对身边事物、社会现实的关注程度。

评价必须最大限度地考虑综合结果,要以培养学生的荣誉感、自尊心和进取心为目的,使其产生获取成功的动力。

六、说板书设计

最后,我的板书设计力求简洁明了,便于学生观察比较、归纳总结,并体现教师的示范作用,突出本堂课的重难点及主要的思想方法。

多边形及其内角和

三角形:180°

多边形:(n−2)×180°

以上是我对本节课的设计说明,从说教材、说学情、说教法和学法、说教学过程等来说明这节课“教什么”和“怎么教”,并且阐明了“为什么要这样教”。我的说课到此结束,谢谢各位评委老师的聆听。

第三章　面试逆袭之结构化面试和答辩

思维导图

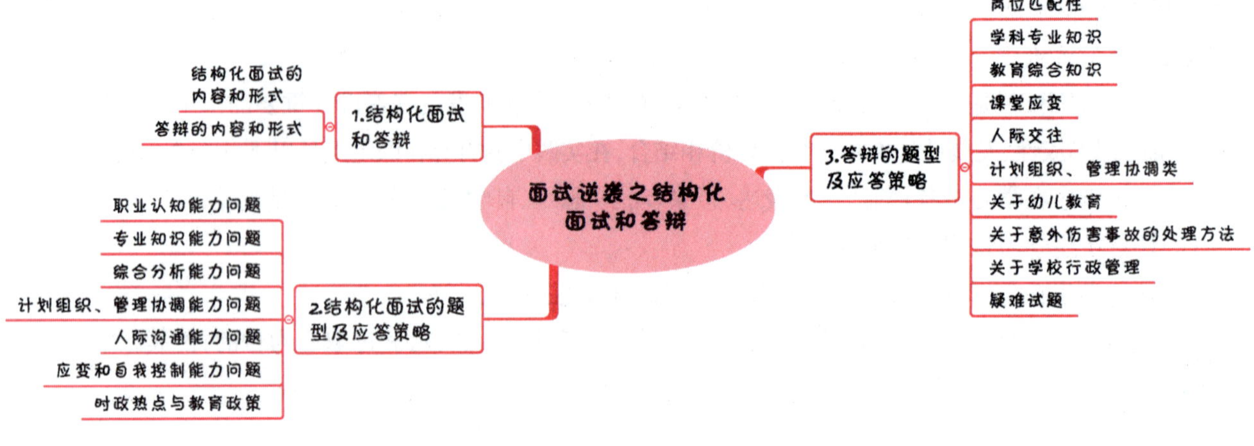

名师精讲

第一节　结构化面试和答辩

一、结构化面试的内容和形式

教师招聘结构化面试试题涉及的内容一般都是教育理论基础知识、课堂教学、教育法规、新课程改革等方面的知识。除此之外，还考查考生的个人基本情况以及知识背景、教育理念以及对具体问题认识、分析和处理的能力。这就要求考生对上述的一些问题不仅要有一般理论性的认识，具有扎实的专业基础，而且能依据教育理论、教学原则来处理一般的教育教学事件。

结构化面试的试题主要以抽签的形式来确定，即将面试前确定的问题制成题签，考生入场后通过现场抽签向考官解答题签上提出的问题。一般每个题签内含1~3道问题。考生应按照要求论述自己的观点，并需在规定时间内完成作答。

在考生回答问题的过程中，考官依据面试前准备好的试题答案，综合考生回答这一问题时的整体表现为考生打分。

经典例题

1.现在经常提“以学生为本”或“以学生为主体”,你怎样理解?

【参考答案】学生是一个民族传承的希望,是一个国家继续生存、发展的灵魂所在。教师在教育教学过程中担负着重大的使命,而“以学生为本”确保了教学最终目的的实现。

“以学生为本”即在教学活动中以学生为主,教师的作用是负责组织、引导、帮助和监控,引导学生学会认知、学会做事,让学生经历获取知识的过程;关注学生各种能力的发展,促进其知识与能力、过程与方法、情感态度与价值观的全面发展;建立学生自主探索、合作学习的课堂模式,创设和谐、宽松、民主的课堂环境;追求学习结果转向追求学习过程,真正把学生当成获取知识、发展自我的主人。“一切为了学生,为了学生的一切,为了一切学生”,切实构建“以学生为中心”的主体观。

2.“学高为师,身正为范”,对此你是怎样理解的?

【参考答案】“学高为师,身正为范”是一句古话,揭示了教师应当具备两方面的素养:一是知识素养,二是道德素养。教师是授业者,是人类文明的传承者,是先进文化的传播者,如果教师自己的学业不精,是无论如何也教不好学生的。

“学高为师”说的就是教师不仅需要有精深的本学科专业知识,还要有宽广的知识面和高超的教育教学能力。这样,才能成为一名合格的授业者。

“身正为范”指的是教师是人类灵魂的工程师,担负着培养祖国未来接班人的特殊历史使命,在学生的心目中,教师是智慧的代表,是高尚人格的化身,教师的言行就是道德标准。言传不如身教,一个教师如果有高尚的人格,优雅的风度,一定会给学生树立一个学习的榜样,对学生成长的影响是巨大的。

我认为一名教师要做到“学高”“身正”,必须具备终身学习的理念,不断勤奋钻研,刻苦学习,丰富自己的知识;同时严格要求自己,从思想作风到生活作风,从言行到举止,从心灵到外表,都要体现教师应有的风度和良好的精神面貌。

二、答辩的内容和形式

教师招聘面试中的答辩试题基本上都是围绕着教育理论、课堂教学、教育法律法规、新课程改革来设计命制的。这就要求考生对上述问题有一般理论性的认识,具有一定的专业知识,能够依据教育理论、教学原则来处理一般的教育教学事件。

答辩试题的形式一般有共性和个性两种。共性试题是考生进入考场后,由考官给出,考生必须按照试题要求论述答辩。这类试题一般都有一个共性的答题原则,即所命制的试题一般都是教育理论、课堂教学、教育法律法规、新课程改革等方面的论述题。而个性试题是由考生自己抽签,进行答辩,此类试题一般围绕现行的教育问题和特殊的教学案例命制,重点考查考生的教育理念、教育原则,以及对问题认识、分析、处理的能力。

抽签答辩式面试是指根据需要试前确定一些要考生回答的问题,制成题签,考生入场后通过现场抽签向考官们解答题签上提出的问题。一般来说,题签的数量由考生的多寡而定,每个题签内含1~3道问题。考生在回答问题过程中,主考官依据面试前准备好的试题答案,综合考生回答这一问题时的整体表现为考生打分。

这种面试方法具有客观、公正、易操作、评分好把握等优点。但也有不足的一面，这类试题的针对性和灵活性一般不强，掌握不好的话易流于“笔试口答”的模式，不利于考生发挥自己对教育新理念、新课程改革的独到见解。此外，由于不同的考生抽到不同的试题，而试题的难易程度又不能完全等值，这就意味着应聘同一职位的考生可能面对难度不同的试题，从而使测评具有不公正性。当然，这种不公正性是很小的。

真题演练

1.怎么提升教师的专业素养?

【参考答案】教师专业素养的高低决定着教育质量的高低，即教师决定质量。在教育教学中，教师专业素养不是一蹴而就的，它是一个不断发展、不断提升、不断创新的过程，是教师个体和群体共同追求奋斗的历程。提升教师的专业素养，我认为可以从以下几方面着手：

(1)扎实练好基本功。从普通话、钢笔字、粉笔字、教学语言等方面提高自我要求，这是一个循序渐进的过程，也是一个长期的过程。如语文教师声情并茂的朗读示范，是帮助学生提高朗读水平的有效途径，也是促进学生理解和感悟文章的重要手段。

(2)研究性学习是教师专业成长的必要途径。学习是一个永恒不变的话题，教师职业和工作的性质决定了学习是教师的一种生活方式，研究性学习是教师专业成长的必要途径。“教而不研则浅，研而不教则空”。教学研究，能让我们的教学走出肤浅，走向厚重，走出机械，走向创新。研究的途径多种多样，要积极参加各种教研活动，撰写论文，参加课题研究、案例研究，从而提高自己的专业水平。

(3)反思与交流是教师专业成长的重要途径。没有思考，就没有专业素养的提高。反思可以在课前，也可以在课后，可以是自己的课堂教学，也可以是他人的课堂教学。可以思考自己的成功之处，也可以思考自己的不足之处。

2.讲一讲定语从句。

【参考答案】在复合句中修饰名词或代词的从句是定语从句。定语从句也叫关系从句或形容词从句，被定语从句修饰的词叫做先行词。定语从句一般跟在先行词后面，由关系代词或关系副词引导。

第二节　结构化面试的题型及应答策略

一、职业认知能力问题

职业认知能力的测评是教师招聘面试中的一项重要能力考核，教师招聘面试的目的是考查笔试入围者是否具备新教师基本素养、职业发展潜质以及教育教学实践能力。以结构化面试的形式进行职业认知能力测评是解决这一问题的最好办法。

(一)认真解读，分清答题方向

职业认知能力的测评主要包含两个方面的内容：一是对考生自我认知力的测评，考查的是考生对自身从事教师职业具备哪些方面的条件是否有清晰的认识，是否发自内心的将教育事业作为自己的终身追求，

是考生对自己的正确认知，属于自我认知。二是考生对教师岗位认知力的测评，考查的是考生对教师职业的性质、任务、作用和意义的认识，是否对教师职业有正确的认知，是否能清楚地了解教师工作的基本内容和职责。因为这类题考查的是考生对教师职业的认识，因此我们把它叫做岗位认知。

比如有这样两道题："一、你为什么选择教师这个职业？二、你是怎么看待教师这个岗位的？"其中，题目一属于典型的求职动机考查，属于求职者对自身的一种认识，因此属于自我认知类题目。而题目二"你是怎么看待教师这个岗位的？"主要是对岗位认知的考查，主体是"教师岗位"，因此属于岗位认知类题目。这两类问题有着不同的答题思路。因此考生在回答时，一定要分清楚问题的本质，即这道题到底是考查自我认知还是考查岗位认知。例如回答"你为什么选择教师这个职业？"这类问题，假如考生都说"教师是人类灵魂的工程师，教师是最伟大的人，教师是太阳底下最光辉的职业，所以我选择这一职业"的话是得不到高分的，因为这样的答案反映的是教师的职业特性，而非是考生对自己的认识，它应该是"你是怎么看待教师这个岗位的？"这个问题的答案。正确的思路应该谈自己有哪些方面的条件适合做教师或自己对教师职业的热爱。

（二）实事求是，以真动人

如问："你为什么选择教师这个职业？"大部分考生都会说"我从小就非常喜欢教师，我发自内心地热爱教育事业，愿意为祖国的教育事业奉献自己的青春"等"高大、空泛"的内容。这样的回答当然没有错误，但是通篇这样回答就会显得很做作、不真实。要如何回答才能显得真实呢？这就要求考生在交流中敢于承认自身的现实需求，如"教师岗位可以满足我希望获得稳定的生活，教师岗位可以满足我希望每年都能够得到较长时间的假期等现实性需求，这是我选择教师职业的因素之一……"，这样的回答就表现出一定的真实感。这类题目最理想的作答思路就是：教师岗位既能满足基本的现实性需求，又能满足高层次的成就动机，在解决我们现实问题的同时，也能成就自我，实现自身价值和社会价值。这样回答才会显得真实而不流于庸俗，高大而不流于虚假。总之，在这类题目的回答中我们要真正做到"言为心声，以情动人"。

（三）摆正身份，针对要点

例如这样一个问题："你最喜欢的书是什么，为什么？"很多考生可能会这样回答："我最喜欢的书是《假如给我三天光明》，因为这本书想象丰富，文笔流畅，但它之所以能深深地打动我，在于它真挚而强烈的感情，在这篇用第一人称写的、富有激情的作品里，作者倾诉了她对生活的礼赞，表达了她的生活态度，是作者至性真情的流露，所以虽然整篇文章都是虚拟的，所记叙的事情多是非现实的，但使读者感受到了更高的真实——情感的真实。"

这样的回答完全没有考虑到自己的身份，书籍的类型是多种多样的，作为一名教师招聘面试的考生，不能只按照自己的个人喜好而不顾岗位关联性地回答问题。因此，考生所选的读物要凸显教师的专业特点，符合岗位需求。依据这样的思路，这道题我们可以这样回答："我最喜欢的书是《给教师的建议》。读这本书使我懂得了教师的职业要长期不断地深入人的精神世界。世界上没有不可救药的孩子。我们教师要做到使孩子身上所具有的美好的、善良的人性的东西不受到压抑、伤害和扼杀。因此，每一个决心献身于教育的人，都应当容忍儿童的弱点、缺点甚至不良的嗜好。对这些弱点应仔细地观察和思索，不仅用脑子，而且用心灵去认识它们。我们要理解儿童的行为，懂得儿童是一个在变化着的人。教师的心胸要宽广，做到把自己的心分给每一个学生，在自己的心中应当有每个学生的欢乐和苦恼。参与学生的活动，让学生感觉到老师是他们学习生活中不可缺少的一分子。懂得这些对我有很大的启发，我会带着对孩子的爱投入到工作中去。"

这样的回答不仅告诉考官我们有多么优秀，而且还向考官证明了我们如何适合教师这个岗位。对于自我认知类中关于兴趣爱好类的题目，我们要遵循这样的原则：万变不离其宗，要紧密结合岗位需求回答问题。同时，我们不仅要紧紧围绕岗位来表述自己的兴趣爱好，还要在表述中凸显自己对教师岗位本身的兴趣。动机、兴趣、座右铭、难忘的经历、遇到的挫折等题目，我们都要时刻遵循岗位匹配原则并以此为核心进行有针对性的回答，而与面试无关的内容，即使是我们引以为荣的优点和长处，也要忍痛舍弃。

综上所述，认知类题目的答题思路可以概括为以下三个步骤：

首先，要对自我进行梳理，包括梳理过往的学习经历、实践或工作经历，总结自身的性格特征、特长、爱好等，结合教师职业的特点进行梳理。

其次，强调自己具备“传道、授业、解惑”的能力，具有高尚的道德情操、专业的学科知识背景，熟知教育理论知识，具有奉献精神，有爱心、热心、耐心。

最后，在自我和职业之间寻找匹配性，尽可能地用事实说话，实事求是，也可以运用一些发生在自己身上的真实事例对自己的情况进行证明。自我认知类的题目本质上就是让考官判断该考生是否适合教师这个职业，所以考生应尽可能地寻找“论据”，也就是用事例去说服考官。

经典例题

1.你感觉对于教师这一职业，自己最大的优势和最大的不足分别是什么？

【参考答案】我最大的优势就是我热爱教师这个职业，在我读初二的时候，曾经有一段时间厌学。那时候，我很叛逆，连我的父母都对我失去了信心，但是我的班主任没有放弃我，他给我讲有关青春期的心理知识，使我学会了进行自我心理调节，并恢复了学业，从那时候起，我就爱上了教师这个职业，我决定将来一定要做一名像他那样的老师。高考的时候，我义无反顾地报考了师范类院校。我在校期间，努力地学习各门专业课程和教育理论知识，并且积极参加学校组织的说课大赛、课件大赛等，不断地提升自身素养。在临近毕业的时候，我在市内的一所中学实习了近三个月，其间收获颇丰，我开始学着将我的理论知识付诸实践，并在实践的过程中不断地摸索经验。(非师范类考生可以这样回答：高考的时候，因为家长的反对，我没有读师范类专业，可是，经过几年的大学生活，我发现我内心深处喜欢的依然是教师这个职业，所以，今天，我站在了这里，为实现自己的梦想而努力。)

我最大的劣势是经验不足，虽然我参加过三个月的教育实习，并取得了优异的成绩，但是毕竟不是一直站在教学的第一线，所以经验上还是有很多欠缺的。若有幸能走到教学的第一线，我一定会弥补这一不足，努力做一名好老师。(非师范类考生：我最大的劣势是经验不足，我既没有在学校实习过，也没有带过课。但是我有很强的学习能力，我能顺利通过笔试正是我努力学习的结果，加之我对教师职业的热爱，请相信我，我能很好地胜任教师这个职业。)

【专家点评】很多考生在回答这类问题的时候，都会说：我最大的优势是我出生在一个教师之家，我从小就希望成为一名教师。这样的答案听多了，考官会觉得有点假。考生回答时只需要围绕自己热爱教师这个职业这一核心，谈自己对教师职业的理解即可。上述答案紧紧围绕自己对教师职业的热爱这一核心，同时运用具体事例对其进行证明，很有说服力。

2.你最喜欢的教育家是谁，为什么？

【参考答案】陶行知是我最敬佩的教育家之一，他的人格精神、教育思想令人敬仰。一名海归学者，

没有用自己的学识换取显赫的官位，没有为自己谋取舒适的生活，而是扎根农村，排除种种困难，筹集资金，创办学校。他把在国外学的理论与中国实际结合起来，从实际出发，几十年如一日地不断改革、创新、规范教育，从没想到改善自己的生活、工作环境与状况。他这种真正为民族大众着想、为国家教育着想的精神，让每一个人敬佩。

他极具奉献精神。陶行知的一生是在人民涂炭、国家多难、民族危急之中度过的。他的一生是奉献的一生，是奋斗的一生。他以"捧着一颗心来，不带半根草去"的赤子之忱，怀着"教育为公""甘当骆驼"的精神，与劳苦大众休戚与共，为人民教育事业，为中国的民族解放和民主斗争事业鞠躬尽瘁，奉献终生。

我愿意以陶先生为楷模，成为一个踏实干事、勇于奉献的人。

3.你到一个新环境，怎样开展工作？

【参考答案】如果我到了一个新的工作环境，我会从以下三个方面着手，逐步开展工作：

首先，在熟悉环境方面，我会在较短的时间内，对新的工作环境多加了解和熟悉。不但要了解自身的工作职责和工作内容，还要了解和熟悉相关部门和周围同事的工作，以及相关的工作流程。

其次，在人际沟通方面，我会多向领导请教，多和同事交流，树立主动积极的意识，以感恩、包容、分享、结缘的良好心态与他人交往，促进和谐人际关系的形成。

最后，在学习提升方面，我会继续加强学习，在做人中学习，在做事中学习。树立正确的工作作风，努力做好本职工作，力争实现工作能力的全面提升。我会继续加强自身理论学习并不断总结经验，推进自身素质的不断提升。

二、专业知识能力问题

（一）答题策略

每个学科各有其独有的特点，要想完美地回答这类问题，考生应该牢固掌握本学科的教学理论和本学科的学科知识。

（二）不同学科的问题展示

1.语文学科

在语文教学中应该如何指导学生朗读？

【参考答案】陶行知先生告诉我们："教应和学结合起来，怎样学就怎样教。"这给朗读教学指明了方向——阅读文章，是一个由浅到深的认识过程，教师在指导学生朗读时，也要符合学生的这一认知规律，每朗读一遍，都要有其明确的目的，由浅入深地指导学生对文章进行学习。

第一，要按照以下步骤指导学生开展朗读：第一遍朗读，随文自学生字，理解生词在文中的正确含义；第二遍朗读，整体概括课文内容；第三遍朗读，细读重点句子、段落，多角度品味、欣赏文章，理解其深刻意义（品味）；第四遍朗读，体验和感悟相关的人生或生活哲理；第五遍朗读，学习文体的基本特征；第六遍朗读，积累语言材料，加强巩固、积累……

第二，在朗读文章时，还要要求学生读出语文味。我们课本中所选的文章基本上都是精品文章，每篇文章的语言文字都是有生命的。它们有颜色、有气味、有情感、有气势……在朗读时，我们应站在作者的角度理解它，表达出作者的思想感情，还原每一个文字的生命，让它们富有灵性。让朗读富有冲击力，穿透读者和听者的心灵。

当然，读出语文味是有方法和技巧的。教师首先自己要会朗读，优美的范读能吸引学生、感染学生、打动学生，唤起学生对朗读的欲望。当教师调动起学生的朗读欲望时，教师要对学生进行如下指导：首先，要读准确，即字读准确，标点符号读准确，行文格式读准确(准确性)；其次，反复朗读，读得流畅。要注意不指读、不喊读、不拖腔、不唱读、不错字、不添字、不漏字、不回读、不颠倒语序(常见错误)。

第三，读出句子的节奏、停顿、重音、语气、语速、语调、情感等(表达手段)。

朗读是一门技术，也是一门艺术，还是一种能力，朗读的多了，朗读的能力自然会提升。教师应多让学生朗读，这样，语文课堂才会有声有色，富有生机与活力，也才会让学生真正体验到语言文字的魅力，从而逐渐培养起学生对语文学科的兴趣。

2. 数学学科

作为数学老师，你认为让学生学好数学的前提是什么？

【参考答案】让学生学好数学的前提有两个：

第一，深入钻研教材，准确地理解教材，驾驭教材。因为呈现在学生面前的教科书不同于一般参考材料或其他一些课外读物，它是按照学科系统性要求，结合学生的认知规律，以简练的语言呈现数学知识的。教师必须熟练地掌握教材。通过教材，使自己先受到启发，把教材的思想内化为自己实实在在的思想，把教材读活。让自己从书本中精练的定义、公式以及叙述等背后，看到数学本身丰满的面容，找准新知识的生长点，弄清它的形成过程。

第二，全面了解学生情况。学生是学习的主体，是高效学习的本源。学生之间存在着客观的差异，要让所有学生在最短的时间内，通过最快的方式获取自己想要得到的信息，就要全面了解学生，关注到不同的学生，只有关注学生，研究学生，充分调动学生的学习积极性，才能获得教学的高效，才能使学生更好地学好数学。

3. 英语学科

作为中学英语教师，你认为如何才能给中学生上好英语课？

【参考答案】要想上好中学英语课，必须从以下几个方面入手：

第一，课前充分准备。课前准备主要是指备课方面。备课时要先研究透教材，才能设计一系列的教学活动，采取一定的教学策略来突破教学的目标、难点、语言点。除了备教材以外，教师还要备学生，因为你的教学对象是学生，如果脱离了学生这个主体，那么这堂课也就没什么意义了。

第二，组织好丰富多彩的课堂活动，激发学生的学习兴趣。教师根据自己的教学目标，设计丰富多彩的课堂活动让学生掌握知识并加以运用。

第三，做好反思，积极改正自己的缺点，勇于创新。课堂教学中会存在这样那样的不足。教师只有经常反思，勤于发现自己的教学漏洞，及时查漏补缺，取长补短才会有进步。除了反思，教师还应该多听优秀教师的课，多学习互联网上优秀教师的案例，多学习、多创新，有自己的特色，教师只有不断提高自身的业务素质和技能，才能上出精彩的英语课。

4. 音乐学科

义务教育音乐课程的基本理念是什么？对音乐课程的评价应该采用什么方式？

【参考答案】音乐课程的基本理念如下所述：(1)以音乐审美为核心，以兴趣爱好为动力。音乐审美指的是对音乐艺术美感的体验、感悟、沟通、交流以及对不同音乐文化语境和人文内涵的认知。这一理念立足于我国数千年优秀的音乐文化传统，与我国教育方针中的"美育"相对应，彰显音乐课程在潜移默化中培养学生美好情操、健全人格和以美育人的功能。音乐的情感体验应从多样化的文化语境出发，根据音乐艺术的表现特征，引导学生对音乐表现形式的整体把握，领会音乐要素在音乐表现中的作用，增进音乐素养。音乐基础知识和基本技能的学习应与音乐艺术的审美体验及不同文化认知有机结合。兴趣是音乐学习的根本动力和终身喜爱音乐的必要前提。在教学中，要根据学生身心发展规律，以丰富多彩的教学内容和生动活泼的教学形式，激发学生对音乐的兴趣，不断提高音乐素养，丰富精神生活。

(2)强调音乐实践，鼓励音乐创造。音乐教学是音乐艺术的实践过程。因此，所有的音乐教学领域都应强调学生的艺术实践，积极引导学生参与演唱、演奏、聆听、综合性艺术表演和即兴编创等各项音乐活动，将其作为学生走进音乐、获得音乐审美体验的基本途径。通过音乐艺术实践，有效提高音乐素养，增强学生音乐表现的自信心，培养学生良好的合作意识和团队精神。音乐是一门极富创造性的艺术。中小学音乐课程中的音乐创造目的在于通过音乐丰富学生的形象思维，开发学生的创造性潜质。在教学过程中，应设定生动有趣的创造性活动内容、形式和情境，发展学生的想象力，增强学生的创造意识。

(3)突出音乐特点，关注学科综合。音乐是听觉艺术，学生主要通过听觉活动感受与体验音乐。音乐音响随时间的流动而展现，不具有语义的确定性和事物形态的具象性，然而它又与人类的社会生活、各种文化艺术有着紧密的联系，这就为学生感受、表现音乐和想象力、创造力的发挥提供了广阔而自由的空间。同时，也要关注音乐艺术的时间性、表演性和情感性特征，并在教学过程中加以强调和体现。音乐教学的学科综合包括音乐课程不同教学领域之间的综合，音乐与诗歌、舞蹈、戏剧、影视、美术等不同艺术门类的综合，音乐与艺术之外的其他学科的综合。在教学中，学科综合应突出音乐艺术的特点，通过具体的音乐材料构建起与其他艺术门类及其他学科的有机联系，在综合过程中对不同艺术门类表现形式进行比较，拓展学生的艺术视野，深化学生对音乐艺术的理解。

(4)弘扬民族音乐，理解音乐文化多样性。应将我国各民族优秀的传统音乐作为音乐教学的重要内容，通过学习，学生熟悉并热爱祖国的音乐文化，增强民族意识，培养爱国主义情操。随着时代的发展和社会生活的变迁，反映近现代和当代社会生活的优秀中国音乐作品也应纳入音乐课的教学内容。世界的和平与发展有赖于对不同民族文化的尊重和理解，应以开阔的视野学习世界其他国家和民族的音乐文化，理解音乐文化的多样性，共享人类文明的一切优秀成果。

(5)面向全体学生，注重个性发展。义务教育阶段的音乐课应当面向全体学生，使每一个学生的音乐潜能得到开发并从中受益。音乐课的全部教学活动应以学生为主体，师生互动，将学生对音乐的感受和音乐活动的参与放在重要的位置。尊重学生的个性，鼓励学生积极参与各项音乐活动，以自己的方式表达情智。教学中，应把全体学生的普遍参与和发展不同个性有机结合起来，创造生动活泼、灵活多样的教学形式，为学生发展音乐才能提供空间。

对音乐课程的评价，要本着以下几种方式：形成性评价与终结性评价相结合，定性评价与定量评价相结合，自评、互评及他评相结合。

5. 体育学科

在体育教学中出现意外情况怎么办？

【参考答案】体育课一般都在室外进行，且课堂上会出现许多需要操作的技能，如果教师不注意会出现学生受到意外伤害的情况。教师要学会预测可能在课堂中出现何种随机现象，学会应付及处理。当出现意外事故时，首先，教师一定要冷静，立即采取必要的救护措施，但这也要求体育教师要懂得一般运动损伤事故的处理方法。其次，要通知校医进行处理，必要时马上拨打120送学生到医院并通知家长。最后，向其他学生说明情况，安抚他们的情绪，尽可能不影响正常的教学秩序。

6. 美术学科

教师在美术课堂中应该注意什么问题？

【参考答案】教师在美术课堂中应该注意以下三个问题：

第一，通过美术教学，培养学生的各种能力。(1)培养学生的观察能力。敏锐的视觉感受和正确的观察方法是绘画中不可缺少的重要部分，教师应该调动全体学生的注意力，让他们有步骤、分层次地仔细观察，并说出绘画的结构、颜色、明暗等规律性的绘画因素，经过多次反复的训练以提高学生敏锐的感觉事物的能力。(2)培养学生的想象力、创造力。应引导学生在基于绘画主体的基础上进行大胆、合理的想象，尽管每个人最后得出的结果不同，作品的风格、表现手法不同，但只要是符合艺术创作的基本规律，就应该给予肯定的鼓励，以提高学生的自信心，促进学生的个性发展。

第二，在教学中要注意范画作用。范画教学是美术教学必不可少的手段，它能最直观地将绘画的知识、技能有序完整地展示给学生。教师应该以范画为主线展开多种形式的课堂活动。

第三，在教学中注意渗透德育。在美术教学中要充分挖掘教材中的思想教育因素，激发学生去了解我们祖先创造的艺术文明，用审美的规律去感受和欣赏前人给我们留下的宝贵的艺术文化遗产，让我们为我们的祖先骄傲和自豪。

7. 信息技术学科

你如何看待信息技术学科与其他学科的整合？

【参考答案】信息技术与学科整合有很多优势：

(1)信息技术丰富了学生的感情世界，弥补了学生感性材料的不足，使教学内容变得更加生动、鲜活。信息技术与教学内容进行有效整合的效果，弥补了学生由于知识经验不足而造成的对知识理解有困难的局限，让南方的孩子看到雪域高原的实景，让北方的孩子看到南方鱼米之乡的美丽……

(2)信息技术通过“人机互动”使学生的个性化学习得以充分实现。信息技术极大地丰富了学生的知识信息容量，为学生搜集、比较、判断更多的材料信息提供了保障。

(3)信息技术改变了教师的教学方式，改变了教学内容的呈现方式、学生的学习方式、教师的教学方式和师生互动的方式，把教师从繁忙的工作状态中解放出来，极大地提高了教学效率。与学生进行“无缝沟通”，把学生共性的问题用实景及时切换到屏幕上，引导学生分析问题、解决问题，使学生个性的问题通过教师与学生及时沟通得以解决。特别是在知识的巩固和运用环节上，教师可以用多种方式引导学生深入思考分析，更可以引导学生自己设计有关变式题目，在网上发布，把教师与学生的互动转化为学生之间的互动，让学生在信息技术的优势上进行合作。

8. 科学学科

在科学课的教学过程中,应该注意哪些问题?

【参考答案】我觉得在科学课的教学中,应该注重培养学生良好的实验习惯。科学实验教学是建立在现代教育思想基础上的开放式教学,主张学生独立地获取知识。学生一进实验室就感到新鲜有趣,在好奇心的驱使下往往会这儿摸摸,那儿摸摸,或者就算在教室里上课,面对桌上各种各样的实验器材也会一会儿摆弄这个,一会儿摆弄那个,将老师的要求和实验目标、实验步骤抛到九霄云外。因此,在科学课上总会出现一些不同于一般课堂教学的纪律问题,从而使实验教学不能充分发挥其作用,严重影响实验教学效果。因此,科学实验课的教学一定要注重培养学生良好的实验习惯,抓好学生的养成教育。

三、综合分析能力问题

综合分析题着重考查考生分析问题、解决问题的能力,语言表达的能力和逻辑思维能力。各种事情通过种种表象展现在人们面前,但对人们最有用的是表象下面的规律,找到这些规律性的东西,也就找到了问题的解决方案。综合分析题要求考生面对纷繁芜杂的教育现象和教育观点,能够透过现象看本质,积极探索事物发展的规律,提出解决问题的建议。各种教育现象和观点的存在,往往不是独立的,而是处于整个教育教学的大环境中的,是在整个教育背景中产生的,这就要求考生在答题时一定要有大局观念,对目前的教育现象和教育观点从宏观方面总体考虑,不能就事论事。

(一)综合分析题之教育现象类答题思路

综合分析类面试题种类繁多,题目五花八门,但是核心的答题思路均为八个字:"点题——分析——对策——升华"。

"点题"阶段要求考生能够充分了解题目所指内容,能够清楚题目中的现象出现的大的教育背景,能够透过现象看本质,一针见血地提出题目所指的实质性的问题。比如下面这道面试题:

"近日,北京青年报记者对本市多所小学展开调查,发现大多数学生和家长对于'当干部'这件事十分热衷,而不少学校为了解决人人都想当班干部的局面,可谓费尽心思,有采用轮流值周当班干部的,有给班里增设'门官''灯官'各式新'官职'的,还有的大费周章用'总统选举'的方式来选拔学生干部。"

这道题就不仅仅要求考生针对学校的做法谈看法,还要求考生进一步认识到产生此现象的原因,认识这种现象的本质。需要考生旗帜鲜明地表明自己的观点和看法。

"分析"阶段要求考生对自己的观点从多角度、多层次进行分析。考生可使用主体分析法进行分析,即从学生、家庭、学校、社会、国家五个角度分析产生这种现象的原因,这种现象对教育教学的影响、对学生的的影响等。

"对策"阶段要求找到现象背后的原因后,给出切实可行的对策,唯有解决了这个问题才能凸显一名教师解决问题的能力。

"升华"是对全部答案的总结及升华,考生可联系自身情况表态,说明作为一名教师应怎样办,又或者说在以后的工作中应当如何避免等。

在作答综合分析类面试题时,掌握好答题思路是答好题目的关键所在。根据这样的解题思路,这道题就可以这样回答:

1.我个人认为,作为学生,其首要任务应该是努力学习,把心思花在学习科学文化知识上,而不是为了当上所谓的“干部”,花费大量心思,甚至采用不正当的拉票手段来为自己竞选班干部铺路。作为教育的主战场,学校应该引导学生健康快乐地成长,而不能为了迎合多数学生想当班干部的心理,采用不恰当的方式,比如增设更多的“干部岗位”,班干部轮流担任等,这是一种畸形的教育现象。

【名师点评】这一部分从学生和学校的职责谈起,引出自己的观点“这是一种畸形的教育现象”,做到了点题。

2.“干部综合征”的背后,学校负有不可推卸的责任。班干部设置是一种常规工作,而有的学校在学生干部选拔方面大张旗鼓,一系列繁琐的程序搞得类似于“总统选举”,试问一句:“真的有必要吗?”在耗费相关学生大量精力的同时,似乎更是一种对权力的追逐。同时增设一系列的班干部职位来满足学生的虚荣心,维护班级内部的“公平”,人人都是“官”,班干部的带头作用如何体现,充其量只是让大家都过了一把官瘾罢了。从学生和家长的角度来看,当班干部成了自己能力的证明、炫耀的资本。

同时,“干部综合征”也对学生的伤害不小。为了竞选班干部,需要经过层层挑战,花费学生大量的时间和精力,容易影响到学生的正常学习。通过变相受贿进行“拉票”,家长帮着找关系,这些不良的行为,难免会给学生幼小的心灵留下阴影,不仅影响到学生时代,还会让他们今后的世界观、人生观发生扭曲。

【名师点评】这两部分,从学校教育者的角度分析产生这种现象的原因,从学生角度谈这种现象对他们的影响,思路非常清晰。

3.作为学校应该禁止这种事情的发生,教育者应该为学生讲清楚班干部的职责,什么样的班干部才是合格的、优秀的,让学生明白做班干部就是为老师和学生做服务、做表率,让学生明白“干部”二字的含义,同时引导学生把主要精力放在学习上。学校还应该召开家长会,让家长也明白这个道理,从而配合学校做好学生的教育工作。

【名师点评】这一部分明确提出了解决这种现象的方法,而且可行性较强。

4.学生的“干部综合征”其实就是“官本位”思想的校园版,班干部的设置是为了更好地服务班集体,别让其在现实中变了质。形成这种现象的原因是多方面的,我想,我以后如果从事教育工作,我们的学校出现了这种现象,我不仅应该从自己班做起,对学生进行正确引导,必要的时候,我还会向学校的领导提出我的看法,进而改变我所在的学校,使这种现象不在我们学校发生。

【名师点评】最后的升华部分首先再次明确自己的观点,总结全面,呼应开头;其次提出自己如果面对这种情况会怎么做,从而使整个回答浑然一体。

(二)综合分析题之教育名言警句类答题思路

这一类考题大部分考生感到有相当大的难度。如何回答此类题目呢?考生首先要承认这样一个事实,那就是,既然是名言警句,那么它一般是正确的。我们可以分以下三步来回答:

1 正确诠释名言警句的含义并进行肯定。

2 说明这句话为什么是正确的,用事实证明,也可以讲道理证明。

3 联系实际,充分说明这句话在工作中的指导意义。

经典例题

1.“学生自己管理自己”的观点你赞同吗?

【参考答案】这个观点我是部分赞同的。

因为每个学生都希望自己在班集体中得到重视,在集体中体现自己的价值,同时也希望受到老师的信任和尊重。要相信学生有自己管理自己的能力,要敢于放手,让每个学生发挥自己的能力,体验成功的快乐,激发他们参与管理的积极性。从这个方面来说我是赞同的。

我不赞同是因为,我认为凡是人都有惰性,在缺少外界监督的情况下,一个成年人要管理好自己,如果没有足够的毅力还是很难实现的,有一句话说得好,一个人最大的敌人就是自己。成人自己管理自己尚且有一定的难度,更何况学生呢?他们还不成熟,自控能力比较差,并且这个时期的学生对事物的认识还不够深刻和全面。所以,让学生自己管理自己应有一个前提,那就是在一定的范围内,而且一定要在教师的引导下进行。

2.一个教育家说过“教师要认识学生,要学习学生”,对这种说法你如何看?

【参考答案】“教师要认识学生,要学习学生”这句话的意思是说对学生要有一个全面的了解,并且教学中要注意教学相长。这句话我认为是很有道理的。

老师上课之前,只有对学生的知识准备和思维发展充分了解,才能充分备课。也只有对学生的性格、爱好、需要等全面了解,才能够针对学生的个别差异因材施教,对学生有针对性地进行教育。很难想象一个对学生一无所知的老师可以把学生教好。

教学过程不只是教师教学生学的过程,还是教学相长的过程。我国古代就有“教学相长”的说法。在教学中,教师要多与学生交流,发现学生感兴趣的话题,自己不了解的要多去了解学习。同时,“弟子不必不如师,师不必贤于弟子”,当学生指出教师错误或说出教师不知道的知识时,教师要虚心向学生学习,不断提升自己。总之,作为老师,要认识学生,要学习学生。只有这样才能做到因材施教,只有这样才能不断提高自己。

四、计划组织、管理协调能力问题

教师招聘结构化面试过程中计划组织、管理协调类题是常考题型之一。该题型主要考查考生的计划组织和管理协调能力。一般来说,参加教师招聘面试的考生将来都有可能从事班主任工作,而班主任工作最强调的就是处理和解决实际问题的能力。所以,组织管理类题目的重要性可见一斑。组织管理类题目的考试内容主要分为班级活动类问题和课堂管理类问题。

(一)班级活动类答题策略

作为教师,都有可能从事班主任工作。那么,组织班级活动就成了参加教师招聘面试绕不开的一个话题。班级活动又可以分为班会组织、班级比赛活动的组织、节日庆祝活动的组织等。考生在回答这类问题的时候,可以从以下几个方面进行考虑:(1)活动前的准备工作可以从活动主旨、人力、物力、场地、活动顺序等几个方面考虑。(2)谈一下活动中需要注意的事项,活动中的注意事项可以从不同的参与者的角度来考虑。(3)活动后进行总结反馈。

经典例题

学校要求召开家长会,作为班主任,你准备怎么组织?

【参考答案】为了顺利召开家长会,在会前我会精心准备。第一,确定这次家长会的目的,要解决班上的什么问题或家庭教育方面的什么问题,家长能从中得到什么启示。第二,制订计划。计划内容包括确定发言人,班干部分工。第三,向本班其他任课老师了解情况;收集汇编有关资料待发或张贴于教室;协助发言家长拟好发言提纲,帮助发言学生写好发言稿;发信息通知家长,或于会前3~4天告诉学生并转达给家长。信息包括开会的时间、地点,还要注明本次会议的主要内容,对与家长们协商的内容要进行强调。第四,布置会场,写好会标;精心布置好教室环境;安排好学生家长的座次;有关资料放置桌上。

家长到来时要热情接待。向家长们介绍到会的学校领导和该班的任课教师;简要地向家长讲述这次家长会的目的及一些基本情况,学生和家长代表发言。学校领导讲话;任课教师和家长自由发言;班主任进行会议小结,对家长提出希望。

会后工作。收集《家长意见单》,归类整理,装订成册;对因故或无故未到会者,再分别与其联系,将有关情况及时沟通,引导其对学校工作、对子女教育给予足够重视;总结本次家长会,写出总结报告。

总之,要精心筹划,细致安排。这样,家长会才能架起学校和家庭教育的桥梁,为学生的发展及学校教育奠定良好的基础。

【专家点评】对于学校的各种活动,最主要的是组织者的事前计划,如果在活动之前将活动计划制订好,各方面都考虑周密之后再实行,一般是不会失败的。当然在执行的过程中根据实际情况灵活应对也是组织者必备的能力。

(二)课堂管理类答题策略

每一位教师在具体课堂授课过程中都要面对课堂管理。课堂管理是教师对课堂的整体把握,是保证教学过程顺利进行不可或缺的因素,此类问题设置的情境多是在课堂教学过程中发生的,关于这一点考生一定要注意到,因此在回答说明如何管理时,应注意和课堂教学联系起来。

这类题的答题思路一般是这样的:

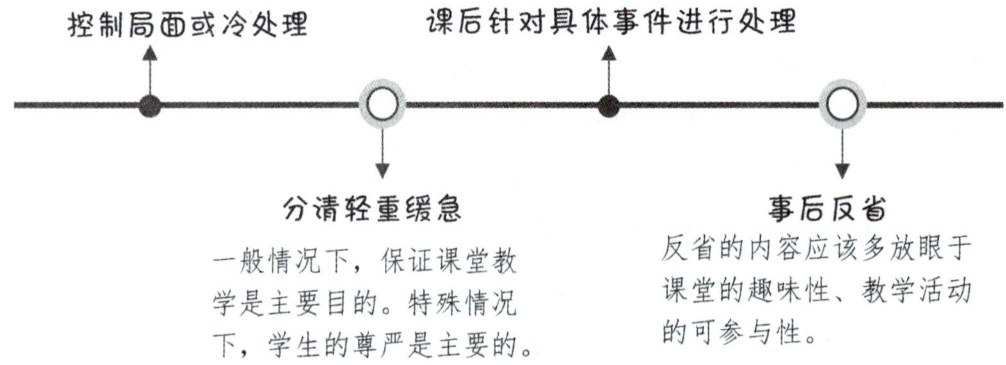

经典例题

1.学生上课不带书,作为老师你会怎么办?

【参考答案】如果没带书的同学人数比较多,我会让课代表去隔壁班借用一下其他同学的课本。如

果没带书的只有少数几个学生，我会建议他们和同桌先一起看书，做好笔记。如果是借的书籍，则告诉学生把笔记记录在笔记本上，保持所借课本的干净和整齐。下课后我也会反思是不是我某方面做得不好，是学生不喜欢我的课，所以故意不带书，还是其他原因。同时，让这次没有带书的同学到我办公室说明原因。当然，我不会对他们进行批评，我只是了解一下他们没有带书的原因。如果是因为学生不喜欢我的课，那么我就需要多方面学习，提高自己课堂教学的趣味性。如果是其他原因，我会通过手机短信、QQ、微信等方式告知家长，希望他们可以提醒学生记得带好第二天上课的书本。另外，我也会在办公室多放几本课本，以后有学生如果忘记带了，能够及时提供给他们。

2.在你上课时，两个学生在传纸条，你怎么办？

【参考答案】首先，在课堂上为了不影响其他学生继续听课，我会先用眼神暗示他们，引起他们的注意，让他们集中精力听课。如果没有引起这两名学生的注意，我会边讲课边不动声色地走到他们的课桌边，用手敲打他们的书桌，提醒他们，让他们专心听课。

其次，下课后我会把他们叫到办公室，了解他们传纸条的原因，并让他们明白传纸条不仅影响自己听课，还会影响其他学生听课，让他们今后注意认真听讲。

最后，我也会对自己的教学进行反思，为什么会有学生课上走神，可以在今后的授课中加入一些活动加强学生的参与，避免此类情况再次发生。

3.假如你正在讲课，突然两位同学在课堂上打起架来，作为老师的你该怎么办？

【参考答案】在班级中，出现同学闹矛盾的情况是非常正常的。在正常的教学过程中，如果遇到学生在课堂上打架，我会保持冷静，妥善地处理此事。

首先，我会请同学帮忙将两人分开，先维持正常的课堂秩序，并对两位同学进行安抚与批评，不管什么原因也不能影响正常的课堂秩序，保证教学的正常进行。

其次，在课下通过询问其他同学，了解他们打架的原因。请打架的两位同学来我的办公室，单独进行沟通，如果是对课堂内容出现了分歧，我会对他俩分别进行教导，可以通过讨论的方式；如果是与课堂内容无关，我会告诫学生，遇到任何事情都要冷静处理，不能通过武力来解决问题，要及时沟通、交流，找到解决问题的方法。

最后，我在平时会多组织些班级活动，增进学生之间的感情与交流，加强班级文化建设，营造良好的教学氛围，避免这类事件再次发生。

五、人际沟通能力问题

人际沟通类考题的出题范围是从事教师工作所必须面对的人际关系，主要是指处理老师和学生、家长、同事、领导的关系。所有的沟通类的问题都要遵循这样的思路：

1. 冷静对待

对待教育教学中出现的人际关系问题，我们首先要做到冷静对待，保持清醒的头脑，避免人际关系进一步恶化。

2. 换位思考

当人际关系出现不理想情况的时候，往往是由于当事人各自站在自己的角度思考问题而产生的，因此，作为教师应该学会换位思考。

3. 多向沟通

矛盾产生的另一个原因是误解，是人和人之间缺乏必要的沟通造成的，这样的问题，只能靠多向沟通才能解决。

4. 认真反思

及时地进行反思，分析事情发生的原因，是否是自身的原因，如教学中的失误，教学管理有失公正等。

5. 扬长弃短

事情解决之后，要总结经验教训，自我反省，在今后的教育教学工作中避免类似的错误。

另外，在处理人际关系的时候，考生还应该了解面对不同对象的沟通技巧。在和学生沟通时要建立平等的师生关系；面对家长时要热情，交谈要细致耐心；对同事要尊重，多请教，注重团队合作，懂得分享；面对组织的决定，要尊重上级的想法，领导有错切勿当众指出，要在合适的时间采用提建议的方式指出。

经典例题

1.有家长到学校找到校长投诉你，认为你教得不好，你会怎么办？

【参考答案】首先，发生这样的事情，我要保持冷静，不能因此影响了教学工作的正常开展。(态度)

其次，既然有家长投诉，一定是我的工作出现了问题，我会分析原因，可能是教学上的问题、管理上的问题或者沟通上不够及时。(原因)

最后，我会主动和家长进行沟通，承认自己工作上的疏忽，并向家长询问是哪里出现了失误，如果确实是我的原因，我会承认错误并致歉；如果不是我的原因，我也会耐心地解释说明情况，请求家长理解。另外我也会主动找校长道歉，并说明真实情况，保证不会再发生类似事情。(化解)

事后，我会深刻反省自己，一方面踏踏实实做好专业教学和班级管理工作，另一方面及时和领导、学生家长进行沟通。

2.你的学生当面指责你不公平，你会怎么办？

【参考答案】学生指责我，一定是我和学生之间的沟通和交流出现了问题，我会先询问原因。我会询问该生为什么会有这种感受，是什么事情让他感受到老师的不公平。认真倾听学生的阐述，并及时用眼神、点头等方式给予回应，形成良性互动。在了解情况后再做出有针对性的判断和对策。如果确实是我的错，即在处理事情时没有兼顾到该生的感受，我会向其道歉，并承诺以后注意自己的方式方法，并体现出一种有了错误积极改正的态度，并请其当我的小小监督员。同时，我也会感谢他能够把心里话告诉老师，能够信任老师，并鼓励学生以后可以随时向老师反映问题。

最后，多多交流。在以后的教学工作中，我会吸取经验，在班级管理和建设中多听取学生的意见；平日细心观察学生的内心变化，以便及时沟通，解决学生内心的疑惑；一切班务活动公开、透明，打造民主团队，建设民主班级，避免此类问题再次发生。

3.你是一名新人，工作非常努力，但是领导认为你工作能力不强，面对这种情况，你会怎么办？

【参考答案】作为一名新人，领导认为我的工作能力不强，一方面可能是出于“高标准、严要求”的考虑，另一方面也是对我日常工作表现的一种评价，我会正确看待领导的意见，进一步完善自己，争取早日得到领导认可。

我会结合自己平日的表现做一次深刻的工作总结，梳理工作中存在的不足。尽管平时我经常向老教师请教学习，但作为新人，谦虚、主动、积极、好学的态度是基本的职业素养。有好的态度但并没有得到认可，说明在学习过程中有很多经验并没能做到学以致用，解决实际工作问题的能力不强，表现出的工作能力也不强。因此，领导的评价与提醒是十分中肯的，我会充分利用这个机会反省自身存在的问题。

在将来的工作中，我会保持积极主动、谦虚好学的态度，并改变自己只重外在、忽视内涵的浮躁学习方式，注重学习效率和实际效果，多实践、多尝试，确保所学内容融会贯通，实实在在地变成自己的工作能力，争取在短时间内有明显的提升。我也会把这些想法以当面或书面汇报的方式向领导报告，感谢领导给我的中肯建议，希望领导能继续监督我接下来的工作情况。

我相信只要保持积极上进的心态、踏实稳健的作风，一步一个脚印做好自己的本职工作，不断完善自己，一定可以赢得领导的信任。

4.学校同事关系比较复杂，新入职的你该怎么办？

【参考答案】如果学校里的同事关系比较复杂，我认为关键还是做好自己。

首先，要做到恭敬谦虚而不刻意逢迎。我会重视自己的礼貌言行，虚心向他人请教，虚心对待别人的意见和建议，但也要避免刻意逢迎。“路遥知马力，日久见人心”，只要认认真真工作，踏踏实实为人，时间久了，再复杂的同事关系也不会影响到自己。

其次，要学会少存城府、心地坦率而又要与同事保持适当距离。新教师往往对新的环境心存顾虑，特别是刚由学生变成老师的新教师，会觉得社会环境深不可测，人际关系捉摸不定。对于我而言，我会保持青年人单纯的心态，少存城府，心地坦率，以简单诚挚的心态去面对复杂的人际关系，既要与同事坦诚相待亲如一家，又要保持适当的距离，尊重他人的习惯、爱好、秘密等。

最后，要坚持谨记、慎言、慎行、明辨的做人原则。面对复杂的同事关系，我会做到慎言慎行，掌握好程度，权衡好利弊，明辨对错是非，说话、办事讲究技巧，同时也要真诚对待同事，切实处理好与同事之间的关系。

六、应变和自我控制能力问题

应变和自我控制类的题多考查考生的教育机智，教育机智的来源有三个：考生具有良好的发散思维、考生具有丰富的教育教学经验、考生具备新课程理念。不难看出，这类问题考查的虽然是考生的临场机智，但是我们通过分析，依然是可以提前准备的。解答这类题可以从以下几个方面进行思考：

01	02	03
对学生要给予充分的尊重	将问题交给学生自己解决，充分发挥学生的潜能	事后反思，总结经验教训

经典例题

1.你正在使用多媒体进行授课，可是教室里突然停电了，你该怎么办？

【参考答案】作为一名教师，应该预设好课堂上可能发生的问题，然后确定教学中的应对措施，尽力保证课堂教学的顺利进行。遇到停电这一突发状况,我会调整好自己的心态,更换教学方式,重新融入课堂。

首先,维持课堂秩序。突然停电会引发学生骚动,我会及时告知学生,虽然停电导致多媒体无法使用,但教学会继续进行,避免学生的注意力受到影响,无法将精力集中到课堂上。

其次,及时调整教学方法,确保教学任务的完成。我会根据我对教材的了解,结合授课经验,对教学方法进行科学的调整。一方面可以通过板书展示,另一方面可以通过提问巩固学生对知识点的理解,并设置课堂讨论激发学生的创造性思维,使本节课的教学在脱离多媒体的情况下,依然能达到课堂气氛活跃、学生参与度高的效果。

最后,增强不断提高教学技能的思想意识。日常教学中,我们常会遇到因不可抗因素导致的突发事件,这就要求我们要具备扎实的教学基本功。如多媒体教学确实能让传统的教学变得生动形象,但绝对不是教师教学的唯一途径。因此,我会在日后的工作中扬长避短,一方面要利用多媒体的优点为课堂教学服务,另一方面也要用坚实的教学技能武装自己,游刃有余地处理课堂上的各种突发事件,让课堂演绎出别样的精彩。

2.新学期开学,你在点名时读错了其中一位学生的姓名,引得全班同学哄堂大笑。作为刚接手新班级的班主任,请问你怎么办?

【参考答案】面对因我念错了学生的名字而引得全班同学哄堂大笑的情况,确实很尴尬。但是,我会快速反应,冷静处理,有效控制课堂秩序,维护教师威严。首先,我会通过"嘘"的手势、双手掌心向下摊平、双手抓拳"收"的手势等肢体动作让学生安静下来,并向被念错了名字的学生道歉,以幽默调侃的方式告诉学生"人外有人,天外有天"的道理,引导学生虚心学习。

其次,鉴于这是我与学生的第一次见面,为了防止再念错学生的名字,我会换一种办法点名:让同学们进行自我介绍,我对着花名册记录核对;或是同桌间相互介绍等。这样一来,学生会感觉很新鲜,认为老师很有创意。

最后,练就扎实的基本功。现在学生的名字都被赋予深刻含义,生僻字较多,为防止以后出现类似情况,我会在接手新班级之前,先看一遍新生花名册,然后借助字典,确保我认识并记住班里每个学生的名字。同时,加强教学反思,不断提升教育机智,灵活有效应对突发状况。

七、时政热点与教育政策

在全国教师招聘考试的面试中,命题"撞车"的情况屡见不鲜,尤其是党的大政方针和教育政策,经常作为题干,在若干个省份的面试真题中同时出现。因此,在面试备考阶段储备相应的教育政策,提升自己对时事热点的敏锐度和关注度,具有一定程度上的真题"预测"效应,是在面试中取得优异分数的前提条件和客观要求。

这类题型的识别标志为:①国家层面已经颁布实施的教育政策、教育法律法规等;②党和政府明确表示提倡、支持、要求的做法、行为等;③各级领导干部的讲话、指示、要求等。

答题思路:

(1)总体认识

开篇点题,阐述一下政策热点所处的环境、背景、形势,之后表达自己所持的态度。

(2)具体分析

通常采取的做法是从原因、影响、意义、价值、对策等方面加以阐述,细化展开。

(3)总结升华

考生联系政策理论,结合自身报考岗位,展望未来方向进行结尾。

经典例题

1. 习近平强调"不忘初心,牢记使命",请问"初心"和"使命"指什么?

【参考答案】习近平总书记在党的十九大报告中明确指出:"中国共产党人的初心和使命,就是为中国人民谋幸福,为中华民族谋复兴。"

中国共产党人的初心和使命是由党的性质和宗旨决定的,既相互联系又相互促进。具体而言,就是实现国家富强、民族振兴和人民幸福。这是中国共产党人最初的梦想、始终的执着、永恒的使命,宣示了我们党始终秉持的初心使命、始终高举的伟大旗帜、始终追求的奋斗目标,必将永远鼓舞中国共产党人奋勇前行。

作为新时代的教师,我们的初心和使命就是教书育人。培养好祖国的下一代,同样是为中国人民谋幸福,为中华民族谋复兴。我们要用高尚的师德、强烈的责任心、温暖的爱心去教育和影响自己的学生,不忘教育初心,牢记教师使命,为中华民族的伟大复兴培养出合格的建设者和接班人。

2. 教育部印发《新时代中小学教师职业行为十项准则》,提出倡导希望,划定基本底线。对此,谈谈你的看法。

【参考答案】《新时代中小学教师职业行为十项准则》的出台是为了深入贯彻落实全国教育大会精神,规范教师行为,明确师德底线,进一步加强师德师风建设,提升我国教师队伍的整体素质。

之所以印发《十项准则》,是因为部分教师放松自我要求,不能认真履行职责,甚至严重违反师德师风,损害了教师队伍整体形象。这也会给学生带来负面的影响,危害到下一代的健康成长。同时,随着新时期社会主义主要矛盾发生了变化,人民群众对教育的需求从"有学上"到"上好学",对教师的素质也提出了更高的要求。

要贯彻落实《十项准则》精神,需要多方主体发挥作用。国家要做好宣传解读,加强监管,定期对各校的落实情况进行抽查,对落实不到位的学校进行相应的惩处。学校要把好教师入口关,强化师德考核,完善师德考核指标体系,对违反师德师风的教师按照《十项准则》的指导意见进行惩处。教师要严格按照《十项准则》的要求从事教书育人的工作,自觉做以德立身、以德立学、以德施教、以德育德的楷模,维护教师职业形象,提振师道尊严。

第三节　答辩的题型及应答策略

教师招聘面试的答辩试题一般由理论性与实践性两类试题构成,与笔试中的论述与案例分析试题有相通之处。两者相比较而言,面试答辩试题一般具有简洁、规范与多元化的特点。教师招聘考试的面试答辩时间一般安排比较紧凑,因此,问题的简洁性就成了面试试题命制的一个主要特点。简洁性指面试答辩问题设置相对较易,不会出现对某专业知识的深入考查,而回答也必须简洁流畅,不需要对专业知识做精深而详尽的阐释。规范性指面试答辩试题的命制一般围绕教育理论、常规教学、教学案例、教育法规等设计。考生也必须围绕上述内容,从教师角度运用专业术语进行作答。多元化指试题的命制具有开放性与多元性的特点,考生在回答问题时可以依据自己对教育理论的理解阐释自己的观点、态度、分析思路及解决对策,只要思路与方向正确即可。面试试题的命制一般不会出现单一性或封闭性问题,因为面试的目的是了解考生是否具有成为一名优秀教师的潜质,因此,教师招聘面试答辩试题往往会给考生更大的空间,使其展示自己优秀的个性品质与素养。

一、岗位匹配性

1. 你的座右铭是什么?

我的座右铭是爱因斯坦的名言:一个人的价值,应该看他贡献什么,而不应该看他取得什么。

当今社会,由于信息的快速传播,加上没有很多好的渠道来引导人们的价值观,使得一些人在社会中迷失了方向,面对纷繁复杂的世界,我经常以此名言来鞭挞和激励自己。

2. 请简单自我介绍一下。

(1)从性格上来说,我是一个活泼开朗、大方乐观的人。

(2)从知识的掌握来说,通过大学三年(四年)的学习,我不仅掌握了扎实的专业基础知识,而且系统地学习了教育学、心理学、教育心理学以及教育法律法规等知识。这对我深刻认识孩子的身心发展规律有着很大的帮助。

(3)从教学实践上来说,从教三年来,所教班级学科考试成绩在全区均名列前茅,所带学生多次在各类竞赛中取得名次。(此实践是针对在职老师的,而应届学生可说家教经验或者兼职经验)

(4)从自我情绪管理上来说,我在业余时间喜欢体育运动,这不仅陶冶了我的情操,还让我能保持旺盛的精力从事教学。

3. 假如这次你没有考上,你怎么办?(陷阱问题,实质考查岗位匹配性)

(1)首先,我会冷静反思自己,或许我在某方面还存在不足,我会找出不足,吸取经验教训提高自己。

(2)但同时,我也会分析自己的优势。我的性格活泼、大方乐观;我大学三年(四年)认真学习了扎实的专业基础知识和教育学、心理学、教育心理学等课程;我有6年教学经验和4年班主任经验。这些对我成为一名优秀的教师至关重要。所以我相信,我即使今年落榜了,明年继续努力,一定能实现我的理想。

4. 有人说干一行爱一行,有人说爱一行才能干一行,你怎么理解呢?

(1)干一行爱一行,这是从敬业精神讲的,说的是要热爱自己的职业,做好自己的本职工作。而爱一行才能干一行,是从人的择业态度来讲的,在自己的兴趣爱好基础上选择自己喜欢的职业。当所从事的工作正是自己喜欢的或者是自己梦想的,就会产生很大的内在动力和热情。

(2)在择业的时候,最好能做到爱一行干一行;选择了一行后,就要踏踏实实地做,这是一个人的职业道德和敬业精神。

(3)选择教师这一职业,我是经过理智、慎重地考虑并分析自己各方面因素后所做的决定,我觉得这是一个正确的选择,与我的职业规划相符,所以我希望自己能爱一行干一行,干一行爱一行。

5. 你是如何看待教师这个职业的?

我认为教师这个职业是高尚而神圣的,这么说一点也不夸张。洛克曾经说过:“人类之所以千差万别,

全在于教育之故。”在先天条件无法改变的情况下，我认为教育是促进人全面发展的一种很好的途径，甚至可以说是唯一的途径。教书育人这个重任就落在教师身上。而我读的是师范类的专业，我也具备了一定的教育教学能力，而且加入教师的行列是我多年以来的强烈愿望。我迫切希望能够成为一名优秀的教师，能够教育热爱、渴望学习的孩子们，为教育事业贡献我的一份力量。同时，我认为教师这个职业也是比较辛苦的。虽然每年有寒暑假，给人的感觉就是这个职业不错。但我想，很多人还不了解教师这个职业。教师每天的工作时长至少是10个小时，而在这10个小时里，教师要备课、上课、批改作业、了解班级情况、了解学生动态等，然后就是对学生进行辅导、交流、谈心、做思想工作，再者就是联系家长，与家长一起分析学生的情况，以期找到一个更加适合学生的管理、教育、促进、提高的方法。所以说教师是比较辛苦的。但教师也是幸福的人，因为教师可以通过自己的言传身教带动更多的人。

二、学科专业知识

1. “课程整合”在语文教学中是如何实施的？

以语文课文教学为出发点，结合社会热点，拓展学生的认识深度，综合政治、历史和地理学科，或图书馆的资料，从新的角度，开发有认识价值的话题，然后以讲座、讨论、辩论等形式开展学生的学习过程，从中体现出综合学科的渗透和运用。如教学《宝玉挨打》，则从宝玉性格坚强和软弱两个方面引申红楼梦的基本倾向；又如教学《祝福》，综合哲学，从存在主义角度解读祥林嫂形象。总之，以语文教学为出发点，综合其他学科，开发具有文化价值的话题，引导学生自主学习。

2. 作为数学教师，你认为让学生学好数学的前提是什么？

我认为必须深入钻研教材，准确地理解教材，驾驭教材。因为呈现在学生面前的教科书不同于一般参考材料或其他一些课外读物，它是按照学科系统性要求，结合学生认知规律，以简练的语言呈现数学知识的。知识结构虽存在，但思维过程被压缩。学生看到的往往都是思维的结果，看不到思维活动的过程，思想、方法更是难以体现。这就需要教师对教材内容的呈现进行精心设计和加工，通过教学实践，体现数学本身那种令人倾倒的丰满的内容，体现思维过程和思想方法。

数学教师不仅要使学生掌握书本上看得见的思维结果，更要让他们参与那些课本上看不见的思维活动过程。我的体会是教师必须熟练地掌握教材。通过教材，使自己先受到启发，把教材的思想内化为自己实实在在的思想，把教材读活。让自己从书本中精练的定义、公式以及叙述等的背后，看到数学本身丰满的内容，找准新知识的生长点，弄清它的形成过程。

因此，教师熟练地掌握教材，把教材读活，是使数学教学成为思维活动教学的前提，也是提高我们教学水平的前提。

3. 作为小学英语教师，你认为如何给小学生上好英语课？

小学生的年龄一般是六至十二岁，属于童年期，正处于心理发展变化的关键时期。在这一时期，儿童的心理变化和大脑思维最活跃。根据儿童时期的特点，我认为在小学英语课上应该做好以下几点：

（1）重视持续培养和激发学生学习英语的浓厚兴趣

在英语教学过程中，要把握好小学生的初步兴趣，这种初步兴趣就是学生在开始学习英语时有一种很强的好奇心，而这种初步兴趣是极不稳定的。作为教师要使学生对学习英语的兴趣持续下去，并升华为热情和爱好，就要在教学活动中下功夫，要懂得童年期的心理特征，要懂得小学生对学习英语的兴趣主要不是来源于英语语言本身,更多的则是源于英语教学活动的形式。如果教师所设计的教学形式不符合小学生的认知规律和心理特征,那么,学生对英语学习的初步兴趣就会丧失殆尽,更谈不上对英语的热情和爱好了。

(2)在教学活动中,要有和谐的语言教学氛围

在课堂上,教师态度要和蔼,平易近人,语言里要流露出安慰和鼓励,这样才能提高学生的学习热情和树立学好英语的信心。任何训斥、讥笑和讽刺都不利于双边活动的开展,还将削弱学生学习英语的积极性。在教学活动中,教师还应该积极地关心、帮助学生,积极引导他们参加集体活动。对有困难的学生更要耐心帮助,同时鼓励他们要互相关心和帮助,使教学活动得以顺利进行。

(3)要重视学生基本技能和学习习惯的培养

在培养技能方面,教师在教学活动中不能灌输大量的语言知识,要充分利用图片、挂图、实物、幻灯片、录音、录像等开展多种形式的英语游戏,参加英语竞赛、表演,学唱英语歌曲等活动,做到寓教于乐,使学生置身于情境之中,使学生的听力、英语的口头表达能力及实际运用英语的能力得到巩固和提高。要重视英语的基础训练,从而使学生获得一些运用英语的基本技能。

在培养习惯方面,教师在开展灵活多样的教学活动的同时,要多为学生创造一些运用英语的语言环境,让学生多听、多说、敢于大胆开口,要体现出学生的主体作用,使学生养成良好的语言习惯。书写也是小学英语教学的主要内容和任务之一,从小学起教师就应当规范学生的书写。为了培养学生养成良好的书写习惯,教师要起到示范的作用,教师自己的书写首先要做到工整和规范,这样才能做到言传身教。

4. 作为一名初中物理教师,你认为物理学科有什么特点?在教学过程中应该注意哪些问题?

初中物理是一门重要且很有难度的学科,必须要举一反三,融会贯通,不能死记公式,要联系实际生活对一些物理知识灵活记忆。物理相对来说要求学生理解的深度比较广,更要多做多练。我觉得,无论哪一门学科,多做多练才是关键。做的题目越多,对这门学科的掌握也就越牢固。

在物理教学中应该注意以下几个问题:

(1)激发学生的学习兴趣。兴趣是灵感的源泉,通过诱导以及运用各种教学手段和教具,诱发学生强烈的求知欲望和正确的学习动机,激发学生浓厚的学习兴趣和高涨的学习热情。

(2)观察能力的培养。观察实验可以使学生了解物理世界丰富的感性知识,激发他们的学习兴趣。

(3)思维能力的培养。初中阶段是思维发展的关键期,对学生思维能力的培养尤为重要,因为它会影响学生高中乃至大学物理的学习和其他学科的学习。

(4)指导学生由"学会"变为"会学"。现代教育不但要教学生学会物理,而且要会学物理,这就要求教师要指导学生掌握科学有效的学习方法和养成良好的学习习惯,使学生学会如何获取新知识,如何解释各种物理问题,做到举一反三。

5. 你认为自己的地理教学有哪些特色?

作为一名刚毕业的学生,我不敢说我的教学多有特色,但是因为我喜欢钻研教学,喜欢制作课件,而且曾多次获过奖,现在,我更愿意在问题设计、材料补充、思维拓展、语言锤炼上花更多的功夫,力求把课上得生动活泼、严谨有序,从而更贴近学生实际与现实社会。另外,我也愿意参与到学生的研究性学习活动中去。我总觉得,对于研究性学习活动的指导,我们教师应该重新学习。今后我希望我的地理教学能够在幽默诙谐中渗透教学智慧。

6. 历史课堂教学中教师应如何处理教材?

对知识性的东西,就让学生自己看,教师可以设计题目让学生在看教材时进行归纳和整理,题目的设计最好能体现教学内容的主要思路和线索,根据学生的回答情况再进行适当的讲解,不必事无巨细地重复教材,这需要教师进行课前或者是课中的诊断。

教师重点讲解结论性知识,讲解如何论从史出,史论结合,同时培养学生的历史思维方法。教师还要讲解知识的内在联系和教材的思路,指导学生学会理解教材,学会学习历史,教会学生学习方法,“今天的教是为了明天的不教”。教师还要讲解教材蕴含的教育思想,培养学生的思想感情,增加学生的情感体验。特别是对于培育和弘扬民族精神,加强学生的思想道德建设具有十分重要的意义。

三、教育综合知识

(一)教育理念

1. 你最尊敬的教育家是谁? 为什么?

我最尊敬的教育家是霍懋征老师。

首先,她不计较得失,是真心爱教育。1943年,霍老师从北京师范大学毕业,作为多次获得奖学金的品学兼优的好学生,本来可以留校工作,但她选择了到北京师范大学第二附属小学(今北京第二实验小学)当一名小学教师。有人曾问起霍老师做了一辈子小学教师,放弃了那么多“高升”的机会,后不后悔时,霍老师坚定地说:“不后悔,因为这里更需要我。”

其次,霍老师是中国第一批特级教师,从教六十多年来,从来没有一个学生掉队。她的名言就是“没有教不好的学生”。她帮助后进生和边远地区学生的很多故事,都被传成佳话。

最后,她奉行活到老、学到老、教到老的信念。退休后,霍老师依然没停止她为教育事业四处奔走的脚步,足迹遍及大江南北。她担任了许多社会职务,对每个职务都尽心尽责。她曾说过,“只有知情,才能出力”,所以她把随政协外出视察、参观、访问、讲学等,都看成是学习调查、掌握情况、了解民意的好机会。在一年的全国两会上,霍老师对中小学生负担过重的情况非常痛心。于是,她一方面直接向教育部部长反映情况,一方面和民进中央妇委会的同志撰写了《为孩子们呼喊》一书,呼吁全社会都来关心孩子们的健康成长。

霍老师这种为教育奉献一生而无怨无悔的精神深深感染和鼓舞着我,所以她是我最尊敬的教育家。

2. 如何爱学生? 如何理解师爱无限?

苏联教育家苏霍姆林斯基说:“教育技巧的全部奥秘就在于如何去爱学生。”怎么爱学生呢? 我认为有以下几个方面:

第一,多观察学生,多接触学生,多了解学生,多换位思考。尊重所有的学生,把他们都当成各具特色的、有待进步的“人”来看待,学会欣赏他们,找出其闪光点,引导他们走上正确的人生之路,让他们知道“天生我材必有用”这个道理。

第二,要把每一个学生都当作是自己的孩子来教。要平等地对待所有的学生,不要让学生的容貌、性别、成绩、家长的职位、家庭的贫富等左右我们对学生的态度、眼神和语气。我们要特别关爱那些贫困生、后进生、有心理障碍或智残的学生,多给予他们温暖,不知疲倦地引导、教育、鼓励和帮助他们。

第三,我们对待学生的爱不能是溺爱。对学生我们不能一切包办,更不能代替,要多给学生们锻炼的机会，真正确立学生的主体地位，绝不能越俎代庖，要培养他们独立自主、坚韧不拔、百折不挠的精神和品质。

第四，我们要用孩子眼中的爱，用他们需要的爱和方式去爱，而不是用成人式的爱去爱学生。学生需要的是朋友式的、平等式的、宽容式的、在玩中交流式的爱。

第五，提高自我修养。有句话说，师高弟子强，所以，作为老师，一定要有高尚的人格和渊博的知识，做学生最好的服务者。同时，还要善于自省，想想自己有哪些地方还需要改进的？怎么做才能更加地完美。每一天都要将自己最精彩的一面呈现给学生。这也是爱学生、赢得学生热爱的好方法。

作为老师，只要你每天用心去与学生交流，每天俯下身子与学生接触，你就一定会聆听到爱的声音！

3. 朱永新先生所谓的“理想的教师”是什么？新时期的我们应该怎样做教师？你觉得一名优秀的教师有哪些特征？

朱永新先生是新教育的奠基人与引领者，他倡导的“理想的教师”的要求比较高（有八条）。

第一，理想的教师，应该是一个胸怀理想、充满激情和诗意的教师。

第二，理想的教师，应该是一个自信、自强、不断挑战自我的教师。

第三，理想的教师，应该是一个善于合作、具有人格魅力的教师。

第四，理想的教师，应该是一个充满爱心、受学生尊敬的教师。

第五，理想的教师，应该是一个追求卓越、富有创新精神的教师。

第六，理想的教师，应该是一个勤于学习、不断充实自我的教师。

第七，理想的教师，应该是一个关注人类的命运、具有社会责任感的教师。

第八，理想的教师，应该是一个坚韧、刚强、不向挫折弯腰的教师。

我觉得做一名教师：

首先，必须有高尚的品德。教师职业的最大特点是培养、塑造新一代，自己的道德品质将直接影响下一代的成长。在教育活动过程中，教师既要把丰富的科学文化知识传授给学生，又要用自己的高尚人格影响学生、感化学生，使学生的身心健康地成长发展。因而教师必须要有高尚的思想境界，纯洁美好的心灵。在工作中，教师要安贫乐教，甘于奉献。必须耐得住寂寞，受得住挫折，将自己的所有精力全身心地投入到教学实践中去，正如著名教育家陶行知所说的“捧得一颗心来，不带半根草去”。

其次，教师对学生要有一颗慈母般的爱心。苏联教育学家苏霍姆林斯基说：“教育的全部技巧在于如何爱学生。”所以，在日常教学中，教师要像母亲一样，无微不至地关心学生、帮助学生，对差生不嫌弃、不歧视，给他们多一点爱，极大地激发学生的积极性，使其在学习上有无穷的力量源泉。

最后，教师要不断更新充实自己。博学多才对一位教师来说相当重要。因为我们是直接面对学生的教育者，学生什么问题都会提出来，而且往往“打破砂锅问到底”。没有广博的知识，就不能很好地解学生之“惑”，传为人之“道”。但知识绝不是处于静止的状态，它在不断地丰富和发展，每时每刻都在发生着量和质的变化，特别是被称作“知识爆炸时代”“数字时代”“互联网时代”的今天。因而，我们这些为师者一定要让自己的知识处于不断更新的状态，跟上时代发展趋势，及时更新教育观念，改革教学内容和方法。否则，你的知识就是一桶死水，终会走向腐化。

4. 你同意“没有不合格的学生，只有不合格的教师”这句话吗？

本句话源于教育家陈鹤琴老先生的名言“没有教不好的学生，只有不会教的老师”，“没有不合格的学生，只有不合格的教师”是从其衍生出的众多“伟辞”中最为著名的一句。

我不完全赞同这句话。这句话说得太过绝对，造成不合格学生的原因有很多，每位学生自身条件和生活环境都是不同的，因此出现不合格的学生老师不能负全责。但是老师对资质不高和成绩不好的学生绝对不能视而不见，听而不闻，任其发展，对待此类学生，老师应该积极帮助学生找到落后的原因，平时多关心、多辅导，尽快帮助学生把成绩赶上来。

5. 你认为高中学生心目中的好班主任形象有哪些？或你最欣赏的班主任是哪一种类型？

（1）爱心。苏霍姆林斯基说："教育技巧的全部奥秘就在于如何去爱学生。"当一个优秀班主任的基础是博大的爱心。爱心又有不同，但都要坚持"三爱"原则："父爱""母爱""友爱"。这三爱在三个年级要有所侧重。高一时，多施"父爱"；高二时，多施"母爱"；高三时，多施"友爱"。优秀班主任必须深刻理解并扮演好这三种角色。

（2）责任心。班主任担任着学生思想道德建设的重要责任。这里的责任不仅仅是指班主任必须承担的德育任务和职责，还指班主任要有关心学生未来发展的责任意识。对学生的教育不仅仅是文化知识的教育，也会让学生学会做人做事、学会合作、学会生存。

（3）奉献精神。我认为班主任就是"导航灯""铺路石"。班主任工作千头万绪，事务繁琐。班主任工作会占去教师一大半的工作时间，花去大部分精力。一位班主任如果真正全身心投入到教育事业中去，就要有无私的奉献精神。

（4）勤奋。要做好班主任工作，就必须从学生的特点和思想出发，只有勤奋才能使自己的工作真正落到实处。这需要做到"三勤"：腿勤——多往班上走；眼勤——多注意观察；嘴勤——多对学生说。

（5）民主。班主任工作的过多"专制"管理会阻碍学生能力的提高。"专制"的班级管理下，班干部的主动性、积极性和工作能力都不会太高，因为现在的学生比以往任何时候都渴望独立和自主，不管他们是否具备独立的能力。班主任过多包办代替，求全责备是绝对不可取的工作方法。因此，班主任要转变思想，敢于放手让学生干部自己管理班级，以培养班内的民主氛围。充分发挥学生的主观能动性。当然，班主任的民主并不是说班主任对班级工作放任自流。在班级管理工作中，班主任要坚持"从学生中来，到学生中去"的原则对班级工作进行宏观调控，主动从班级琐事中解脱出来。

（二）教学组织

1. 为什么学生会偏科？

学生偏科有很多因素，我着重从以下三点来分析：

第一，兴趣。学生因为兴趣爱好不同容易出现偏科现象。

第二，环境。低年级学生容易受周围环境的影响，周围同学经常在一起讨论科目会影响学生对某学科的偏好。

第三，教师。部分学生因为某科教师而出现偏科现象。

2. 只对某些科目有极度兴趣，却对其他科目漠不关心的学生，你会如何辅导？

现代社会迫切需要的是发展全面的复合型人才，所以要求学生要全面发展。对待有"偏科"倾向的学生，教师要培养学生对其他科目的兴趣，培养其良好的学习习惯。学习习惯是在学习过程中经过反复练习形成并发展的，它会成为一种个体需要的自动化学习行为方式。良好的学习习惯，有利于激发学生学习的积极性和主动性；有利于形成学习策略，提高学习效率；有利于培养学生的自主学习能力；有利于培养学生的创新精神和创造能力，使学生终身受益。

3. 请你列举新课程改革倡导的学习方式，并就每一种学习方式加以简单说明。

新课程改革倡导自主学习、合作学习和探究学习的学习方式。

自主学习（意义学习）是相对于被动学习（机械学习、他主学习）而言的。概括地说，自主学习就是“学生自我导向、自我激励、自我监控”的高质量的学习。

合作学习是针对教学条件下学习的组织形式而言的，相对的是“个体学习”与“竞争学习”。合作学习是指学生在小组或团队中为了完成共同的任务，有明确的责任分工的互助性学习。

探究学习（发现学习）则是相对于接受学习而言的。探究学习的特征是从学科领域或现实生活中选择和确定研究主题，在教学中创设一种类似于学术（或科学）研究的情境，通过学生自主、独立地发现问题、实验、操作、调查、信息搜集与处理、表达与交流等探索活动，获得知识、技能，发展情感与态度，特别是探索精神和创新能力。

4. 有人说没有惩罚的教育是不完整的教育，你怎么理解教育惩罚与体罚的度？

刚巧我最近在网上看到关于“教师体罚学生”的评论文章，文章中不乏对教师的恶语攻击，甚至有些家长认为教师体罚学生是禽兽不如的行为。我想，这些家长理解的体罚应该是教师对学生的“打”和“骂”吧。身为一名教师，我不赞成教师打骂学生，但是我觉得在教育过程中，给予学生一定的“惩罚”却是必要的。要想让孩子成长为一个心理健全的人，我们给他们的教育首先就应该是健全的，不仅要让他们享受爱、学会爱，也应该让孩子学会接受惩罚，学会对自己的行为负责。惩罚不等于体罚，惩罚不是目的，惩罚是为了让孩子更坚强，所以我觉得这种说法是有一定道理的。

5. 一堂好课的标准是什么？

叶澜教授在“新基础教育”中，针对“什么样的课是一堂好课”这一问题，概括了以下五个方面：

一是有意义的课，即扎实的课。学生学到了知识，锻炼了能力，在过程中产生了良好的、积极的情感体验，并激发了进一步学习的强烈需求，而且越来越主动地投入到学习中去。

二是有效率的课，即充实的课。首先，对全班学生中的多少有效率，其中包括好的、中等的、有困难的学生都具有不同的效率；其次，是效率的高低，如果没有效率，或者只是对少数学生有效率，这都不能算是一堂好课。

三是有生成性的课，即丰实的课。这样的课不完全是预设的结果，在课堂上有师生之间真实的情感、智慧、思维、能力的投入，尤其思维是相当活跃的，在整个过程中有资源的生成，又有过程的生成。

四是常态下的课，即平实的课。由于长期受公开课的影响，一遇到有人听课，容易出的毛病就多，这样教师很辛苦，学生很兴奋，到了课上变成把准备好的东西背一遍，表演一下。当然课前的准备对于师生的能力提高，也是一个很重要的组成部分，但是课堂有其自身的价值，这一价值在于它是一个公共的空间，在这个空间里，要有相互的讨论、思维的碰撞，在这个过程中，师生思想可以产生许多新的东西。因此，上研究课时，不管听课者的身份有多高，教师要尽量做到旁若无人，因为，你是在为学生上课，不是为听课的人上课。

五是有待完善的课，即真实的课。任何课都不可能是十全十美的，如果是，那么假课的可能性就比较大。真课是值得反思的，需要去重建的。在我们“新基础教育”的课堂教学中，教师上好了课，总是要反思和重建的。

6. 教学是一门技术还是一门艺术?你倾向于哪一种看法?若两者都不同意,请谈谈你的看法。

(1)我认为教学既是一门技术,又是一门艺术。

(2)教师从事的活动就是教书育人。“教书育人”说起来容易做起来难,教书怎么教?拿起教材,照本宣科那是“本本主义”,如果是那样,我们充其量只能做一个“教书匠”。说教学是一门艺术,那是因为它要求教师要有扎实的基本功,有丰富的所授学科的专业知识,掌握一定的教育理论知识等。对于教材里的内容,如何把它挖掘出来,用什么样的方法传授给学生,这些都需要一定的技术含量。相同的内容,有的老师讲的枯燥乏味,学生一听课就想睡觉,而有的老师却幽默风趣,学生听课都很积极,课堂气氛很活跃,这就是艺术。上课讲究方式方法,课堂设计需要我们多动脑筋,尽可能地让我们的课既能达到教学目的,又丰富有趣。

7. 试问教学时如何顾及学生的个别差异?请举例并说明。

(1)遵循教育平等的原则。根据加德纳的多元智力理论,学生的发展是具有个性差异的,要特别注意打破个别“优等生”次次参与,其他学生无从下手,同时也避免过于兼顾“后进生”而挫伤“优等生”的积极性,充分考虑到学生的个别差异,尽可能调动每一位学生的积极性和主动性,采取最适合他们的学习方式和方法,使其在原有的基础上不断进步。

(2)遵循因材施教的教学原则。在教学过程中,针对学生的个别差异和不同的学习能力,可以采取层次和梯度教学。例如,同一个知识点,教师可以设置难易不同的问题,对于接受能力强的学生设置的问题要有难度,有跳跃性;而对于基础知识相对差的学生,在教学中应适当降低难度,同时要耐心细致地引导。

(3)遵循循序渐进的教学原则。学生的身心发展具有阶段性的特征,因此,不可拔苗助长,应依据教育教学规律和学生的生理、心理的个性差异进行有步骤的教育。

(4)遵循尊重、信任与严格要求相结合的原则。教师对待每一位学生都要给予充分的尊重与信任,但必要时,对于学生的错误也必须惩戒。

8. 现代教学的核心理念是民主平等,你认为在教学中要特别尊重学生的哪些学习行为?

现代教育的核心理念是民主平等,这也是新课程改革的教学理念,建立民主平等的师生关系可以说是新课程的一项重大变革。建立民主平等的师生关系,必须以教师与学生在教学中互相尊重为原则,因此从教师的角度来说,以下几项是需要特别注意的:

(1)必须让学生的学习个性得到充分的张扬,每一个人都会有自己的个性,教师要充分尊重学生的个性化学习行为。

(2)教师必须要充分发挥学生的个人特长,学生在学习的过程中肯定会学有所长,教师要帮助学生发掘自己的特长以激起他们学习的兴趣,充分呵护他们的学习积极性。

(3)教师必须以平等的身份出现在学生面前,既是学生学习中的导师,又是和学生一起学习的同伴,要充分理解和关注学生在学习中的困难,以更好地帮助他们解决学习中遇到的问题。当然尊重学生的学习行为还有许多,只有教师放下高高在上的师道尊严,以平等的眼光看待学生,以朋友之心对待学生,在教学中才能特别尊重学生正常有益的学习行为,才会有民主平等的师生关系。

9. 如何开展个性化教学?

(1)个性化教学就是尊重学生个性的教学,必须根据每个学生的个性、兴趣、特长、需要进行施教,即学生需要什么,教师便教授什么,学生完全是一种自主性的学习。

(2)个性化教学应该遵循以下几个原则：

首先，教学前的准备工作应该尽量充足，补充各种材料，采用多媒体教学，尽量适合每个学生的特点。

其次，教学中的师生关系尽量民主，充分发挥学生的创造力，促进学生的个性发展。

再次，教学中的教学方法应尽量采用启发式方法，激发学生主动积极地进行学习，促进个性发挥。

最后，教学后进行经验总结和反思。

10. 如何组织与培养班集体？

班主任对组织和培养班集体负有主要责任，我认为可以从以下几点做起：

第一，提出共同的奋斗目标，可以达到振奋学生精神、鼓舞学生前进、凝聚集体的目的。

第二，选择和培养班干部，建立班集体的领导核心。让学生学会自我管理、自我教育。

第三，培养正确的集体舆论和优良的班风。正确的集体舆论和良好的班风会形成一种巨大的教育力量，对每个成员都有熏陶、感染和制约的作用，在管理班集体的过程中发挥着巨大的作用。

第四，加强对班集体纪律的管理。班级好的纪律有利于学生更好的学习，是提高学生学习成绩的关键，也可以使集体及其成员变得更美好。

第五，组织多样的教育活动。有了集体活动，学生会焕发精神，开阔眼界，增长知识，促进学生才能、特长的发挥和相互的团结。班主任指导学生参加或组织适当的活动是必不可少的。

以上是组织和培养班集体的一些方法，在实际工作中，还可以灵活采用一些别的方法。

11. 初中阶段，如何培养后进生？

(1)培养学生的自尊心。学生的自尊心很强，特别是初中生。初中生正处于青春期，非常敏感。这就要求教师不能歧视后进生，要公平对待所有学生，做到一视同仁，保护好每一位学生的自尊心。

(2)培养学生的自信心。第一，在感受成功中培养自信。大多数后进生由于学习差，往往失去自信，对自己失望。作为教师要培养后进生的自信，让他们感受到自己的成功，在成功中培养自信。第二，取长补短，深入挖掘。虽然后进生学习有困难，但并不是一无是处。后进生往往可能是体育的健将，唱歌、绘画的能手，劳动的标兵……他们的品质往往会比学习好的同学还要好。作为教师，要善于发现后进生的长处，发现他们身上的闪光点，并及时给予表扬，要用他们的长处弥补他们的短处，要想办法挖掘他们的潜能，引导他们把注意力转移到学习上来，从而激发他们学习的积极性和主动性。第三，给后进生创造机会，展示自我。后进生往往会被教师、同学们遗忘。作为一个合格的教师，要时刻把后进生放在心上，要给他们多创造机会，让他们展示自我，培养他们的自信心。第四，教师要有耐心，要给予学生合理的期待。后进生的转变是一个长期的、复杂的过程，有些孩子有很强的韧性。对于他们的教育不是一次就可以成功的，他们可能会反复犯错误。所以，教师要有耐心，应该允许孩子有一定的时间和空间改正错误。

(3)激起学生的上进心。第一，利用集体的力量。后进生往往缺乏的是大家的关心，教师要动员其他同学不能歧视他们，要主动去帮助他们，靠集体的感情去影响这些学生。第二，开展各种有益的活动。每一项活动都为后进生安排一个任务，让他们觉得老师是重视他们的，他们就会更加积极、主动，也让他们在有意义的活动中受到教育。

12. 什么是班级文化？你当班主任后，准备怎样进行班级文化建设？

班级文化是指班级内部的共同的精神、价值观和行为准则等的总和。班级文化包括硬文化和软文化两个层面。

我当班主任后，我将从以下几个方面进行班级文化建设：

(1)“硬文化”的建设：

①注重教室的卫生(扫、保结合)。

②重视教室的布置。

两侧的墙壁可以贴一些字画、人物等(由学生选出)；教室的四角，可以把它安排成自然角、科技角、书法角等；教室前面黑板的上方可以挑选一句整个班级的座右铭；后面的黑板报应经常更换，由学生自己排版、策划；设立温馨提示栏(提醒学生及时增添衣物的天气预报；卫生保健、预防季节传染病的小知识；当日学校活动安排；当天值日学生等)、风采展示窗(本班学生的书法、绘画、剪纸、摄影、手工制作的艺术品；优秀手抄报、优秀文学作品；综合实践活动成果展示，如调查报告、实验报告、访谈录、小发明、小设计、小创意、小点子、小窍门，假期生活掠影等)。

③讲究座位的排列。变“秧田型”为“马蹄型”“面面型”“小组型”等。

(2)“软文化”的建设——创意班级文化活动：

①开展星级创建。

可以开展星级宿舍、星级小组、星级学生创建活动，学生自己动脑筋，想办法，自筹资金，对照标准，自我设计，展开竞赛。这样不仅培养了学生动脑动手能力，培养了学生高尚的审美情趣，也在无形中培养了学生的集体主义观念和荣誉感。

②创建班级微博。

现代社会，网络早已经走进寻常百姓家。而微博便成为张扬个性，展现自我风采的窗口。我将为班级建立“阳光满屋”微博，在上面记录班级和个人成长的历程，问题讨论……让微博成为展现班级形象的窗口。

③“股份制”的班训、班歌、班徽。

在班里开展征集班训、班歌、班徽(班标)活动；给班训、班歌、班徽(班标)各找10条理由。他们是班训、班歌、班徽(班标)真正的“股东”。

④文明袋。

文明袋：上面印有“你丢弃的是垃圾，我捡起的是品质”的塑料袋，学生将其统一挂在课桌的一侧，以保持教室内外的清洁。

⑤知心信箱。

知心信箱：为了给师生情感交流开辟一条绿色通道，班里专设知心信箱。明确告诉学生，在学习上遇到困难需要老师帮助时，对班级管理、教师教学有什么建议时，教师失察或一时失误对自己造成伤害时，成长发育遇到什么小烦恼时，有什么心理疙瘩解不开时，想约教师单独谈一谈时……都可以悄悄地将书信、便条投入信箱，老师一定会选择合适的时间、场合，给你一个满意的答复！老师愿做你的知心朋友，伴你度过美好的学习生活！

⑥自我警示卡。

自我警示卡是统一贴在学生课桌一角的用于自我约束、自我激励、自我警示的小卡片。卡片内容有自己的奋斗目标、竞争对手、座右铭、需要改掉的坏习惯等。

⑦班级功臣席。

比如每周由学生投票，评选出二至三名为班级做出突出贡献的学生，授予“班级功臣”称号。上榜的学生不但要在班会上接受学生们诚挚的祝贺,还要在特殊座位——班级功臣席坐上一周。“今天我因班级而自豪,明天班级因我而骄傲”必将成为学生们的共同心声。

⑧感恩行动。

让学生学会感恩。对父母尽孝心,对同学献爱心,对社会献诚心。

利用父亲节、母亲节、教师节,进行“感谢你,我的父亲(母亲、老师)”专题活动,通过给父母(老师)写信、出专题板报等方式,把自己享受到的父母(老师)无私的爱用文字表达出来。利用同学“生日”献出自己的一片爱心,赠送良言,表达谢意。

⑨开心日记(语典)。

每周2~5篇开心日记,每天审视自己及身边的现象,把最突出的成绩和优点写出来,提高内省力、观察力,每天坚持2~3句开心语典,进行美句(段)的赏析点评,促使学生多看书,多积累知识,不断提高学生的审美能力。

13. 您认为教师的奖金差别越大越好,还是差别越小越好?为什么?

(1)学校管理者为教师颁发奖金的目的是建立一种激励机制,在教师中形成“多劳多得、少劳少得、不劳不得”“鼓励先进、鞭策后进”的良好氛围。这也符合我们社会主义国家按劳分配的基本原则。从这个意义上看奖金拉大是可以的。

(2)中学教育是基础教育,不能等同于其他高等院校、科研机构。因此,要根据一所学校教师的整体素质、经济状况而定,奖金应有差距但不能悬殊太大。

(3)从教师群体的三种类型看(雇佣型、职业型、事业型),在教师收入能保证基本的生活水平的情况下,雇佣型的教师是为了钱而工作,职业型教师是为了拥有这份不错的职业而工作,事业型教师是为了成就一番事业而工作。学校教师大部分属于职业型,一部分属于事业型,我们学校应该鼓励大部分教师从职业型向事业型转化。如果我们把每一个教师的工作都与奖金挂起钩来,就会造成工作是为了挣钱的局面,为奖金斤斤计较,就会使教师向雇佣型转化,短期内可能对工作有促进,时间长了,工作不努力的教师会因为“自己没有努力工作不拿那份奖金”而心安理得,努力工作的教师会产生“自己努力工作就是为了拿几个奖金”的顾虑,对工作产生负面影响。从这个意义上说奖金差距不宜拉大。

14. 如果你教的学生有些比较任性、急躁、不爱学习,你该怎么办?

如果部分学生任性的话,应创造机会多让他们和别人相处,体会周围环境的美与善,感受人与人之间的情感,引导他们多去帮助他人,培养学生的爱心。另外,不爱学习,可能是他们进入了青春期,有叛逆的思想等原因;或许是对学习没有兴趣;再有可能就是他们学习不好,所以比较急躁,想学习好却没有办法。作为老师,我会多和学生沟通,多去了解学生,从而判断出是什么原因造成的。下一步就是采取合适的方法教导培养学生。

15. 在我市的一次教学研讨活动中,一位授课教师的结束语是:“同学们,我们这节课讲完了。”在随后的交流环节中,一位与会者向授课教师提出了这样一个问题:你认为“我们这节课讲完了”和“我们这节课学完了”这两种说法有什么不同?如果你是那位执教老师,你会如何分析这两种不同的说法,如何来回答这个问题?

这两种说法对教学中主体的定位不同。“讲完了”是将教师作为课堂的主体,以教师的讲为主,而学生则是被动的接受者。“学完了”是将学生作为课堂的主体,以学生主动地学为主,教师扮演了指导者的角色,显然,后者更符合新课改的思想。

16.“要给学生一杯水，教师应有一桶水。”这是人们经常提到的一句话。请你谈谈你对这句“至理名言”的认识。如果有必要，请你按照自己的想法对这句话进行改造，重新写一句。

【答案要点一】要想给学生一杯水，教师只有一桶水是不够的，教师应该是流动的水，时时学习，时时更新，这样才能满足学生的需要。

【答案要点二】首先，教师要有足够的水供学生找到水源之前饮用，否则学生就会渴死在半路上。其次，教师要尽快地引领学生找到水源。最后，要让学生掌握最适合自己的取水方法。再说，“弟子不必不如师”“闻道有先后，术业有专攻”，还是教师和学生一起去找那“长流水”比较合适。要给学生一杯水，教师应是长流水。问渠哪得清如许？为有源头活水来。

17. 如何适应教师这个职业？

(1)加强学习，提高自身师德修养。一名好的教师首先要有高尚的师德修养，我们要以优秀的教师为楷模，以身边的师德标兵为榜样，加强学习，努力提升自己的师德水平。

(2)努力过好教学关。进入学校工作对一个青年教师而言意味着你的一个非常重要的任务是参与教学。为过好教学关，青年教师可以从以下几个方面进行努力。

①虚心向老教师、有经验的教师请教和学习。

②要认真对待每一节课，要精心备课，上好每一节课，还要写好教学反思。

③提高驾驭课堂的能力。

(3)处理好人际关系。拥有良好、和谐的人际关系，会给自己的精神带来愉悦，生活带来便利，并为工作获得成功奠定良好的基础。所以，作为青年教师，要从以下三个方面着手建立起自己良好的人际关系。

①学会处理好与领导的关系。青年教师刚踏入工作岗位，最重要的是做好本职工作，但是也要给领导留下一个良好的印象。在工作中要尊重领导，维护领导的威信；服从领导指挥，认真对待领导分配的任务，并尽心完成；对领导有意见，要找合适的时机大胆地向领导提出自己的观点、看法，千万不能在领导背后乱发牢骚，随便议论。

②学会处理好同事之间的关系。要做到谦虚谨慎，为人厚道；尊重同事，相互信任；以诚待人，公平竞争；要宽容大度，切忌嫉妒他人；不要搬弄是非，私下议论同事；荣誉面前要多谦让，物质利益不计较。

③处理好与学生之间的关系。要热爱、关心和帮助学生；对学生要做到一视同仁，绝不偏袒优等生，而歧视或排斥后进生；全面深入了解学生，深化与学生的情感沟通交流；对学生多一些宽容和理解，多表扬、鼓励学生。

18. 你怎样认识集体备课制？它有优势吗？

教师集体备课是以教研组为单位，组织教师开展集体研读课程标准和教材、分析学情、制订学科教学计划、分解备课任务、审定备课提纲、反馈教学实践信息等的一系列活动。

优点：防止教师偷懒，提高教师教学主动性；减少教师个人的一些违规举动；提高资源配置效率，密切教师之间的关系，有利于互相提高教学水平。

19. 你平常看的教育教学类的书籍和杂志有哪些？

(1)苏霍姆林斯基：《给教师的建议》。

苏霍姆林斯基是一位具有30多年教育实践经验的教育理论家。为了解决中小学教学的实际问题，切实提高教育教学质量，他专为中小学教师写了一本《给教师的一百条建议》。译者根据我国的情况和需要，选择了《给教师的一百条建议》的精华部分，另从苏氏的其他著作里选译了有益于教师开阔眼界、提高水平的精彩条目作为补充，全书仍有一百条，改称《给教师的建议》。书中每条谈一个问题，既有生动的实际事例，又有精辟的理论分析。文字深入浅出，通顺流畅，具有很强的可读性。

(2)(美)海姆·G·吉诺特:《老师怎样和学生说话》。

老师和父母一样，都需要高水准的交流能力。聪明的老师对自己的用语非常敏感。他知道，学生获得多少知识有赖于老师教学的风格。因此，他能够善解人意，在对话中传达出对孩子的尊重和理解。他能够敏锐地感觉到哪些交流方式不利于孩子的成长。

(3)(美)蔡真妮:《用尊重成就孩子的一生:向美国父母学习不一样的教育》。

为什么很多在美国长大的孩子总是充满自信与快乐，独立、有主见又坚强？为什么他们健康、阳光又富于创造力？……旅美作家蔡真妮深入美国社会并在美国生活多年，养育了三个从学龄前到高中生不同年龄段的孩子，她结合自己三个孩子的养育经历，以及发生在身边的美国家庭和学校里感人有趣的故事，用生动幽默的语言向我们揭示出美国素质教育的核心理念——尊重、接纳与爱，同时，也令我们深刻领悟到家庭教育的真谛——用尊重成就孩子的一生！

作者出国前曾经在中国从事教育工作，对国内的教育现状和父母在培养孩子问题上的迷茫有较深的感受和理解。书中在介绍美国先进的教育理念和经验的同时，也从比较教育的角度，深入浅出地探讨了不同的文化背景和教育体制带给中美教育的差异，从家长的角度提出了弥补不足、缩小差距的方法与措施，具有较强的启发性和可借鉴性。书中的理念和经验能满足各年龄段、不同性别孩子的家庭需要，尤其适合0~18岁孩子的父母和教育工作者阅读。

(4)朱永新:《我的教育理想》。

(5)王晓援:《给新教师的50个忠告》。

笔者长期在学校从事教育教学工作，目睹了一批又一批新教师的“职业磨合”过程，深感他们太需要得到从学校实际工作出发的系统帮助与指导了。本书就是基于这种考虑而编写的。

本书共从四个方面对新教师提出了职业忠告，涉及教学工作、班主任工作、与学生监护人的交往和校内人际关系的处理，涵盖了中小学新教师进入学校后遇到的绝大多数问题。

本书的最大特点是，闪耀着先进人文教育思想的光辉——尊重和保障学生权利。它贯穿在对新教师教育教学行为的忠告之中。其实，不仅是新教师，就是老教师，又何尝不会从中受益呢?

作者介绍赏识教育是教孩子“学说话、学走路”的教育。教孩子“学说话、学走路”的过程，蕴含了世界上最快乐、最有效的教育奥秘，那就是所有父母百分之百地相信自己的孩子行，承认差异、允许失败，只问播种、不问收获，只求付出、不求回报的无私的爱！它是一种积极的心态，更是一种坚定的信念。正是这种爱让每个孩子学说话、学走路时都处在一种快乐、幸福的天才状态。赏识教育就是要将这种爱延续到孩子成长的一生，普及到成人的工作和生活中去，让我们的生活变得更加美好。

赏识教育是最神奇又最普通、最新鲜又最古老的，是每个父母本来就拥有，却没有发现，本来就使用过，却无意中遗忘的教育宝藏，是人性化、人文化的家庭素质教育法宝。

本书分五部分：第一部分，尽快适应教学工作的需要；第二部分，努力做好班主任工作；第三部分，学会与学生监护人交往；第四部分，正确处理校内人际关系；第五部分，新教师应当注意的几个基本问题。

(6)杂志:《中学课程资源》《中学教学参考》《河南教育》。

20. 如何让学生喜欢上学?

首先,要培养学生对学习知识的兴趣,让学生感受到学习知识的快乐。

其次,要帮助学生找到有效的学习方法,将学习方法由被动学习转变为主动探究,学生主动地去学习才能成为学习的主人,才能喜欢上学。

最后,要创设民主和谐的学习环境,让学生在良好的环境中学习和进步。

21. 怎样培养班级干部并做好班级管理?

班干部是班级中最宝贵的财富,是班主任工作的有力臂膀。培养一批积极向上、以身作则又有能力为集体热心做事的小干部,对优秀班集体的形成起着相当大的作用。培养班级干部可以从以下几个方面入手:

第一,要慧眼识珠,选拔优秀的班级干部。

班主任选拔班干部要秉承民主选举和自我推荐相结合的原则,选拔的班干部要有强烈的责任心,同时又能够为同学办事,在学生中拥有良好的人际关系。确定班干部人选之后要明确责任,对他们进行分工,鼓励他们以身作则,为开展工作打下基础。

第二,培养班干部的责任心和自信心,加强对班干部的管理能力的指导。

对于一些刚上任的班干部没有管理经验,有时工作安排不合理,导致学生不服从安排,这时班主任要有耐心地指导学生,让他们学会管理。同时也要帮助班干部树立威信,使其尽快进入角色,拥有强烈的责任心和自信心。

第三,班级干部要轮换任用。

班级干部肩负光荣的职责,学生以当班干部为荣。为了使更多的学生得到锻炼,使班级领导核心保持朝气活力,班主任应该广泛征求学生意见,发掘优秀学生担任班干部,做到优用劣汰。

22. 你最希望你班上的学生有怎样的个性品质? 你将如何培养?

(1)诚实善良。我希望学生拥有一颗诚实善良的心,这是做人的根本所在。我会通过一些故事给学生讲解诚实和谎言、善良与凶恶的人性特征,让学生向那些与人为善、善良可爱的人们学习。

(2)尊重。我希望学生学会的品质还有尊重他人、孝敬父母、关心同学、与别人分享自己的快乐、做一个受人欢迎的好孩子。我会以身作则,在平时做好学生的榜样,尊重每一位学生,让学生在民主的环境中成长,学会尊重。

(3)感恩。我希望学生是一个懂得感恩的人,而不是一个自私的人。懂得感激父母的养育之恩,懂得感谢朋友的感怀和老师的培养。我会举办以"感恩"为主题的讲座,给学生讲述感恩的故事。

我还希望学生拥有一颗热爱世界的心,希望他们热爱学习,关心他人,自信而独立,长大以后能成为一名对社会有益的人才。

23. 班级中若有身份特殊的学生,请问你要如何管理?

我认为对待身份特殊的学生,一是应该一视同仁、平等以待。教师应该遵循学生之间一律平等的原则,对待每一位学生都一视同仁,公平公正的对待所有学生。身份特殊的学生也是普通学生中的一员,教师应该像管理其他学生一样,平等以待,而不宜过分关心或冷落。二是具体情况具体对待。教师应该了解学生的身份和背景,如回族学生多信仰伊斯兰教,教师应尊重其民族习惯和宗教信仰,如果学生不愿暴露自己的身份,教师应帮其保守秘密。

24. 常言道:预防重于治疗。简述如何才能在早期发现学生问题并防患于未然。

教师如果想在早期发现学生问题并防患于未然,第一,一定要拥有一颗敏锐的心,能够及时发现问题。第二,要了解学生,了解学生的个性和兴趣爱好,在发现问题之后能够耐心地与学生交流沟通。第三,应该在日常生活中,与学生交朋友,用坦诚的态度与他们交往,以诚待人才能获得学生的信任。学生在遇到问题时才会放心地与老师沟通,寻求帮助。

25. 当你接一个新的班级时,请问你将如何塑造班级特色,以提高学生的学习兴趣?

接手新班级,在营造班级特色方面,班主任应和其他老师一起通力合作,努力挖掘资源优势,提高主题环境创设的有效性。我们应该认识到:环境的创设离不开资源的形成,离不开家长的支持与配合,离不开教师间的亲密合作,更离不开学生的积极参与。班级内老师对工作的执着和热情及相互合作是班级健康发展的有利因素,同时,学生的参与性、学生的互动性也发挥着不可缺少的作用。

人是教育的核心和精髓。确信全体师生都有不断发展的动机和潜能,能建立和谐的人际关系,创设和谐的教育和管理环境,最大限度地满足师生的合理需求,尊重人、服务人、发展人,帮助教师实现自我价值,促进学生成人、成才。要达成预期的班级办学目标,教师面临着艰巨的任务,营造班级特色,我认为可概括为以下几个方面。

(1)人本民主,构建科学规范的行为准则

管理需要制度,以规范师生的具体行为。而名校的塑造更需将制度条文升华为制度文化,注重内心自律,引导师生高尚的道德、精神追求与价值观取向。

①完善人本化的班级制度体系。在制订、修改班级制度建设时,把尊重生命和促进人的发展放在首位;实施制度时既要确保班级内部良好的秩序,又要兼顾个体差异,满足人的多元化需求。

②创新集团化的班级管理模式。发挥班级优势,调动内部成员积极性,满足学生、家长、社会的需求。

③构建民主化的和谐班级氛围。充分发挥学生的主人翁精神参与班级的民主管理。宽容尊重、合作竞争,在课堂教学、师生交往的各个环节中,营造和谐民主的氛围。

(2)自主实践,为学生终身发展奠基

坚持以“自我管理、自我服务、自我教育”为宗旨,全面提升学生的综合素质,塑造高尚健全的人格,帮助每一个学生成人、成才。

(3)提高学生自我管理能力

强化值周班级的管理和示范作用,提高学生自治管理的效能。组织文明督导队,加强学生文明礼仪教育和行为规范养成的自我管理、教育,关怀特异学生,促进学生在仪表、言行、纪律、卫生等方面的不断进步。

(4)培养学生自我服务意识

以健康丰富的艺术、体育、科技、读书等活动为载体,开展舞蹈、合唱、美术等活动,帮助学生凸显特长,促进其潜能发挥,为每位学生提供获得成功体验的机会,努力创设健康高雅、生动活泼的班级文化氛围。

(5)构建学生自我教育体系

以“安全——绿色——健康”为主线,开展安全教育、绿色教育和健康教育。

安全教育:通过各种途径,教育学生尊重与珍惜生命的价值,学会自我化解压力,树立积极、健康的生命观;通过防火防盗、交通、饮食卫生、人际交往、体育锻炼、集体活动等方面的安全教育,使学生学会自我防范,预防事故的发生。

绿色教育:以课堂渗透为主渠道,通过校园活动、社区服务等活动,使学生自觉参与学校环境教育、人与自然的和谐教育,渗透可持续发展的知识、技能、态度、情感、价值观和道德行为。

健康教育:实施学生营养干预,倡导合理营养和平衡膳食,指导正确的生活方式,以学生带动家庭,以家庭辐射社区,促进健康意识在社区群体中的普及。

四、课堂应变

1. 有一天,你上课的时候,学生向你提出了一个你也不知道怎么解答的问题,你准备怎么办?

我会告诉他们我不太清楚。如果有条件我会和学生一起寻找答案,顺便教他们学习的方法,若没法立刻解决,我会查找答案后告诉他们,或告诉他们到哪里去找,也许有些学生会去查找,并很自豪地告诉其他同学,以后遇到问题他们就会争先恐后地去解决,一举两得。

2. 你在上课时,发现一位学生趴在桌子上睡着了,你会怎么处理? 为什么?

(1)有意碰他一下,而不应该让他察觉。

(2)教师可以找一个机会,在不影响其他学生的情况下,走到学生旁边,用手拍一拍他的肩膀,等他抬起头后,仍然把手掌停在他的肩上,问一些令学生可以接受的问题,如"你不舒服吗? 没关系吧?"然后用关切的目光看着他。因为这样做学生从感觉与感情上都会比较舒服,认为老师重视他,从而就不会反抗,也不会有任何紧张、厌恶的表情,他可能会找一个借口,但这不重要,因为学生已经体会到老师的关心,老师的信息也已经成功地传达给了学生,可以说目的已经达到。

3. 假如你班上发现一例禽流感病例,你将如何处理?

如果发现禽流感病例,首先,我会报告上级领导,然后,通知学生的家长,在迅速做完这两件事之后,告知学生实际情况,并对他进行鼓励与心理安慰,之后马上带学生就近找医院治疗。在安排好患病学生之后,我会返回学校,跟领导商量是否对其他学生进行传染病检查。

4. 如果学生当面指责你,你会如何处理?

作为教师遇到这样的情况千万不要急,急了就会乱,乱了就会有失方寸。我个人认为不要当面激化矛盾,面子重要,我们的修养更重要。对于学生来说,教师的言行直接影响以后的工作,面对学生,我们如何有效地进行交流是一门艺术。

首先,我会弄清楚学生为什么会有这样的态度,是我的原因还是有什么误会。

其次,不管是谁的原因都不要因觉得丢脸而打骂学生,接着分析原因,如果是我的错,我要表示在以后的工作中改变方式方法,但学生可以私下找我谈,而不是采用这种过激的方式。

最后,教师要明白正因为不成熟,他们才叫学生,正因为是学生,他们才会犯错误,我们不能用成人的眼光看待孩子,教师是教育者,正因为学生的不成熟才需要我们这些教育者的帮助。

5. 如果学生在课堂上故意刁难,你该如何应对?

现在的学生很叛逆,不会轻易听从和佩服教师,尤其是刚走上讲台的年轻教师,他们就会故意刁难,这对年轻教师提出了挑战。要想应对这样的挑战,就要求年轻教师有过硬的专业知识,对于知识上的问题,不轻易被难倒。但任何教师都会有自己不明白的问题,尤其是如今这样一个信息爆炸的时代,这就要求我们做一个聪明的教师,冷静思考,巧妙处理。面对故意刁难的学生,首先不可以正面回击,不可以着急,先冷处理一段时间,然后面对故意刁难自己的学生,甚至可以告诉他"老师需要你的支持和帮助,正像你需要别人的支持与帮助一样”,用真诚打动他,并在今后的日子里逐步树立威信!

6. 上课铃响了,你走进教室,班里还是一团糟。这时你会怎么办?

这很正常,没有必要动怒。我会径直走上讲台,宣布上课,如果学生还在下面议论纷纷,想必是在上一堂课或课间活动时发生了什么事,这时我会沉默地注视他们,用安静来提醒他们上课。接着我会讲一个简短的小故事或小笑话,对课程做一个精彩的导入,把他们的注意力引到课堂上来。

7. 当你上课时发现你的小黑板上画着一只乌龟和一些花,你会怎么办?

绝对不可以动怒,我会一笑了之,然后擦掉,那个学生自己也会觉得自己很无趣。

8. 你组织学生进行一次户外活动,有个同学突然中暑,你怎么处理?

将这名学生迅速地撤离,抬到阴凉通风的地方,用温水给他擦身,给他喝含盐的温开水。

如果情况严重的话,及时叫救护车,并通知学生家长和校领导。

处理中暑同学时,安排班长组织其他学生休息。

五、人际交往

1. 如何与不同类型的家长沟通?建立怎样一种家校合作方式比较好?

第一,尊重家长是沟通的第一原则,也是老师基本素质的体现。

第二,应重视沟通方式,通常情况下对学生的评价要先扬后抑,让家长在心理上有一个适应过程。

第三,老师与家长联系沟通时要有理性的意识。家长的类型非常多,其知识结构、职业类别、性格气质、修养程度等都参差不齐,没有哪一种教育方法是万能的,某种方法可能在这个家庭有效,但到另外一家就不灵了。班主任应对学生家庭进行调查分析,对家长的文化水平、职业状况、年龄、家教思想、家庭关系等做到心中有数。在与家长沟通的过程中,尽量做到有针对性和实效性。对于粗暴型家长,班主任需说学生优点,旁敲侧击其缺点;对于冷漠型家长,教师需先说学生缺点,让家长关注,转变其态度。

2. 伴随着网络的普及,“网络成瘾症”成为当前青少年一种新的精神疾病。调查显示,我国青少年“网络成瘾症”的发病率高达15%。假如你的邻居家的孩子是一个网瘾少年,你的邻居向你讨教。你作为一名教师,会告诉他们哪些挽救网瘾少年的好办法?

(1)跟家长一起分析孩子上网成瘾的原因。

(2)建议家长尊重孩子,不要采用训斥、打骂的教育方式。

(3)建议家长注意跟孩子沟通谈心,多鼓励表扬,少指责埋怨。

(4)建议家长创造温馨和睦的家庭环境,让孩子感受家的温暖和爸妈的疼爱。

(5)建议家长疏堵结合,对孩子上网时间有所限制,引导孩子浏览健康有益的内容。

(6)如果孩子上网已经成为比较严重的精神疾病,建议通过药物或请心理医生指导治疗。

3. 七年级学生张强,父母离异,远离同学的交往圈子,喜欢独来独往,不愿参加集体活动,他的性格有什么缺陷?你将怎样帮助他纠正?

性格缺陷:自卑、孤独、封闭、不合群。

我会采取以下措施帮助他纠正:

(1)个别面谈:常与张强个别面谈,以全面了解其心理状况、问题行为产生的心理原因,并与张强共同制订计划以改善目前的情况。鼓励他多与人交谈,做到有话就说,有事就谈,做自己感兴趣的事,多与老师交

谈,说出自己的心里话,并为他制订出改变胆怯心理的计划。

(2)与家长联系:通过家访、电话联系、家长到校面谈等多种方式,了解张强的家庭情况及表现,并与家长沟通,共同商讨解决办法。

(3)写观察日记:鼓励张强养成经常写日记的习惯,把每日所想所见记下,除了为了解张强的行踪、想法作辅导参考之外,还要鼓励张强经常审视自己的日记,以增进自我认识。

(4)自我接纳:要求张强每天必须照两次镜子,仔细观察自己的模样,逐渐接纳自己,消除自卑感。

(5)组织丰富多彩的集体活动:安排张强参加集体活动,担任一定的角色,加深与同学的友谊。

(6)阅读指导:给张强介绍各类有益增进自我认识、充实知识、沟通技巧、人际关系的书籍,并耐心指导。

(7)创造课堂发言的机会:上课时教师引导他回答问题,多给他说话的机会,只要他稍微有一点进步,及时给予肯定、表扬,增强他的信心。

(8)引导交友:教师介绍班上性格外向、活跃、学习成绩好的同学和他交朋友,让他们互相交谈,共同商讨克服胆怯的办法。

4. 有一天,一个女生交给你一封信。信是本班一个喜欢这个女生的男生写的。你作为班主任,怎样处理这件事?

(1)冷处理,不扩张。

(2)告诉女生,淡然地处理这件事,只当没有发生过。

(3)悄悄地告诉男生:橄榄果没熟的时候采摘下来也是苦涩的。青春期的萌动是正常的,老师能理解。喜欢一个人就把她放在心里,别干扰了别人的正常生活。

5. 一个班级,好的班风、学风很重要。它需要全体任课教师的共同努力。作为班主任,你准备怎么团结班级任课教师?

第一,主动联系任课教师,协助任课教师处理教学中出现的问题,建立了解与信任。

在任课教师面前,我要先当学生,在班级制度的制订、班干部的人选、学习方式的组织上,要尽量征求任课教师的意见,在各方意见的基础上,寻求最佳的方案。在交流过程中,我不仅可以巧妙地让任课教师掌握班级情况,还可以了解任课教师的一些想法、做法,为更好地合作奠定基础。而且,通过主动交流,也让任课教师了解作为班主任的我的处事态度、管理方法。在充分了解的基础上,任课教师会给我提出很多有价值的经验和做法。同时我们也应主动协助任课教师处理教学中出现的问题。对于任课教师在自己课上和科内的学生问题,我要及时地调查了解,掌握第一手材料,协助任课教师解决这些难题。通过这些,与任课教师建立信任。

第二,建立定期会面机制,积极主动地互通情况,形成一个高效的教育集体。

为了使任课教师了解学生,我们要主动地向任课教师介绍本班学生的情况和存在的问题,注意听取他们对学生的看法和意见,及时向任课教师反映学生的意见和要求等。我认为,交流的方式可以有如下三种:一是特意找任课教师,如到他的办公室,了解学生的阶段性的学习成绩并对学生的问题进行探讨或针对某一学生的该科学习情况进行专门探讨;二是有意地找任课教师闲聊,如上班、下班路上,主动打招呼,可聊学生也可聊家常,以便拉近与任课教师的距离,并了解任课教师的一些教育理念和教育方法,以求更好地合作;三是全体任课教师一月一聚,畅谈班级的管理思路及交流个别重点学生的不同教育教学方法,以便使任课教师之间互相了解,对学生的教育能够互通,形成教育合力。

第三，协调一致，统一要求，帮助任课教师建立威信。

班主任和任课教师，在管理的过程中要协调一致、统一要求。班主任要了解各科的具体规定和要求；任课教师也要了解班级规定。大家都有意识地统一要求、统一执行。

另外，作为班主任，有时可能会碰到个别学生对某个任课教师有意见和不满，那么班主任就要在维护任课教师应有威信的前提下，正确引导学生一分为二地评价任课教师，积极主动地宣传任课教师的长处和劳动成果，使学生对他们产生敬佩之情。同时，要通过合适的方式帮助任课教师改正不足，以树立其在学生心中的良好形象。

6. 学生李某比较调皮，经常惹是生非。对他的教育，家长也不大配合。作为班主任，你准备怎么办？

对学生：(1)了解其究竟喜欢什么生活后，因势利导，“知之者不如好之者，好之者不如乐之者”，从而逐渐培养其学习的兴趣。(2)充分发挥群体的力量，利用同学的帮助。(3)尝试发现他的优点，积极鼓励，让其在群体中有成功的喜悦感。

对家长：(1)首先要了解家长为什么会不配合，是家长宠爱孩子，还是对老师的工作不理解，有误会，或者是家长的文化水平素质的问题，要善于观察，抓住他的关注点，然后引入话题，多说些他喜欢听的话，以后他就会慢慢把你当朋友，而你的工作就可以更好地开展。动之以情，晓之以理。(2)尝试利用三结合教育，或者请对学生家长或对学生有影响力的人配合。

7. 苏亮的考试成绩不理想，他伤心地哭了，作为教师你会怎么办？

(1)安慰他，并告诉他，他的“伤心”老师特别在意，说明他有上进心和强烈的自尊心；明确表示努力一定会进步。

(2)与他一起查找没有考好的原因，帮助他树立信心，制订计划，落实措施。

(3)找他的好友协助工作，安抚他。

(4)临时干扰。用其他事转移他的注意力。

(5)与家长沟通，请求其配合疏导。

8. 一位老师布置了这样一道作文题：让学生谈谈自己的心里话。有一个孩子的父母离异了，这给他的心底留下了一道阴影和许多的痛苦。这个学生写的文章很打动人，文笔也不错。老师没征求学生的意见，就在班上读了这篇“范文”。几天后，这位同学却在日记中表达了对老师这种做法的不满。如果你是那位老师，应该如何去分析和处理这件事？

(1)因为涉及隐私，在没有征求学生意见的情况下，就在班上读了这篇“范文”，这是对学生隐私的不尊重，会伤害该学生的自尊心。即使作为范文，也当匿名或假借为其他报刊文章。

(2)处理方法：找一个适当的时间、地点，对自己的不当行为表示歉意，检讨自己，表示以后会尊重其人格和隐私，慎重处理类似文章。

9. 如何避免师生冲突？

第一，教师要牢固树立新型的学生观、教育观，师生思想要和谐统一，又要规范严格，建构良好的师生关系。

第二，教师要学会扮演多种角色。作为教师不仅是教育工作者，而且还充当着“领导者”“灵魂工程师”“心理医生”“纪律执行者”“青少年的知己朋友”等角色。如果教师能够很好地认识到自己应扮演的角色，师生冲突的结果将转化为教育结果。

第三，善用沟通技巧。面对桀骜不驯的学生，教师一定要讲求沟通技巧，说不定经过几次的诚信交谈，原先对立的师生关系就变得和谐了。

10. 对班上捣蛋、屡劝不听、不守规矩的学生，你如何处理？

对待“坏学生”要有与众不同的方法，曾经记得一位颇有经验的班主任总结出了对付这类学生的奇招，我觉得非常有用，值得借鉴。

(1)不要围着“坏学生”团团转，有时甚至要故意冷落他们。“坏学生”之所以在班上捣蛋，很多时候就是为了引起老师的注意，老师可以适当地故意冷落他们，对他们的捣蛋行为视而不见，这时他们就会失去捣蛋的兴趣了。

(2)借别人(包括家长)的力量来改变他们。教师的力量是渺小的，有时需要和家长联系起来，共同为学生的改变而努力。

(3)让小事升级为大事，然后借题发挥。有时教师可以通过“借题发挥”来帮助学生改变不好的习惯。

(4)不要动不动就打电话请家长。“请家长”是教师对付“坏学生”惯用的一招，而次数多了结果就是家长不再重视，“坏学生”也不以为然了。

(5)让他们为自己的过错付出相应的代价。教师需要懂得心理学的知识，心理学认为如果想改变人的某些行为，需要在该行为发生时进行惩罚，在相反的行为发生时进行鼓励和表扬。在“坏学生”做错事时要给予惩罚，让他们认识到错误，努力改正错误，这样才能有所进步。

(6)要给“坏学生”留点面子。“坏学生”也会爱面子，教师也要尊重他们，在他们犯错时要维护他们的尊严，给他们改正错误的机会，教育是为了避免人走向错误的，要以宽容之心对待每一个“坏学生”，因为也许不久他们就会变成一个好学生。

11. 如何处理有矛盾的两个学生？

当学生发生冲突时，教师要稳定自己的情绪，不要不分青红皂白地将学生批评一通，因为你的处理方式将直接影响到学生。学生往往会模仿老师的方法来处理问题。而且，对于未曾了解清楚、未能把握全过程的事情，教师切忌急于下定论，造成“错案”。当学生之间发生矛盾或冲突时，教师应该及时到场，向当事人询问事情的前因后果，有时也可以从旁观的学生那里得到信息。然后应该让当事人双方冷静下来，并且回避其他同学，以免激化矛盾。在学生冷静后，让学生先反省，先谈自己的过失。因为孩子大多开口就会说“他怎样怎样”把责任推在别人身上。让学生说说自己，使他自己意识到在矛盾中自己应负的责任，然后引导学生主动承认错误、主动地向对方表示歉意，化解双方的矛盾。

12. 当学生发生情绪困扰时，你的反应是什么？

学生发生情绪困扰我会认为非常正常，因为学生也是人，人都会有情绪的波动，喜怒哀乐是人之常情。但是如何帮助学生走出情绪困扰，这是一个教师需要考虑的事情。我觉得应该以诚恳的态度和学生谈话，以心换心才能获得他的信任，学生才能对教师敞开心扉。这时教师不能以一位训导者的角色与学生交谈，而要变成一位心理咨询师，以平等而宽容的态度对待学生的问题，运用教师的智慧帮助他走出苦恼，同时也要替他保守秘密，与他一同成长。

13. 作为班主任，发现班上学生身体上有伤痕，疑似家庭暴力所致，你会如何处理？

如果遇到此类情况，我认为首先要与学生交流，确定是否为家庭暴力所致。如果得到确认，应该及时与家长联系，向家长提出抗议，向其讲解《未成年人保护法》，让家长了解对未成年人实施家庭暴力是违法的，并监督其改正。如果家长一意孤行，拒绝教师的合理要求，为了保护学生可以寻求社会机构或警方协助解决。

14. 一位教师请教你：你们说不可以体罚班上冥顽不灵的学生，可是不打根本管不动。身为同事的你会给他什么建议？

我会给他两条建议：

一是惩罚要适度，对待班级中经常扰乱课堂秩序的学生，可以给予适当的惩罚，但要注重方式。体罚是违反《中华人民共和国教师法》的，因此不能使用。可以采取其他方法，但方法要适度。

二是罚后安抚。在惩罚过后，一定要记得安抚学生，鼓励其积极学习，不断进步。

15. 近几年来，“留守学生”越来越引起人们的关注。由于家庭教育缺位，父爱母爱缺失，沟通交流缺少，有效监护缺乏，使得“留守学生”的情感、心理、生活、学习乃至人格方面出现了多个问题，影响了他们的健康成长。作为班主任，你将如何对待本班的“留守学生”？

(1)建立留守生专档和联系卡制度，做好家校沟通。

(2)建立帮扶助学机制，指导师生、生生互助活动。

(3)利用班会时间，对学生进行理想、前途、法制教育。

(4)树立班级理财“小专家”典范，指导学生学会节俭。

(5)开展形式多样的活动，让留守学生切实感受到学校大家庭的温暖。

(6)建立督导评估和表彰体制，激励、引导学生积极上进。

六、计划组织、管理协调类

1. 校长委托你组织一次夏令营活动，你怎么开展工作？

做好活动前工作：确定活动主题，就此主题写一篇宣传稿，说明活动时间、地点、活动内容、注意事项等问题。组织报名，记录报名情况。在活动人员中选取能力较高的作为小组长，负责协助组织活动。

活动中，在小组长的帮助下，按照行程安排有序进行，保证学生安全。

活动后，对活动进行总结。

2. 新学期领导调你到一个双差班去当班主任，你怎么办？

学校领导调我到双差班当班主任，是对我能力的信任，我一定会尽最大努力扭转班级情况。

双差班就是学习成绩和班风都较差的班级。我认为，学生可塑性强，任何事物的发展都是有规律可循的，双差班的治理同样如此，我相信通过努力双差班是完全可以转变的。

第一，了解班级的基本情况，包括班级人数、学生性格特征、学生学习情况及家庭情况等。

第二，诊断找出差的原因。可能是原来的老师面临退休，放松了对学生的要求，也可能是班级中独生子女多，在家养成了娇气、任性的坏习惯，还可能是不爱学习、不遵守纪律等原因。通过诊断为如何开展工作指明方向。

第三，在心理上定好位。把情况想得坏点，把准备工作做得充分点；多改变自己，少埋怨环境，以积极的心态迎接挑战。欣赏每个学生的闪光点，发扬民主作风，取得学生的信任和配合。

第四，建立和谐友好的师生关系。做学生的教练、向导、朋友，消除学生的戒心，让学生充满信心，让学生尽快地在心里接纳自己，拉近师生关系，倾听到学生的真心话。

第五,爱学生,永无止境。爱学生,不仅在口头上,关键要落实在行动上。最根本的一条是要从做人的角度去尊重学生,尊重学生的思想,尊重学生的人格,合理引导,民主管理,以学生为本,关注学生的发展。

我相信,按照以上做法,这个双差班的学生纪律、品德、学习一定能获得双丰收,受到同行、家长和学生的赞誉。

3. 家长会前需要做的准备有哪些?

成功的家长会有助于在家庭和学校之间建立一种“理解、信任、目标一致”的合作关系。

准备家长会是一件十分细致的工作,具体表现在:

(1)欢迎家长的准备工作

教师可以在学年初就与家庭建立联系,比如可以先送一份备忘录或计划书,让家长大致了解他们的孩子将要学习的内容,并让他们知道你很高兴能在该学期中见到他们并得到具体的联系方法。在家长会之前要给家长发出正式的邀请,郑重地邀请他们参与孩子的教育。邀请函应该包括会议的日期、时间、地点和回执,回执上写上家长的姓名、学生的姓名以及他们能否参加的答复。

(2)布置好教室,营造一个宽松友好的环境

要保证黑板报或公告栏的内容是最新的,在黑板上写上欢迎的话语;还可以让学生在课桌上留下欢迎的字条给自己的家长,请家长坐在他们孩子的课桌旁;教师还可以为每位家长准备一个胸卡并让他们戴上,教师自己也要戴上;另外,留一块地方来展示学生的作品或作业。

(3)教师的发言准备

开篇要先致欢迎辞,然后介绍学校日常生活的概貌,包括管理方案、课外作业的办法、一年的学习计划等。感谢家长的参与,并让他们知道,他们可以就任何一个与孩子教育有关的问题与教师取得联系,提醒他们一有问题就及早联系,避免它发展成大问题。最后以积极、关切的语气再次强调双方作为一个“团队”合作的重要性。教师还可以征询家长的意见,并乐于回答他们的问题,充分激发家长在家校合作中的主动性。

(4)教师要注意体态仪表与谈话技巧

语言要亲切、幽默、有趣、有活力且富于变化。

4. 如何组织好班会?

班会是班主任向学生进行思想品德教育的一种有效形式,有计划地组织与开展班会活动是班主任的一项重要任务。

首先,选择好主题。主题是班会的中心,只有选好主题,才能开好班会。主题要有针对性,班主任必须经常了解本班情况,掌握第一手材料,做到有的放矢。主题要小,以小见大。

其次,做好准备工作,具体如下:

(1)做好学生的思想发动工作。可以采用讲述、讲解、谈话等方式,向学生宣传班会的目的、内容、形式和要求。

(2)做好班会内容、形式等方面的准备性工作。认真准备班会内容,精心设计班会形式,精心布置会场,精心挑选主持人。

再次,开好班会。在开班会的过程中,班主任要发挥主导作用,在主持人主持的过程中,班主任要注意活动进行的情况并给予指导。

最后,班会结束后,班主任要及时研究反馈信息,总结成功经验,吸取失败教训,为下次班会提供经验。

同时，也要了解班会的作用与效果，看是否达到了预期的目的。

七、关于幼儿教育

1. 幼儿园里大多为女性团体，你如何做好人际沟通？

将心比心，人与人之间的沟通都是用心沟通的，女性之间也是如此，在幼儿园工作的女教师也不例外。人与人之间的相处应注重一个“诚”字，与性别无关。其实，女性之间的友谊更容易建立，容易找到相同的兴趣、爱好，谈论共同认识的人和事，聊喜欢的服饰，分享美食，下班后一起逛街等。关键是沟通的方法和策略问题。应尽量挑对方和两人共同的喜好来谈话，不暗箭伤人，不咄咄逼人，不盛气凌人，坦诚相对，有适度的热情、真心是沟通的必要条件，女性更喜欢干脆、豁达、大方的同性。同是女性，沟通应该不是难事，相较异性而言，往往女性之间的沟通更显得亲密无间。

2. 谈谈你最近读的关于幼教的书籍，你有哪些心得？

《宝宝启蒙第一书》丛书中的《养成好习惯》由多个短小精彩、幽默有趣的以习惯养成为主题的小故事组成。每个故事都从不同方面、不同角度给孩子以习惯方面的教育，内容包括卫生、安全、学习、交往等。每个故事后面附教育提示，从专家的角度指导家长通过讲故事来培养孩子的好习惯。每两个故事后面还有好习惯游戏屋栏目，包括宝宝说一说、宝宝学儿歌、宝宝做一做等不同的内容，有助于幼儿在好听的故事里、快乐的游戏中，慢慢懂事，健康成长。这本书确实对启发孩子心智起到了关键作用，具有较强的培养心智的娱乐性功用。这本书在教幼儿学习的同时，使我也对孩子的发展及成长有了更深的了解。

3. 试述你理想中的幼儿园。

吃的有营养，品种多样，并且卫生要有保障，教师和保育员对幼儿要有耐心，有足够的爱心，能够和小孩子打成一片。教室内玩具和教具齐全，教室文化丰富多样。要是家长比较忙，最好幼儿园设置有半托或者是全托的管教模式，且环境优雅，住宿条件达到一定卫生标准。幼儿园是孩子的乐园，收费不应很高；是教师的舞台，在让教师发挥自己的优势的同时，也能让教师有成长的机会；是社区的学区，能让家长朋友学习、交流育儿经验。幼儿园应是家长和孩子都喜欢的地方。

4. 孩子偏食、不吃点心，你会如何处理？

孩子因为身体不适、消化能力弱、食欲缺乏而挑食，这属于正常现象，家长无需过度忧虑，只要注意在孩子病好后及时恢复正常的饮食习惯即可。作为教师，首先有责任和义务协助家长改变孩子偏食、不吃点心的习惯，与家长及时沟通，培养孩子良好的饮食习惯，而不对孩子过于迁就与放任。再者，家长要注意自己的言行（尤其是在饮食方面），避免有意无意地在孩子面前表现出对某种食物的偏好，同时避免家长因为对孩子的身体过于关注，而采取一些强硬措施强迫孩子进食某些营养食品，从而引起孩子对这些食物的反感。

要纠正孩子偏食、挑食的习惯，不能操之过急，更不能用哄骗打骂的强制手段，这样会引起孩子的逆反心理，就更难纠正。作为一名教师，通常都有机会和孩子一起吃饭。教师要做出榜样，大口地、香甜地吃下去，带动孩子也来吃。讲科学道理，让孩子懂得偏食的坏处。例如，对孩子说：“××要长得高高的，吃一口菜！”“××要长得又聪明又美丽，好，吃一块胡萝卜和一块鱼！”让孩子把吃什么和聪明、健康、可爱联系在一起。要控制零食，孩子饿了，可以吃点水果。多让孩子在户外活动，多活动会增加热量消耗，加快饥饿感和食欲，可减少偏食。同时还可以建议学校幼儿伙食经常改变食物的烹调加工方式，使食物色、香、味俱全。培养孩子良好的饮食习惯，遇到不喜欢吃的饭菜，可让他（她）试着吃，要慢慢适应，但不要强迫他（她）吃，以

免造成逆反心理。

5. 你如何处理幼儿间的争执?

在幼儿园中,小宝宝之间免不了闹矛盾,出现咬伤、抓伤或者是各种争执的情况,这是由宝宝的年龄及心理特点造成的。宝宝们学会分享、合作的规则意识大概要花上几年的时间,到了幼儿园大班,小宝宝们才会初步懂得谦让。但由于现在的宝宝一般入园年龄较小,自制力比较差,宝宝并不能有效控制自己的情绪,这时候,教师就发挥着很大的作用。

幼儿间发生争执等情况,教师不能将其归类到道德的高度,宝宝年龄尚小,不能正确表达自己的情感和需要,因此会以不适当的方式赢得自己的利益。教师对待学生应该一视同仁。不要因为哪个同学受欺侮了,就对他说:“你怎么那么笨,他打你你也打他!”这样的教育和幼儿园的教育是不一致的,会使宝宝无所适从,并造成一定的心理压力。教师不要对打人的幼儿怒气冲冲,逼问打人的原委。小宝宝会非常害怕,这样可能会导致不可忽视的潜在矛盾。教师在发现情况后,应该分开争执的双方,询问原委,搞清楚真实状况,再做出处理。在家长接幼儿时,教师有义务向家长交代清楚事情原委。

6. 你如何做好幼儿园的班级管理工作?

班级管理工作,首先是“以人为本”的情感管理,这是管理工作的基石和成功的法宝。“管理人者先自管”,作为班级工作的“领头羊”,班主任还要起到一个良好的榜样作用,以工作赢得老师们的尊重。每个班级都是由责任老师和保育员组成的群体。班主任的工作态度,很大程度上决定着其他老师的工作态度。

第一,班主任要以身作则、身先士卒,要求班上老师做到的,自己首先要做到;

第二,肯定班级工作的任何成绩是全体老师的功劳而不是班主任个人努力的结果,善于发现老师们的闪光点;

第三,坦诚相待,有问题互相交流,当面指出,不在背后说老师是非。

和班级老师“约法三章”,有三个好处:第一,可以让老师放心,尽情施展自己的才华,使班级工作更出色;第二,给老师们监督班主任工作的机会,并由此做到上行下效;第三,最重要的是班主任自己以此为准绳,不敢有丝毫的懈怠!我是这样说的,也是这样做的!这其实也是一种服务,为老师的积极肯干、兢兢业业,为老师的无穷潜力、才华横溢,为老师的辛勤汗水、丰硕成果服务!只要班主任有为老师服务的思想,并付诸行动,班级工作就会卓有成效!班级管理工作,需要老师树立为幼儿服务、为家长服务的意识,使班级工作取得成效,这是班级管理工作的核心内容。

教育是一种服务,更是为幼儿和家长服务。良好的班级氛围为我们营造了一个轻松愉快的工作环境,督促我们要认真负责、脚踏实地地做好班级各项工作,使班级工作有成效。我们要为幼儿提供全方位的服务。从生活到学习,从身体到心灵,从保育到教育,都需要我们细致入微的照顾和关怀。

7. 新学期开始实施融合教育,你如何设计特殊幼儿的教学活动,如何教学?

树立对特殊幼儿正确的教育态度。目前在特殊幼儿教育中,存在两种极端的教育态度:放弃不管与过分保护。放弃不管显而易见是错误的,而过分保护的态度目前在社会上还会得到一些人的赞同。如有的老师认为,孩子已经够可怜的了,尽量满足他们的要求吧,不要因为学习而难为他们。这种态度表面上使孩子得到了很好的照顾、保护,但实际上对孩子的发展极为不利。包办代替,处处依赖,使孩子失去了动手动脑的机会,使大脑很少受到外界刺激,变得更加迟钝,使他们对社会、对他人的依赖性增强。放松要求,一味迁就,会使孩子一遇到困难就退缩,使本来就低的学习效率更低,最终导致什么也学不会。目前在对特殊幼儿

第三部分

的教育中提倡“带刺的爱”。一切为了孩子能得到最大的发展,作老师的应把深深的爱融化到对孩子的严格要求之中。不因他们进步缓慢而气馁,也不因他们吃苦而迁就。经过对孩子实际情况仔细分析后所制订的教育、训练目标不要轻易否定。只有这样才能使孩子一步一个脚印地成长。

对特殊幼儿要因材施教。特殊幼儿落后的病因,据目前研究表明有以下几种类型:

(1)中枢神经系统的早期损害。尽管这一类型的幼儿心理上有缺陷,但是他们的神经系统受损病程较短,大脑功能仍在逐渐康复。因此对于这类幼儿应该抓紧时间培养、训练他们的言语表达能力,培养他们的求知欲。

(2)先天愚型的幼儿。这一类型幼儿,尽管记忆力很差、智力低下、对外界事物反应迟钝,但由于性格温和顺从,故较容易被动地接受家长和教师的教育。

(3)脑炎后遗症幼儿。其特点是反应迟钝,易受暗示;注意力不集中,思维能力差,学习成绩也很差。如果在教师周密设计的教育计划培训下,这些孩子还是能够养成较好的生活习惯,并学会适当地管理自己的;相反,不加强管理与教育,他们也可能养成游手好闲的坏习气。对待这类幼儿要抱有正确的态度。防止两种倾向:一种是由于偏爱,明知孩子智力偏差,却任孩子想干什么就干什么;另一种是对幼儿使用“傻子”“白痴”之类的侮辱性称呼。这样做不仅会加大他们的智力障碍,而且还会限制他们与人交往。因此,教师对于这类幼儿既不要过分怜悯,也不要歧视、厌弃。

采取不同的教育方法。根据特殊幼儿智力障碍的程度不同,可以把他们分班实施个别教育。

创造优越的学习环境。残疾人受法律保护,特殊幼儿应得到社会特殊的关怀。应力求提供丰富的玩具、书刊、日常生活用品,以激发幼儿的学习兴趣,使这类幼儿在良好的环境中愉快地学习。

教学方法灵活多样。特殊幼儿感性知识贫乏,因此教学活动要灵活多样、生动形象。多听多看、多动手、多参加活动,外出参观、游园和做游戏、举行各种比赛是不可少的,它可以使学生开阔视野、丰富头脑。

要加强语言训练。智力的核心是思维能力,而语言是思维的工具,因而促进智力发展必须重视语言的培养和训练。语言训练要从纠正发音开始,争取让他们有清晰的发音,让人听得懂他们的言语;其次要扩大词汇量,结合日常生活中所接触的事物,教会他们认识事物,叫出相应的名称;在正确发音、扩大词汇量的基础上,教他们说完整的话,学会表达自己的要求、愿望,和他人进行交流。

对待弱智和智力中等的特殊幼儿,应当加强对他们生活的护理,并耐心地训练他们逐步学会料理自己的生活,手把手地教他们进行自我服务性的劳动。从这方面进行训练,不仅是为了减轻家长和社会的负担,还有更重要的一面,就是通过手的操作,可以促进其大脑的发育。

同时,对于轻度智力落后的幼儿,从小就要培养他们独立生活和处世的能力,使他们将来能通过职业训练从事技术性较弱的工种,更好地服务于社会。对于中度智力不足的特殊幼儿,应培养他们生活自理和简单的社会交往能力,教他们服从命令,懂得礼貌,长大后能使用一般的工具做工。至于重度智力落后幼儿,因他们生活自理能力极为有限,因此要派专人护理,也可以送到专门的教养所或儿童福利院,以防意外。

综上所述,在教育特殊幼儿方面,要结合幼儿的心理特点,认真地分析每个幼儿性格上、心理上的缺陷,正确地掌握分寸,因材施教,鼓励他们发扬优点,纠正不足。千万不要千篇一律地教条式施教,也不要从孩子智力高低、学习能力强弱、成绩优劣去区别对待特殊幼儿,否则会导致教育的失误。

8. 试述你的幼儿教育理念。

顺应时代发展的需要,适度超前发展,已经成为21世纪学前教育事业发展的方向和目标。当前,实现这

一目标的关键在于深入贯彻教育部颁发的《幼儿园教育指导纲要（试行）》（以下简称《纲要》），用《纲要》倡导的先进幼儿教育理念来引领教育实践，寻求观念和行为的最佳结合点，谋求观念和行为的同步转轨及二者的有机统一。

（1）拥有先进的教育理念是贯彻《纲要》的首要前提

①富有鲜明时代特征的终身教育理念

幼儿园教育是终身教育的奠基阶段。如果个体在幼儿期各方面都得到良好的发展，就能为以后各阶段的发展产生一种良性循环作用。为此，幼儿园教育应该适应未来社会对人才的基本需求，为幼儿提供终生受益的保育和教育，培养幼儿终生受益的基本素质，使其具有健康的体魄、聪慧的智力、有益的兴趣和求知欲望、良好的品德和行为习惯，形成健康的人格与和谐的人际关系等，为其实现可持续发展和享有幸福美好的人生奠定基础。

②将家庭、社会、文化等因素与幼教密切结合起来的开放教育理念

幼儿存在于社会现实和家庭环境之中，并在社会文化背景中发展自我。幼儿园教育打破以幼儿园为中心的封闭模式，面向生活与社会，构建开放教育的全新体系，广泛利用丰富的教育资源，充分拓展教育时空，使整个社会、家庭参与幼儿园教育，共同建构最理想幼儿教育的动力系统，最大限度地开发幼儿的潜能，促进幼儿的成长与发展。

③在教育目的性与幼儿发展可能性之间谋求平衡的发展性教育理念

苏联心理学家维果斯基的“最近发展区”理论为这一理念提供了依据。他认为，教学内容的选择和方法的设计不应仅仅符合幼儿现有的水平，而应符合其经过个人独自的努力能够达到的“最近发展区”，即“跳一跳能摘到果子”。同时，从脑科学的发展来看，幼儿期更适合从事富有创造性、形象性的记忆与学习。因此，尽管幼儿有很大的可塑性，能够学会的东西很多，但是我们却不能把能学的都兜进来，而是应当选择那些对这一时期最宝贵的、最有价值的内容。

④促进教育与幼儿相互作用、共同成长的合作教育理念

新的教育理念认为，幼儿与教师是民主平等、互动合作、共同成长的关系。师生之间的合作是幼儿有效学习的必要条件，也是教师专业成长的有效途径。好的幼儿教育，应该是教师和幼儿的共同成长。幼儿在自主探究活动中发现问题，师生共同协商解决问题，促进幼儿更好地发展。在这一过程中也促使幼儿教师主动学习、思考，努力提高自身素质和专业化水平，不断得到自我完善、发展和才能展现。

⑤幼儿教育贴近儿童生活的生态教育理念

人类的生存和发展总是在人和环境的相互作用中实现的。幼儿园教育应注重引导幼儿在生活中认识人和自然的关系，从他们身边的事物出发，充分利用周围的自然环境，调动各种感官，引导幼儿认识事物，丰富他们的生活经验，发展智力。而现实中幼儿经常被安置在一个需要端正静坐的环境里，缺乏动手动脑的机会。这些做法违背了幼儿身心发展的基本规律和教育规律，不利于幼儿身心健康发展，应当予以摒弃。

⑥促进幼儿身心全面和谐发展的以人为本的教育理念

美国发展心理学家、哈佛大学教授加德纳的多元智力理论为我们建立以人文本、以儿童发展为本的观念提供全新的视角和理论依据。他指出，人有七种相对独立的智力，但是，每个人都有自己的优势智力领域和弱势智力领域。幼儿园以人为本，就是把促进幼儿的全面和谐发展作为一切工作的出发点、全过程和归宿。要切实关注幼儿的实际发展需要和实际发展可能，创造个性化的育人方式，使与幼儿生命特性相适应

的教育得到最大、最优化的发展，并且利用优势智力来发展弱势智力，扬长补短，以满足全体幼儿整体和谐发展的需要和个别幼儿特别潜能发展的需要。

(2)实现理念与行为的融合是贯彻《纲要》的真正体现

理念和行动都要到位，才是贯彻《纲要》的真正体现，也才是在真正意义上的实施素质教育。从理念到行为不是轻而易举的事，但也绝不是高不可攀的事，只要脚踏实地地去做，二者的融合一定会变为现实。

①促进教师的专业成长

教育质量取决于教育，只有高素质的幼儿教师，才有高质量的幼儿教育。

传统教育体制下只会传授知识的工匠型教师已不适应时代的要求和幼儿发展的需要。新时代的幼儿教师不仅要有强烈的事业心和责任感，热爱本职工作，还要不断提升自己的教育理念，丰富专业知识，提高专业技能，向专业教师发展。各级教育部门和幼儿园都要为教师的专业成长创造适宜的外部条件，保证进修学习时间，努力提高理论素养。教师还要经常对自己的教育观念、行为进行反思，如当前有哪些新理念，自己拥有哪些，哪些行为适宜于新的观念，哪些不适宜，如何将新观念落实到自己的行动中以改进教育实践等。通过反思，促使自己自觉地运用新教育理念和方法来指导教育实践。

②深化幼儿园课程改革

幼儿园课程是实现教育目标的蓝图，是教育理论与实践的中介。因此，深化幼儿园课程改革是贯彻《纲要》的突破口，对整个幼儿园教育起到“牵一发而动全身”的作用。

幼儿园教育要依据《纲要》的要求，以促进幼儿健全人格的建构、幼儿主动和谐发展以及充分发挥幼儿的潜能为目标，选择那些既有科学性又有终身受益价值的内容。要注重幼儿是一个主动的学习者，让幼儿在参与活动的过程中主动探索、积极发问、自主建构、自由创造，促进幼儿的整体发展。要通过科学的评价，了解不同幼儿各自达到的不同水平和彼此相对的位置，以便制订改进的方案，使课程的实施和幼儿的学习更加有效。积极鼓励各地、各幼儿园在实施《纲要》的前提下，立足实际创立地方课程和园本课程，以实现课程的多样化、个性化，打破课程大一统的局面。

③重视幼教科研工作

幼教科研工作是把教育理念转化为教育行为的桥梁，是提高教育质量的原动力。教师的教育行为无时无刻不受其观念的影响。新的教育观念产生以后，教师只有认真学习领会，把新的观念内化，才可能真正使其影响自己的教育行为，而这一过程正是幼教科研的过程。一个向现代化迈进的幼儿园必须走科研兴园、科研兴教的路子。幼儿园教育研究主要是在实践层面上的研究，其目的不是建构理论或者说生成新的教育理论，而是解决保育教育工作中的实际问题。因此，幼儿园开展教育研究的过程就是一个反复实践、发现问题、解决问题的循环往复的过程。在这一过程中，幼儿园会逐步步入以幼教科研为先导，不断求新、求发展的良好发展轨道，不断提高保教质量。教师们在从事幼教科研的实践中，也会逐步学会学习、思考、实践，由操作型教师向研究型教师转变。

《纲要》的颁布，为广大幼教工作者施展才能和智慧构筑了一个更广阔的平台，如何在这个平台上创造出更好的软件，需要在我们今后的幼儿教育改革实践中继续深入研究和探索。

9. 学前阶段应培养幼儿哪些基本能力?

能力可分为一般能力和特殊能力。一般能力是指人在一般活动中必须具备的经常表现出来的广泛使用的能力，如幼儿的生活自理能力、力所能及的劳动能力、认识辨别能力、观察事物的能力和想象事物的能

力等。特殊能力是指人在某些专门活动中表现出来的才华能力，如绘画能力、音乐表演能力、建筑设计能力和写作能力等。人如果不具备一般能力，就无法适应社会的各种环境，不可能正常工作和学习，甚至无法生存。人的能力是在生理素质基础之上，经过教育、培养，并在实践中吸取集体的智慧和经验形成和发展起来的。

因此，应该从小就教育和培养孩子具备一定适合其年龄特点的本领，为其今后学习知识技能并拥有更多的能力打好基础。由于孩子们的先天素质、家庭环境不同，所以，同龄的孩子也会存在一定差异。幼儿期应具备的能力，大致如下：

(1)生活自理能力。这是一个人生存中最基本的能力，也叫幼儿的自我服务能力，就是幼儿要学会自己料理自己的事，这是学习最简单的劳动能力的开始。3岁前就要学会自己盥洗，进餐，穿、脱衣服，整理自己衣物和床铺，稍大些还能自己洗手绢、袜子等，培养卫生习惯。到幼儿晚期学会自己冲澡、钉纽扣、整理房间等。

(2)认识能力。人的认知能力即认识判断事物的能力，也就是智力活动能力，包括观察力、注意力、记忆力、想象力和思维力。

(3)语言表达能力。3岁以后幼儿言语发展很快，活动范围较以前扩大，与人交往的机会增多，语言也随之发展，此时基本能用语言表达自己的意思，并能比较恰当地运用一些词句。幼儿4~5岁时，词汇量增加很快，词类也有所增加，幼儿在掌握名词、动词的基础上，还学会了一些形容词和副词，还有数词、连接词等。愿意在交谈中运用这些词，但语言连贯性较差。到幼儿晚期，掌握了词汇，并学会了句型，一般都能连贯完整地表达自己的意思，并且能清楚地表达出来，但有时由于对词意理解不够确切，表达的意思也就不够准确。此时，口语已经成为幼儿的一种有效的交际工具。幼儿的口语表达能力的发展，有助于积极应用词汇。幼儿多与人交谈还有助于锻炼思维的敏捷性并能发展思维的灵活性和逻辑性，为幼儿以后学习语言打好基础。

(4)自我保护能力。为幼儿进入小学做好准备，学会在没有成人照顾的情况下，注意自己的安全。如不在马路上玩耍，过马路要走人行横道，不把小扣子和其他小东西放在嘴、鼻、耳里，不玩小棍和树枝，正确使用剪刀，不坐窗台，不爬树和墙头，不玩火，不摆弄电器，在公共场所不离开成人乱跑，不自己到河边玩等。

(5)社会交往能力。社会交往不仅是幼儿生长发育和个性发展的需要，也是个体社会化的过程。幼儿可以在与伙伴交往中，了解人与人之间、人与社会之间的关系。幼儿在交往中可以克服任性、以自我为中心等不利于社会交往的行为，使交往关系不断复杂、深化，为促进个体社会化，发展社会适应能力打好基础。

10. 幼儿教师如何激发幼儿潜能?

幼儿的潜能开发是当前幼儿教育中一个备受瞩目的话题。一般来说，幼儿的潜能开发需要通过游戏与训练的方式。可以分手工、绘画、迷宫、思维、创意等五个方面，来逐步培养孩子的动手能力、思维能力和创造力，以全面开发孩子的大脑智能，提升他们的发展潜力。

在古希腊，游戏与教育仅有一个字母之差，二者都与儿童的成长有着密切的关系。可见，真正的教育是游戏，二者是密切相通的。儿童的潜能开发离不开教育，而最能使幼儿潜能得到开发的教育就是游戏，因为游戏是人的天性，“发展是在天性的基础上展开的，天性是自然赋予儿童的，非人力所能控制的，只有在天性的展现中我们才能把握孩子自身发展的多种可能性，使其潜在的能力得到最大程度的开发。”

其实，每个游戏都有相应的着眼点。

手工：可以锻炼孩子的双手协调能力，从而激发大脑思维能力，这对开发幼儿的大脑很有好处。

绘画：可以培养幼儿的创意性思维，在与颜色和构图的接触中陶冶情操、提高创新能力。

迷宫：可以集中幼儿的注意力，让幼儿在判断和推理的过程中锻炼逻辑性思维。

思维：培养幼儿分析问题与解决问题的能力，良好的思维习惯可以使幼儿终身受益。

创意：让幼儿能够利用已有的信息，独自面对新问题，并用独创的方法来解决问题。

从手工到创意，五项全能训练；从2岁到5岁，左右脑全面开发。

11. 学期初家长提出孩子要换班，你会怎么处理？

换班涉及家长的选择权和学生的选择权问题。家长提出换班，一定有他的理由。作为老师，就要思考家长为什么要换班，对老师不满，还是对学生的发展状况不满？

若是没有什么特殊原因，家长是没理由要求换班的。因为，学校有自身的管理体制，换班还可能会影响老师之间的团结。

其实换班对一些不思进取的老师来说是有压力的，从另一方面来说，换班有利于老师自我反思，不断长进，但仍然是一个比较复杂和棘手的问题。在现行体制下，我们一般是不同意家长提出的换班的，那样会造成"混乱"。但我想，正如允许学生择校一样，以后我们也应该允许学生择班，这是学生的权利。

12. 你对家长不合理的要求（如迟接、孩子不睡觉），如何化解？

家长的接送是个人问题，但是在家长和幼儿园之间似乎有着一种默契，就是家长把孩子送到学校说明家长和学校之间本来就存在着一种关系，即学校有义务和责任为孩子的发展做出自己的努力，家长也要尽可能地配合学校的管理和制度建设。对于家长不合理的要求，如迟接等属于个人问题，教师应该和家长合力协商，在确认家长确实是有事的情况下，学校可以尽可能地安排专人为这类家长提供一定的便利。但是面对孩子不睡觉之类的问题，教师则应说服孩子，利用群体的力量让孩子融入其中，这对幼儿的身心发展都是有利的。

13. 孩子回家尿裤子，家长来园中质疑，你会怎么处理？

孩子尿裤子是正常的，这是因为孩子还没有成长到可以控制自己的程度。孩子回家尿裤子，家长来园中质疑，这类问题有可能发生。教师首先应道歉，因为在班级中，教师的配备是有限的，不可能真正照顾到每一个学生，一时的失职在所难免，教师注意不要在孩子尿裤子的时候责问或者打击他，不然这种过激行为很容易成为孩子心理疾病的隐患。教师应建议家长留意孩子的自身状况，尿裤子若是偶尔发生，则可能是因为白天玩得太兴奋或者睡前进水太多；若是经常发生，则可能是神经系统发育不完善造成的，这一般随年龄增长就会好转，建议在医生的指导下调整幼儿的排尿次数和时间，尽量到医院检查，考虑是否是遗尿症的症状，不要大意。

14. 放学时家长来园中接孩子，却发现幼儿不在学校，这时你会怎么处理？

家长和幼儿园之间有着一种默契，就是家长把孩子送到学校说明家长和学校之间本来就存在着一种关系，即学校有义务和责任为孩子的发展做出自己的努力，家长也要尽可能地配合学校的管理和制度建设。家长来园中接孩子却发现幼儿不在学校，存在几种可能：一是孩子的祖辈来接，或者是家长中的另一方来接，或者是授权可靠的人来接。现在幼儿园都有接送牌等一系列的规章制度，一般能够确保幼儿的安全，因此，教师在放学时，对幼儿的进出应心里有数，在遇见此类问题时，要和家长耐心说明。

15. 目前强调小区与学校结合，家长参与教学，试述你如何有效实施。

现在学校与家长建立有效联系的重要途径——教师必须了解家庭，家长应参与学校的管理和改革，以

实现真正的沟通与互动。可以根据幼儿思想道德教育新特点、新机制、新模式，不断完善“学校、社区、家庭”三位一体的教育体制，积极尝试实行幼儿社区教育“一一三”工作法，加强社区与学校、家庭的有效衔接，致力于形成长效的教育管理机制，为幼儿健康成长打造美好的乐园。

(1)建立一套工作机制

①教育领导机制

在街道成立由社区、学校领导及教师、家长参加的教育委员会，负责统筹、规划、指导相关工作。

②多方联动机制

街道、社区广泛动员各方力量，协调公安、司法、教育、文化、劳动、社区居委会和学校等相关方面共同参与，把社区各类人才和社会热心人士有组织地汇集起来，形成一支人员相对稳定、人才结构多样的队伍，营造社区积极的教育氛围，实现“互通、互助、互补”。

③教育保障机制

社区提供专项经费，购买摄像机、照相机、音响等设备，为社区及幼儿开展活动提供物质保障。

④成长评价机制

家长参与教学，利用家长和学校的合力开展相关的教育活动，建立学生自评、互评、社区评、家长评、学校评的多元学生发展评价体系，促进幼儿的发展。

(2)健全一个自主教育组织

①加强组织管理

社区、家长和学校按照就近就便和自主自愿的原则，实施教育组织活动和教学活动。

②合理安排各项活动

幼儿根据自己的兴趣爱好和家长的时间安排选择参加不同的活动队伍，每次活动时队长与小队成员联系讨论，自主确定活动主题，设计活动方案，自主协调活动场地，张贴海报吸引更多对活动感兴趣的人加入，壮大活动队伍，增强活动效果。活动结束后，各个小队负责对活动进行总结，整理材料，交给社区统计保管存档。

(3)推行三大教育模式

①体验式道德教育模式

让幼儿在身体力行中认同道德规范、在潜移默化中养成良好的习惯。开展“我当社区道德监督员”“垃圾不落地”等丰富多彩的体验教育活动，全面强化幼儿对道德规范的体验与认同。

②互动式兴趣教育模式

社区、家长和学校应全力为孩子们提供其感兴趣的活动内容，从孩子关心的事、喜欢的事入手设计活动项目，使孩子们来了有兴趣、参加了不想走。如三维立体画创作、书法绘画比赛、手工作品展、家庭小制作、社区才艺展、少儿摄影比赛、陶艺作品展、“我说身边小故事”等活动，组建以游戏、竞赛等形式为主的活动，全面促进幼儿的身心发展。

③课堂式家庭教育模式

开设“父母课堂”，聘请有责任心、有家教经验、乐于奉献的社区居民和退休教师组成讲课小组，每月一讲，采取与家长讨论、交流教育经验的方式，增强教育的感染力和吸引力，引导、帮助家长树立正确的家庭教育观念，掌握科学的家庭教育方法，营造良好的家庭环境。“父母课堂”可以成为家长与孩子沟通的桥梁，家

第三部分

长们可以学会适合自己孩子的教育方法,并运用到教育实践中,可以改善与孩子的关系,从而促进孩子的健康成长。

16. 你如何激发幼儿的学习兴趣?

激发幼儿的学习兴趣是教师主导作用的体现,幼儿学习兴趣高涨是幼儿主体作用的表现。作为教师,应努力创设情境,以激发幼儿的学习兴趣。只有幼儿自发地学习,他们的学习情绪才会高涨,才会用心去探索知识的世界,热衷于得到新经验。

要使幼儿喜欢学习,首先要唤起他们的学习兴趣。兴趣是学习的动力,只有调动幼儿的学习兴趣,才能收到良好的效果。

设计教案时,应注意激发幼儿的学习兴趣。教学活动开始时,用一些简单的方法吸引幼儿对学习内容的注意,并让他们知道要学什么,使他们明确学习的目标。如在讲故事《聪明的乌龟》时,我首先出示玩具(乌龟)问:“这是什么呀?”在幼儿回答之后又说:“有一只狐狸肚子饿得咕咕叫,看见一只青蛙正在捉害虫,狐狸连忙跑过去,只要再跑两步就能捉到青蛙了,可青蛙正在捉害虫,一点也不知道怎么办呢?狐狸吃了青蛙吗?这跟乌龟有什么关系呢?你们听了故事就知道了。”这样,用一些带有悬念的问题来引导,他们就会认真地去听、去想。

再者,计划好如何在活动结束时给幼儿一些与课题内容有关的问题让他们去思考,或幼儿尝试自己找出答案,以保持幼儿对课题的兴趣。如在常识课《认识声音》上,结束时我出示了7个瓶子,里面装了不同量的水,我连续敲击7个瓶子,发出7种声音,问幼儿这是怎么回事,为什么不同量的水会发出不一样的声音,让他们下了课去做做实验想一想,或回去问爸爸妈妈,明天再来告诉老师。其实,幼儿很容易产生强烈的愿望去从事某项活动,并自觉专心地完成任务。因此,应给予孩子积极总结的机会,使幼儿有成功的体验。

鉴于老师在幼儿心目中所占的重要位置,老师对幼儿所完成的任务表示赞赏,肯定幼儿的进步和努力,幼儿则更能感受到成功的喜悦,进取心增强,自然渴望做更多能使他们获得成功的事。因此,老师要对幼儿有积极的期望,让幼儿有更多的机会获得成功,应尽量避免使他们感受到挫折,这样他们对学习自然会表现出更大的热心。

老师应该对幼儿有积极的期望和全面的评价,幼儿的能力是体现于多方面的,在某一学习活动上落后于他人的幼儿,并不意味着在其他方面的能力也较差,老师要善于发掘这类幼儿的长处,并给予机会让他们把长处表现出来。如果幼儿有机会展示自己的能力,则他们的潜能便能得到发挥,也会激发他们其他方面的学习兴趣。

当幼儿遇到困难而失败时,老师应采取支持的态度,鼓励他们继续尝试,并对幼儿的进步给予奖励。不应以统一的标准去要求、判断幼儿完成活动的水平,应以幼儿的进步为基准,引导他们看到自己的进步,激发他们的进取心。

总之,幼儿的学习动机、学习兴趣因人而异,老师需要针对不同的对象和具体的问题来采取相应的引发措施,以收到理想的效果。

八、关于意外伤害事故的处理方法

学生意外伤害事件是无法预见和不可避免的,在校学生比较多,课间学生追逐、打闹,体育活动中不慎碰撞、摔倒等都可能造成意外伤害。当这些突发情况发生时,为了维护学生安全,作为教师要具有处理事件

的能力。以下是常见意外伤害的处理方法：

1. 说说头部受伤处理的办法。

如果头部有出血的伤口，应用清洁的手帕之类的物品压迫止血；如果有脑组织溢出头皮外，说明已损伤颅骨，应按原样做简单包扎，尽快送医院抢救，千万不要把露出头皮外的脑组织送回伤口，以免造成颅内感染，继而造成不堪设想的后果。如果头部没有伤口，只因外力作用到脑部，使脑部受到震荡，发生昏迷，此时应将学生放于床上休息，观察情况的变化并及时送医院。

2. 说说眼外伤的处理方法。

(1)角膜异物和眯眼

沙子、铁屑等异物已嵌在角膜上，应迅速送医院处理。不得自己用针等锐物去挑拨异物，因为异物细小，在良好的照明、严密的无菌条件下进行操作，方能防止损伤角膜和预防感染。

沙子、小飞虫等眯眼，叮嘱学生不要用力挤眼、揉眼，要安静地等着老师或校医务人员来处理。粘在眼表面的异物，翻开眼皮后，可用干净的手帕或棉签轻轻擦去。

(2)钝挫伤

弹弓子打在眼上，被足球、土块、木块击伤眼睛，可致眼钝挫伤。眼球受到撞击，会出现视网膜震荡、出血。可立即用毛巾冷敷，减少眼内出血，速送医院。

(3)刺伤、划伤

被铁丝、小刀、树枝等刺伤或划伤眼睛，可使眼球部分破损或完全破裂。若完全破裂，会有眼内组织脱出(最常见的是深褐色的虹膜脱出)及水样物流出。可用消毒的纱布或干净的毛巾敷盖眼睛，但不必还纳已经脱出的眼内容物、否则会增加感染的概率；也不要用力压迫眼球，因为任何外力都会使眼内容物被挤出眼球，导致失明。

(4)酸、碱烧伤

火碱、石灰、硫酸等溅入眼内可致眼严重烧伤。一旦发生，要分秒必争，就地用大量净水清洗眼睛。冲洗时，必须扒开上下眼皮，将眼内深部也冲洗到，以免残留化学物质。注意不要让冲洗出来的水流入健眼。

3. 说说煤气中毒的处理方法。

(1)立即打开门窗或尽快将病人移至通风好的房间内或户外，呼吸新鲜空气；(2)注意保暖，给病人盖好被子，防止受寒发生感冒、肺炎；(3)呼吸、心跳已停止，应立即进行胸外心脏按压或口对口吹气，护送到医院；(4)不要浪费时间去找醋或酸菜汁，酸不能解煤气中毒；(5)对中、重度中毒者，速送医院，接受治疗。

4. 说说幼儿走失的预防及处理。

应针对幼儿容易走失的各种可能，事先做好预防工作。如教师应了解孩子想些什么；要教幼儿学会说自己的名字、幼儿园的名称以及父母的姓名、工作单位和家庭住址及必要的电话号码；幼儿园要加强门卫管理，建立家长接送孩子的制度。一旦发生幼儿丢失事件，班上的教师一定要保持镇静，千万不要惊慌失措，要分析丢失的原因，确定寻找方向，并立即寻找。如果在幼儿园找不到，应马上报告，必要的时候要与家长和附近的派出所联系，尽快把幼儿找到。找到幼儿后要及时寻找原因，吸取教训，对幼儿进行正面教育，切勿训斥幼儿，防止由此给幼儿带来负面影响。

5. 说说幼儿气管异物的处理方法。

一旦发生气管异物，要立即进行急救。其方法如下：救护者站在患者背后，搂住他的腰，迅速用右手大拇指的背部顶住上腹部，左手重叠于右手之上，间断地向上、后方用力推压，使横膈肌压缩肺，产生冲击气流，将气管异物冲出。若患者已昏迷，则可让其俯卧，进行同样的推压。采取上述方法后，仍不能排出气管异物的，应立即送医院急救。

为了防止气管异物事故的发生，要让幼儿养成良好的习惯，告诉幼儿不要捡吃东西，不要躺在床上吃东西。当幼儿嘴中含有豆粒、花生米等食物时，成人不能一惊一乍，也不能吓唬他，而要同他讲道理，让他吐出来。幼儿在哭闹时，不要用吃东西来哄他。

6. 说说幼儿烧烫伤的处理办法。

烧烫伤是学前儿童经常遇到的意外伤害。由于儿童皮肤娇嫩，一旦烧烫伤，受伤程度要比成人严重得多，伤势较轻的可能会留下瘢痕，伤势重的甚至会危及生命。

烧烫伤后，立即起了水疱并明显感觉疼痛者，属于浅度的，可以立刻用冷水冲洗伤处半个小时到一个小时，待疼痛缓解后，把衣物慢慢脱掉或剪掉，用干净的布覆盖创面再送往医院。早期处理及时、适宜的患者的伤口愈合比较快，后期的疤痕也比较轻。有一些烧烫伤面积小，深度也浅，经过冷水浸泡冲洗处理后，涂一些防治感染、促进创面愈合的药物，过几天就会自行好转愈合，甚至不会留下瘢痕。

如果烧烫伤面积大，程度也比较深，则不能用凉水冲洗，而应将烧伤、烫伤部位的衣服、鞋袜用剪刀剪开，不过要小心，以免拉脱皮肤。用一块松软潮湿，最好是消过毒的床单覆盖其上以保护伤处，减少感染危险，然后马上送往医院抢救。为防止剧痛引发休克，可给患儿服用少量止痛剂，同时给患儿喝些淡盐水，补充血容量，减轻休克程度。

但是对于化学用品（如酸）引起的灼伤，不可用凉水冲，要用专用冲洗剂进行处理。烧烫伤后，千万不要揉搓、按摩、挤压烫伤的皮肤，也不要急着用毛巾拭擦，以免表皮剥脱。不要给伤处涂抹酱油、醋、碱、牙膏或紫药水之类的东西，这样不但不能减轻伤情，而且会继续刺激创面，加深受伤程度，增加感染概率，加重患儿的痛苦。

7. 说说幼儿中暑、冻伤的处理办法。

（1）中暑

幼儿长时间待在过热的房间内，或长时间接受太阳的曝晒，均可能出现萎靡不振、面部发红、汗液分泌过多、头痛、头晕、耳鸣、眼花、动作失调等症状，严重时患儿呼吸加速，脸色发白，失去知觉，此为中暑。

一旦发生中暑，应将患儿迅速移到阴凉通风处，解开衣扣，让其好好休息，并用冷毛巾敷头部、掮扇等帮助他散热。若患儿能自己饮水，则可让他多喝一些清凉的饮料，盐汽水最佳。较轻的中暑，经上述处理后，能够很快好转。

（2）冻伤

气温转低时，或气温不是很低，但湿度较大或大风的情况下，身体裸露处或保护不好的部位，以及供血不足的地方，如鼻尖、耳朵、手、脚易受冻伤。冻伤时皮肤血管遇冷收缩，血管内正常的营养和气体的运输遭到破坏，因而失去血色，产生揪痛或刺痛，随之则失去知觉。

一旦发生冻伤，首先应让患儿离开寒冷环境，用洗净的手摩擦患儿身体的受伤部位，直到出现正常的肤色为止。用暖和的衣服将受伤的部位包上，并做几节活动量大的体操，以加速恢复身体受伤部分的血液循环。等患儿暖和过来后，应尽量让其饮热牛奶、茶等，并查看冻伤部位。

8. 说说幼儿触电的预防办法。

幼儿玩弄电器、开关或出于好奇将手指伸入插座中时会引起触电。室外的电线落地，如果幼儿捡拾或距离断落电线太近，也会触电。触电后轻者感到发麻，严重时不仅会引起烧伤，而且还能使呼吸、心跳骤然停止。

一旦发生触电，应尽快脱离电源，因为电流作用于人体时间越长，后果越严重。救护者切记不可直接用手去拉触电人，应选择一个安全可靠的方法尽快切断电源。如果幼儿摆弄电器开关、插座触电，要立即关闭电门，再将保险盒打开。如果幼儿触及了室外断落的电线而触电，附近又找不到电闸，救护者应穿上绝缘胶鞋，脚下垫干燥的厚木板或站于棉被上，用干燥的木棒、竹竿等绝缘工具将电线挑开；也可用干的绳子套在触电人的身上，将其拉出。脱离电源后，要立即对患儿进行检查，一旦发现呼吸、心跳停止，要迅速进行人工呼吸和胸外按压，千万别中断，直到送入医院。

9. 说说溺水的处理方法。

一旦发现有人溺水，要迅速实施他救。救护者(会游泳的人)要轻装上阵，尽量脱去衣服，至少要脱掉裤子，以免妨碍游泳。救护者快速游到溺水者附近，从溺水者的后方抓住他，并将其拖上岸，不要到溺水者正面去，以免被溺水者紧抱不放，造成双双下沉。

将溺水者从水中拖出后，应立即脱去或解开他身上的湿衣服，并用缠上清洁手帕或纱布的手指将其口、鼻内的淤泥、杂草清理干净，保持呼吸道通畅无阻，然后将水从呼吸道和胃中排出。为了将水排空，需用单膝支地，采取半跪姿势，将溺水者横在另一膝上，使其头部下垂，然后小心地按其后背，压迫其胸。积水排除后，要把溺水者放在暖和的铺垫上，进行人工呼吸和胸外按压，在积极抢救的同时，尽快送到医院。

九、关于学校行政管理

1. 如果你打算实施校外教育，你会如何着手实施校外教学活动?

校外教育是我国社会主义教育事业和基础教育的重要组成部分，是实施素质教育的重要途径。青少年学生校外教育的任务就是要全面贯彻党的教育方针，努力开展丰富多彩的校外教育活动，在实施素质教育中发挥独特的功能和作用，为青少年学生创造文明健康，丰富多彩，有利于德、智、体、美全面发展的社会育人环境，促进青少年学生的健康成长。实施校外教学活动应注意以下几点：

首先，要提高校外教育的教师素质。教师的素质直接决定着素质教育的实施。学生良好素质的培养应取决于有良好素质的教师的引导和示范。教师不仅要有献身教育的敬业精神，而且必须正确、自觉地贯彻党的教育方针，对学生实施全面的素质教育。

其次，要明确校外教学活动的目的性、思想性。设计开展的一切活动、举办的各类校外教学活动都应以“有利于教育学生，有利于学生的发展，有利于全面发展和培养人才”的教育目标为出发点，承担起教育改革的重任，将教育寓于各种活动之中，真正使学生的积极性、主动性、创造性得到很好的发挥。

再次，组织校外教学活动的教师应主动参与课外小组的培训。为适应素质教育要求，组织校外教学活动的教师理应把课外小组培训作为一项教学任务加以重视，认真完成。

最后，学校应与校外教育单位保持经常的联系，尽可能地为学生实施素质教育提供全方位的服务。随着市场经济的发展，大部分校外教育单位，相继组织开展了各种各样的创收活动，既丰富了广大中小学生的校外生活，又弥补了校外教育单位经费的不足。

2. 谈谈你对学校组织气氛的认识。

学校组织气氛是学校的特性，具有独特的风格，是渐进成长的。健康的学校组织不但影响教师对教学工作的投入与服务热忱，也关系到学生的学习成效。营造健康的学校组织气氛，重视学校不同主体的知觉，建立彼此的忠诚与信任感，以师生为本位，在技术、管理与制度上协调合作，方能增进组织内成员间彼此的支持与关怀，兼具工作效能与人际关系导向，达到有效沟通、提升组织绩效与完成组织目标的目的。

3. 学校应如何维护校园安全？请提出你的看法。

校园安全教育是学校、家庭和社会的共同责任。学校要采取积极措施帮助家长强化对孩子校园安全的教育意识，指导家长了解和掌握校园安全教育的科学方法，主动寻求家长和社会对校园安全教育的支持和帮助。学校维护校园安全，应注意以下几点：

(1)学校要在学科教学和综合实践活动课程中渗透校园安全教育内容。各科教师在学科教学中要渗透校园安全教育内容，与学科教学有机整合，按照要求予以贯彻落实。

(2)对无法在其他学科渗透的校园安全教育内容，可以利用地方课程的时间，采用多种形式，帮助学生系统掌握校园安全知识和技能。要充分利用班、团、校会，升旗仪式，专题讲座，墙报，板报，参观和演练等方式，采取多种途径和方法全方位、多角度地开展校园安全教育。

(3)校园安全教育可以针对单一主题或多个主题来设计教学活动。通过游戏、实际体验、影片欣赏、角色扮演等活动，也可以运用广播、电视、计算机、网络等现代教育手段进行教学，探索寓教于乐、寓教于丰富多彩活动的教学组织形式，增强校园安全教育的效果。

(4)学校要与公安、消防、交通、治安以及卫生、地震等部门建立密切联系，聘请有关人员担任校外辅导员，根据学生特点系统协调校园安全教育的内容，并且协助学校制订应急疏散预案和组织疏散演习活动。

4. 学校面临危机时，应如何处理？请说明危机处理的有效对策。

在学校日常教育教学和管理工作中突然发生，对学生、教职员工的人身安全造成危害，对学校形象和声誉产生不良影响的危机事件，包括食物中毒、校舍倒塌、游泳溺水、教学设施疏于检修而导致学生伤亡事故等。面对危机，学校的有效对策应考虑以下几点：

(1)建立和健全危机事件的处理制度，及时处理危机事件。作为学校管理者，面对学校危机事件，应迅速成立负责处理危机事件的临时机构，并任命全权责任人，确定学校负责发布信息的专职人员和渠道，完善危机事件的处理程序、制度。危机事件的及时处理包括客观、及时地向全校师生员工通报危机事件的真相，以免引发不必要的猜疑和误传；对事件的发展趋势做出准确的判断，并控制事态的进一步恶化；对事件的性质和责任做出初步的判断；请求当事人及见证人提供合作，以便于调查取证；必要情况下，还需保护好现场；涉及学校代办的团体保险，学校要提醒家长及时索赔，以免超过索赔期限。

(2)受害者是学校危机事件中与学校存在利益和责任纠纷的另一方当事人。学校应及时向当事人及其家属表示同情和歉意，即使在事件中学校是无责任的一方，学校仍有必要表现出足够的同情和人道；学校要认真倾听当事人的主张、意见和要求，不要因处理方式不当而引发双方在情绪和情感上的对立与冲突；学校应充分考虑当事人的心理感受并表现出足够的耐心；在双方认可的前提下，学校最好采取和解的方式解决问题，如果双方对问题的认识和主张差距太大，寻求通过法律途径解决问题也许是不得已的办法。

(3)面临危机，学校应与新闻媒体进行良好的合作。在学校危机事件的处理过程中，面对新闻媒体的介

人,学校不应出现护短、推诿、搪塞甚至有辱媒体从业人员尊严的行为,而应开诚布公地配合新闻媒体的工作。学校应如实地向他们提供准确、可靠的相关信息,并以书面形式、经学校确认无误后分发给媒体从业人员;如有必要,学校也可主动邀请新闻媒体参与学校危机事件的报道,以利于他们向社会提供真实可靠的信息;在学校危机事件的处理过程中应由专人负责接待媒体从业人员,以免出现混乱;如有失实报道,学校必须立即采取相应的补救措施。

(4)学校应及时向学校主管部门汇报相关的情况,这样可使学校和主管部门在危机处理的过程中处于主动的地位。主管部门掌握着政策的制定权和解释权;有些事件会在主管部门的积极协调下得以圆满地解决;学校危机事件的发生,有可能影响到政府在社会公众心目中的形象。

十、疑难试题

教师招聘面试答辩中的疑难试题一般不多见,这类试题有很大的深度与难度,需要考生领悟教育新理念的精髓,运用相关专业知识,对问题做综合性的精深而详尽的阐释。这类答辩试题的命制范围相对广阔,虽然也围绕教育理论、常规教学、教学案例、教育法规等设计,但大多涉及当前社会中存在的教育问题。试题的命制更具有开放性与多元性的特点,考生在回答问题时必须依据马克思辩证唯物主义哲学原理,依据新的教育理念,依据新课程改革的要求,来理解、分析、阐释自己的观点、态度及解决对策。这类问题的欺骗性、误导性更强,需要考生能够从宏观的角度客观地看待问题。这类答辩问题更能了解考生的潜质、能力、素养与优秀的个性品质。

(一)对教育理念的领悟

开学之前,新生军训,全班同学都在车上等一个人,这位同学迟迟不到。一会儿,操场上走来一个人,一米九零的个子,走起路来“地动山摇”。他一上车,车上立刻鸦雀无声。他一屁股坐到老师旁边,看了一会儿老师,并说:“你看我是不是很壮实,我就是这儿的黑社会老大。”然后,伸出小拇指,对老师说:“如果你能扳倒我这个小拇指,我就服从你的管教,如果不能……”

问题:你作为一名教师,如何对这位学生进行教育?

【参考答案】教育要面对全体学生,使其全面发展,培养其优秀的个性品质。

(1)教育要遵循教育民主的原则。作为教师要平等地看待所有的学生,包括这位块头大的,自称是黑帮老大的学生,这是教育民主的体现。

(2)教育要遵循个性发展的原则。教师应尊重这位学生的身体优势,要根据这位学生的个性差异来着重培养他的个性品质。

(3)教育要遵循赏识教育的原则。教师要看到这位学生的体育优势,要因时、因地、因人制宜地发展他的特长。比如,让他当拔河比赛的队长,并及时表扬、鼓励他。对于这位同学,教师要运用责任激励机制来赏识他的个性特长,使他愉快地学习、生活,最终形成优秀的个性品质及健全的人格特征。

(4)教育需要培养学生热爱劳动的精神。这位教师应充分利用这位学生身体素质好的优势,鼓励他多做点体力活,比如帮助别的同学提水,逐渐培养他热爱劳动的精神。因为现代教育提倡教育与劳动相结合以培养学生的实践能力。

(5)教育需要培养学生的集体主义精神。通过合理的教育引导这位学生热爱劳动,帮助别人,并在拔河比赛中表现优越，都体现了他的集体主义精神。这便是教育的成功。

(6)教育需要鼓励学生的全面发展。如果这位学生要做班长，教师就要及时地肯定他一定能够胜任这个职位，但必须把成绩提上来，因为班里的带头人只有德智体美劳全面发展，才能树立威信，这便是遵循了鼓励学生全面发展的教育原则。

(7)教育需要遵循因材施教的原则。这位教师应根据不同的学生运用不同的教育方法进行教育教学，便是因材施教的体现。比如这位学生体育好、善管理，就发挥他的特长，并让他做班长，带领全班学生学习生活。

(8)教育需要教师的教学机智。这位教师遇到学生的挑衅不能痛斥他或是气急败坏等，而是要运用自己的教育机智积极地鼓励引导，这是考验一位教师水平的地方。

(二)关于我国当前的教育问题

教育流水生产线

问题：作为一名教师，你看了这幅漫画后，对我国教育有什么感想？

【参考答案】教育培养的是人，而不是机器。

(1)我国的教育方针是培养社会主义建设事业的接班人。这种接班人包括高素质的、优秀的尖端人才，而我国旧的教育体制是培养不出这样的人才的。

(2)我国旧的教育体制就像一条工业流水线，所生产出来的是一批标准化的、没有想象力和创造力的、失去了个性的人。

(3)我国旧的教育思想遵循的是传道授业解惑的原则。正是由于这种旧的思想使教师成为了教育的主体而学生则成为了被动的被教育者。于是我国旧的教育工作者按照自己的思想原则将学生加以塑造，从而使学生失去了个性，失去了快乐。

(4)我国旧的教育体制的管理模式是驯化管理制。学生在学校里、课堂上必须严格遵循各种各样的规章制度，于是我们教育出来的是听话的机器。

(5)我国旧的教育方式是机械的、单一的与社会实践和学生生活缺少内在联系的，这会使我们的旧的教育方法成为陈旧的、不科学的和没有人性的。这种旧的教育方式所教育出来的学生只能是机械的复制而绝不可能具有创造力。

为此，要解决这种旧的教育体制所带来的问题，必须遵循以下教育原则：

(1)教育要遵循教育民主的原则。我们给学生的是大众化的、高质量的、平等的教育，而这种平等教育

首先是尊重学生，因为学生是具有完全性格的人。

(2)教育要遵循以人为本的个性发展的教育原则。学生是人，我们的教育要尊重学生的个性差异，重视培养学生的兴趣和特长，允许学生犯错误，要认识到学生是有潜力的、是发展中的人。我们的教育要培养学生丰富的想象力与创造力，着重培养学生的个性品质。

(3)教育要遵循关注国际的原则。教育是为人类社会服务的，是促进全人类发展的，世界教育已向国际化、多元化发展，因此我国教育也要培养学生多元化的价值观念，发展和而不同的和谐教育，使我国教育与国际接轨，使我们的学生为快乐而学习，最终形成优秀的个性品质。

(4)教育要遵循回归生活的原则。科学是理性的，而教育则是人性的，因此我们的教育必须是科学的个性教育，而不能是唯科学的理性教育。只有这样，我们的教育才能将学生培养成追求真理、平等，维护尊严，探求未知世界奥秘的真正的具有个性的人。

(5)教育要遵循关爱自然的原则。我国的教育要教会学生关爱自然、爱护自然，与自然和谐相处。只有做到了这一点，我们的教育才能做到关爱生命、尊重生命，才能教会我们的学生热爱劳动、帮助别人、和谐相处，才能使我们人类在地球上生存、繁衍、发展下去。

(6)教育体制的改革是我国教育改革的当务之急。我国的教育必须更新教师观，培养出具有丰富创造力和想象力的创新型人才，只有这样才能加快国家的发展步伐，推动人类社会进步。为此，构建新的教育体制是我国教育发展的必然出路，也只有这样才能解决我国旧的教育体制带来的种种弊端。

第三部分

(三)关于创新性教育

达琳在昆明进行教学交流时，看到中国孩子们的画技非常高，有一次就出了一个“快乐的节日”的命题让中国孩子去画。

结果，她发现很多孩子都在画一个同样的事物——圣诞树！

她觉得很奇怪，怎么大家都在画圣诞树？但她想可能是中国孩子很友好，想到她是美国人，就把“快乐的节日”画成圣诞节。于是，她释然了。

接着她又发现不对，怎么大家画的圣诞树都是一模一样的呢？

再仔细观察，她发现孩子们的视线都朝着一个方向，她顺着孩子们的视线看去，发现墙上画着一棵圣诞树。

原来当时已近圣诞节，那是学校为了给达琳营造一个友好、和谐的气氛而画的。

于是，达琳把墙上的圣诞树覆盖起来，要求孩子们自己创作一幅画来表现“快乐的节日”这个主题。

令她深感失望、更感吃惊的是，把那墙上的圣诞树覆盖起来以后，那群画技超群的孩子们竟然抓耳挠腮，咬笔头的咬笔头、瞪眼睛的瞪眼睛，你望我、我望你，冥思苦想，痛苦万分，就是无从下笔。

达琳看到这个尴尬的场面，知道这样下去可能会不愉快地收场，只好又把墙上那幅圣诞树揭开……

问题：根据这则案例，你如何看待我国的创新性教育？

【参考答案】学习的中心环节是探究，而创新性学习的核心就在于探究，追求反映真理的客观规律。

培养学生的创造能力是我国当前教育需要解决的问题。当学生眼中有画，而心中无画时，他们只能机械地复制而不能创作出一幅美术作品。为此，要做到胸有成竹、手心相应，我们的教育就必须进行改革。

绘画是一种技能，可以是一种能被创造利用的技能，也可以是一种扼杀创造、重复他人的技能。技能是可以由老师传授的，但创造能力是无法教出来的。许多中国孩子具有很高的拷贝能力，但欠缺基本的创造能力。

思考是创造的源泉，是促进个体发展的内在动力，因此，有了雄厚的学的基础，才可能有思的飞跃。学生在不断地学习前人的绘画作品时，也应该孕育一种新的思想，有了这种新的思想才能有新的创造。

中国传统的教育理念是"传道授业解惑"。这种理念把学生当成知识的接收器，而不是知识的主人。学生在整个学习过程中，始终处于被动的地位，那么，这样的教育就不可能培养出学生的创新能力。

我国现行教育需要培养的是心中有画的学生，因此，我们需要培养学生优秀的观察力与想象力，需要培养学生的思维能力。

（四）关于教师的职业道德

2008年，教育部修订了《中小学教师职业道德规范》，对教师职业道德明确提出了六点要求，考生在回答职业道德这一类问题时，可以根据具体情况参考这几点来作答，当然，一定要变通，否则会显得空洞、枯燥。

爱国守法。热爱祖国，热爱人民，拥护中国共产党领导，拥护社会主义。全面贯彻国家教育方针，自觉遵守教育法律法规，依法履行教师职责权利。不得有违背党和国家方针政策的言行。

爱岗敬业。忠诚于人民教育事业，志存高远，勤恳敬业，甘为人梯，乐于奉献。对工作高度负责，认真备课上课，认真批改作业，认真辅导学生。不得敷衍塞责。

关爱学生。关心爱护全体学生，尊重学生人格，平等公正对待学生。对学生严慈相济，做学生良师益友。保护学生安全，关心学生健康，维护学生权益。不讽刺、挖苦、歧视学生，不体罚或变相体罚学生。

教书育人。遵循教育规律，实施素质教育。循循善诱，诲人不倦，因材施教。培养学生良好品行，激发学生创新精神，促进学生全面发展。不以分数作为评价学生的唯一标准。

为人师表。坚守高尚情操，知荣明耻，严于律己，以身作则。衣着得体，语言规范，举止文明。关心集体，团结协作，尊重同事，尊重家长。作风正派，廉洁奉公，自觉抵制有偿家教，不利用职务之便谋取私利。

终身学习。崇尚科学精神，树立终身学习理念，拓宽知识视野，更新知识结构。潜心钻研业务，勇于探索创新，不断提高专业素养和教育水平。

问题1：有人说："教师应该是责任、爱心与求知者的化身。"你认同这样的观点吗？请谈谈你的看法。

【参考答案】"学高为师，身正为范。"教师的言传身教在教育中具有不可估量的作用。

（1）一名优秀的教师，应该有崇高的社会责任感和道德使命感，充满爱心，有深厚的文化素养、渊博的科学知识。也就是说，一个对国家、民族和社会有着高度的责任感，一个热爱教育事业、充满爱心和渴求知识的人，才有可能成为一名优秀的教师。

（2）一名优秀的教师，要把国家的教育事业作为自己的终身事业，因为这项事业关乎我们国家民族的兴盛危亡和发展进步，这是每个教师应有的责任。

（3）教师应该具有同情心和爱心。同情心和爱心是道德的基础。教师的爱心，既是激励学生成长、学习的催化剂，也是一颗种子，把同样的爱心播撒、扎根在每个学生的心中。同样，只有充满爱心的人，才会懂得教师存在的价值，才会乐于做教师并享受教师生活的乐趣。

（4）教师应是一个求知者。作为一名教师，既要掌握广博的文化基础知识和扎实的学科专业知识，还要掌握系统的教育专业知识。同时，还要在学习中逐步培养各种能力。

(5)教师也应该是教育课程的设计者。依据三级课程管理制度,我国现代和未来教育中应依据当地实际情况设置逃生、自救等课程。当遇到地震、山体滑坡、洪水暴发、房屋坍塌、溺水、触电、中毒等突发性情况,教师和学生都应探讨、研究、掌握此类知识,都应具备逃生、自救等能力。

问题2:你对教师职业道德的缺失和危机怎么看?

【参考答案】师德是一个民族、一个社会整体道德中具有先锋意义的一部分,因为师德是辐射力、影响力最大的职业道德,它对一个国家的文明发展、综合国力产生着潜移默化的巨大的影响。

新的形势下一些世俗化的倾向,造成了教师职业道德的缺失和危机。比如说急功近利,缺乏理想、信念,埋头教学,忽视育人价值等。而师德是教师从业的基础,没有高尚师德的教师,必然成为教师群体中的害群之马。

教师必须是一个天然的爱国者,因为他是为国家和民族培养未来者的人。教师必须是一个具有现代法治意识的优秀公民,必须始终牢记自己是在为国家的进步和民族的伟大复兴培育人才。因此,在教育教学过程中,要严格遵守党和国家的教育方针政策,严格遵守国家的教育法律法规,保护少年儿童的一切合法的权益。

大学之道在明德、在亲民。有人说,教师是一个为了孩子才来到这个世界的人,没有爱就没有教育,我们教师要用一种发自心底的尊重、关心,用善意的关怀、同情和信任,谦虚、正直、真诚地去培育每个孩子。6岁到18岁是孩子一生中最美好的时代,应该让他们享受最好的教育,让他们自由、健康、快乐而有意义地成长。

教学是手段,育人是目的。而今却有不少教师将手段当作目的,只强调知识传授,而忽视了育人,使教育陷入了应试教育的泥潭。学生应该是教师的出发点和关注点,教师要热爱每一位学生、尊重每一位学生,理解每一位学生,信任每一位学生,帮助每一位学生成长与进步,教师不仅要关注学生的学习,更要关注学生的品行;教师不仅要关注学生的今天,更要关注学生的明天,为学生的未来奠定基础。

(五)教育现象、热点类问题

教育现象、热点类问题将触角伸向社会,针对易引发社会争论的教育现象或者热点问题设计相应的题目来让考生作答。例如,假如你是班主任,将如何对待班上的“留守学生”,现在有“贵族学校”“贵族班”,对此你怎么看等。对于此类题目,考生在回答的时候,一般要根据当今时代对于这些问题的主流定位,做到全面、多角度、多层次地分析。当然,有的考生思维灵敏,对一些现象或热点问题有自己的独到见解,观点新颖,逻辑严密,能自圆其说,也未尝不可。

在这里要特别指出的是消极类问题,如“教师体罚学生,结果导致学生自杀,你怎么看”等。这类题目,其选取的内容都是在社会上引起消极影响的教育事件。对于学校和教师而言,由于在教育法律制度方面和政策的决策和实施方面还存在许多问题,需要在实践中不断地健全和完善。所以对于此类题目的回答,考生也要采取客观、公正的态度,实事求是地来回答。切忌出现抨击、诽谤学校或教师的言辞。我们只能客观地指出它的不足,给出合理化建议,期待进一步完善。不能完全否定,一棍子打死。一定要注意用语的锤炼,掌握适当的分寸,做到恰到好处,不要出现过激,甚至偏激的言辞。

(六)人际沟通能力问题

社会学中是这样定义人际关系的:社会人群中因交往而构成的相互联系的社会关系,包括亲属关系、朋友关系、学友(同学)关系、师生关系、雇佣关系、战友关系、同事及领导与被领导关系等。每一个人作为个体生活在社会当中，要与不同的人沟通。沟通是一门学问，也是一门艺术。作为人民教师，要面对学生、家长、同事等多方面的人际交往压力，如何处理不同类型的人际关系，是评价一名教师能力的重要标准。

1. 与学生沟通类问题

教师不仅要传授学生知识，更要教会学生如何为人处世。教师不仅要关注学生的学习，更要关心学生的身心发展。对于与学生沟通一类的问题，在回答中应体现以下几点原则：一是平等地与学生交往对话；二是公正、客观地评价学生；三是理解学生，关心爱护学生；四是尊重学生的人格和权利；五是学会倾听，善于倾听。

2. 与家长沟通类问题

学校教育与家庭教育密不可分。教师教学活动的展开，需要家长的理解和支持。因此，教师与家长进行经常的、密切的合作与交流具有重要意义。

除了积极主动地同家长交流沟通，有时还要面对家长的质疑并予以解决。在处理这类与家长沟通的问题时，要注意学校、家长、学生三方都要兼顾到，方方面面的利益都要权衡。回答此类问题时，要抓住"一切为了学生"这个中心，找到家长产生意见的根源所在，是不满学校工作，还是由于学生自身出现了问题或其他原因需要同教师协商，然后再针对不同原因探讨如何处理。如果是在自己权限、能力范围内可以解决的，力争与家长进行协调；也可以通过及时向校领导汇报，由校方讨论做出答复；还可以与同事多交流意见，集思广益。回答时还应强调要同家长做出及时充分的沟通。

3. 与领导沟通类问题

与学校领导沟通类问题多涉及行政管理方面的事务。要注意，领导的有些举动不是我们一时能理解的。一般来说，只要不违法乱纪，对领导的决定，我们要服从；对于领导的表扬，不能得意忘形；对于领导的批评，要深刻反思；对于领导的失误或忽视，要给予体谅并在事后进行良好的沟通；对领导之间的分歧和矛盾，要摆正心态，不添油加醋。

问题：你去办公室给领导送文件，看见领导桌上放了一封学生写的关于你的意见信，这时你怎么办？若过了一段时间领导还没有找你谈话，你认为是什么原因？你会如何做？

【参考答案】遇到这种情况，我会认真反思，是自己工作中出现了疏漏，还是学生对自己产生了误解。

首先，要以工作为重，以学校的利益为重。如果是自身出现的问题，则要深刻反思自己；如果自己并没有疏漏，而是学生对我的工作不理解，那也要注意从自己身上找原因，今后加强与学生的沟通和交流。

其次，应认真思考自己在工作中有无疏漏，如有不足应及时改正。如果领导没找我谈话，这说明领导通过调查证实责任不在我，为了避免对我的工作产生不必要的干扰，所以没有找我谈话。或者事件还在调查中，本着实事求是的原则，领导在掌握第一手资料前也不会找我谈话。我只需要一如既往地做好本职工作。将心比心，我相信，如果我把学生的利益放在第一位，领导和学生是会看得到我的工作态度和积极性的。

最后，在平时的工作中，我会更加谦虚认真，与学生做好沟通交流工作，遇到不懂的事勤学好问，确保少出差错，更好地做好自己的本职工作。

4. 与同事沟通类问题

一是面对同事的误解。首先，要冷静看待同事对自己的误解，不要争辩；其次，认真反思同事为何会误会自己，找出根源并加以改正；再次，适时和同事沟通，消除误会，并指明自己的立场；最后，认真反思。

二是面对同事的错误。首先，应当尽最大努力帮助同事，尽量减少他的损失；其次，在适当场合提醒他对待工作要认真负责，避免这样的事再次发生。

三是面对同事的意见。首先，要冷静分析、妥善处理；其次，对有意见的同事，在做好解释工作之前，要着重了解他们的意见，征求他们的建议；最后，对合理的意见，应当及时汇总，并向学校领导汇报，对于不合理的意见，要做好解释说服工作。

四是面对老同事。应该想到，老同事工作经验和人生阅历都比我们丰富且行事稳重，因此，在日常生活和工作中要尊重老同事，多向老同事请教学习，理解老同事的脾气与个性。

（七）教学突发事件处理能力

面试中，除了对考生的教师职业道德以及专业能力、人际关系处理能力的考查外，对心理素质考查的比重也很大。考查考生的心理素质，主要侧重于考查考生的应变和化解压力的能力。

另外，教师要具备教育机智。教育机智是教师在教育教学过程中的一种特殊定向能力，是指教师能根据学生新的特别是意外的情况，迅速而正确地做出判断，随机应变地采取及时、恰当而有效的教育措施解决问题的能力。教育情境是不断变化的，教师不断面临挑战，这些挑战可能来自外部也可能来自教育者和被教育者，可能是好奇却远离目的的提问，也可能是善意的挑剔，或是中断教育活动的纪律事件等。总之，这些挑战造成的干扰往往会形成尴尬局面，打乱正常的教学秩序。这就需要教师具有一定的教育机智。

一是在处理突发事件时，具有敏锐的观察力，能观察并抓住问题的症结所在，进而解决实际问题，即“对症下药”；同时还必须察觉出突发事件与教学目标之间的偏离度，如果偏离了教学目标，就要抓住有效信息，充分发挥教学机智，调控教学过程。

二是在处理突发事件时，思维要灵活，能够迅速做出反应，运用较强的应变能力，给予事件以巧妙、完善的处理。

三是在处理突发事件时，决策要果断，要沉着冷静，判断准确，行动有力，能够迅速遏制事件的恶性发展，控制自己的情绪情感，约束自己的言语行为等。

四是在处理突发事件时，应变策略要巧妙，既要做到因势利导，又能掌握好分寸，做到适度、适时，方能巧中见奇，奇中见功。

各种类型的题目都需要开拓思维，不过在考查应变和自我控制能力类型的题目面前，更需要我们发挥创造性，开拓创新。因为这一类典型题目，就是通过向考生施加各种心理压力，来考查考生的心理调适能力和应对突发事件的能力的。对于这样的题目，首先，坚信压力必然转化成动力；其次，注意具体问题具体分析，做到有的放矢，言之有理；最后，做好查漏补缺，看看是否有忽略的主题和题目中提供的有效信息。

教师招聘考试——幼儿园结构化试题

教师招聘考试——中小学结构化试题

第三部分

第四章　面试逆袭之无领导小组讨论

思维导图

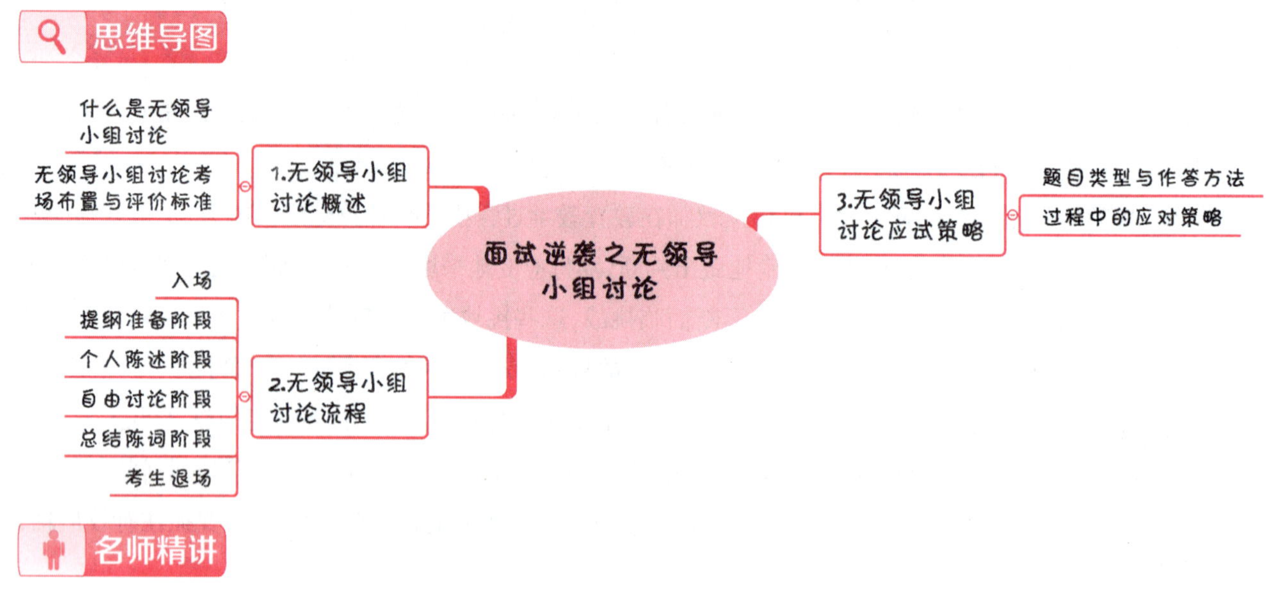

名师精讲

第一节　无领导小组讨论概述

一、什么是无领导小组讨论

无领导小组讨论面试，又叫“群面”，是面试中经常使用的一种测评技术，采用情景模拟的方式对考生进行集体面试。它通过给一组考生(一般是6~12人)一个问题，让考生们进行一定时间的自由讨论，来检测考生的基本能力和内在素质，由此进行综合评价，并最终确定符合学校需求的教师。

二、无领导小组讨论考场布置与评价标准

(一)考场布置

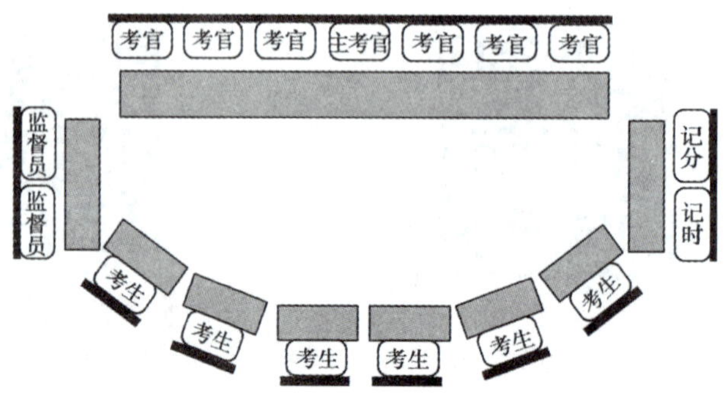

(二)评价标准

无领导小组讨论面试过程是考生接受考官考核的过程,主要从以下方面考查考生的胜任能力:

评价指标	等级要求		
	优	中	差
举止仪表	1.着装正式得体 2.仪容整洁,仪态自然、大方 3.举止符合礼节	1.着装基本得体 2.仪容整洁 3.举止基本符合礼节	1.着装不符合面试场合 2.仪容不整洁 3.举止失礼
综合分析能力	1.善于把握问题关键 2.提出独到观点 3.对观点的论证充分,逻辑严密,条理性强 4.对他人观点能进行到位的分析	1.基本把握问题重点 2.提出明确观点 3.对观点有一定程度的论证 4.对他人的观点有所分析评价	1.不能把握问题重点 2.观点模糊 3.缺乏对观点的论证 4.无视他人观点
语言表达能力	1.清晰表达自身想法 2.语言流畅 3.条理性强 4.有感染力	1.基本表达自身想法 2.语言无明显卡顿 3.基本有条理 4.感染力不足	1.表意不清 2.语言卡顿明显 3.语无伦次 4.无感染力
倾听能力	准确理解考题和小组成员表达的意思	基本理解考题和小组成员表达的意思,但不够全面或不能理解本质	不能理解考题和小组成员表达的意思
团队合作意识	1.注意角色定位,不以自我为中心,平等待人 2.互动性强,照顾他人需求 3.友好待人,有亲和力	1.基本做到平等待人,偶尔存在自我标榜等情况 2.互动性差,不够尊重他人意见 3.亲和力不足	1.以自我为中心,颐指气使 2.自顾自说,与团队讨论脱节 3.攻击性强,咄咄逼人
组织协调能力	1.善于总结小组成员的共识与分歧 2.有效引导讨论进程,推动一致意见达成 3.有效平息纷争	1.能够针对小组成员的共识与分歧发表自身意见 2.缺乏引导讨论进程的意识 3.面对纷争旁观	1.以自我为中心,固执己见 2.阻碍讨论进程 3.攻击性强,带来小组成员之间的无序纷争

续 表

评价指标	等级要求		
	优	中	差
自我情绪控制	1.情绪稳定,保持冷静 2.面对他人质疑时不卑不亢	1.大多时间保持冷静 2.面对他人质疑时表现出轻微的负面情绪	1.情绪激动 2.面对他人质疑时情绪失控

第二节　无领导小组讨论流程

一、入场

考生进入考场要服从工作人员的安排。一般由工作人员引导,排队入场。敲门得到“请进”的允许后按顺序进入。进入考场后,根据桌牌找到自己的座位,在椅子侧或椅子后站定;等考官示意可以坐下时,道谢后坐下;调整座椅时,避免发出刺耳声响。考生在此处需注意,整组成员进场时要保持整齐有序,面对考官要自然大方有礼貌,给他们留下良好的第一印象。

二、提纲准备阶段

拿到讨论的题目后,考官宣布讨论正式开始并计时,每位考生有3分钟左右的时间进行独立阅读和思考。考生可在此阶段列出发言提纲,一般为1分钟自我介绍,2分钟陈述个人观点。

在本阶段里,考生要做好两个方面的工作:一是阅读题目信息,结合题干背景,明确身份信息,找准自身定位,明确自己的权限职责和需要达到的目的;二是根据题目要求,快速思考,通过关键词记录的方法列出回答提纲,回答提纲要简明扼要,同时能够体现逻辑层次。

三、个人陈述阶段

个人陈述审好题目,在规定时间内快速阅读材料,分配好思考时间和答题时间,可以粗略地罗列提纲。一般情况下,考生可以有5分钟的时间进行准备,这时要列出发言提纲,为下一步的讨论发言做好准备。准备好后按照要求每个人有2~3分钟的时间进行个人陈述。此环节属于考生的第一次“亮相”,切记阐述观点要条理清晰,论述过程要自信有礼貌,声音要铿锵有力。

四、自由讨论阶段

自由讨论时间一般为20~30分钟,考生就材料展开讨论,考官不干预讨论过程。这个阶段是考官评价考生最重要的环节,直接决定了考生最后的得分。考生可以根据自己的性格特征和实际情况通过恰当的方式展现自己,如整个过程中发挥什么作用,充当何种角色。小组讨论重视考生在讨论过程中展现出的素质和能力。因此,考生切记要在这个阶段做有用功。无论扮演哪一个角色,都要出色地完成,将普通的成员角色做出特色、做出效果,以推动讨论的有效进行和任务的完成。要表现出主动参与、积极推进的态度,以团队利益为核心,最不能要的就是个人英雄主义。只有全面向考官展现自身的综合素质和能力,才能获得

高分。

五、总结陈词阶段

一般分为推选总结者总结5分钟和每个人总结2分钟两种情况。如果是推选总结者，则概括归纳能力较强、表达演绎能力较好的考生可以尽量争取。如果是每个人都要总结，那么注意总结时要条理清晰，分点论述，注意把控时间，言简意赅。此环节既是一个很好的展示机会，也是一个挑战。因此，考生如果想在此环节中拿高分，就需要在平时加强练习，了解无领导小组讨论中的总结技巧和注意事项。

六、考生退场

考试结束时，得到考官、工作人员面试结束的示意或可以退场的提示后起立，鞠躬行礼，说“谢谢各位考官”。然后将桌上的纸笔摆放整齐，不要将试题与草稿纸、记录笔等带出考场，将座椅轻轻放归原位，随工作人员依次走出，注意走姿和面部表情。队伍最后一位要注意轻轻将门关上。此环节中，考生需要注意善始善终，对在场的考官、工作人员始终做到礼貌大方。

第三节　无领导小组讨论应试策略

一、题目类型与作答方法

（一）题目类型

1. 两难式题型

两难问题，是让应试者在两种互有利弊的答案中选择其中的一种。主要考察应试者的分析能力、语言表达能力以及说服力等。

例如：你认为能力和合作精神哪个更重要？

2. 多项选择式题型

多项选择式题目提供给考生有多种备选答案的问题，要求考生从中选择符合某种条件的一种或几种，并说明理由，最终由考生在规定的时间内讨论并达成一致意见。多项选择式题目具有备选答案多的特点，主要考查考生分析问题、抓住问题本质方面的能力。

例如：在炎热的八月，你们乘坐的小型飞机在撒哈拉沙漠失事，机身严重撞毁，将会着火焚烧。如果你们只能从八项物品中，挑选四项。在考虑沙漠的情况后，你们会怎样选择呢？请解释原因。

①一支闪光信号灯；②一把军刀；③一张该沙漠区的地图；④一个指南针；⑤一只药箱；⑥十瓶饮用水；⑦七副太阳眼镜；⑧一本《沙漠动物》百科全书。

3. 排序式题型

排序式题型要求考生从多种备选答案中选择有效的几种并对选出备选答案的重要性进行排序或将给出的备选答案全部排序。此类题目是在选择类题目的基础上提出排序的要求，难度有所提升，更容易引起考生的争辩。排序式题型主要分为部分排序和全部排序两种题型。

部分排序是建立在选择类问题的基础上的，要求考生不仅要选择，还要将选择项通过合理的顺序进行排列。全部排序是将题目中给出的备选答案全部排列。

例如:现在发生海难,一只游艇上有四名游客等待救援,但是现在直升飞机每次只能够救一个人。游艇已坏,不停漏水。游客情况:

①外科医生,女,41岁,医术高明,医德高尚

②运动员,男,23岁,奥运金牌获得者

③大学生,男,19岁,家境贫寒,参加国际奥数获奖

④中学教师,女,49岁,桃李满天下,教学经验丰富

请将这四名游客按照营救的先后顺序排序。

4.开放式题型

开放式题型提供给考生讨论的是一个比较宽泛的开放性的问题。此类试题通常要求小组成员就某个命题或话题发表个人观点,之后大家通过讨论得出统一的方案或解决办法。问题的表述非常简洁,对问题的限定条件也较少。这类题目要求考生充分展开自己的思路,发表自己的见解,主要考查考生的综合分析能力,具体看考生思路是否清晰、逻辑是否严密、见解是否有新意、考虑问题是否全面、有无针对性等。

例如:你认为什么样的教师是好教师?

(二)作答方法

1.总体原则

①发言积极主动,注重发言质量,说理能抓住问题的关键,能提出合理的见解和方案。

②在提出自己见解和方案的同时,支持或肯定别人的合理建议。

③能倾听别人的反驳,在别人发言的时候不强行插嘴,具有批驳别人的技巧。

④能控制全局,消除紧张气氛;善于调解有争议的问题并说服他人,使每一个会议参加者都能积极思考,畅所欲言。

⑤具有良好的语言表达、分析判断、反应、自控等能力和宽容、真诚等良好的品质。

⑥反应灵敏,发言主动,言简意赅。

2.两难式题型的作答方法

回答此类试题需要在“两难”中选择“一难”,一旦选定答案,考生就要旁征博引来支持论证自己的选择。考生在具体讨论的过程中要有一定的技巧。第一,要选择立意比较高的一方。比如集体的利益高于个人的利益。第二,要选择立意比较新颖的一方。这要求考生在具体的情境中来具体地选择。如果在具体的讨论过程中,大部分人的观点都倾向于一种意见,而持另外一种意见的人比较少,这时考生不妨考虑一下支持较弱的一方,因为这样容易答出亮点。但是也要注意,不能过于坚持自己的意见,还要兼顾其他人的意见,不能因为坚持自己的意见而影响集体意见的统一。

3.排序式和多项选择式题型的作答方法

此类试题的备选项较多,需要考生认真分析题干和选项,将同类信息进行概括,提取关键信息,确定选择标准;根据既定标准(重要性、必要性、影响力、可行性、破坏性、安全性、有效性等),进行排序,逐步说明理由。如在面对火灾、地震、泥石流、中毒、空难、恐怖威胁犯罪等安全事件时,首要考虑的是处在危机状态下的人的生命安全保障的最大化或生命安全保障有效度问题。生命安全遇到威胁时,不仅仅要考虑自救能力,还要考虑他救能力,思考问题要做到全面、可靠、可行。因此选择标准可确定为自救和他救同步进行。

4.开放式题型的作答方法

此类问题没有标准答案，考生完全可以以自己的知识积累进行回答，只要言之有理、条理清晰就是不错的答案，如果能再有新观点、新思路就是优秀的答案。因为这种问题本身缺少争议性，在小组讨论过程中容易导致讨论不能得到充分展开、问题不能得到系统处理，所以对于整个团队的引导与组织能力显得尤为重要。

二、过程中的应对策略

(一)开始阶段

开始阶段主要是指提纲准备阶段和个人陈述阶段，主要考查个人的表现能力。考生需把握观点的正确程度，理顺思路。条理上要充实准备，内容上要充分论证，从而使自己脱颖而出，给考官留下良好的第一印象。

1.写好发言提纲

①准备发言提纲时可以按照观点+逻辑连接词+关键词的方式进行整理。这种方式不仅条理清晰、容易记录，而且有利于在发言中突出重点。

②准备发言提纲时观点要尽量明确、论据充分。

③准备发言提纲时要尽量准备一套备选方案。

2.个人陈述发言

在发言过程中，考生应有条理地陈述自己的观点。考生可根据他人已陈述的观点做适当的引申，也可在适当的时机，委婉地提出他人观点的不足并阐述自己的观点，但不可一味地贬低他人的观点，还要做到重点突出、避免重复。

个人陈述发言，一般为“考官好，我是×号考生，对于这个问题我的看法是……回答完毕。”

(二)中间阶段

中间阶段主要是指自由讨论阶段。这个阶段是小组的交流阶段，甚至是交锋阶段，能够考查考生的统筹能力、驾驭能力和大局观。考生一定要明确，自由讨论并不是“你死我活”，而是“你好我更好”。考生需要给别人发展和生存的机会，体现出自己良好的德行和团队意识。

1.选好讨论角色

在自由讨论阶段，重要的是看考生在讨论过程中为小组讨论作出了什么贡献。考生可以根据自己的性格特征和小组讨论的实际情况来决定自己的角色，普通的成员角色也可以说出特色。

自由讨论阶段的角色选择

角色	角色内容	具体表现
领导者	引领整个讨论过程，不断推进讨论实质性进展	“我们遇到的是一个……问题，目的是要实现……，在讨论具体解决方法时，我们先确定一下总体解决思路。” “我先谈谈我的想法，大家看看补充和改进一下，好吗？我的思路是这样……”

续表

角色	角色内容	具体表现
组织者	调动团队气氛,调和大家意见,调配发言权,从形式上推动讨论进行	“大家的观点都有合理之处,但我们重要的是达成团队一致意见,有同学还没有发言呢……” “刚才大家各说各的,我们先回到总体思路上。我们讨论到哪一步了呢?”
时间控制者	注意时间进展,向小组成员提示时间	“我建议,在讨论前,我们先根据题目的情况,把面试时间这样分块,大家看看怎么样?” “已经过去十分钟了,我们对题目的理解还存在着分歧……”
思考者	有独到的看法和见解,解决小组成员遇到的难题,引出小组成员的正确看法	“刚才大家在……上产生了分歧,我这里有一个解决这个难题的方法……”
总结者	代表小组进行汇报总结	“大家的发言,我都记录在这里了,下面,我跟大家说说我记录的重点吧!” “刚才我们一共提出了三点解决办法,一……,二……,三……”

2.展现自身优点

(1)积极发言,避免冗长。在讨论过程中,考生至少争取五次有效的发言,从内容和过程两个维度上,为讨论的进行作出贡献。

(2)言辞要真诚可信。在发言过程中,考生应态度真诚,用对问题的深入分析和充分的证据来说服其他成员,不要为了压倒对方而信口开河、强词夺理,更不可以势压人。

(3)思维发散又不偏离主题,见解深刻又能深入浅出。可列举实例、讲故事或引经据典等。

(4)保持情绪稳定。在自由讨论的过程中,考生要沉着冷静、落落大方,展现良好的教养和风度。

(三)最后阶段

最后阶段主要是指总结陈述阶段。这个阶段不是一个人的表现,考生需要注重团队意识和团队奉献。总结陈词者需要以小组代表的身份把小组讨论的结果向考官陈述。总结中既要体现出小组成员讨论的不同观点,同时又要体现出对于不同的观点进行梳理整合后的一致。考生要明确,此部分的发言只有体现出集体讨论的结果,才能赢得团队的尊重,从而赢得考官的赞赏。

第四部分
真题演练篇

第一章 试讲真题集萃及真题选解

一、真题集萃

语文真题集萃				
省/市	形式	内容	版本	年级
河南	试讲	颐和园	人教版	四年级上册
北京	试讲	雷雨	北师大版	八年级上册
天津	试讲	沁园春·长沙	人教版必修一	高中
河北	试讲	孔子学琴	河北教育出版社	四年级上册
湖南	试讲	林黛玉进贾府	人教版必修三	高中
安徽	试讲	但愿人长久	苏教版	四年级上册
贵州	试讲	一路花香	苏教版	四年级上册
数学真题集萃				
省/市	形式	内容	版本	年级
河南	试讲	平行四边形的性质	北师大版	八年级下册
北京	试讲	函数的应用	人教版必修一	高中
天津	试讲	小数加减法	人教版	四年级下册
河北	试讲	除以整十数	河北教育出版社	四年级上册
湖南	试讲	同底数幂的乘法	北师大版	七年级下册
安徽	试讲	两、三位数除以两位数	苏教版	四年级上册
贵州	试讲	分数的初步认识(一)	苏教版	三年级上册
英语真题集萃				
省/市	形式	内容	版本	年级
河南	试讲	Unit1 Where did you go on vacation?	人教版	八年级上册
北京	试讲	Unit2 Lesson3 Sports stars	/	/
天津	试讲	Unit2 Can I help you?	人教版	五年级下册

续 表

英语真题集萃				
省/市	形式	内容	版本	年级
河北	试讲	In the City	河北教育出版社	四年级上册
湖南	试讲	Unit3 How do you get to school	人教版	七年级下册
安徽	试讲	Module12 Unit2 Repeat these three words daily reduce, reduce reuse recycle	外研版	九年级上册
贵州	试讲	Module3 Unit7 At the beach	沪教牛津版	五年级上册
音乐真题集萃				
省/市	形式	内容	版本	年级
河南	试讲	红蜻蜓	人音版	四年级下册
天津	试讲	小号手之歌	人教版	三年级上册
河北	试讲	童心是小鸟	人音版	四年级上册
湖南	试讲	小小鼓号手	湘艺版	四年级上册
贵州	试讲	老鼠和大象	人教版	四年级上册
体育真题集萃				
省/市	形式	内容	版本	年级
河南	试讲	蹲踞式跳远	/	/
天津	试讲	跨越式跳高	/	/
河北	试讲	前滚翻	人教版	3~4年级
安徽	试讲	跳长绳	/	/
美术真题集萃				
省/市	形式	内容	版本	年级
河南	试讲	中国画的形式美	人美版	八年级上册
北京	试讲	抽象主义	高中美术鉴赏	高中
天津	试讲	精细的描写	人美版	五年级下册
河北	试讲	城市美容师	湖南美术出版社	四年级上册
湖南	试讲	笔墨千秋	湘美版	八年级上册
安徽	试讲	动物的脸	人美版	四年级下册

二、真题选解

【真题一】贵州省贵阳市试讲篇目:《湖心亭看雪》(初中语文)

【参考设计】

《湖心亭看雪》试讲稿

各位评委老师:

大家好!我是初中语文组的01号考生,今天我试讲的题目是《湖心亭看雪》,下面开始我的试讲。

一、复习导入

师:关于西湖的诗句,同学们能背诵多少?

师:“孤山寺北贾亭西”“水光潋滟晴方好”……是啊,同学们,诗人的心中有一个春天,他笔下的西湖就春意盎然;诗人的心中有一份柔情,他笔下的西湖就温柔缠绵。可是,如果诗人的心中寒冰一片,他笔下的西湖会是什么样子的呢?让我们和张岱一起去“湖心亭看雪”。

二、初读课文,初步感知

师:请一位同学朗诵全文,同学们仔细听,初步感知一下课文内容。

师:再请一位同学读一遍。这次朗读的要求高了一点儿:这篇短文中,作者犯了一个颇严重的前后矛盾的错误,请大家把它找出来。

师:文中开头是说“独往湖心亭”,应该是一个人,可是后文又出现了一个舟子在说话,还说“舟中人两三粒而已”。同学们好敏锐!名篇名作怎么可以前后矛盾呢?我们是不是应该和张岱商量一下让他改改?

三、再读课文,深入理解

师:好,那我们先不急,等咱们深入钻研了课文再作定夺,说不定这其中另有奥妙呢!来,我们一起来再齐诵一遍,这次要求更高了。文中有一个词语可以形象地概括出张岱的形象,请你找出来。

师:“痴”用通俗的话怎么讲啊?

师:对,这个张岱啊,就是一个与众不同的呆人。大家再自由读两遍,咱们讨论一下,他哪些地方表现出特别的呆气了。

师:“是日更定矣,余挐一小舟,拥毳衣炉火,独往湖心亭看雪。”你把这句子有感情地、稍微夸张地读一遍。

师:想想,三天大雪之后的情景,用一个成语表达。

师:她说万籁俱寂,这是从哪个感觉器官来描写的?

师:能从其他角度来写吗?

师:好。这样天寒地冻的天气里,你会在家干什么?

师:烤火、喝茶、看书、睡觉。可是张岱居然在这样天寒地冻的天气里凌晨时分跑到湖上去看雪,你看他,是不是有些“怪异”啊?

师:张岱眼中的西湖雪景你觉得也挺“异”?来,咱们一起读这两句,细细体会一下,说说“异”在哪儿。

师:不着急,我来帮你。老师觉得呀,这一句问题也挺多的。你看“天与云与山与水”多拖沓啊,古人不是说要惜墨如金吗?一连用了四个“与”,我看一个都不用也行。

师:为什么不行?你看我读,天云山水。

第四部分

师：哪点不对，你得说服我。

师：那我们对比读一读。先去掉“与”读一遍，然后再把原文读一遍。

师：好样的，有眼光！这四个“与”让“天、云、山、水”四个景物融和在了一起，如果去掉，好像它们就有界限似的。有这四个“与”，后文的“上下一白”才显得更有气势。来，咱们一起读出这天地苍茫的气势。

师：还有一个地方，老师不解啊。你说文中那些量词怎么这么怪啊？明明应该是这样的嘛：惟长堤一条、湖心亭一座、与余舟一艘、湖中人两三个而已。

师：这样显得好大？大有什么不好吗？看得更清楚有什么不好？

师：哼，不仅是量词有问题，我还觉得顺序也有问题呢，如果我来写就这样安排“湖上影子，惟舟中人两三个、余舟一艘、湖心亭一座、长堤一条”，你看，越来越清晰，越来越清晰，符合人的心理要求嘛！

师：啥味道没有了？

师：漂亮！作者要把自己融和进苍茫宇宙的那种味道。咱们读读最后一句，把那个“而已”的味道读出来。

师：感觉到这“而已”的言外之意了吗？

师：哦，这位同学真是一语惊醒梦中人，原来痴人眼中有痴景，是因为有个“天人合一”，融入宇宙的愿望啊！

师：如此安静的环境，后文突然又写喝酒聊天什么的，是不是意境全破坏了？咱们先到对话中去找。来，请一位同学读读“大喜”一句。

师：客说“湖中焉得更有此人”，“此人”是哪种人，咱们用文言文说出来。

师：如果张岱要回答，用文言如何回答？

师：是啊，酒逢知己千杯少。可是，老师有一疑问，饮酒之前不问姓氏，饮酒之后才问；问却避而不答，只说“是金陵人，客此”，然后不留地址，不留电话，不留 E-mail，这段奇遇，张岱是不是处理得太草率了。

师：这样看来，张岱追求的人生是一种什么样的人生呢？

师：我们现在来看最初我们发现的那个矛盾，是张岱数不清楚人数吗？是张岱一不小心犯了一个可笑的错误吗？

师：是因为他“眼中无人”？那他的眼中只有什么呢？

师：哦，同学们一点拨，老师懂了。世上居然有如此痴人，视世俗世界而不顾，一心要把自己融入自然之中。可是张岱笔下的自然如此清冷，如此浩大，如此孤独，这其中会不会有更深层次的原因呢？舟子说他痴，他会辩解吗？

师：为何不会？

师：对，因为舟子不懂他。

四、课堂小结

师：同学们，老师非常佩服你们。在大家的共同努力下，我们终于透过痴行痴景触摸到并且走进了张岱这位痴人之痴心。中国历史上，有多少这样的古代文人啊，他们被现实压弯了腰，他们在现实中透不过气来了，于是，他们只能在大自然中伸一伸快被压垮了的腰杆，在大自然中深深地呼吸一口干净的空气。他们宁愿自己是山是水是树是花是草是一朵云是一片冰。他们不仅仅是寄情于山水，而且是寄情于阔大宁静、清寒灵动之山水。他们在这片山水中寻找心灵的归依，寻找心智的独一。同学们，正如那位同学所说，雪是其节，冰是其志，苍茫天地是其归宿，凝寒独立是其人格。

五、板书设计

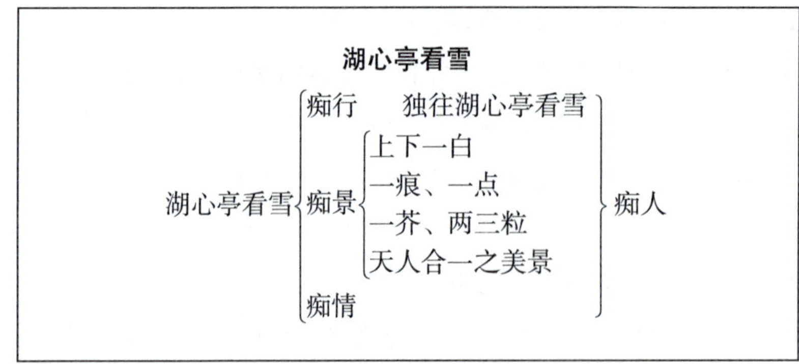

我的试讲到此结束，谢谢各位评委老师的聆听。

【真题二】河南省濮阳市直试讲篇目：《颐和园》（小学语文）

【参考设计】

《颐和园》试讲稿

各位评委老师：

大家好！我是小学语文组01号考生，今天我试讲的内容是《颐和园》，下面开始我的试讲。

一、导入新课

师：同学们好！上课之前呢，老师想先做一个小调查，大家都出去旅游过吧？那你们都去什么地方游览过呢？

师：同学们去过的地方还真不少。那么把旅游中自己看到的、听到的、想到的记下来，就是游记。同学们会写游记吗？今天我们就来学习一篇游记——《颐和园》。相信学习之后会给你带来启发和帮助！

师：颐和园是世界上面积最大、保存最完整的皇家园林。同学们要注意生字“颐”，写的时候，左边中间是一个“口”，不要写成“臣”。“颐”的字义我们也比较陌生，是“保养”的意思。有个成语叫“颐养天年”，就是保养年寿的意思。

二、初读，抓脉络

师：好，那我们一起走进颐和园。请同学们自由朗读课文，看看作者写了颐和园哪些地方的景色。

师：A同学反应真快！通过读课文我们知道，作者写了长廊、万寿山和昆明湖的景色。请同学们再分别读读课文第二、第三、第四、第五段的开头第一句。

师：从这四个句子中你们知道了什么呢？

师：第一句告诉我们作者游览了长廊，那其他三句呢？

师：对，其他三句分别告诉我们作者还游览了万寿山、佛香阁和昆明湖，佛香阁就在万寿山上。作者先到了长廊，再到万寿山，最后到了昆明湖。这是作者的游览路线，也是游览顺序。

师：同学们再看看这些句子，它们有什么特点？这些句子都在课文的什么位置？前半句告诉我们什么？后半句告诉我们什么？谁愿意来说一说？

师：B同学回答得非常完整。它们都在句子的开头，前半句告诉我们到过哪里，后半句告诉我们来到了哪里。

师：像这样告诉我们走的路线，从一个地方到另一个地方的句子叫过渡句。想一想，它有什么作用？

师:对,承上启下。总结上文,提示下文,这就是过渡句,我们今后写游记要注意运用。让我们再读一读这几句。

师:作者边走边游赏,每到一处景色就变换,这就叫做"移步换景"法,这也是游记最常用的写法。游览了这么多,颐和园给作者留下了怎样的印象呢?

师:C同学反应真快,颐和园又大又美丽,还有没有?

师:D同学很细心。作者在课文最后一段再一次告诉我们颐和园有很多美丽的景色,还邀我们去游览呢。

师:我们再回头看课文的第一段,它只有一句话,并且概括了全文的内容,它是什么句?

师:同学们太棒了,就是中心句。那么我们来总结一下这篇课文的结构。

师:文章开头写颐和园美丽,中间具体写长廊、万寿山、昆明湖的美景,最后又写颐和园的美丽,所以这篇文章是总分总的结构。同学们在以后的写作中也可以运用这种写法,使自己的文章完整有序。

三、精读,赏景物

师:光知道作者的游览顺序还不行,具体而生动地描绘景点才是游记最重要的部分,这也是你们觉得最困难的地方是不是?那我们现在就来学习一下,看看作者是怎么具体描绘每个景点的。首先我们来看长廊,它是一个什么样的长廊?作者用了一个词来描述它,看谁能找出来。

师:同学们真厉害,就是"有名"!长廊被联合国文化组织评为世界"长廊之最",还申报了吉尼斯世界纪录,确实是很有名呀。那同学们猜猜看,长廊被称为"世界上最________"呀。请大家自由读课文,边读边思考,在书中找依据。

师:我听到有同学说是"最长的长廊",非常好,那你有什么依据呀,跟我们说一说。

师:哦,这个长廊有七百多米长,分成了273间,那可真长啊!那作者是用什么方法写出了长廊的长呢?

师:对,列数字。让数字说话,让事实说话,一下子就让我们明白了对不对?那长廊除了长,还有什么特点呀?

师:画儿多?从哪里看出来的?

师:"几千幅画没有哪两幅是相同的",真棒!同学们再看长廊的两旁,有数不清的花、看不完的花、竞相开放的花,美不美呀?

师:确实是美不胜收,所以我们还可以说长廊是世界上——最美的长廊。

师:同学们通过读书,猜得有根有据。长廊呀,被称作"世界上最长的画廊",猜对了吗?长廊看似平常,但却用它的长、它的画表现了世界上独一无二的美,它是世界之最,也组成了颐和园里一道亮丽的风景线。

师:接着我们来到了万寿山,你们看到了什么呀?请同学们读这一段话。

师:你们的朗读让我感受到了佛香阁的美、壮和金碧辉煌。真好啊!那么站在佛香阁的前面向下望,作者又望见了怎样美丽的景色呢?

师:是呀,大半个颐和园的景色都收在眼底了,绿树红墙琉璃瓦,真美呀!尤其是那正前方的昆明湖,作者是怎样描绘它的?谁来读一读?

师:E同学读得怎么样啊?有没有同学再来试一试?读得再慢一点,再轻一点。F同学你听得好认真,你来读吧。

师:F同学果然用心了,读得真美啊,我们好像真的坐到了昆明湖的游船上,在像镜子一样明亮、像碧玉一样无瑕的湖面上静静地、轻轻地滑过，仿若在云里飞翔一般。让我们再次朗读这个片段，一定要轻轻地读，感受那份宁静和悠闲。

师：昆明湖这么美，作者是用什么方法写的呢？写出了昆明湖的什么特点？文中的“滑”是否可以换成“划”呢？

师：没错，作者是用了比喻的修辞手法，生动形象地写出了昆明湖的静。“滑”不仅和前面的镜子、碧玉相呼应，而且还以动的画面反衬出昆明湖的静。这是远观的昆明湖，走近昆明湖，我们看到了什么？

师：有长长的堤岸、有桥、有无数的垂柳，最有意思的是什么呀？G同学你来说说。

师：G同学说他还可以走过长长的石桥到湖中心的小岛上玩，而且石桥的柱子上还雕刻着很多姿态不一的小狮子，可好玩了。

四、总结

师：颐和园真是一个美丽的地方，希望同学们以后有机会都去那游览一回，去走走长廊，爬一爬万寿山，游一游昆明湖。

五、板书设计

颐和园

总：美丽、大

分：
- 长廊 → 列数字
- 万寿山 → 句式变换
- 昆明湖 → 比喻

总：到处有美丽的景色

我的试讲到此结束，谢谢各位评委老师的聆听。

【真题三】贵州省贵阳市试讲篇目：《平方根》（初中数学）

【参考设计】

《平方根》试讲稿

各位评委老师：

大家好！我是初中数学组的01号考生，今天我试讲的题目是北师大版教材八年级上册《平方根》，下面开始我的试讲。

一、创设情境，感悟新知

师：首先请大家看大屏幕上的三个问题。问题一是一个正方形桌面的边长是3尺，求这个桌面的面积是多少平方尺？

师：问题二是已知一个正方形的边长是9cm，求它的面积。

师：问题三是如果一个正方形展厅的地面面积为50平方米，求它的边长。

师：有些同学对前两个问题马上有了思路，反应真快。

师：是的，前两个问题都涉及到了我们已经学习过的乘方的知识，那么大家如何解决第三个问题呢？

师：有些同学露出了困惑的表情，没关系，接下来我们就进入本节课的学习内容——平方根，也许它会给我们解答第三个问题的思路。

二、合作交流，解读探究

师：下面我先给出一道练习题，大家计算一下，看谁算得又快又准确。

师：练习1中的题目是求4，0.9，$\frac{2}{3}$，-5的平方是多少？同学们得出$4^2=16$，$0.9^2=0.81$，$\left(\frac{2}{3}\right)^2=\frac{4}{9}$，$(-5)^2=25$，同学们表现不错！

师：接下来我们再做一做练习2，大家思考后，可以先自己计算，再和同桌商讨一下计算结果的正确性。

师：刚才小明同学说他立马就能得出每道题的答案，那么我们请小明同学给我们分享一下他的方法。

师：小明同学说，练习2的题目是练习1的逆运算，要求几的平方是16，0.81，$\frac{4}{9}$，25，由练习1可知答案分别为4，0.9，$\frac{2}{3}$，-5。

师：小明的反应很快，发现了练习1是平方运算，练习2是平方运算的逆运算，还有没有不同的答案，哪位同学想来补充一下？

师：小亮同学补充得很全面，是的，-4的平方也是16，-0.9的平方也是0.81，$-\frac{2}{3}$的平方也是$\frac{4}{9}$，5的平方也是25。

师：像这样，一般地，如果一个数的平方等于a，那么这个数叫作a的平方根或二次方根，即若$x^2=a$，则x叫作a的平方根。而求一个数a的平方根的运算，叫作开平方。

师：大家再对比一下练习1与练习2，体会求平方与开平方运算的互逆性。一定要注意在求平方根的时候不要丢掉负数解。

师：那么是不是所有的数都具有平方根呢？我们来看练习3。

师：$x^2=81$，$x=\pm9$。这位同学回答准确。$x^2=0$，$x=0$。$x^2=-4$，那么x等于多少呢？

师：预习过课本的同学说出了负数没有平方根，完全正确。这就是平方根的性质。

师：一个非负数a的平方根表示为$\pm\sqrt{a}(a\geqslant0)$，我们称非负数的正的平方根$\sqrt{a}$为它的算术平方根，计算的时候要谨记还有一个负平方根$-\sqrt{a}$。

三、应用迁移，理解新知

师：大家自主完成教材P26页中的(1)、(2)题，下面请同学来回答问题。

师：根据图中信息，我们得出$x^2=1^2+1^2=2$，$y^2=x^2+1^2=2+1=3$，$z^2=y^2+1^2=3+1=4$，$w^2=z^2+1^2=4+1=5$。那么x，y，z，w分别为几呢？

师：第一排的中间这四位同学的回答x，y，z，w分别是$\pm\sqrt{2}$，$\pm\sqrt{3}$，±2，$\pm\sqrt{5}$。

师：做题很认真，我们发现4可以完全被开方，结果是±2，我们称之为有理数，而2，3，5不能被完全开平方，那么$\pm\sqrt{2}$，$\pm\sqrt{3}$，$\pm\sqrt{5}$均为无理数。

师：那我们现在回过头来解决课堂开始我们遇到的问题三，若正方形边长为a米，则它的面积为$a^2=50$，即求50的开平方运算，$a>0$，所以正方形的边长$a=\sqrt{50}=5\sqrt{2}$米。

四、课堂小结，布置作业

师：今天我们学习了平方根的概念，平方根的性质及平方根的运算。大家课下完成教材P27页的习题2.3中的1，2题，及时复习巩固本节所学知识。

五、板书设计

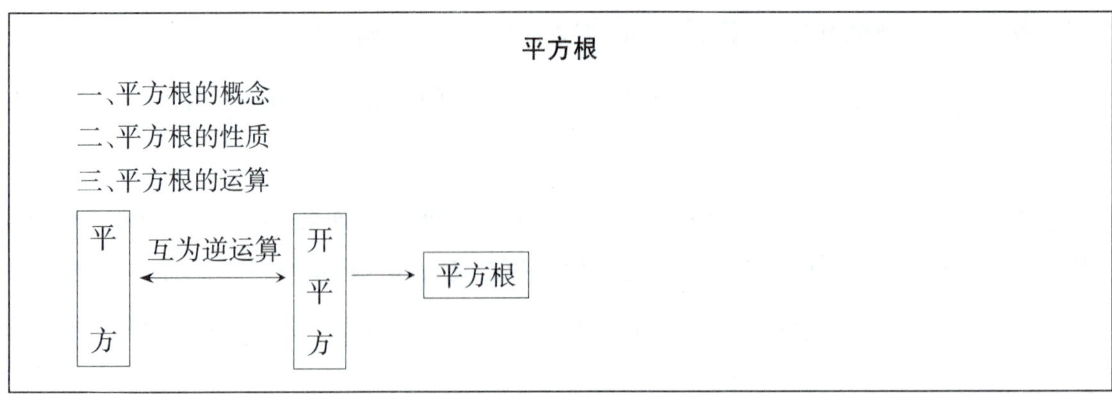

我的试讲到此结束，谢谢各位评委老师的聆听。

【真题四】湖南省宁乡县试讲篇目：《分数与除法》（小学数学）

【参考设计】

《分数与除法》试讲稿

各位评委老师：

大家好！我是小学数学组的01号考生，今天我试讲的题目是人教版教材五年级下册《分数与除法》，下面开始我的试讲。

一、复习回顾

师：同学们，我们已经认识了分数，谁能举出一个分数，并说明这个分数表示的意义。

师：这么多例子呢，看来大家对上节内容掌握得不错。

二、师生互动，学习新知

1.情境导入

师：同学们，你们都记得爸爸妈妈的生日吗？

师：同学们真是好孩子，不但能记住自己的生日还能记住家人的生日。那么，爸爸妈妈过生日的时候是不是要有生日蛋糕呢？今天我们就一边学习数学，一边给爸爸妈妈分蛋糕。

师：老师这里有一个生日蛋糕，如何能把它分给这三个人呢？这就涉及分数与除法的知识，今天我们就一起来研究分数与除法的关系。

2.新知探究

师：我们一起来看课件，大家读一读题目。

师：题目读完了，同学们能给图中的小女孩出出主意吗？把一个蛋糕平均分给一家三口吃，每个人能分得多少呢？先自己思考，然后和小伙伴交流一下你的想法。

师：请每组代表分享一下他们的想法。

师：一组代表生1说因为是一个蛋糕，分成三份，用除法，列式为：1÷3。

师：说得不错，我们会发现1除以3除不尽，商是一个循环小数，等于0.3333…，有没有哪个同学有不一样的想法？

师：二组代表生2说要把一个蛋糕平均分成三份，根据分数的意义，把这个蛋糕看成是单位“1”，分成三份，每份就是三分之一个蛋糕。

师：很棒哦！这样所求的结果不再是除不尽的循环小数，而是一个简洁的分数。也就是1÷3等于什么呢？1÷3和三分之一有什么关系呢？

师：这个问题第三组代表生3回答得很正确。1÷3等于三分之一，二者是相等关系。

师：通过上面的问题，同学们思考一下，如果整数除法不能整除，我们可以用什么来表示商呢？

师：对啦，整数除法不能整除时，可以用分数表示它们的商。

师：类似这样的除法我们在生活中经常遇到。比如中秋节这天，你和爸爸妈妈，还有弟弟四个人在一起吃月饼，刚好桌子上有3块月饼，你会怎么分呢？每个人能吃到多少月饼呢？怎样列式呢？

师：生4反应很快。3÷4正确！那么3除以4能否被整除？我们能否像刚才那样用分数表示它的商呢？如果能，那么商又是多少？

师：现在老师把这个问题交给同学们，请大家拿出准备好的纸片和剪刀，用三个同样大小的圆形纸片当作三个月饼，前后4人一组，分一分，看看每一个同学能吃到多少个月饼？分的过程使用剪刀时一定要注意安全。有没有哪个组分好了？方法一样吗？老师刚才看到很多小组都分好了，现在我请小组代表分享他们组的分法。

师：生5说他们组是一个一个地分的。先把1块月饼平均分成4份，得到4个$\frac{1}{4}$，3块月饼共得到12个$\frac{1}{4}$，平均分给4个学生，每个学生分得3个四分之一，拼在一起是四分之三份饼。

师：方法很直观，不错。还有别的方法吗？

师：生6所代表的小组是把3块月饼叠在一起，先平均分成4份，剪下其中的一份，再把这一份展开，拼在一起得到四分之三份饼，所以每个学生得到四分之三份饼。

师：这个方法得到的结果也是一样的，两种分法都对。相比来说，哪种分法更简便些呢？

师：是的，后一种分法更简便些。下面老师请同学们观察后一种分饼的过程。能理解这个过程吗？三块饼的四分之一和四分之一份饼是什么关系？相等吗？

师：同学们思考得很认真。不相等。因为三块饼的四分之一是将三块饼平均分成四份取其中的一份，而四分之一份饼是将一块饼平均分成四份取其中的一份。

师：3除以4是将3平均分成4份，每份是四分之三。

师：我们一起来观察一下黑板上的这两个算式，1÷3=？和3÷4=？等号左边是什么算式？右边是什么数？你能发现除法与分数之间有什么关系吗？

师：生7真是个爱动脑筋的好孩子。等式的左边是两个整数相除的算式，右边是分数。那两者有什么关系呢？

师：嗯嗯，两个整数相除，商可以用分数表示。再仔细观察一下，分数的分子、分母和算式中的被除数、除数有什么关系呢？

师：对的，被除数相当于分子，分母就相当于除数。这个算式用文字描述就是：被除数作分子，除数作分母，除号相当于分数中的分数线。写作：被除数÷除数。

师：写得正确吗？在这个等式中，要注意什么问题呢？是不是所有的数都可以写成这样呢？

师：同学们真细心。除数不能为0，也就是说分数的分母也不能为0。

师：若用a，b分别表示被除数和除数，那么除法与分数之间的关系又怎样表示？有没有同学愿意在黑板上帮助老师完成？

师：生8写得正确吗？“$a \div b = \frac{a}{b}$”，有没有要补充的？

师：是的，b不能等于0。现在就完整了。那么如果老师现在在黑板上写一个分数，除了看到这个分数本身，你还看到了什么？

师：同学们说是两个整数相除的算式，很好。两个整数相除，商可以用分数表示，反过来，一个分数可以看作两个整数相除，综合上面的问题，能不能说除法就是分数？除法与分数之间有什么区别？

师：请大家区分“除法”和“分数”，除法是一种运算，而分数是一种数。

三、巩固练习

师：大家一起来看小新同学遇到的难题：小新家养鹅7只，养鸭10只，养鸡20只。我们大家帮他算一算，鹅的只数是鸭的几分之几？鸡的只数是鸭的多少倍？

四、课堂小结

师：同学们，这节课你们有什么收获呢？大家回到家和爸爸妈妈分享一下。

五、作业布置

师：同学们，请大家完成教材50页“做一做”1，2题和练习十二1，2，3题。

六、板书设计

分数与除法			
分子	分数线	分母	分数
被除数	÷	除数	商

我的试讲到此结束，谢谢各位评委老师的聆听。

【真题五】贵州省贵阳市试讲篇目：How often do you exercise?（初中英语）

【参考设计】

How often do you exercise？试讲稿

Good morning ladies and gentlemen. I'm No.1 candidate，applying for junior middle school English teacher. My topic is *How often do you exercise*？ Now I'm ready. Class begins.

Ⅰ. Warming-up and lead-in

T：Good morning. Boys and girls. Do you find me something different?

Ss：Your clothes？ Your hair？ Your beautiful face？ You are getting thinner!

T：Oh，somebody has got the point. I'm thinner！ You know why？ I want to invite someone to answer me! Mary，do you?

S：I think you just eat less and exercise more.

T：Yeah，good job! I don't eat much junk food. And most importantly，I exercise every day. And how about you guys？ How often do you exercise?

Ss：Every day.

T：So you can guess today our topic is：how often do you exercise?

Ⅱ. Presentation

T：Today we are going to learn page 15. Now you are invited to go through the story about Linda and try to work out the mindtell and the story of Linda to class. You have five minutes.

T：OK. Time is up. Who wants to have a try？ Tom?

S:This passage is about Linda's daily habits.

T:Good. Now I hope you can put missing words in the blank within three minutes. After that, I will invite somebody to tell your answers.

T:So volunteers? OK, Lily please.

S:...

T:Good job. Now Let's read the words on the blackboard together.

Ⅲ. Practice

T:Now I want to put all of you into groups of four and you can choose a group leader. You are invited to complete the chart in 3b by putting together your good and bad habits. You have five minutes.

T:Time is up. Which group wants to have a try? Group two?

S:...

T:You do an excellent job.

T:Now I hope you can go on to write a report about the habits of group members. After that, one reads the report to the group aloud, while the rest listen, check and find mistakes. You have five minutes. Now, go! Just do it!

T:Finished? OK. Next, each group sends a representative to read the report to the class. The students from other groups come to the front to have a look at the comments from the three perspectives: handwriting, grammar and content.

T:Now I would like to invite somebody to take a presentation. Volunteers?

T:Group one? Very good.

Ⅳ. Homework

T:Today our homework is to make a survey about your mother's daily tasks and write an article within 150 words. See you next class.

How often do you exercise?
always every day twice a week never

That's my presentation. Thanks for your listening.

【真题六】河北省邯郸市复兴区试讲篇目:In the city(小学英语)

【参考设计】

In the city试讲稿

Good morning, distinguished judges. I'm No. 1 candidate, applying for primary school English teacher. Today my topic is *In the city*. Now I'm ready. Class begins.

Ⅰ. Warming-up and lead-in

T:Morning, children. Are you happy today?

T:Oh, you are so happy. I'm happy, too. Now I need some help. Can you help me?

T:You are so nice! I want to read books. Where can I go?

T:Library? Yes! You are so clever!

T:Now, I am a little hungry. Where can I go?

T:Yes! I need to go to a restaurant. Thank you.

第四部分

T:I am full now. I like monkey. Where can I go to see monkey?

T:Aha! Yes! I can go to the zoo!

T:Look! This is a map. Is the zoo near the restaurant? Is the library far from the school?

T:Let's draw the street together!

T:Good job! Look! Boys and girls. It's a city now.

Ⅱ. Presentation

T:Danny is lost. He wants to go to the zoo. Can you help him? Any volunteer? Hands up, please. Good, Mike, please.

T:Very good! First go straight and then turn right. Thank you, Mike!

T: Now Danny wants to eat something. Can you help him to find the restaurant? Come on, boys and girls! Yes! Annie!

T:Good job! He just needs to go straight and then turn left.

T:Now, let's read the words on the blackboard together.

go straight/turn left/turn right

Ⅲ. Practice

T:Here comes a fun part of our lesson. Let's play a game! Look at the PPT and try to say the way. Now work in pairs and make a dialogue to use the words and sentences on the blackboard.

T:I'd like a group to act it out in front of us. Who wants to come to the front? Any volunteer? Lucy and Tom, please.

T:Nice work! I'd like another group to act it out again.

Ⅳ. Homework

T:Today, we learned how to describe the ways. Try to show the way to your friends after class.

Time is up. Let's stop here.

In the city
go straight/turn left/turn right
A:Excuse me. Can you help me? Where is the________?
B:Go straight, turn left.
A:Thank you.
B:You're welcome.

That's my presentation. Thanks for your listening.

【真题七】贵州省贵阳市试讲篇目:《小船》(小学音乐)

【参考设计】

《小船》试讲稿

各位评委老师:

大家好! 我是小学音乐组的01号考生,今天我试讲的题目是《小船》,下面开始我的试讲。

一、导入新课

师:同学们,你们的爸爸妈妈有没有带你们在公园里的湖上划过小船啊?

师:那么,现在请大家尝试回忆或者想象一下,在一个阳光明媚的午后,在碧波荡漾的湖面上,爸爸妈妈划着一只小船载着你,一起欣赏优美的风景。

师:有一首歌曲正是描绘了这样一幅画面,请同学们认真聆听,想一想歌中唱的“小船”象征着什么。

师:A同学回答得非常好,“小船”象征着爸爸妈妈和你组成的温馨的小家。

二、新课教学

(一)聆听歌曲

师:下面请同学们再次聆听歌曲,感受歌曲温馨的情感,同时注意分辨歌曲的速度和节拍。

师:B同学说得很对,歌曲的速度是中速,节拍是$\frac{4}{4}$拍。

师:下面请同学们再完整聆听一遍歌曲,边听边用手点桌子击拍,同时注意分辨这首歌可以划分为几个乐句。

师总结:这首歌曲可以分为三个乐句,第一乐句为第1~4小节,第二乐句为第5~8小节,第三乐句为第9~16小节。

(二)学唱歌曲

1.学唱第一乐句

师:下面老师范唱第一乐句歌谱,请同学们听一听这一乐句视唱的难点。

5 6 5 3 2　0 | 5 6 5 3 5　0 | 5 565 3 2　0 3 | 1 2 6　5　- |

师:第一乐句第3小节第四拍的前半拍休止,此处要注意声音虽断,但气息仍在保持中,不换气,这是歌曲演唱中的一种“声断气连”的方法,老师再唱一次,请同学们留意一下。

师:请同学们试着视唱这一乐句,尤其注意体会这种“声断气连”的感觉。

师:下面请同学们一起来随琴视唱第一乐句的歌谱。

师:歌谱唱熟之后,咱们来加入歌词,随琴演唱第一乐句,注意“我的”两字要唱得“声断气连”。

2.学唱第二乐句

师:下面老师范唱第二乐句歌谱,请同学们指出这个乐句中的特殊节奏型。

6 1　6 1 0 1 2 | 3 5 2　²3　- | 6 1　6 1 0 1 2 | 3 5 1　¹2　- |

师:第二乐句第5小节和第7小节的前两拍都是切分节奏,我们专门来视唱一下这两拍。

师:同学们有没有注意到第6小节和第8小节的第三拍分别都有一个前倚音?下面老师再为大家范唱一下这个乐句,注意听前倚音的效果。

师:下面老师试着把前倚音去掉,再唱一下第二乐句。

师:你们觉得哪一种效果更加婉转、动听啊?

师:同学们都听出来有前倚音的时候更好听。下面请同学们随琴视唱一下第二乐句的歌谱,注意唱准切分节奏,并唱出前倚音。

师:同学们唱得很好,下面我们加入歌词,随琴演唱第二乐句。

3.学唱第三乐句

师:老师范唱第三乐句歌谱,请同学们注意这个乐句中的特殊节奏型。

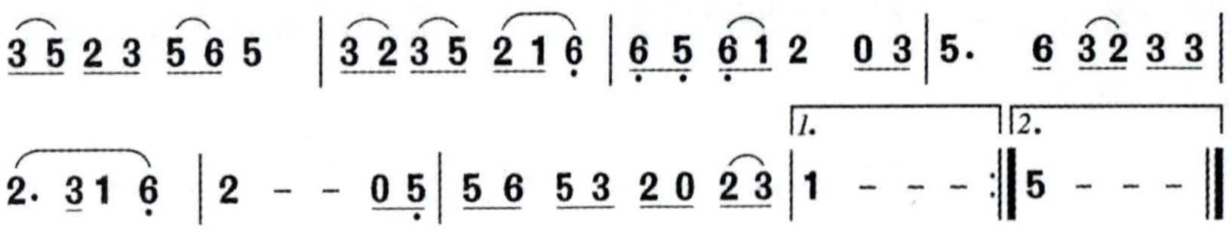

3 5 2 3 5 6 5 | 3 2 3 5 2 1 6 | 6 5 6 1 2 0 3 | 5. 6 3 2 3 3 |

2. 3 1 6 | 2 - - 0 5 | 5 6 5 3 2 0 2 3 |1. 1 - - - :|2. 5 - - - ‖

师:第三乐句中第11、14小节第四拍前半拍休止,同学们可以在此处换气,相当于弱拍起唱,要注意准时起唱。第12、13小节前两拍是附点四分音符的节奏,同学们可以挥拍演唱,要唱准节奏。第15小节第三拍后半拍的休止仍要用“声断气连”的唱法。最后第16小节是四拍的结尾音,要唱够时值。

师:请同学们随琴视唱第三乐句,注意把握以上要点。

师:请同学们自己练习视唱第三乐句。

师:有谁唱会了,可以给大家演唱一下吗?

师:这几位同学唱得都很准确!几个要点都掌握好了,这一乐句就不难唱了。

师:下面我们加入歌词,一起随琴演唱一下第三乐句。

4.完整演唱

师:这首歌的三个乐句我们都学会了,下面请同学们将以上三个乐句连起来,完整地随琴演唱一下第一段歌词。

师:同学们唱得很流畅!这一段末尾的记号是什么意思呢?

师:这是反复记号,这个反复记号表示从头演唱第二段,唱到倒数第二小节的时候要跳过小房子1,接唱小房子2。

师:下面请同学们完整地演唱两段歌词。这是一首抒情歌曲,请同学们用饱满的气息,连贯、柔和的声音来演唱。

(三)表现歌曲

师:现在同学们都已经会唱这首歌了,为了表现歌曲细腻的情感,我们还需要注意一些力度变化,比如“摇呀摇”的第二个“摇”要唱得弱一些;装饰音要唱得更加平滑;还要富有情感地演唱,表达出对爸爸妈妈的爱恋。

师:下面我们来分段演唱,第一段女生唱,第二段男生唱,看看哪一组唱得更加优美、动听。

三、课堂小结

师:今天我们通过学唱《小船》这首歌曲,更加懂得了爸爸妈妈对我们的关爱和照顾,体会到了家庭的温馨和幸福,希望同学们以后要更加珍惜家庭、孝顺父母。同学们回家以后可以把这首歌唱给爸爸妈妈听,表达对爸爸妈妈的感恩之心。

四、板书设计

小船

$\frac{4}{4}$拍、中速、深情地

第一乐句:第1~4小节(“声断气连”唱法)

第二乐句:第5~8小节(切分节奏)

第三乐句:第9~16小节(附点四分音符)

我的试讲到此结束,谢谢各位评委老师的聆听。

【真题八】贵州省贵阳市试讲篇目:《实心球投掷》(小学体育)

【参考设计】

《实心球投掷》试讲稿

各位评委老师:

大家好！我是小学体育组的01号考生,今天我试讲的题目是《实心球投掷》,下面开始我的试讲。

一、导入新课

1.课堂常规

师:同学们,上课。立正、向右看齐、向前看,各排依次报数。同学们好,检查各自服装。需要见习的同学请出列,站在队伍左侧观察学习。

2.导入

师:同学们,你们知道在奥运会田径赛场上有关投掷的运动项目有哪些吗?

师:对,有铅球、标枪和链球。那么,除了奥运会田径赛场上的投掷项目,你们还知道哪些投掷运动呢?

师:回答得非常好,有同学说到了实心球。今天我们学习的内容便是双手头上投掷实心球。

二、热身活动

1.慢跑

师:立正。全体都有,向左转。体育委员带领同学们绕田径场慢跑两圈,女生在前,男生在后,注意控制慢跑的节奏,调整呼吸频率。

师:前面的同学逐渐加快速度,后面的同学跟上跑步节奏。

2.徒手操

师:全体都有,成体操队形散开。注意调整呼吸节奏,体育委员出列,带领大家做徒手操。

师:动作要到位,充分伸展身体的各个部位,尤其注意肩部的肌肉拉伸。很好,加油。

三、新课教学

1.讲解示范

师:集合。稍息,立正。前两排向前两步走,向后转。同学们,现在老师手里有一个实心球,你们知道该怎么投掷实心球吗?

师:很好。双手或者单手向前投掷。下面,每排发一个实心球,由前向后传递,同学们感受一下实心球与其他球有什么不同。

师:对,摸上去软软的。虽然实心球表面柔软,但是具有一定重量,击打在人身上也会受伤。所以,在开始学习之前,老师要特别强调学习的纪律,不可胡乱投掷实心球,避免造成同学受伤,明白吗?

师:好的。同学们,请看挂图。双手头上投掷实心球的技术有四个环节组成,分别是持球、预备姿势、预摆、最后用力。

师:老师做完整的技术动作示范,请同学们认真观看。

师:好的,双手头上投掷实心球的动作要领为,面对投掷方向,前后两脚开立,身体重心落在后脚上,两膝微屈,双手举球至头的后上方,双脚用力蹬地的同时,收腹,向后挥臂,双手随手臂向前用力将球由头后向前上方掷出,掷出后,身体保持重心平稳。

师:好的,下面跟着老师的口令,进行原地动作模仿练习。

师:注意,准备。一,持球;二,预备姿势;三,预摆;四,用力投出。好的,注意重心的调整和挥臂的动作协调。一、二、三、四。非常好。

师：下面分组练习，组长喊口令，开始。

2.小组模仿练习

师：很好。组长喊口令时，要控制好练习的动作节奏。

师：同学们，注意腰部向后引的动作，不能只向后挥臂。

师：很好，继续练习。

3.第二次讲解示范

师：集合。向后转，稍息。下面，老师再次做完整的动作示范，同学们注意观察。

师：同学们，练习时要注意腰部和手臂的协调配合。

师：下面，听老师口令，每排依次进行投掷练习，全部结束后集体捡球。明白吗？请做好准备。

师：第一组做准备。一，持球；二，预备姿势；三，预摆；四，用力投出。好，动作都很标准。第二组做准备，一、二、三、四。

4.组内练习

师：刚才大家练习得都很认真，下面组内互相帮助练习，各小组到指定区域练习，注意安全。

师：组长喊口令，统一投掷。

师：尽量保持腰部放松，重心变化要明显。很好，这个小组的同学们的动作很标准，投掷出了较远的距离。其他的小组，加油。

5.学生展示与评价

师：集合。同学们都表现得非常好，下面从每个小组中选出两名代表做展示，做展示的同学请出列。

师：很好。同学们注意他的腿部动作，重心的变化。下一位，做准备。

师：注意手臂的挥臂，出手要迅速有力。很好，真不错。

6.教学比赛

师：经过了这节课的学习，你们想不想大展身手？下面，我们进行实心球投掷接力赛。

师：各组排成纵队站在投掷线后，排头手持实心球，每组之间间距五米。各组组员依次向前进行投掷，最后累计总的长度。每组派一名组员监督旁边的小组。明白规则了吗？好。有没有信心赢得胜利？很好，老师期待你们的表现。请做准备。比赛开始。

师：集合。同学们非常棒，刚才的比赛竞争很激烈。下面，我宣布比赛结果，获胜的是第二组。其他小组不要气馁，下节课我们再比赛一次。

四、课堂小结

1.放松活动

师：集合，下面跟着音乐做放松操，全体都有，成体操队形散开，开始。

师：很好，注意调整呼吸，拍打手臂和腿部部位。

2.教师小结

师：今天我们学习了双手头上投掷实心球的技术动作，同学们表现得都非常好。

师：今天的课就上到这里，值日生收还器材，同学们再见。

我的试讲到此结束，谢谢各位评委老师的聆听。

【真题九】江西省试讲篇目:《原地单手肩上投篮》(初中体育)

【参考设计】

《原地单手肩上投篮》试讲稿

各位评委老师:

大家好！我是初中体育组的01号考生,今天我试讲的题目是《原地单手肩上投篮》,下面开始我的试讲。

一、导入新课

1. 课堂常规

师:同学们,上课。立正——向右看齐——向前看——各排依次报数。同学们好,今天同学们各个神清气爽,都很开心啊。

2. 导入

师:在学习新内容前,老师先问大家一个问题,"同学们,你们知道怎样才能提高投篮命中率吗?"

师:有同学说,瞄准篮筐。还有知道的同学吗？那位戴眼镜的同学说,动作要领要正确。

师:嗯,刚刚这两位同学说得都非常好,那我们今天就来探究下要怎样投篮才会更准些。

二、热身活动

1. 慢跑

师:好,在上课之前,我们先做热身活动,避免在接下来的活动中发生运动损伤。

师:好,全体都有,向左转,女生在前,男生在后,绕篮球场慢跑三圈,第一圈侧身跑,第二圈并步跑,第三圈慢跑,跑步走。注意安全。立定,向右转。

师:同学们做得非常好,跑得都很整齐。

2. 徒手操

师:接下来,我们做徒手操,以中间这名同学为基准,成体操队形散开。第一节头部运动,第二节扩胸运动,重点活动各个关节。以中间这名同学为基准,向中看齐,向前看。同学们徒手操做得很好,很整齐。

三、新课教学

1. 讲解示范

师:好,现在开始我们的新课。第一第二排向前两步走,向后转。同学们,先看老师边讲解边示范一遍原地的单手肩上投篮的持球动作。

师:好,注意了,五指自然张开,掌心空出,手腕后屈,抬肘,将球持于肩上右耳旁。手扶球侧。

师:同学们都看清楚了吗？好,我们先进行原地徒手练习,全体都有,成体操队形散开。练习10次,开始。

师:集合,刚刚进行了徒手持球动作练习,大家掌握得还不错,下面讲解站姿和出手动作。两脚前后站立,右脚在前,重心在两脚之间。投篮时,腿部后蹬,展腰,手臂前伸的同时手腕前屈,食指与中指用力将球拨出,目视篮圈。

师:好,先进行徒手练习,再把刚刚学过的持球动作加在一起练习,练习2分钟。

师:要注意重心变化,这样可以更好地蹬地。

师:对,就是这样。注意眼睛目视前方,这样才能看到篮筐。

2. 分组练习

师:集合,下面分组进行单手肩上投篮动作定点练习,距离由近至远,先到1.5米处投篮三次,再到2米处投篮三次,最后到罚球线上投篮五次,要注意投篮时眼睛目视篮筐,食指和中指柔和拨球,还要注意下肢蹬地的顺序。

师：好，各自到自己的场地去。这位同学，你投篮虽然进了，但是动作有点僵硬。注意肩部放松点。对，就是这种感觉。你重心再低点，下肢用力蹬伸，对，很好。

师：集合，同学们，刚刚老师看了大家的练习，有几个问题需要注意下，我们在投篮的时候不能为了投中篮圈而忽视动作，一定要注意动作的细节。投篮时重心下降时，下肢要迅速蹬地。

3. 小组比赛

师：好。集合。下面进行一个二对二的篮球比赛，分成两大组，一组叫冲锋队，一组叫闪电队，每组选出二名同学进行小组比赛，用时一分钟，得分高的小组胜出，听清楚了吗？

师：好，老师当裁判，比赛开始。

师：不错哦，好厉害，做得很好。游戏结束。冲锋队赢了，鼓掌。

四、课堂小结

1. 放松活动

师：集合，下面跟着音乐做放松操，全体都有，成体操队形散开，开始。

师：集合。不错，很好。老师问下大家，今天学习了单手原地肩上投篮，有哪位同学知道其动作要点？

师：好，第一排的排头说脚要前后站，重心要低。恩，很好，还有补充的吗，最后一排第三个同学说投篮时，眼睛目视篮筐，食指和中指拨球要柔和用力。恩，不错，都说得很好。

2. 教师小结

师：今天我们学习了原地单手肩上投篮动作，同学们表现得都非常好。

师：今天的课就上到这里，记得收还器材，同学们再见。

我的试讲到此结束，谢谢各位评委老师的聆听。

【真题十】贵州省贵阳市试讲篇目：《巧用瓶盖》（小学美术）

【参考设计】

《巧用瓶盖》试讲稿

各位考官：大家好，我是小学美术组01号考生，今天我试讲的题目是《巧用瓶盖》。下面开始我的试讲。

一、激趣导入

师：同学们，我们今天要变废为宝的物品，就是瓶盖。先看看你们都收集到了怎样的瓶盖？大家将瓶盖摆放在桌子上。

二、分析基本形，联想实物，体会瓶盖与圆形物体的联系

师：请你们介绍一下自己收集到的瓶盖，说说它是大的还是小的，有什么特别的地方？可以从瓶盖的颜色、纹理、材质等方面分析。

师转述：A同学说瓶盖有大有小，有高有矮，但它们多数都是圆形的。说得真棒！

师：除了瓶盖，你还在我们身边发现了哪些圆形的东西？

师：噢，同学们真细心，我们身边的圆形东西还有风扇、太阳、小花、钟表等。

师：那大家再想一想，这些圆形的物体或物体的部件和瓶盖有什么关系呢？既然它们都是圆的，我们能不能用这些瓶盖来做这些物体呢？

三、欣赏作品，师生探讨制作方法

1. 用瓶盖摆放的图形

师：同学们，刚才我们提到的太阳、小花、钟表，都可以拿这些圆圆的瓶盖做出来。现在，请同学们欣赏一些五颜六色的瓶盖做成的作品。

师：这些实物作品有单一瓶盖制作的、两个瓶盖制作的、多个瓶盖制作的。大体的步骤为先将瓶盖描下来，再在描好的圆形上画出想好的图形，剪下来，贴在瓶盖上，一件作品就做好了。在做的过程中，我们可以使用画、剪贴或者直接用瓶盖粘的方法。

2. 瓶盖连接技法研究

师：同学们看一下是不是有的作品是两个瓶盖连接在一起的？

师：那怎样才能将两个瓶盖连接在一起呢？

师：同学们真聪明，就是这样做的。上下粘好，并排连接时，每个瓶盖都绕上双面胶，再将瓶盖排好，用另外一张软纸条将其缠住，这样才结实。

3. 一幅好作品的特点

师：刚才我们看到的这些作品漂亮吗？为什么？

师转述：E 同学说这些作品真漂亮，因为它们色彩鲜艳、造型美观、摆放合理。

四、学生制作，教师指导

师：欣赏了这么久，老师看到多数同学已经开始摩拳擦掌了，让我们赶快用瓶盖来做一幅作品吧。现在请大家思考一下：你准备用瓶盖做什么，要用到哪些材料工具，怎么做？

师：在开始之前，老师要先说一下要求：可以用一个瓶盖做玩具，也可以用许多瓶盖做玩具；可以独立完成，也可以与小组同学合作完成。制作时注意安全使用工具。制作的垃圾，放在桌面上的垃圾盒里，保持教室整洁。

五、展评作品

1. 学生自评互评，学生谈心中的真实感受

师：老师要看看我们班的同学谁有　双善于发现美的眼睛，快看看你身边同学的作品，你觉得谁制作得漂亮，把它推荐给大家吧。说说你为什么喜欢这件作品。

2. 老师评价

师：老师首先要表扬一下大家，大家的作品都非常棒，不管从创意、色彩的搭配，还是制作的精致程度，都表现出大家认真、细心的态度，但也有几幅不太成功的作品，请同学们提出小意见进行修改，好不好？

六、总结拓展

师：今天我们走进了小小的瓶盖世界，你感受到无穷的乐趣了吗？我们用废旧的瓶盖制作了不同的玩具，美化和丰富了我们的生活。今后我们再看到废旧的物品应该怎么做？变废为宝，把它们做成漂亮的作品。

七、板书设计

巧用瓶盖
一、要素：材质、色彩、造型(圆形较多)。
二、方法：画、剪贴或者直接用瓶盖粘、排、叠等。

我的试讲到此结束，谢谢各位考官的聆听。

【真题十一】贵州省贵阳市试讲篇目:《走向世界大舞台》(初中道德与法治)

【参考设计】

《走向世界大舞台》试讲稿

各位评委老师:

大家好！我是初中道德与法治组01号考生,今天我试讲的内容是《走向世界大舞台》,下面开始我的试讲。

一、导入新课

师:2019年3月,“达能少年世界杯”中国赛区鸣哨开赛,来自全国各地的160支足球队伍在绿茵场上激烈竞赛,历经重重考验,角逐中国赛区冠军。10月份,“达能少年世界杯”中国赛区的冠军队伍代表中国出征西班牙巴塞罗那。

师:中国足球少年勇夺桂冠说明了什么?

师:对,说明他们在走向世界大舞台。

师:在父母的引领下,我们开启了认识世界的第一扇窗,迈出了探索世界的第一道门。我们走出家门,步入学校,逐步融入社会,走向更加广阔的世界。这一节课就让我们来探讨这一话题。

二、新课教学

(一)多彩世界中的我

活动一:积极走向世界

师:请大家看多媒体课件上展示的图片,并结合图片谈谈,你有类似的经历吗?我们走向世界的形式还有哪些?

师:第一小组的代表刚才为我们分享了他们走向世界的经历,如向外国网友介绍家乡的风土人情、邀请外国访学同学到家里做客、与父母一起去国外旅游等等。

师:世界是多彩的,我们走向世界的形式是多样的。在走向世界的过程中,我们经历越来越多的事,遇见越来越多的人。我们会与世界各地不同国家、不同种族、不同文化背景的人交往。我们要珍视每一次交往的经历,努力建立起彼此之间的协作关系。

活动二:积极探索世界

师:互联网在增加社会生活便捷性的同时,也容易把人限制在电脑前,限制在固定的住所之中,由此出现了“宅男宅女”现象。

师:你如何评价这种现象?他们这样“宅”着,是否也在走向世界呢?

师:正如同学们所说,“宅”这种行为严重影响他们的身心健康和人际交往。宅男宅女应该明确自己的生活目标,合理使用电脑,参加实践活动,走出“宅居”生活。

师:我们在交往中探索世界,彼此守护,共同成长。我们学会关爱,相互理解,赢得尊重,获得成长的力量。面对困难,我们勤于沟通,真诚合作,更加理性、智慧地解决问题。我们一路历练、成熟,不断自我更新,逐渐为国家乃至世界承担起更多的责任。

(二)我为世界添光彩

活动三:积极为人类发展和世界进步作贡献

师:在我们身边,有这样一些人,他们很普通,为中国乃至世界做着普通的事。他们做的事看似普通,却不可或缺;看似平凡,却不平凡。让我们一起看多媒体课件上展示的图片。

师：这些图片反映的内容体现了什么？请同学们再列举几个中国公民为世界作贡献的实例。

师：A同学说得很好，中外工作人员合作进行物探施工、中方工作人员向外国友人介绍中医文化、中国医疗队在柬埔寨实施眼科手术等等，都体现了我们与丰富多彩的世界紧密相连，始终与这个世界彼此互动，同呼吸，共命运。

师：每个人都是这个世界中的一员，所做的事都有可能对世界发展产生影响。我们要从普通的事做起，通过自身的努力为人类发展和世界进步贡献智慧和力量。

活动四：适应未来挑战，全面提升个人素养

师：机器人实验室里，老师编好程序，学生进行技能训练，从未知到已知；科技馆里，学生分成若干个小组，师生一起针对某个问题进行有目标、有组织的研究……

师：这样的学习经历对适应未来世界的挑战有什么意义？

师：着眼未来，我们要适应世界发展的趋势和要求，全面提升个人素养，不断丰富知识储备，增强人文底蕴，树立科学精神，掌握科学思维方法，增强社会责任感，学会观察、思考各种社会现象，积极参与社会实践活动，培养实践创新能力。

三、巩固提升

师：有同学说，青少年是未成年人，无法为世界添光彩。你怎么看待这种观点，请说明理由。

师：这种观点是错误的。青少年也能为世界添光彩。每个人都是这个世界中的一员，所做的事都有可能对世界发展产生影响。我们要从普通的事做起，通过自身的努力为人类发展和世界进步贡献智慧和力量。

四、小结作业

师：请B同学为我们总结本课学习的主要内容。

师：请同学们课下以《走向世界大舞台》为题，写一篇小论文，下节课我们一起分享交流。

五、板书设计

走向世界大舞台

一、多彩世界中的我

1.积极走向世界

2.积极探索世界

二、我为世界添光彩

1.积极为人类发展和世界进步作贡献

2.适应未来挑战，全面提升个人素养

我的试讲到此结束，谢谢各位评委老师的聆听。

【真题十二】贵州省贵阳市试讲篇目：《探寻新航路》（初中历史）

【参考设计】

《探寻新航路》试讲稿

各位评委老师：

大家好！我是初中历史组01号考生，今天我试讲的内容是《探寻新航路》，下面开始我的试讲。

（一）导入新课

师：中世纪时，大多数欧洲人认为，耶路撒冷是世界中心，地是平的，还有四个角。甚至有人说，只有疯子才认为地球是圆的。15世纪初，古希腊天文学家、地理学家托勒密的《地理学指南》一书被翻译成拉丁文，地圆学说逐渐流行开来。同学们知道地圆学说是怎样得到证明的吗？

师：同学们都说是麦哲伦船队的环球航行证明了地圆学说的正确。麦哲伦船队为什么要进行环球航行呢？让我们通过学习新课《探寻新航路》来找到答案。

(二)讲授新课

1.新航路开辟的原因

师：请大家先自学课文第一部分，想一想人们为什么要探寻新航路？什么又为探寻新航路提供了条件？

师：同学们回答得很好，下面由老师来总结和补充新航路开辟的原因。

历史原因：

(1)经济根源：随着手工工场和租地农场的发展，欧洲市场需求逐渐扩大，商品经济日趋发达，欧洲人渴求开拓新的贸易市场。

(2)社会根源：东方的商品受到欢迎，马可·波罗对东方的描述，更激起欧洲人对东方的无限想象和向往。

(3)商业危机：15世纪中叶，奥斯曼帝国控制了东西方之间的商路，要求商人交纳高额关税，使得从东方运往欧洲的商品更昂贵，欧洲人想要寻找通往东方的新航路。

客观条件：

(1)地理知识的进步：随着欧洲地理学的发展，人们逐渐相信地球是圆的，从欧洲向西航行可以到达东方。

(2)航海技术的进步：13世纪，欧洲水手已经掌握了罗盘导航技术。

(3)造船技术的进步：欧洲的造船技术取得重大突破。

2.新航路开辟的经过

师：新航路是指十五、十六世纪之交，西欧各国本想探寻通往东方的航线，经过一系列的航海探险活动，开辟了通往印度和美洲等世界各地的航路。西方史学界一般都将这一过程称为“地理大发现”，而把发现新航路的15世纪中期到17世纪中期称为“扩张的时代”“发现的时代”。

师：请同学们自主学习哥伦布“发现美洲”、麦哲伦船队全球航行的内容，完成老师给的表格。完成后与老师给出的答案对照。

时间	航海家	支持国家	方向	路线	影响
1487年	迪亚士	葡萄牙	向东	欧洲—非洲好望角	发现好望角
1497—1498年	达·伽马	葡萄牙	向东	欧洲—非洲好望角—印度	开辟了到达印度的航路
1492年	哥伦布	西班牙	向西	欧洲—美洲	“发现”美洲
1519—1522年	麦哲伦船队	西班牙	向西	大西洋—太平洋—印度洋—大西洋	第一次完成了环球航行，证明了地圆说的正确

3.新航路开辟的影响

师:新航路开辟的影响是什么?请同学们分成三组,分别讨论新航路开辟对世界,欧洲,亚、非、美洲的影响,5分钟后请小组代表发言。

师:A组代表说,新航路开辟结束了世界各地相对孤立的状态,世界日益成为一个整体,以西欧为中心的世界市场的雏形开始出现。

B组代表说,新航路开辟加速了西欧封建制度的解体,促进了资本主义的发展;西欧国家进行殖民掠夺和奴隶贸易,进行资本主义的原始积累。

C组代表说,西欧的殖民扩张,给亚、非、美洲人民带来了深重灾难,同时也冲击了当地落后的生产生活方式。

师:同学们回答得很精彩全面。

(三)拓展延伸

师:下面是一道课堂练习。请同学们思考这个问题:葡萄牙、西班牙为何能走在开辟新航路的前列?

师:同学们的回答主要集中在这几点,它们的地理位置都处在大西洋西岸,都掌握了先进的航海技术,对奢侈品的需求大。老师要补充几点,还有它们都是中央集权国家,有强大的国力作保障;人文主义思想提供了思想动力;它们都有传播天主教的需要。

(四)小结和作业

师:对财富的追求、地理知识的增加、航海技术的发展以及传播天主教的热情最终导致了新航路的开辟。新航路的开辟打破了世界各地间的相对孤立状态,促使世界逐渐连成整体,为世界市场的形成奠定了基础。

师:这节课同学们表现得非常好。老师留个小任务,请同学们课下搜集资料,完成一篇评价哥伦布“发现”美洲的小论文。

(五)板书设计

探寻新航路
1.新航路开辟的原因 (1)历史原因 (2)客观条件 2.新航路开辟的经过 3.新航路开辟的影响 走向联合的世界

我的试讲到此结束,谢谢各位评委老师的聆听。

【真题十三】贵州省贵阳市试讲篇目:《自然特征与农业》(初中地理)

【参考设计】

《自然特征与农业》试讲稿

各位评委老师:

大家好!我是初中地理组01号考生,今天我试讲的内容是《自然特征与农业》,下面开始我的试讲。

(一)导入新课

师:同学们好!我们都知道我国南方的主食是米,北方的主食是面,为什么会有这样的差别呢?请大家开动脑筋想一想,畅所欲言。

第四部分

师：对了，我听到有人说南北方的气候不同，因此所种植的粮食作物也不一样。大家分析的方向很对，南北方因为纬度不同，所以在气候上差异很大，所适宜种植的粮食作物也不同，因而导致了人们在饮食习惯上的差异。

师：人类的生产生活与自然地理环境联系密切，尤其是农业。除了刚才我们提到的气候会影响农业作物的类型，还有什么别的自然因素会影响农业呢？接下来让我们一起翻开课本，学习今天的内容——自然特征与农业。

(二)讲授新课

师：请同学们先花3～5分钟的时间阅读教材，回答下列问题：

1. 南方的红土地与当地的茶树种植有关系吗？

2. 不同地形适宜种植的农作物是否一样？

3. 南方地区为什么是我国重要的水田农业区？北方地区适合发展水田农业吗？

师：好了，同学们都读完了课文，有谁能够回答一下我刚才提出的问题？

师：A同学说南方的红土地适合茶树的生长，能提供茶树生长所需的养分；B同学说不同地形适合种植的农作物不一样，比如小麦、水稻适合种在平原，果树适合种在山上；C同学说南方地区适合发展水田农业是因为降水丰富，河流较多，而北方降水较少，不适合发展水田农业。

师：刚才三位同学回答得都非常好。关于第一个问题，老师还有一点要补充：茶树是一种相对耐酸的作物，适合生长在微酸性的土壤，而南方地区的红色土壤呈微酸性，所以适合茶树的生长。

师：从刚才的三个问题中，同学们能发现影响农业生产的因素都有哪些吗？

师：对了，土壤、地形、水源都会影响农业生产，再加上我们最开始提到的气候，一共是四个因素。这些因素都属于自然因素，除此之外，农业生产还受到一些社会经济因素的影响，比如政策、市场、交通运输等。

(三)拓展延伸

师：下面请同学们运用所学知识完成课本第48页的练习题，将图片中给出的三种常见食材与其主要的分布地区用直线连接起来，可以和周围的同学互相讨论。

师：好，接下来让我们一起来看一下答案吧。

师：莲藕的主要分布区对应长江中下游平原，椰子的主要分布区对应海南岛，竹笋的主要分布区对应东南丘陵。同学们，你们都答对了吗？

(四)小结作业

师：还有几分钟的时间，我们一起来回顾下这节课的重点。农业与自然地理环境联系密切，影响某一地区的农业生产的自然因素主要有气候、地形、水源和土壤。

师：在这节课结束之前，老师要给大家留一个小作业。请大家课下和同学们讨论或者查找资料，从气候、地形、水源、土壤这些方面具体分析为什么莲藕适合长在长江中下游平原、椰子适合长在海南岛、竹笋适合长在东南丘陵。好了，同学们下课！

(五)板书设计

自然特征与农业

一、农业生产与自然地理环境的关系

农业生产与自然地理环境联系密切

二、影响农业的自然因素

气候、水源、地形、土壤

我的试讲到此结束，谢谢各位评委老师的聆听。

【真题十四】安徽省试讲篇目:《细胞分裂分化》(初中生物)

【参考设计】

《细胞分裂分化》试讲稿

各位评委老师:

大家好！我是初中生物组的01号考生，今天我试讲的题目是《细胞分裂分化》，下面开始我的试讲。

一、导入新课

师:同学们，开始新课之前，大家先看一个老师准备的视频，一定要认真看，一会儿根据视频内容回答老师提出的问题。

师:好，视频看完了，从视频里的种子萌发成幼苗，人体的生长发育这些过程中你能看出生物的哪些基本特征？好，A同学你来回答。

师:这位同学肯定预习新课了，回答得很好。的确，所有的生物体都能够生长发育，由小到大，那么生物体为什么能够由小到大呢？其实这与细胞的分裂分化有关，今天我们就来学习细胞的分裂分化。

二、新课教学

师:同学们都知道，我们每个人都是从婴儿长到成年的，在这个过程中，我们身体的细胞会从10^{12}个增加到10^{14}个。那这些细胞是怎么分裂的呢？

师:对，生物体的细胞会不断从周围环境中吸收营养物质，并且转变成组成自身的物质，细胞体积逐渐变大，这就是细胞的生长。但是细胞不能无限制地长大，当它长到一定大小，一个细胞会分成两个细胞，这就是细胞的分裂。

师:动物细胞和植物细胞分别是怎么分裂的呢？它们分裂的过程相同吗？首先我们来观看动物细胞分裂的视频。

师:好，看完视频，动物细胞是怎么分裂的呢？B同学你来说吧。

师:对，动物细胞分裂时，细胞核先由一个分成两个，随后，细胞质分成两份，每份各含有一个细胞核，细胞膜从细胞的中部向内凹陷，缢裂为两个细胞。

师:了解了动物细胞的分裂，那植物细胞是怎么分裂的呢？我们一起来看看植物细胞分裂的视频。

师:C同学来说说植物细胞的分裂过程吧。对，植物细胞分裂时，也是细胞核先由一个分成两个，随后，细胞质分成两份，每份各含有一个细胞核，和动物细胞不同的是，植物细胞分裂时会在细胞的中央形成新的细胞膜和新的细胞壁，从而分裂成两个细胞。

师:我们刚刚学习了动物细胞和植物细胞分裂的过程，那在它们分裂过程中会发生染色体的变化，什么是染色体呢？同学们来看一张图片，这张图片是显微镜下的洋葱根尖分裂图，图中那些被碱性染料染成深色的物质就是染色体，染色体是由DNA和蛋白质组成，DNA是遗传物质，也就是说染色体是遗传物质的载体。

师:细胞分裂过程中，染色体又是怎么变化的呢？在细胞分裂时，染色体会进行复制，然后均分成完全相同的两份，分别进入两个新细胞中。也就是说，两个新细胞的染色体形态和数目相同，并且新细胞和老细胞的所含的遗传物质是一样的。

师:我们学习了细胞的分裂过程，那同学们再来思考一个问题，生物体内所有的细胞都一样吗？

师:对，的确不一样。一个新生儿身体大约有10^{12}个细胞，细胞的种类有两百多种。这些细胞都来自受精卵,如果一个细胞一直分裂下去,一个分成两个,两个分成四个,持续分裂,只能分裂出许多相似的细胞,只能使细胞数量增多,而不能使细胞种类发生改变。那细胞种类是如何增多并进一步构成生物体的呢?对,是通过细胞分化来增加细胞种类的,接下来我们一起来学习细胞分化。

师:那什么是细胞分化呢?同学们先来看一个动画,认真看,一会儿老师找同学来回答问题。

师:哪位同学可以说说你理解的细胞分化?D同学最先举手,你来说吧。

师:这位同学根据自己的理解大致说出了细胞分化的概念。在生物体生长发育过程中,一个或一种细胞通过分裂产生的后代,在形态、结构和生理功能上发生差异性的变化,这个过程叫做细胞分化。正是由于细胞的分裂和分化才逐渐形成了成熟的多细胞生物体。

三、课堂小结

师:这节课的内容我们就学完了,通过这节课,同学们收获到了什么呢?我们请这位同学来分享他的体会吧。

师:这位同学总结得很好,我们这节课主要学习了细胞的分裂和分化,同学们跟老师一起说,细胞分裂就是生物体的细胞在生长过程中,细胞体积逐渐变大,但是细胞不能无限制地长大,当它长到一定大小,一个细胞会分成两个细胞,这就是细胞的分裂。细胞分裂时,细胞核先由一个分成两个,随后,细胞质分成两份,每份各含有一个细胞核,这时要注意动物细胞和植物细胞分裂时的不同之处。细胞分裂时产生了无数相同的细胞,那生物体显然不是只有一种细胞,对,分裂后的细胞又经过细胞分化形成了多种多样的细胞。

四、板书设计

细胞分裂分化
一、细胞的生长 二、细胞的分裂 三、细胞的分化

我的试讲到此结束,谢谢各位考官的聆听。

【真题十五】河南省郑州市中牟县试讲篇目:《细菌》(初中生物)

【参考设计】

《细菌》试讲稿

各位评委老师:

大家好!我是初中生物组的01号考生,今天我试讲的题目是《细菌》,下面开始我的试讲。

一、导入新课

师:通过上节课的学习,我们知道细菌无处不在,土壤中、水里、空气中、寒冷的极地、深海热泉中,都有它们的踪迹,那细菌这种广泛分布的生物是如何被人发现的呢?细菌的形态和结构又有什么特点呢?这节课咱们就一起来学习《细菌》的相关内容吧。

二、新课教学

师:我们首先来看第一个问题,第一个发现细菌的人是谁?是通过什么仪器观察到细菌的?

师:对,在17世纪后叶,荷兰人列文虎克用自制的显微镜第一次观察到了细菌。要借助显微镜才能看到细菌,这说明细菌的个体是十分微小的。

师:尽管当时已经知道细菌这种生物的存在,但直到19世纪中叶,人们仍不知道细菌是从哪里来的。当时一些著名的科学家认为细菌是自然发生的,究竟是不是这样的呢?让我们通过巴斯德的实验来分析这一说法是否正确。接下来请同学们观看巴斯德的鹅颈瓶实验的视频,待会儿请一位同学来描述实验过程。

师:你手举得最高,你来说吧!就是这样的,巴斯德将肉汤装进一个烧瓶里,并在火上将瓶颈拉成一个弯曲的长颈,再加热煮沸。一年过去了,静置的肉汤仍然澄清,这一现象说明了什么呢?对,说明肉汤没有被细菌污染。那细菌存在于鹅颈瓶的哪个部位呢?哦,在弯曲的这个部位(指着图示进行描述),而不会进入肉汤。巴斯德就猜想,纯净的肉汤是永远不会生出细菌的,问题出现在空气中。空气中漂浮着细菌或者细菌的休眠体——芽孢,当它们飘到肉汤里,肉汤才会腐败变质。所以巴斯德打断了瓶颈,这样过了几天,肉汤变浑浊了,这说明了什么呢?嗯,说明细菌在肉汤中大量繁殖。

师:巴斯德的实验证实了什么结论呢?

师:你说得对,巴斯德的实验证实了细菌不是自然发生的,而是由原来已经存在的细菌产生的。其实巴斯德对生物学还有很多贡献,他还发现了乳酸菌、酵母菌,提出了巴氏消毒法等,因此后人称他为“微生物学之父”。

师:了解了细菌的发现过程之后,那么细菌的形态是怎样的呢?让我们来观看一组显微镜下细菌的图片吧!

师:好,你来说。哦,细菌有球形、杆形、螺旋形等,那么这些形态各异的细菌它们的结构差别大吗?接下来,请同学们结合课件上的相关内容,分组讨论细菌有哪些结构及各结构的作用,以及细菌与动物细胞、植物细胞相比有什么区别。

师:请第一小组的代表给大家展示一下讨论成果,说出细菌的结构及作用。(出示细菌结构模式图)我们看到细菌有能够摆动的鞭毛,有助于细菌在液体中游动,还观察到了荚膜,荚膜与细菌的致病性有关,而且这两个特殊结构并非是所有细菌都具有的。尽管细菌形态差别很大,但是它们都含有细胞壁、细胞膜、细胞质和拟核这些基本结构。其中细胞壁起支持和保护作用;细胞膜可以控制物质的进出;流动的细胞质能加快物质交换;拟核是细菌DNA集中的区域。

师:从这里我们发现细菌和前面观察到的动物、植物细胞相比最大的不同体现在什么地方?

师:是,细菌没有成形的细胞核,我们把像细菌这样,没有成形的细胞核的生物称为原核生物,而动物、植物的细胞具有完整的细胞核,由这样的细胞构成的生物就是真核生物。

师:人生活过程中需要不断摄取营养物质,细菌需要吗?

师:对,也需要,对于大多数细菌来说只能利用现有的有机物生活,并把有机物分解为简单的无机物,它们是生态系统的分解者。

师:细菌这种微小的生物会繁殖吗?以什么方式繁殖?

师:会,细菌靠分裂进行繁殖。而且在环境适宜的时候,不到半小时,细菌就能分裂一次。可见,细菌的繁殖速度是相当快的。

师:在本节课的最后提到某些细菌在生长发育后期会形成芽孢,芽孢是细菌的繁殖体吗?它有什么作用呢?

师:你来说吧!嗯,芽孢是某些细菌在一定条件下形成的休眠体,对不良环境有较强的抵抗能力,当遇到适宜的环境,又可萌发成细菌。

三、课堂小结

师：这节课的内容我们就学完了，通过这节课的学习，同学们收获到了什么呢？

师：我们请这位同学来分享他的体会吧。通过这节课你知道了列文虎克是第一个发现细菌的人。巴斯德被称为“微生物学之父”，在他的事迹中你认为理性的怀疑精神和正确的研究方法在科学的发现中具有重要作用。同时你学习到尽管细菌的形态各异，但它们的基本结构是相同的，都有细胞壁、细胞膜、细胞质、拟核。细菌通过分裂的方式进行生殖，大多数不能自己制造有机物，需要利用现成的有机物，某些细菌在生活环境不良时，可以形成芽孢这种休眠体以度过不良时期。

四、板书设计

细菌
一、细菌的发现 二、细菌的形态和结构 三、细菌的营养方式 四、细菌的繁殖方式

我的试讲到此结束，谢谢各位考官的聆听。

【真题十六】安徽省试讲篇目：《加速度》（高中物理）

【参考设计】

《加速度》试讲稿

各位评委老师：

大家好！我是高中物理组的01号考生，今天我试讲的题目是《加速度》，下面开始我的试讲。

一、导入新课

师：上节课我们学习了用打点计时器测速度，大家还记得怎么操作的吗？

师：对，非常正确。按照正确的操作方法操作完后我们可以得到纸带，大家还记得怎么计算速度的吗？

师：对，非常正确。那么大家有没有发现上次实验我们得到的纸带中两点之间的距离有变化，速度大小也有变化？

师：很好，那么有没有什么方法能够描述速度大小的变化呢？

师：对，像研究位移变化导出速度那样。今天就让我们来一起学习《加速度》。

二、新课教学

师：不同物体运动时速度的变化快慢是不一样的，有没有同学可以类比速度的导出来试着导出一下加速度？

师：很好，请你来回答一下。

师：加速度的大小等于速度的变化量与时间的变化量的比值。大家说他说的对不对？

师：嗯，没错，他说的对。加速度是速度的变化量与发生这一变化所用时间的比值。

师：我们已经知道了速度是矢量，是有方向的，那么加速度有没有方向呢？

师：对，加速度是有方向的。它是速度的变化与时间的比值，那么大家还记得速度的方向是怎么确定的吗？

师：对，速度的方向是位移的变化方向。同理，加速度的方向也是速度的变化方向。

师：那么平时我们骑自行车的时候，用力加速往前骑的时候加速度的方向怎样，捏刹车的时候呢？

师：对，我们骑车加速的时候加速度的方向与速度的方向相同，捏刹车的时候加速度的方向与速度的方

向相反。即在直线运动中，如果速度增加，那么加速度的方向与速度的方向相同；如果速度减小，加速度的方向与速度的方向相反。

师：接下来请大家看两张v-t图象并分析一下加速度的变化情况。

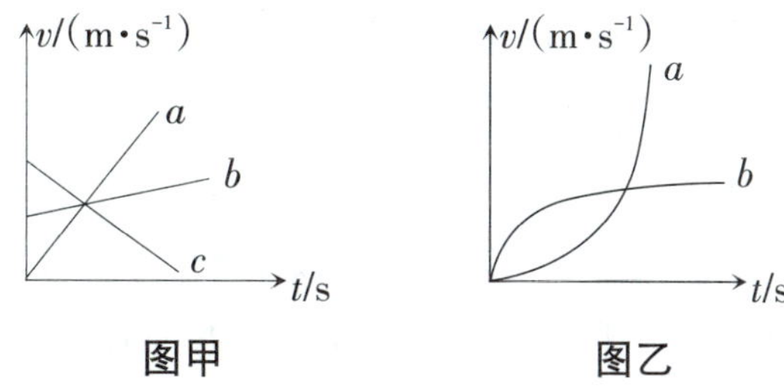

图甲　　　　图乙

师：请大家仔细思考图甲和图乙中加速度的变化情况，老师一会儿找人起来回答。

师：请这位同学回答图甲中三条曲线的情况。

师：没错。图甲中a曲线的速度一直增大，加速度方向与速度方向相同；b曲线的速度一直增大，加速度方向与速度方向相同；c曲线的速度一直减小，加速度方向与速度方向相反。

师：请这位同学回答一下图乙中两条曲线的情况。

师：正确但不全面。图乙中a、b两条曲线速度一直增大，加速度与速度方向相同。那么为什么这两张图象我们得出的结论一样，但它们却长的一点也不一样呢？

师：对，我们忽略了一个重要因素——斜率，那么斜率究竟等于什么呢？请这位同学回答一下。

师：没错，斜率表示加速度的大小。那么这两张图象就非常容易分析了，请这位同学来分析一下。

师：对，图甲中三条曲线的加速度都不变，图乙中a曲线的加速度一直增大，b曲线的加速度一直减小。

三、巩固提高

师：学以致用，请大家做一下PPT上的这几道习题。

四、小结作业

师：请大家总结一下今天我们学了什么？

师：我们今天学习了加速度的概念，加速度的方向和加速度在图象中应该怎么判断。

师：请大家课后寻找生活中存在的加速度。

五、板书设计

加速度

一、加速度的概念

$a=\dfrac{\Delta v}{\Delta t}$

二、加速度的方向

三、v-t图象中的加速度

我的试讲到此结束，谢谢各位考官的聆听。

【真题十七】河南省郑州市郑东新区试讲篇目：《牛顿第一定律》（初中物理）

【参考设计】

《牛顿第一定律》试讲稿

各位评委老师：

大家好！我是初中物理组的01号考生，今天我试讲的题目是《牛顿第一定律》，下面开始我的试讲。

第四部分

一、导入新课

师:同学们,你们看过抖音吗?喜欢吗?在开始上课前我们也先看几段小视频。请同学们边看边思考,视频中的滑板车、列车这些运动的物体,如果停止施加动力,还会继续运动吗?

师:你心中有答案了吗?说说看,你手举得最高,你先来!

师:语言流畅,你的表达能力真强。你也想说说,来吧!

师:不错,思路清晰,说得有条有理。

师:同学们的观点和两位伟大的物理学家不谋而合啊,这两位伟大的物理学家是谁呢?那就是亚里士多德和伽利略,对于刚刚这几个问题,亚里士多德认为:如果要使物体持续运动,就必须对它施加力的作用。但是伽利略则认为:物体的运动并不需要力来维持,运动之所以会停止,是因为受到摩擦阻力的作用。究竟谁的观点正确呢?通过今天这节课我们就知道了。

二、新课教学

师:阻力对物体的运动有什么影响,如果物体不受阻力会怎么样?请同学们四人一组进行交流讨论,交流时请同学们思考一下,我们要研究哪些量的关系?应该用什么思想方法去设计实验?实验时应该注意什么?请同学们思考后举手回答!

师:你们组最先得出结果,你来说!

师:思维敏捷,语言流畅,非常好。其他小组有补充吗?你们组说说。

师:逻辑严密,思路清晰,值得表扬!同学们说我们要研究摩擦力和运动路程的关系,所以要运用控制变量法,实验中注意事项大家说得也很清楚,下面开始动手试试吧,实验过程中注意记录实验数据,并在表格中填好数据。

师:同学们的实验都做完了,对数据比较分析能得到什么结论?你们组说说!

师:结论非常详细,通过实验你们得出,小车在棉布上运动的距离最短,在木板上次之,在玻璃板上滑行得最远。

师:其他同学呢,有什么其他发现吗?

师:非常好,有理有据,还有升华,根据你们的实验结果,你们得出的结论是小车受到的阻力越小,它运动的距离越远。

师:通过刚刚同学们的实验,我们知道小车在比木板更光滑的水平面上运动时,比在木板上前进得更远,设想一下,如果小车运动是在完全光滑,不受任何阻力的平面上,小车会怎么样呢?

师:对,小车会永远运动下去。虽然没有这种无限光滑的平面,但根据前几次实验,我们有充分的理由认为小车将永远运动下去。这就是历史上伽利略曾做过的实验和通过实验得到的结论。关于这个结论,后来经过很多位科学家的验证与修正,最后,英国著名物理学家牛顿总结了前人研究的成果,建立了力和运动的关系的一条规律:一切物体在没有受到力的作用时,总保持静止状态或匀速直线运动状态。这就是著名的牛顿第一定律。

师:对于这条定律,请同学们思考以下几个问题:第一,定律中说“一切物体”,“一切”说明了什么?第二,“不受外力”说明什么?第三,“总保持”意味着什么?大家交流讨论一下。

师:谁来跟大家分享一下你的看法?你来说!

师:还有吗?好,你说说!

师：哦，你也有补充，很好！

师：老师总结一下刚刚同学们的观点，“一切”表明这条规律的普遍适用性，没有例外，不符合这条规律的物体是不存在的；“不受外力”是定律成立的条件，这是一种理想情况，它也包含物体在某一方向上不受外力的情况。“总保持”指物体在不受外力时，只有保持静止或匀速直线运动两种可能，要改变这种状态，物体必须受力的作用。所以，这个规律说明了维持物体的匀速直线运动是不需要力的。即：力不是维持物体运动的原因而是改变物体运动的原因。

师：现在同学们知道亚里士多德和伽利略谁的观点正确了吧！

三、巩固提高

师：学以致用，同学们看大屏幕上的这几个判断题，做一下。

四、小结作业

师：非常好，同学们对今天所学的内容掌握得还是很牢固的，哪位同学能总结一下这节课你有什么收获吗？

师：总结得很完整，今天我们知道了阻力对运动的影响和牛顿第一定律，那它们在我们生活中有什么应用呢，请同学们课下去寻找一下。

五、板书设计

牛顿第一定律

一、阻力对物体运动的影响

物体所受阻力越小，运动得越远

二、牛顿第一定律

一切物体在没有受到力的作用时，总保持静止状态或匀速直线运动状态。

对象　　　　条件　　　　运动状态

我的试讲到此结束，谢谢各位考官的聆听。

【真题十八】贵州省贵阳市试讲篇目：《神奇的纸》（小学科学）

【参考设计】

《神奇的纸》试讲稿

各位评委老师：

大家好！我是小学科学组的01号考生，今天我试讲的题目是《神奇的纸》，下面开始我的试讲。

一、新课导入

师：生活中纸是非常常见的一样物品，我想大家应该对它都有了解。那么如果老师把一个装满水的玻璃杯上面盖上一张纸，再把玻璃杯翻过来，大家猜猜会发生什么？

师：同学们说水会流出来，那是不是这样的呢？接下来让我们实验验证一下。

师：惊了！水竟然没有流出来！大家有没有感到疑惑呢？有没有发现其实你没有你想象的那么了解纸，今天就让我们来学习《神奇的纸》。

二、新课教学

师：请大家按分好的小组上来领A4纸和砝码，每个人五张A4纸，每组一盒砝码，组长代领。

师：好，大家都拿到纸了，现在请大家先仔细观察纸并说出它的特点。

第四部分

师:对的,没错。A4纸具有白色、轻、薄、长方形等特点。

师:那么纸在生活中可以拿来做什么?

师:没错,纸可以拿来画画、写字、折纸等。今天我们就来探究折纸的承重能力。请大家将两摞书当作两岸,将纸放在中间当桥梁,用砝码测试纸张的承重能力,观察采用不同折纸方法的纸张的承重能力有什么不同。

师:大家发现了什么吗?

师:没错,纸平铺上去的承重能力最差,连续折叠成长条状的承重能力中等,折成一排"W"状的承重能力最好,这种结构叫做瓦楞状。

师:现在我们知道了瓦楞状纸的承重能力最好,那么瓦楞状纸在生活中有没有什么应用呢?

师:没错,我们平常见到的纸箱,把它撕开,就能看到瓦楞状纸。大家还能想到什么吗?

师:那让老师来补充吧,比如说我们现在坐的凳子,它可不可以用纸来做?

师:没错,可以,只要采用瓦楞状纸,它的承重能力就能得到保证,就可以用来做凳子。那么还有其他的吗?

师:对,杯垫、笔盒、书架、柜子、乒乓球桌等等都可以采用瓦楞状纸来制作。

三、巩固提高

师:接下来请大家回答一下这几道题。

四、小结作业

师:请大家总结一下我们今天学了什么?

师:很好,今天我们学习了纸的特点、纸的用途与瓦楞状纸。请大家课后注意观察纸在生活中的应用。

五、板书设计

神奇的纸
一、纸的特点 二、纸的用途 三、瓦楞状纸

我的试讲到此结束,谢谢各位考官的聆听。

【真题十九】贵州省贵阳市试讲篇目:《溶液的形成》(初中化学)

【参考设计】

《溶液的形成》试讲稿

各位评委老师:

大家好,我是初中化学组的01号考生,我试讲的题目是《溶液的形成》,下面开始我的试讲。

一、新课导入

师:请同学们先看老师提前配制好的几种液体,它们分别是品红溶液、硫酸铜溶液、高锰酸钾溶液和氯化钾溶液等等。通过这些,你看到和想到了什么呢?请大家自由发言。

师:有的同学说它们的颜色不同,可能是混合物,有的同学说想知道它们的味道,还有的同学说想知道它们是怎么形成的……看来大家的想象力都很丰富,探究化学奥秘的愿望都很强。今天开始,我们学习有关溶液的知识,首先学习溶液的形成。

二、新课讲授

师:同学们的实验桌上都有一个烧杯,一个量筒,一瓶矿泉水,一些蔗糖、食盐和一根玻璃棒。请同学们自由组合成三人一组,在20 mL水中加入一匙蔗糖或食盐,用玻璃棒搅拌,观察现象。

师:我看同学们的实验都做完了,哪位同学来说说看你们组观察到的现象?我看你们组做得最快,你来回答吧。

师:他说他观察到蔗糖和食盐放入水中后,很快就“消失”了。它们为什么会消失呢?请同学们观看有关食盐、蔗糖溶解的Flash动画。

师:看完动画,我想同学们都对蔗糖和食盐的微观溶解过程有了一定的认识。现在我们再来观察课前配制的这几种溶液,放置了这么长时间,大家有没有看到这些液体发生了变化?

师:同学们都说没有。那是不是说明溶液它是稳定的呀?大家喝糖水的时候会觉得下面的比上面的甜吗?不会。我们取出蔗糖溶液中的任意一部分进行比较,可以发现它们的组成是完全相同的,这是溶液的均一性。那么现在谁来给溶液下一个定义?中间这位同学,你来说说看。

师:他说由一种或几种物质分散到另一种物质里,形成的均一、稳定的混合物叫作溶液。总结得非常好!请坐。其中,我们把能溶解其他物质的物质叫作溶剂,被溶解的物质叫作溶质。溶液是由溶质和溶剂组成的。谁能联系生活实际,说说你在生活中见到的溶液,并说出它的溶质和溶剂?

师:哦,这位同学说糖水中的糖是溶质,水是溶剂;那位同学说洗衣粉水中的洗衣粉是溶质,水是溶剂……同学们说得都很正确。同学们讲的例子大多是以水作溶剂,那么所有物质都能溶于水吗?司机同志的双手上沾满了黑咕隆咚的润滑油,用水能冲洗干净吗?我这里有一些碘、汽油、高锰酸钾和水,请同学们按照表格里的溶质和溶剂的分配进行实验,记录现象和你们的结论。

溶质	溶剂	现象	结论
碘	水		
碘	汽油		
高锰酸钾	水		
高锰酸钾	汽油		

师:同学们都做完了吧。你们这组派一位代表来说说你们观察到的实验现象和你们的结论吧。

师:他说他们组观察到碘几乎不溶于水,却可以溶解在汽油里;高锰酸钾几乎不溶于汽油,却可以溶解在水里。这说明,同一种物质在不同的溶剂中溶解性不同,不同物质在同一种溶剂中的溶解性也是不同的。观察得很仔细,总结得也很好。同学们是不是都有这样的发现呢?

师:我们前面的实验用的都是固体做溶质,那么液体可不可以做溶质呢?我们继续用实验来验证。同学们的实验台上都有红墨水,请同学们在盛有2 mL水的试管中滴入2~3滴红墨水,振荡,让水变成红色。然后将试管倾斜,沿试管壁缓慢加入2 mL乙醇,静置,观察现象。然后振荡并静置,再次观察现象。注意加乙醇的时候滴管不可以碰到试管壁哦。开始你们的实验吧。

师:同学们观察到了什么现象呢?红衣服的这位女生,你先说说吧。

师:她说观察到没有振荡之前,出现了分层,振荡后静置,分层消失。很好,请坐。我们再找一位同学说说他们的实验现象。后面这位同学,你说吧。

师:他说他们组观察到的现象是一样的。那你们组得出的结论呢?

师:他说乙醇溶于水形成了溶液。不错,通过实验我们可以知道液体也可以做溶质。例如我们生活中的消毒酒精、白酒中的溶质都是液体。其实气体也可以做溶质,例如盐酸溶液中的溶质就是氯化氢气体。

师:如果我们遇到一种溶液,如何确定其中的溶剂和溶质?如果是固体和液体形成的溶液,那么固体是溶质，液体是溶剂；如果两种液体互相溶解时，一般把量多的叫作溶剂，量少的叫作溶质；如果其中有一种是水，一般把水叫作溶剂。

师：前面有同学提到洗衣粉水，大家有没有发现，我们在用洗衣粉洗衣服时有时会感到烧手，这是怎么回事呢？

师：我听到有同学说这可能是洗衣粉在溶解过程中放热。我这里有固态的$NaCl$、NH_4NO_3和$NaOH$，你们能否设计一个实验，来探究物质溶于水是否会引起温度变化呢？下面以4人为一组，开始你们的实验。

师：现在我来请一位同学说说他们组的实验以及他们的结论。这位同学，你来说说吧。

师：他说他们组分别将5 g的$NaCl$、NH_4NO_3和$NaOH$溶解在10 mL的水中，用温度计测量了溶解之前和之后的温度。发现$NaCl$溶解时温度变化不明显；NH_4NO_3溶解时温度降低，溶解时吸收热量；$NaOH$溶解时溶液温度升高，溶解时放出热量。回答得非常好！请坐。

师：同学们是不是得出了相同的结论呢？物质在溶解时，常常会使溶液的温度发生变化。这说明物质在溶解的过程中通常会伴随热量的变化，有些物质在溶解时会出现吸热现象，有些物质在溶解时会出现放热现象。

师：大家应该也有过这样的生活经验：当衣服上滴上油时，用水很难洗去，而用洗涤剂就能洗得干净，这是为什么呢？

师：下面请同学们阅读教材第30~31页的内容，并分组进行相关的实验探究，注意观察实验过程中的现象，完成课本上的表格。

师：我们来请一个小组汇报他们的实验情况。我看你们组做的最快，你们组选一个代表来说一下吧。

师：他说他们小组观察到的实验现象是：将植物油滴入水中，振荡前它们是分层的，振荡后它们均匀了，静置后它们又分层，把液体倒掉后试管不干净，但加入洗涤剂后用水清洗，试管又干净了。很好，请坐。

师：我们都知道油和水是不能互溶的，用力振荡盛有植物油和水的试管后，会得到乳状浑浊的液体。在这种液体中分散着不溶于水的、由许多分子集合而成的小液滴。这种小液滴分散到液体里形成的混合物叫作乳浊液。这种乳浊液不稳定，静置后又发生分层现象。加入洗涤剂后，能使植物油在水中分散成无数细小的液滴，而不聚集成大的油珠，从而使油和水不再分层，所形成的乳浊液稳定性增强。这种现象叫作乳化。这也就是洗涤剂能洗干净衣服上的油渍的原因了。

三、课堂小结

师：好了，以上就是我们今天要学习的内容了。我们学习了什么是溶液、溶解时的吸热或放热现象以及乳化现象。请同学们课后回家观察一下，日常生活中溶液还有哪些应用呢？你还见过其他的乳化现象吗？

师：下课，同学们再见！

四、板书设计

溶液的形成

一、溶液

1.概念

2.特征

3.溶液的组成

4.溶质与溶剂的辩证关系

二、溶解时的吸热或放热现象

三、乳化现象

我的试讲到此结束，谢谢各位考官的聆听。

【真题二十】贵州省贵阳市试讲篇目：《给图画加上文字》（小学信息技术）

【参考设计】

《给图画加上文字》试讲稿

各位评委老师：

大家好！我是小学信息技术组的01号考生，今天我试讲的题目是第8课《给图画加上文字》，下面开始我的试讲。

一、复习回顾

师：小朋友们，仔细看哦，我们上节课是不是已经画过这幅画了呀？有哪位小朋友能告诉老师，我们通过这幅画学习到了哪些新的知识呢？

师：有圆，还有曲线。非常棒，看来大家对这节课的内容掌握得不错。

二、师生互动，学习新知

1.情境导入

师：小朋友们，你们都知道什么节日呀？

师：哇，这么多节日，有“五一”劳动节、“六一”儿童节等等，那你们最喜欢哪一个节日呢？

师：原来小朋友们都喜欢“六一”儿童节呀！儿童节是不是有好多气球呀？我们上节课是不是已经画好了气球？那现在老师想让这幅画满了气球的图画变成一幅海报，有没有小朋友知道图画和海报的区别呢？

师：非常棒！一下子就说出了海报与图画的区别。海报上有文字，而图画上没有文字，那我们要使图画变成海报，就必须在图画上添加文字，那应该怎样添加呢？这就涉及我们今天所学到的内容。

2.新知探究

师：小朋友们，现在请按照上节课老师教的方法和步骤，画出满天的气球哦！

师：气球画好了，那我们应该怎样添加文字呢？还有，添加到哪里比较合适呢？先自己思考一下，然后和小伙伴交流一下你的想法。

师：我们让每个小组的代表说一下他们的想法。A组说，添加到气球上，写上“开心”“快乐”等文字。

师：说得不错。表扬哦！老师希望你们在学习的同时，也可以有个快乐的童年。有没有其他同学有不一样的想法呀？

师：B组小朋友非常厉害哦，和老师的想法差不多呢。老师的想法是在气球下方的空白处添加上“庆祝六一儿童节”的文字，小朋友们说好不好呀？那现在就让老师带着大家一起在这幅图画上添加文字吧。

师：首先，用鼠标单击“颜料盒”中的任一种颜色，这时，电脑左下角显示的“前景色”就是你选中的颜色哦！小朋友你们选好了吗？

师：现在，让我们来用鼠标单击“文字”图标，在画图下面的空白处，按住鼠标左键拖动，拖出一个大小合适的虚线方框。小朋友们，虚线方框拖好了吗？仔细看虚线方框里是不是有一条闪动的光标呀？我们就在光标的位置输入“庆祝六一儿童节”文字。

师：让老师来看一下你们输入的文字都是什么颜色吧？小明的蓝色非常别致，珍奇的红色也很漂亮，轩轩的紫色很好看哦！看来宝贝们喜欢的颜色都不相同呀！

师：现在，老师问一下大家，你们的字体大小是不是都不一样呀？那我们应该怎样把字体调成大家都一样大小的呢？先思考一下，一会老师找一位同学来告诉老师应该怎样操作？

师：花花你手举得最高，你来告诉老师吧！讲得非常棒，老师忍不住要给你点赞啦！

师：细心的小朋友们，老师相信你们已经发现啦，我们在刚刚弹出来的字体工具栏中就可以选择字号哦。另外，在工具栏中，你还发现了什么呢？

师：对，回答得真快！工具栏中还有字体和字形。那我们是不是也可以进行选择呢？让我们来试一下吧！

师：首先，我们在弹出的工具栏中选择字体为“隶书”，然后我们选择字号为“38”，最后用鼠标单击 B 粗体设定按钮将字形设为粗体。现在，让我们在图画中任意一个空白处单击鼠标左键，虚线方框就会消失。小朋友们，一定要在图画的空白处单击鼠标左键哦！

师：有没有小朋友跟老师的图画一样呀？因为刚刚画的虚线方框位置不合适，导致文字不小心碰到气球了呀？

师：有这么多小朋友的图画都跟老师的一样啊！那老师变个魔法就可以使文字远离气球哦。睁大眼睛仔细看，见证奇迹的时候到啦！

师：老师的操作是不是很神奇呀？老师马上就把这个魔法教给你们，宝贝们，认真听讲哦！

师：我们用“选定”工具，框住文字，然后再进行移动，找到合适的位置单击鼠标左键，虚线方框消失。文字是不是就被移动位置了呀？这时候的文字是不是就没有在气球上了呀？小朋友们，看清楚了吗？

师：现在来看一下我们的这幅图画，是不是已经变成了海报的样子了呢？

师：请大家思考，我们刚刚在“颜料盒”处单击鼠标左键就形成了前景色；那如果我们单击右键会形成什么呢？在“颜料盒”处单击鼠标右键就会形成后景色。

师：老师想问问大家，我想做气球的反光应该怎样做呢？会用什么工具呢？用“橡皮擦”把气球上的颜色擦掉一些，就可以做成反光效果。

三、复习巩固

师：大家一起来为“五一劳动节”这幅图画添加上“劳动节快乐”的文字吧。

四、课堂小结

师：小朋友们，这节课你们都有什么收获呀？大家可以相互交流一下，回到家也可以和爸爸妈妈分享一下。

五、作业布置

师：小朋友们，请大家完成教材26页“练一练”习题。

六、板书设计

给图画加上文字
一、设置文字颜色 二、输入文字 三、设置字体、字号和字形 四、“选定”工具移动

我的试讲到此结束，谢谢各位考官的聆听。

【真题二十一】贵州省贵阳市试讲篇目:《蒲公英》(大班语言)

【参考设计】

《蒲公英》试讲稿

各位评委老师:

大家好!我是幼儿组的01号考生,今天我试讲的题目是大班语言课《蒲公英》,下面开始我的试讲。

一、导入新课

1.观看视频短片,初步感知散文中蒲公英的形象美

欣赏视频短片,引导幼儿观察、发现生活中的蒲公英的形象美。

师:今天,我们要学什么呢?咱们先看一段视频,你们来猜一猜吧!

……

师:视频看完后,你们猜到我们今天要学习和认识的内容了吗?知道它是什么?

幼:野花、蒲公英……

师:小朋友们,你们真棒!它呢,就是蒲公英。今天呢,我们就一起来好好认识一下它吧!

2.交流与分享

交流欣赏视频短片后的审美感受。

师:田野里的蒲公英到底长什么样呢?你们觉得蒲公英在什么时候是最美丽的?

幼:毛茸茸的,白白的……飞的时候最美丽……

二、欣赏、感受散文《蒲公英》的语言美

1.在音乐伴奏下,教师声情并茂地朗诵散文《蒲公英》

师:刚刚我们认识了蒲公英。那么,现在我们来感受下蒲公英在文章中的美吧!请你一边听,一边想:听了这篇散文,你有什么感觉?

幼:好。

师:那么,下面请欣赏散文《蒲公英》。

2.交流与分享

听完散文《蒲公英》后的审美感受。

师:文章听完了,那么,你有什么感觉呢?散文中讲到了那么有趣的蒲公英,谁来说一说,它有趣的地方是什么?

幼:我,我,我……

……

3.教师再次有感情地进行配乐散文朗诵

师:你们非常棒!那么,现在我们来跟着音乐再认真听一遍。看看蒲公英还有哪些有趣的地方呢?我们一起来仔细听一听散文里是怎么说的!

4.集体推敲蒲公英的有趣之处

师:散文里蒲公英到底还有哪些有趣的地方?有谁可以告诉大家呢!

幼:黄色的小花朵……

(1)出示蒲公英球冠图片,帮助幼儿形象地理解把蒲公英球冠比喻成球的原因

师:蒲公英黄色的花朵凋谢以后,花托上长出来了什么?看上去像什么?

幼:像球,像圆……

(2)引导幼儿用身体动作表现蒲公英降落的状态

在这一过程中,帮助幼儿理解、加深对轻盈、降落等优美词汇的感受和理解。

师:田野的风吹来,发生了什么有趣的事情?

幼:飞了,变成了雪……

师:那有没有谁可以告诉我们大家,飞走的是什么呢?

幼:种子。

师:蒲公英的种子,当它飞起来的时候像什么?为什么说它像一片片雪花?

幼:看上去白茫茫的,就是雪嘛……

三、完整视听欣赏,进一步体验散文《蒲公英》的意境美

1.感悟散文中的优美词句

师:这么美、这么有趣的蒲公英!散文中,你最喜欢的是哪一句呢?说出来,我们大家来一起感受一下。

幼:田野的风吹着,那雪白的绒毛在天空中飞扬起来……

2.体验散文中的优美意境

师:我们来一起有感情地念一念这篇散文,再感受一下它的语言美、意境美。

幼:好。

……

师:你们知道吗?蒲公英看着很是普通,但它却很有用哦!它是一种非常珍贵的中草药,可以泡茶喝,具有清热、解毒的药用价值!

四、小结

师:在散文的最后,我们知道蒲公英从空中轻盈地降落下来了。那接下来它会去哪里呢?小朋友们,你们想一想,为蒲公英找个家吧!发挥你的想象,把这段散文变得更美吧!然后下节课,你来讲给大家听一听,好吗?通过今天这段小散文,我们要知道很多东西看着很普通,却有着大大的能量,有着独特的魅力,很是漂亮、美好。

五、板书设计

蒲公英
黄色的小花朵 雪白的绒毛 像一片片雪花

我的试讲到此结束,谢谢各位评委老师的聆听。

第二章　说课真题集萃及真题选解

一、真题集萃

语文真题集萃				
省/市	形式	内容	版本	年级
河南	说课	阅读大地的徐霞客	北师大版	五年级下册
天津	说课	圆明园的毁灭	人教版	五年级上册
河北	说课	落花生	人教版	五年级上册
江西	说课	邹忌讽齐王纳谏	人教版	九年级下册
山东	说课	念奴娇·赤壁怀古	鲁教版	高中
数学真题集萃				
省/市	形式	内容	版本	年级
河南	说课	角的度量	人教版	四年级上册
天津	说课	勾股定理的逆定理	人教版	八年级下册
河北	说课	等腰三角形	河北教育出版社	八年级上册
江西	说课	一元一次不等式	人教版	七年级下册
山东	说课	直线的倾斜角与斜率	人教版必修二	高中
英语真题集萃				
省/市	形式	内容	版本	年级
天津	说课	Unit2 What would you like?	人教版	五年级上册
河北	说课	Unit1 Where did you go on vacation?	人教版	八年级上册
江西	说课	第14单元 Section A 第107页	新目标	九年级
音乐真题集萃				
省/市	形式	内容	版本	年级
河南	说课	迷人的火塘	人音版	五年级下册
天津	说课	外婆的澎湖湾	人教版	五年级上册

续 表

音乐真题集萃				
省/市	形式	内容	版本	年级
河北	说课	赶牲灵	河北少儿出版社	八年级上册
江西	说课	雷鸣电闪波尔卡	人音版	七年级上册
山东	说课	歌剧艺术	人音版音乐鉴赏	高中
体育真题集萃				
省/市	形式	内容	版本	年级
天津	说课	脚背内侧传球	/	/
江西	说课	原地单手肩上投篮	/	初中
湖南	说课	篮球:双手胸前传球	人教版	七年级全一册
美术真题集萃				
省/市	形式	内容	版本	年级
河南	说课	美术是个大家族	人教版	七年级上册
天津	说课	寄情山水	人教版	八年级上册
河北	说课	学做纸版画	河北美术出版社	三年级下册
江西	说课	走进陶瓷世界	赣美版	八年级下册
山东	说课	中国花鸟画与西方静物画	山东美术出版社	高中

二、真题选解

【真题一】贵州省毕节市说课篇目:《次北固山下》(中学语文)

【参考设计】

《次北固山下》说课稿

各位评委老师:

大家好!我是中学语文组的01号考生,今天我说课的题目是《次北固山下》,下面开始我的说课。

一、说教材

(一)说教材的地位和作用

《次北固山下》是人教版七年级上册第一单元的课文。这个单元的主题是四季美景,本单元的课文用优美的语言,描绘了多姿多彩的四季美景,抒发了亲近自然、热爱生活的情怀。

《次北固山下》以准确精练的语言描写了冬末春初时作者在北固山下停泊时所见到的青山绿水、潮平岸阔等壮丽之景,抒发了作者深深的思乡之情。全诗用笔自然,写景鲜明,情感真切,情景交融,风格壮美,极富韵致。《次北固山下》是一篇古代优秀诗歌,诵读、学习古代优秀诗歌可以让我们的心灵得到滋润和净化,

情感变得丰富，从而激起对中华优秀传统文化的热爱。

(二)说教学目标

1.知识与能力目标：有感情地朗读诗歌，并背诵诗歌；体会诗歌意境与意象。

2.过程与方法目标：通过小组讨论和对比阅读，释疑解难，体会诗歌的情感，学会鉴赏简单的诗歌。

3.情感态度与价值观目标：感受诗歌的魅力，增强对祖国文化的热爱。

(三)说教学重难点

1.教学重点：通过小组合作与交流，释疑解难，体会诗歌的意境与诗人的情感。

2.教学难点：品味诗歌意象；通过联想，感悟诗歌情境。

二、说学情

七年级的学生，已经具备了相应的学习基础：在认知上，对诗歌的情感美、内容美、语言美已经有了一定的理解；在情感上，对思乡之情已经有了一定的感受和体会。

三、说教法学法

(一)说教法

教法是老师教学的一个重要环节之一，它直接关系到学生的学习效果，因此，是十分重要的。在这堂课中，我选择的教法是讲授法与引导法相结合。讲授法是老师传授学生基础知识的常用方法，可以帮助学生打下学习的基石。引导法是老师不直接给出答案，而是请学生来思考，在学生回答不出来时，一步步引导学生，使学生自己得出正确答案的方法。这样一来，学生既可以牢牢地掌握所学到的知识，也可以养成独立思考的良好习惯。

(二)说学法

在学法上，我将学习的主动权还给学生，倡导自主、合作、探究的学习方式。在我的教学过程中，我会重视师生互动，引导学生思考、探究。

四、说教学过程

(一)设疑导入

我的导入是这样的："诗以言志，歌从心起。"在古代，文人墨客都喜欢用诗歌来表达自己的情感。我们学过很多绝句，如《春晓》《静夜思》等，也学了《观沧海》这首乐府诗，今天，我们来学习一首律诗，那什么是律诗呢？

律诗发源于南北朝时期，至初唐正式定型，成熟于盛唐时期。律诗要求诗句字数整齐划一，有五律、六律、七律。通常的律诗每首8句，每2句为一联，分别为首联、颔联、颈联、尾联。颔联和颈联上下句必须是对偶，律诗还要求二、四、六、八句必须押韵。

(二)作者简介

在这个环节，我会引导学生了解《次北固山下》的作者王湾的基本资料，以帮助学生学习诗歌。

王湾，洛阳(今属河南)人，唐代诗人。王湾博学工诗，诗虽流传不多，但在诗坛享有盛名，最有名气的当数今天要学的这首《次北固山下》。《次北固山下》这首诗是诗人由楚入吴，在沿江东行途中泊舟于江苏镇江北固山下时所作。当时正值冬尽春来，旭日初升，诗人面对江南景色，置身水路孤舟，感受时光流逝，油然而生别绪乡思。

(三)品读欣赏

在这个环节，我会让学生进行朗读，让学生在朗读中理解大意、体会感情，在读中学，在读中品。

1.听录音。

2.指导学生朗读。

3.学生有感情地朗读。

(四)释词明义

在这个环节,我会引导学生理解诗歌中的词语含义,以帮助学生进一步理解诗歌内容及情感。

出示疑难词语,学生思考后投影,让学生根据注释理解全诗的内容。

1.次:诗人途经镇江,在北固山下过夜,“次”应当理解为“停泊”。

2.客路:旅人前行的路。

3.潮平:指潮与岸齐,因而两岸显得宽阔,这是春潮初升时的景象。

4.风正:指顺风,且风力不大,所以帆是悬挂之形。

5.残夜:夜将尽未尽之时。太阳从东方升起,又因镇江跟东海相距不远,故称海日。

6.旧年:相对于新年而言,时令上指残冬腊月。旧年未尽而江上春潮已生,故谓“江春入旧年”。

7.乡书:即家书,指诗人寄给洛阳家中的信。古人说鸿雁可以传递书信,故诗人有托书于归雁之意。

(五)诗歌鉴赏

在这个环节中,我会带领学生鉴赏诗歌,体会诗中的景与情。

1.你从诗歌当中看到了什么?

2.为什么诗人突然想到要寄一封家书呢?

3.哪些诗句是写景?哪些诗句是抒情?

4.名句赏析,体会诗情。

(1)潮平两岸阔,风正一帆悬。

你能想象出船行的图景吗?请用自己的话描绘出来。

(2)海日生残夜,江春入旧年。

①这两种景象有相同的地方吗?(小组讨论)

②这两种景物跟诗人的乡愁有关吗?(小组讨论)

5.小结《次北固山下》,过渡到对比阅读。

诗人在隆冬腊月看到江南的春景,感叹时间的流逝,自己却久不能归,引发了他淡淡的思乡之情。下面,我们来读读这首诗,体会当中的情感。

(六)对比阅读

这个环节,我会让学生通过对比阅读进行学习,进一步体会诗歌感情。

1.出示王湾《江南意》,学生朗读。

2.简单解释个别词语。

3.介绍背景知识。

4.师生质疑,讨论回答。

(1)在《江南意》中,你能体会到作者的心情是如何的?

(2)“失”字如何理解?“两岸阔”和“两岸失”情景一样吗?

(3)两首诗中相同的诗句:“海日生残夜,江春入旧年”表达的感情一样吗?

(七)课堂小结

诗人在相同的时令、不同的境况之下来到北固山,同样的景色却引发诗人不同的感受。初游江南,一切

都是新奇而独特的，他眼界大开、心情舒畅，诗中流露出诗人积极、乐观向上的情怀；第二次来到镇江，却是因故久不能归，看到江南的春景，竟引起诗人淡淡的思乡之情。中华上下五千年，留给我们的是数之不尽的文化瑰宝，而诗歌，是情感最真实的表达，是“我手写我心”最好的诠释。

五、说板书设计

板书能够帮助学生直观地了解所学的知识信息，它是最简易的利用视觉交流信息的渠道。这个板书能全面而简明地将授课内容传递给学生，清晰直观，便于学生理解和记忆，理清文章脉络。

次北固山下

王湾

情景交融	首联——江旅之景 颔联——江水之景 颈联——江春之景 尾联——思乡之情	淡淡乡愁

我的说课到此结束，谢谢各位评委老师的聆听。

【真题二】福建省说课篇目：《索溪峪的“野”》（小学语文）

【参考设计】

《索溪峪的“野”》说课稿

各位评委老师：

大家好！我是小学语文组的01号考生，今天我说课的题目是《索溪峪的“野”》，下面开始我的说课。

一、说教材

（一）说教材的地位和作用

《索溪峪的“野”》是人教版六年级上册第一单元的课文。这个单元的主题是亲近大自然，本单元的课文通过作者对大自然景物的描写，运用想象、联想等多种写作手法抒发了对大自然的喜爱与赞美之情。

《索溪峪的“野”》通过选取独特的视角描写索溪峪的奇丽风光，赞颂了索溪峪天然野性的美，表达了作者畅游于大自然时愉快的心情。这篇课文最突出的表达特点是抓住事物的主要特点，采用先概括叙述再具体描写的表达方式。《索溪峪的“野”》是一篇略读课文，意在让学生尽情欣赏大自然的美景，进一步受到大自然美的熏陶和感染，让学生在学习的过程中体会作者是如何表达自己的独特感受的，从而提高理解力和感受力。

（二）说教学目标

（1）知识与技能目标：会读会写“望而生畏、绵亘蜿蜒、窈窕淑女、赌气、返璞归真”等生字词；正确、流利、有感情地朗读课文。

（2）过程与方法目标：通过朗读、理解课文，领悟作者抓住景物特点先概括叙述再具体描写的方法，体会作者通过想象和联想表达出的对索溪峪美的独特感受。

（3）情感态度与价值观目标：感受索溪峪风景区天然野性的自然风光，增强对大自然的热爱之情。

（三）说教学重难点

（1）教学重点：感受索溪峪的美，领悟作者抓住景物特点先概括叙述再具体描写的方法。

(2)教学难点:体会作者写作时的情感与作者所表达出的对大自然的喜爱与赞美之情。

二、说学情

虽然本课是略读课文,但索溪峪大多数学生可能没有去过,没有亲身感受,仅仅凭借课文中的语言文字来感悟有一定的难度。但六年级学生已具有一定的阅读理解能力,且积累了一定的阅读方法,所以可以引导学生在自读自悟的基础上,通过已有的阅读知识与方法,自主探究课文内容,体会作者的思想感情,领悟作者的表达方法。

三、说教法学法

(一)说教法

这篇课文内容具体、条理清楚、文字浅显,学生在理解课文内容方面难度不大。应该把重点放在领悟作者抓住景物特点先概括叙述再具体描写的表达方法上。我在教学过程中采用多种方法,组合使用,便于激发学生的学习积极性,充分发挥教师的主导作用,尊重学生的主体地位。另外,课堂上会留一定时间让学生多思考、多讨论,发展学生的阅读能力和言语表达能力。

(二)说学法

(1)引导学生预习好课文,理清课文的层次,初步了解课文,培养自学能力。

(2)通过有感情的朗读体会索溪峪风光的美好及作者的思想感情。

(3)教学中把学生放在课堂教学的主体位置,引导学生的“听、说、读、写”活动,让学生通过朗读、思考、讨论、交流,再通过老师提问检查做出总结,让学生学会自主学习,培养阅读能力。

四、说教学过程

(一)导入新课

我的导入是这样的:(多媒体展示图片)张家界森林公园,是我国第一个森林公园,它与天子山、索溪峪构成了山奇、水奇、石奇、云奇、树奇的武陵源。这里千峰竞立,争奇斗妍,山势之雄伟,山色之秀丽,让人称奇叫绝。

这里随处可见如诗如画的天然绝景。其中的索溪峪,更是别具一格,有着其他景点无法比拟的魅力。想去看看吗?今天,我们就一起去游览“索溪峪”。

(二)自读文章

在这个环节中,我首先让学生带着问题用自己喜欢的方式朗读课文,了解课文的内容。并在了解课文的基础上提出自己的问题。然后引导学生带着问题进入第三个环节的学习。问题:

1.读了文章后,索溪峪给你留下了什么印象?

2.这篇文章从哪几方面来写索溪峪的?

(三)反馈、讲授新课

在这个环节,我会先让学生对整篇课文有一个初步印象,并提出问题、解决问题。接着我引导学生围绕刚才产生并探讨的问题,回归文本,按照山“野”—水“野”—野物“野”—人“野”的顺序带领学生分段学习,品读领悟。

1.读了这篇文章,你留下了什么印象?展示课文第一段。

2.指导朗读。

3.作者是从哪几方面写索溪峪的“野”的?(山,水,野物,人)

4.你对索溪峪的什么方面最感兴趣？根据学生的喜好灵活安排学习段落。

(1)山

①山有什么特点?

②“野”表现在哪里?(惊险、磅礴、随心所欲、不拘一格)

③作者是怎样把这“野山”逼真地展现在我们面前的呢?(先概括后具体)

概括:索溪峪的山,是天然的美,是野性的美。

具体:这种美,是一种惊险的美;这种美,是一种磅礴的美;这种美,是一种随心所欲、不拘一格的美。

④指导朗读。品读不同的美,欣赏画面。

⑤总结:山的“野”是(天然、野性)的美。

(2)水

①水“野”表现在哪里?(变化快、无拘无束的美)

②文章在描述时用了什么修辞手法?(对比:通过写路“野”来展现水“野”的特点)

③指导朗读。

④总结:水的“野”是(自由、多变)的美。

(3)野物的“野”表现在哪些方面?(野性十足)

总结:野物的“野”是(亲热的、难以言状)的美。

(4)人“野”表现在哪些方面?(返璞归真)

①解释“花甲”“返璞归真”。

②总结:人的“野”是(返璞归真、脱离世俗)的美。

(四)感悟什么是“野”

这一阶段,我提出两个问题让学生自主、合作、探究,最终得出对“野”的理解,充分感悟作者的思想感情。

提问:1.通过以上学习,同学们知道什么是“野”了吗?(引导学生用文中的词语或自己的理解来赞美索溪峪的“野”)

2.用一个“美”字来概括题目中的“野”好不好？为什么?

(1)题目中的“野”是天然的美,是野性的美,是自然的美,很真,很纯。

(2)索溪峪的“野”不是人工的美,胜于人工的美。

(3)美是多种多样的,一个“美”字不能准确概括出索溪峪的特点。

(4)“野”字更好地表达了作者对索溪峪独特风光的喜爱之情。

这个环节让学生在赞美中自己发现索溪峪的美与众不同,准确地概括出作者游览索溪峪的感受。

将自学感知与合作探究结合起来,充分体现了学生在活动中的主体地位,也能培养他们的发散思维、探索意识和合作精神。既让每个学生有独立思考的空间,又通过合作探究集众人之力攻坚克垒,解决难题,让不同水平的学生在合作中得到不同的发展,获得成功的体验。

(五)小结作业

在这节课的最后我会做一个小结,进一步激发学生对大自然山水的热爱之情,同时也留一个小练笔,让学生能准确运用课文中学到的表达方法。

这节课,同学们了解了迷人的张家界,领略了"野"味十足的索溪峪,其实,我国广袤的土地上,还有很多很多风景名胜,(课件展示风景图片)如梦幻的九寨沟、险要的华山、秀美的桂林等。愿你们有时间用自己的心去感受,去欣赏,更希望你能像作者一样用自己的语言去表达你眼中的美,所以请同学们课后写一篇小游记,记录自己曾经去过的一个地方。

五、说板书设计

板书能够帮助学生巩固所学的知识信息,它是最简易的利用视觉交流信息的渠道。这个板书就像一个微型教案,能全面而简明地将授课内容传递给学生,清晰直观,便于学生理解和记忆,理清文章脉络。

索溪峪的"野"

索溪峪的"野"
- 山"野"——天然的美、野性的美
- 水"野"——多变的美、自由的美
- 物"野"——亲热的美、难以言状的美
- 人"野"——返璞归真的美、脱离世俗的美

喜爱、赞美

我的说课到此结束,谢谢各位评委老师的聆听。

【真题三】天津市说课篇目:What would you like?(小学英语)

【参考设计】

What would you like? 说课稿

Good morning, my dear judges. I'm No. 1 candidate. It's my great honor to be here to share my teaching ideas with you. My topic is *What would you Like?* I will present my lesson from seven parts, namely analysis of teaching materials, students, teaching objectives, teaching key and difficult points, teaching methods, teaching aids and teaching procedures.

Part 1. Analysis of teaching materials

The unit is from PEP English book, the first semester of grade 5. It is the reading part of this unit. The topic of this unit is about favorite food. This lesson has a close relationship with the students' daily life. Through the study of this lesson, students will be able to use some simple English expressions to talk about their favorite food in their daily life and feel the charm of learning English.

Part 2. Analysis of students

The students in Grade 5 are active and curious, interested in new things. After learning English for 2 years, they have accumulated some basic English knowledge, so I will attach more importance to their communication, providing them more chances of using the target language.

Part 3. Analysis of teaching objectives

1. Knowledge objective:

Students can review and write the words such as chicken, vegetables and the sentence structure "What would you like to eat? My favorite food is..."

2. Ability objective:

Students can express their favorite food by using the learned language.

3. Emotional objective:

Students can learn to have a healthy eating habit and have more confidence in English learning.

Part 4. Analysis of teaching key and difficult points

The key points are to master the meaning of the words such as chicken, vegetables and the sentence pattern "What would you like to eat? My favorite food is... "

The difficult point is how to write their favorite food correctly.

Part 5. Analysis of teaching methods

I'll mainly use Task-based Teaching Method and Situational Teaching Approach. That is to say, I will present some tasks for students and let them learn the language while doing the tasks. And I will also create a situation for students to learn the text.

I want my students to learn in a cooperative way. I will design some pair work or group work for them to learn the target knowledge in communication and cooperation.

Part 6. Analysis of teaching aids

In order to catch students' attention and make my teaching effective, I will prepare some teaching aids to assist my teaching, such as multimedia and pictures.

Part 7. Analysis of teaching procedures

I will finish this class in five steps.

Step 1 Warming-up and lead-in

At the beginning of the class, I will invite students to sing a song together. Then I will do a revision of what they have learned before with students. I will divide them into two groups and do a speed quiz. I flash some pictures about food on the PPT and ask students to speak them out quickly. The group can be rewarded if they can get more answers.

By doing this, I can create a better English learning atmosphere and activate students' interests to take part in the class activities. Besides, revision of words about food can pave the way for the next reading.

Step 2 Presentation

I will tell students Robin will cook for us. And someone has told Robin what he likes and guide them to have a look. Then students are required to read the text for the first time and to circle the food they can find in the text.

After the first reading, students are required to read the text again to answer the questions:

①What's Yifan's favorite food?

②What's Grandpa's favorite food?

③What can they both eat?

They can tick the answers on the text.

Reading tasks of different levels can not only enable students to master knowledge about food better while doing tasks but to learn how to get information from the passage correctly.

Step 3 Practice

I will invite students to read after the tape and then make a conversation according to the text and do the role-play. One student acts as Yifan, the other one acts as robot Robin. Then I will invite students to fill in the blanks of a letter to Robin to tell what they would like to eat and ask Robin to cook for them.

This step can give the students a chance to better apply what they have learned in a real situation. What's more, writing activities can also develop their basic writing abilities.

Step 4 Summary and homework

In this step, I will invite one student as a little teacher to conclude the key words and the target language, and then I will draw a conclusion that they should love different food and have a healthy eating habit.

As we know, students are the center in our lesson. I will try to provide more chances for students to take part in our lesson. At the end of the class, I also make a summary to arouse the resonance of students' emotion.

At the end of the class, I'd like to present my homework to consolidate what the students have learned in this period. Ask students to write down their parents' favorite food and invite Robin to cook for them.

That's all. Thank you.

【真题四】河南省说课篇目:《迷人的火塘》(小学音乐)

【参考设计】

《迷人的火塘》说课稿

各位评委老师:

大家好！我是小学音乐组的01号考生,我说课的内容是人音版小学音乐课本第十册第二课“欢乐的村寨”里《迷人的火塘》这一课,这是一节以唱歌为主的综合课。(板书课题)下面我将分四个部分来说说本课的教学。

一、说教材

(一)说教材的地位和作用

《迷人的火塘》是一首优美、抒情的侗族歌曲,讲述了侗族同胞在喜庆节日的晚上,燃起篝火围在火塘四周唱歌跳舞,抒发了他们对美好生活的憧憬和向往。这首歌曲充分展示了侗族歌曲的独特魅力,激发了学生对民族音乐的热爱,弘扬了祖国民族音乐文化。这是新课程的重要内容之一,也是本单元的重点。

《义务教育音乐课程标准》(2011年版)指出:要保持学生对音乐的兴趣,使学生乐于参与音乐活动,培养音乐感受与欣赏的能力,表现音乐的能力,艺术想象和创造力,乐观的态度和友爱精神。结合新课标、教材内容及学生的年龄特点,我设计了以下教学目标和教学重难点。

(二)说教学目标

1. 知识与技能目标:学习切分音“X X X”和“X X.”,并能够准确地运用到歌曲的演唱当中。

2. 过程与方法目标:能用优美、自然的声音参与表演唱,体会侗族音乐的魅力。

3. 情感态度与价值观目标:感受侗族音乐的风格特点,拓宽音乐视野,激发对民歌的热爱,对祖国的热爱,对生活的热爱。

(三)说教学重难点

1. 教学重点:能用优美的声音、有感情地演唱歌曲。

2. 教学难点:掌握切分节奏的变换形式,体验侗族音乐的节奏特点。

二、说学情

本课的学习对象是五年级学生，五年级的学生已初步建立了首调概念，对一个升号调的音位比较熟悉。在歌曲学唱中，可以发挥学生自主学习的能力练唱乐谱。在演唱方面，学生已经掌握了一些基本的歌唱方法，具有一定的合唱能力，再加上班中有部分学生学习乐器、参加了合唱团，演唱的音色、音准会比较好，对唱好这首歌有很大帮助。五年级的学生还可以对同伴演唱的音准、节奏等进行正确的评价。

三、说教法与学法

(一)说教法

为落实本节课教学目标和重难点，我采用了情境教学法、启发开放式教学法、听唱法等多种方法综合协调，灵活变通，既发挥教师的主导作用，又彰显学生的主体地位。

(二)说学法

“教是为了不教，学是为了会学”，与教法相适应，以学生为主体，激发学生的主动性，调动学生的各种感官参与学习活动。在教师的引导下，运用聆听、探究、体验、想象的学习方法，最大限度地发挥学生的主动性和创造性，并珍视学生真实而独特的情感体验。

四、说教学过程

依据《义务教育音乐课程标准》(2011年版)提出的“以音乐审美为核心”这一基本理念，我把“聆听、感悟、表演”三部分教学融会贯通，激起学生对民族音乐的热爱，进而渗透爱祖国、爱生活的教育。我把教学过程分为以下四个环节。

(一)情境渲染，导入新课(3分钟)

课前我先播放《爱我中华》这首歌曲，引导学生深情地说出歌曲的名字《爱我中华》。并用自己深情的语言导入：“中国有五十六个不同的民族，有五十六种不同的语言，有太多太多的风土人情，有太多太多的民间习俗，你们都知道哪些呢？”从而引出侗族的习俗，并由此导入歌曲《迷人的火塘》，引导学生初次聆听。

音乐课程标准指出音乐教学活动应根据不同的教学内容和教学目标，采用与之相适应的教学组织形式，创设充满音乐美感的课堂环境。(这个环节，我意在营造氛围，让学生在情感上对侗族民歌有感知，对侗族文化有了解，对侗族歌曲的学唱有激情，达到一种“未成曲调先有情”的意境。)

(二)聆听感悟，突破难点(6分钟)

在这一环节的聆听中，我只用了一个简单的侗族歌舞卡通画。

目的：使学生能集中注意力听节奏，进行敲击，在敲击中发现节奏“××.”和“×××”。

为了体现知识的前后联系，我引出了上节课的切分节奏“×××”，并通过学生念、打该节奏的变形，引导出本课的两个切分节奏“××.”和“×××”，从而引导出新授知识切分音。这样，学生能全面参与新知识的形成过程，真正体验到探究的乐趣，增加了学习音乐知识的趣味性，有利于今后再学习。为了巩固新知识切分音，我从歌曲中找出四条节奏，让学生听、辨、念、打。最后，我让学生找出歌曲中节奏相同的乐句，从而达到及时强化记忆、巩固新知、应用新知的目的，同时为歌曲的学唱奠定了基础。

音乐课程标准指出：音乐教学应采用多种形式，引导学生积极参与音乐体验，引发想象和联想。在处理歌曲难点时，我采用聆听、敲击、念打、讲授、练习等教学法，引导学生体验想象，从而突破歌曲中的难点，为学唱歌曲扫清了障碍。

(三)自主探究,合作学习(20分钟)

这一环节,我通过以下四个小环节来进行。

1.朗读歌词

我引导学生思考这首歌曲的歌词应该怎样读?该读出怎样的情感?

音乐课程标准提倡学科综合,在实施中,综合应以音乐为教学主线,通过具体的音乐材料构建起与其他艺术门类及其他学科的联系。歌曲中的歌词朴素优美,让歌词和动人的旋律结合在一起,学生能更直接体会到歌曲的内在含义,加深理解侗族的风土人情。

2. 听唱曲谱

在这一环节中,我首先引导学生讨论:歌曲该用怎样的速度、力度来演唱呢?从而使学生体验用稍弱的音量、中速进行演唱。紧接着教师弹琴,引导学生轻声地跟琴唱乐谱。

3. 填词演唱

音乐课程标准指出演唱歌曲是中小学音乐教学的基本内容,应结合演唱实践活动,创设与歌曲表现内容相适应的教学情境,激发学生富有感情地演唱,以情带声,声情并茂。注意变声期的嗓音保护,避免喊唱。

在教师的伴奏下,我首先引导学生轻声地跟琴填词演唱歌曲第一段。接下来,我进一步指导学生在音高、节奏方面的准确性,并适时地引导学生用自然、圆润的声音演唱。最后,我通过对歌曲中一字多音及歌曲难点“啊”字的力度控制、情绪处理等,运用对比范唱等形式,引导激发学生富有感情地歌唱,以情带声,声情并茂。

4. 由扶到放

经过我细致的引导,学生学习掌握了第一段歌词的演唱之后,接下来的第二段,我将把学习过程完全交给学生,并让学生分小组讨论歌曲的情绪、力度和速度后,自主演唱。根据学生的演唱情况,及时引导,最后,教师弹钢琴伴奏,请学生有感情地演唱整首歌曲。

音乐课程标准指出音乐在许多情况下是群体性活动,将使学生的群体意识、合作精神和实践能力等得到锻炼和发展。在以上教学过程中,为了巩固新授歌曲,我还分别设计了分组竞唱、两组轮流拍手伴奏、小组合作乐器伴奏和齐唱合作等形式。这样,不仅巩固了新授歌曲,同时也丰富了学生的歌唱表演形式,大大提高了学生的音乐鉴赏力,充分落实了本课的教学重难点,体现了学生聆听、探究、体验、合作的学法,使教师的“教”与学生的“学”有机地结合在一起。

(四)拓展创编、深入体验(8分钟)

音乐课程标准指出音乐是一门极富创造性的艺术。在音乐教学中,处处都有发挥学生创造性的机会。教师应将创造力的培养贯穿于各个教学领域,要启发学生创造性地进行艺术表现,为此我采用“分组合作,现场创编”的形式,引导学生深入体验。

首先我通过提示引导学生,可采用歌唱、配乐诗朗诵、舞蹈、画画等多种形式来表达、体验歌曲的情感。紧接着,在乐声中让学生们自己现场创编,教师做适时的巡回指导。虽然学生创编活动的质量参差不齐,但是学生在课堂中真正成了学习的主人。

然后,我选择创编较好的小组在课堂上进行表演,并鼓励其他组对创编的形式进行课后再加工,课外活

动时为老师和同学们表演。这样的设计,不仅使本节课的教学得到了适时的拓展,还将这一内容扩大到课后,为课外音乐活动的开展做了很好的铺垫。

五、说板书设计

我通过这样简单的板书,引导学生把握好歌曲的情感,学好用好乐理知识,引导他们在探究中生成体验,从而更好地演唱歌曲。

本课我贯彻"以音乐审美为核心"的理念,运用启发开放式等多种教学方法,多角度扩展学生的音乐视野,充分发挥了学生的主体地位,让学生体验侗族民歌的旋律美,感受侗族人民的人性美,在体验中发现美,在表现中创造美,在创造中享受美,真正领略中国民族音乐的魅力。

我的说课到此结束,谢谢各位评委老师的聆听。

【真题五】福建省说课篇目:《从我做起》(小学品德与社会)

【参考设计】

《从我做起》说课稿

各位评委老师:

大家好!我是小学品德与社会组01号考生。今天我说课的题目是《从我做起》。下面开始我的说课。

一、说教材

(一)说教材的地位和作用

本课是山东人民出版社《品德与社会》六年级下册第三单元第三课《为了地球的明天》的第3课时的内容。这一课的内容主要是让学生在认识到地球危机的基础上,明确自身作为地球中的一分子,也应该从自身做起,共同努力保护地球。教师应引导学生充分认识到保护地球要以自身为起点,审视自己的日常行为、关爱大自然、感激大自然对人类的哺育,在此基础上形成保护生态环境的意识,并倡导大家都积极参与到热爱地球、保护环境的行动中来。

(二)说教学目标

根据以上对教材的地位和作用的分析,以及新课改的要求,我确立了如下三维教学目标:

1. 知识与技能目标:知道目前地球上存在的各种环境污染和环境破坏的问题,并了解作为一名小学生,我们能够为保护地球做的事情都有哪些。

2. 过程与方法目标:能够从自身做起,从身边的小事做起,为保护我们美丽的家园出一份力。

3. 情感、态度与价值观目标:热爱祖国,保护地球,树立公民的责任意识、环保意识和节水意识等。

(三)说教学重难点

1. 重点:正确认识环境保护对我们生活的重要性,并明确保护环境是每个人的责任。

2. 难点:培养时时刻刻爱护环境,从小事做起、从我做起的责任意识。

二、说学情

六年级学生已经有了自主的认识,他们保护环境的意识比较强,能够主动发现身边的环保问题。他们已经有了最基本的分辨好坏是非的分析能力,对于什么样的做法是对环境有利的,什么样的做法是对环境有害的,能够作出判断。但是六年级学生也容易受周围环境的影响,如果身边有很多随意破坏环境的人存在的话,就很容易给他们以错误的价值观引导。因此本课的学习对学生形成保护环境的观念和树立责任意识至关重要。

三、说教法

为了更好地帮助学生把握重点、突破难点，针对本课的特点，我选择的教法主要是启发式教学法、情境教学法、小组讨论法，同时辅之以多媒体教学法。借助调查汇报、活动展示等学生喜闻乐见的形式，创设情境，以情感人，达到优化课堂教学的效果。

四、说学法

在学法方面，我主要指导学生采用自主探究和合作交流的方式来学习，不仅可以培养学生的探究意识，还能帮助学生在相互交流和探讨中得到提高。

五、说教学过程

教学过程是本次说课的重点环节，所以接下来我来说一下我的教学过程。

(一)导入新课

我将引导学生回顾前几课的学习内容，并通过PPT展示一组图片，告诉他们全世界为环保作贡献的积极行动，并引导他们思考：我们小学生能为环保做些什么？进而引出本课课题。

设计意图：通过对前两课学习内容的回顾总结，进一步勾起学生探究的兴趣，让他们知道人们都在为解决环境问题而努力，进而引出“我们小学生可以为环保做点什么”的问题，让学生带着问题、带着思考步入课堂。

(二)讲授新课

1. 身边的环境问题

我会向学生提问，问他们对自己身边的环境状况了解多少。然后指导学生根据课前对自己身边环境状况的调查结果，先在小组内交流，再进行分组汇报。

(1)全班汇报

我会组织全班同学从空气污染、水体污染、固体废弃物污染等方面汇报调查结果。

(2)教师补充展示

我会用PPT补充展示自己随手拍取的一些有关环境问题的图片，比如人们随手扔垃圾、在墙壁上乱写乱画的图片，让学生一起来看。接着向学生提问，看到这些情景，他们有什么感想。之后，我会根据学生的回答作出小结：是啊，环境问题其实就在我们身边，我们从小就要做一个有心人，要学会保护环境，爱护我们的地球家园。

设计意图：通过让学生搜集资料、调查我们身边的环境问题，让学生认识到环境问题就在我们身边，只要我们伸伸手，就能营造美好的环境。保护环境需要我们从小事做起，从自身做起。

2. 保护环境我能行

(1)争做环保小卫士

先请学生以学习小组为单位进行讨论：如果派你去当环保小卫士，请你为解决这些环境问题出谋划策。在学生进行了比较充分的小组讨论后，我会邀请小组代表对本组同学的观点进行总结展示，引导学生从日常生活的细节中谈谈应当如何保护环境，并积极地给予肯定、作出补充。

设计意图：在这里设计“争做环保小卫士”的小组讨论活动，目的是培养学生独立思考的能力，教会他们

小组合作的学习方法，使其在小组合作中激发分析和解决问题的思路和方法。

(2)节约用水，从我做起

我会让学生分小组开展情境模拟活动："一日停水体验活动"，让他们思考：如果一天之内，一滴干净的水也没有，会对我们的生活造成哪些影响呢？给他们十分钟时间准备，说明可以任选场景、任选角色。在学生分小组进行情境模拟扮演活动，体验停水给人们带来的种种难题之后，我会向他们提问，在日常生活中我们能通过哪些办法来节水，并引导学生通过头脑风暴的方式拓展思考，分条列举节水的各种方法和新的创意。

设计意图：在这一环节开展情境模拟扮演活动，能够提高学生的课堂参与度，让学生在亲身体验活动中，感受到节约用水、保护环境的重要性。

(三)巩固提升

在这个环节，我将向学生提问：我们下一步应该怎样行动，才能使更多的人走入我们的行列，积极行动起来保护地球环境呢？在学生提出可以通过画画、写宣传标语、办手抄报等方式进行宣传的想法后，我会给予肯定和赞扬，并引导他们积极行动起来，用自己喜欢的方式，向身边的人作出宣传。之后请学生分小组展示自己设计的宣传口号、宣传画、手抄报、倡议书等，并在全班范围内进行评比。

设计意图：在这里设计一个环保宣传评比活动，能够鼓励全班师生共同参与到保护环境的行动中来，培养学生的责任意识和环保意识。

(四)小结作业

最后，我会对本课内容做个小结，说明环境保护看似一个大课题，但落到实处需要我们每个人都贡献一份力量。为了地球的明天，我们要从我做起，从身边小事做起。

之后布置作业，让学生下课后，围绕"如何保护地球"的主题，做一件力所能及的事，并用写日记的形式将做这件事的过程记录下来。

设计意图：设计这样的开放式作业，不仅不会让学生感到枯燥乏味，而且能够锻炼学生的思辨能力，促使学生把课堂所学延伸和运用到课外，充分认识到自己也能为保护地球环境贡献一份力量，提高自己的行动力。

六、说板书设计

以上是我的教学过程，最后我来说说板书设计。我的板书设计直观、简洁、突出重点，这里呈现的就是我的板书设计：

从我做起
一、身边的环境问题 二、保护环境我能行 (1)争做环保小卫士 (2)节约用水，从我做起 (3)我们的环保宣传方式

我的说课到此结束，谢谢各位评委老师的聆听。

【真题六】河南省说课篇目:《美术是个大家族》(初中美术)

【参考设计】

《美术是个大家族》说课稿

各位评委老师:

大家好!我是初中美术组的01号考生,我说课的题目是《美术是个大家族》。接下来我会从教材分析、教法运用、学法指导、教学过程、教学反思几个部分来具体阐述我对这节课的安排。

一、说教材

(一)说教材的地位和作用

本课是人民教育出版社出版的七年级上册第一单元第二课的内容。在此之前,学生已经学习了创造性的艺术形式,这为过渡到本课题的学习起到了铺垫作用。通过本节课的学习,学生了解到美术的分类及其主要特征,为今后在美术方面的学习打下了坚实的理论基础。

(二)说教学目标

根据本课的教学内容以及课程标准的要求,参照七年级学生的知识水平和理解能力,我制订了以下教学目标:

1. 了解什么是美术,以及美术的四大门类。

2. 在欣赏过程中进一步认识、了解美术的分类,并提高欣赏水平。

3. 培养欣赏美术作品的能力,并了解不同类别艺术作品的特征和功能。

(三)说教学重难点

教学重点:充分了解美术的定义和分类。

教学难点:了解不同类别艺术作品的特征和功能。

二、说教法

我们都知道美术是一门培养人的艺术设计能力的基础学科。因此,在教学过程中一定要引起学生足够的重视,教师的引导能让学生很快地获取理论知识并在实际创作中得到充分运用。因此,我主要采用以下教学方法:

1. 形象直观法:通过多媒体展示美术作品,引导学生分析、思考,归纳得出理论知识,在讲解时注意配合学生,形成"师生合作"的局面,充分发挥学生的主观能动性,突破教学难点。

2. 讨论法:主要通过分组讨论来优化课堂提问。课前有复习提问,课中有启发性和发散性的提问,课后还有总结提问,提问中应始终紧扣教学重点和难点,既体现一定的课堂教学层次性,同时也让学生的注意力在学习过程中保持高度集中。组织学生分组讨论,可引导学生进行自主、合作和探究性学习。

三、说学法

本课的教学对象是刚刚步入七年级的学生,大部分学生入学前不具备系统的美术理论知识。所以我在教学过程中特别重视学习方法的引导,让学生掌握正确的学习方法,便可以避免在学习理论知识上走弯路、浪费学习时间。《美术是个大家族》一课要通过欣赏很多美术作品来完成,学生会认为学习比较被动。我贯

彻的指导思想是把“学习的主动权还给学生”,倡导“自主、合作、探究”的学习方式,并使学生养成勤于思考,善于总结的好习惯。

四、说教学过程

(一)导入新课

以播放美术作品视频来概括本课所学知识的方式导入新课。

导入的设计依据有以下几点:一是概括旧知识,引出新知识,温故而知新,使学生明确新知识和旧知识之间的联系。二是让学生初步了解本节课要讲述的内容,以激发学生的求知欲望。

(二)课程新授

讲解美术的分类并欣赏每一类别的代表作,着重强调“物质材料”“造型手段”和“空间”“审美价值”,引导学生归纳其各自特征,并说出欣赏后的感觉。这种图文并茂的教学手段的运用可以使抽象的知识具体化,枯燥的知识生动化,乏味的知识兴趣化。此外还需重视学生提出的疑问,并适当对课堂内容进行引申,有利于学生将知识进行串联、积累和加工,从而达到举一反三的效果。

(三)课堂小结,强化认识

对学生的小组讨论及代表发言做出总结,并再次提示要点,这样学生可以把课堂上学到的知识尽快地转化为自己的认知。

(四)教学反思

依据以人为本、赏识教育的教学理念,我在整个教学过程中因势利导,尤其是学生参与活动的交流方面,以愉悦的心情体验课堂,使学生形成基本的美术素养,掌握基本的美术技能,并在轻松愉悦的氛围中学习美术知识。

五、说板书设计

美术课的板书应融书、画于一体,因此,在教学中,应将作画过程与板书相结合,将范画、多媒体课件相对应,做到直观清楚、主题突出、照顾全面。

我的说课到此结束,谢谢各位评委老师的聆听。

【真题七】贵州省毕节市说课篇目:《单手肩上投篮》(初中体育)

【参考设计】

《单手肩上投篮》说课稿

各位评委老师:

大家好!我是初中体育组的01号考生。今天我说课的题目是《单手肩上投篮》。下面开始我的说课。

一、说教材

(一)说教材的地位和作用

篮球运动是一项以投篮得分为目的而进行的攻守交替、集体对抗的球类运动。单手肩上投篮是篮球投篮技术中主要的基本技术,是进攻得分的重要手段。单手肩上投篮技术是初中篮球教学的重要组成部分,学好单手肩上投篮技术是更好地学习篮球各种技术和战术的基础,是影响篮球比赛观赏性和竞争性的主要因素。在初中的篮球教学中,应该高度重视学习和掌握这一技术,并且能在实战比赛中灵活运用。

(二)说教学目标

根据本课的教学内容以及课程标准的要求,我制订了以下教学目标:

(1)通过学习,了解原地单手肩上投篮的动作要领和全身协调用力的方法;通过练习,70%的学生能初步掌握原地单手肩上投篮的技术动作。

(2)通过模仿、分组、交流等方法探索学习;通过练习,学会互助合作和自主探究的学习方法。

(3)养成善于观察,勤于思考,乐于学习,团结协作的优良品质;体会篮球投篮的乐趣。

(三)说教学重难点

(1)教学重点:投篮上肢动作标准。

(2)教学难点:蹬地与伸肘抬臂的协调配合。

二、说学情

本次授课的班级为初一年级的学生,初一年级的学生积极好动且充满求知欲。由于基础水平不同,学生学习和掌握运动技能的能力也不同,需要教师在控制好全班整体教学的情况下,贯彻区别对待原则。很多学生热爱篮球运动,在小学时接触过篮球运动,但是技术不完善,需要帮助学生掌握正确的投篮动作,并纠正学生错误的投篮动作。

三、说教法学法

(一)说教法

为落实本节课教学目标和重难点,我在教学过程中将采用讲解法、动作示范法、演示法、纠正动作错误与帮助法、分解练习法、完整练习法、小群体教学法进行教学,充分发挥教师的主导作用,尊重学生的主体地位,使学习和练习时间分配合理,提高学生的学习效率。

(二)说学法

本节课,通过学生模仿练习、分解练习和完整练习技术动作,初步理解动作要领;通过学生分组学习,组内互相帮助,提高和改善技术动作,初步掌握动作要领。

四、说教学过程

(一)课堂常规

教师上课,学生集合,师生问好,安排见习生,检查服装,最后讲解本节课的主要学习内容。

(二)准备部分

准备活动分为三个部分,第一部分为常规准备活动,慢跑;第二部分为常规拉伸活动,徒手操;第三部分为专门性准备活动,篮球球性练习。

(三)基础部分

(1)利用教学投影,使学生能够直观地观察原地单手肩上投篮的技术动作;利用教学挂图,使学生能够直观地明白单手肩上投篮技术动作的各个分解动作。这两种教学手段使学生能够了解单手肩上投篮动作的整体动作和分解动作,有利于接下来的学与练。

(2)教师进行技术动作的完整示范和分解示范,并强调动作要领;邀请同学进行模仿,纠正错误并再次强调易犯错误和动作要领。这个环节,使学生能够初步建立正确的动作概念。

(3)学生跟随教师口令进行徒手模仿练习,建立正确的动作概念,形成连贯的动作思维。这个环节,使学生能够更进一步地建立正确的动作概念,并形成简单的动作反射。

(4)学生分组进行投篮练习,教师巡回指导。这个阶段,我将注重观察技能学习较差学生的练习情况,及时发现问题,找出解决问题的方法。

(5)个别学生进行展示,学生评价;针对学生自尊心强、爱面子的特点,我不邀请学练差的学生进行展示,而会在练习中特别进行辅导教学。

(6)继续分组练习,每组委任小组长,计算投篮的命中率,为下节课的教学做准备;我将继续巡回指导、纠正和帮助学生掌握正确的技术动作。这个环节是巩固和提高的环节,既能巩固本节课的学习内容,也能提高学生继续学习的积极性,并能促使学生进行课后练习。

(四)结束部分

(1)放松活动:我会让体育委员带领同学们进行放松活动,重点拍打肩部和手臂肌肉。

(2)课堂小结:我将总结教学情况,评价学生本节课的优缺点,学生也会进行互评,给学生鼓励和支持,布置课后作业;提醒值日生收还器材,宣布下课,和学生再见。

五、说场地器材

(一)场地:本节课需要完整的篮球场2个。

(二)器材:本节课需要篮球40个,篮球挂图一套,简易手机投影设备一套。

我的说课到此结束,谢谢各位评委老师的聆听。

【真题八】贵州省毕节市说课篇目:《物质的变化和性质》(初中化学)

【参考设计】

《物质的变化和性质》说课稿

各位评委老师:

大家好！我是初中化学组的01号考生。今天我说课的题目是《物质的变化和性质》。下面开始我的说课。

一、教材分析

《物质的变化和性质》是人教版九年级上册第一单元课题1的内容。上接绪言《化学使世界变得更加绚丽多彩》,使学生明白了化学是学习什么的学科,下接课题2《化学是一门以实验为基础的学科》,是开始培养学生学习兴趣和认识实验、尊重实验的最佳切入点,是很好的承上启下课。物质的变化和性质是化学研究的重要内容,本节课的学习让学生初步认识化学变化、物理变化、化学性质和物理性质,为后续深入学习某一具体物质的性质和变化以及从分子、原子层面认识物质的性质和变化奠定基础,并且让学生初步建立起物质的变化体现物质的性质,物质的性质决定物质的用途的科学观念。

二、学情分析

就学情来说,化学这门课对于大多数九年级学生而言是一门全新的学科。通过生活,学生已经接触大量的物理变化和化学变化的实例,只不过他们对此没有注意思考过,由于学生基础不够,教学开始不宜要求过高。另外,初三学生具有强烈的求知欲望,我会紧紧抓住这一点,让学生在我的引导之下进行探究。如何将生活中这些零散的知识上升为理性认识,这是本节课需要突破的。

三、教学目标

关于此课题课程标准的要求是“认识化学变化的基本特征,初步了解化学反应的本质,知道物质发生化学变化时伴随有能量变化”。根据课程标准的要求、教材的编排意图以及初三学生的特点,我拟定如下的教学目标:

1.知识与技能

(1)认识化学变化、物理变化,初步了解化学变化的本质,能初步运用变化中伴随的现象区别化学变化和物理变化;

(2)识别物理性质、化学性质,能够初步应用一些物质的性质区分物质。

2.过程与方法

(1)通过对实验现象的观察和分析,学会归纳整理;

(2)初步培养动手能力。

3.情感、态度与价值观

(1)激发兴趣,培养合作学习意识,培养自己动手做实验的能力;

(2)了解化学在生活中的应用,体会到化学的重要性。

在上述的教学目标中,"认识化学变化、物理变化,识别物理性质、化学性质"是本节课的中心内容也是教学重点,而由于初学化学的学生头脑中对"有新物质生成"缺乏较为深入的理解,所以我将"初步了解化学变化的本质"作为本节课的教学难点。

四、教学方法

基于以上学情以及教学目标的分析,本节课将采用启发式教学,充分利用化学实验并联系生活实践为学生提供丰富的感性认识,引起学生的学习兴趣。具体教学过程如下:

五、教学过程

1.创设情境,自然引入

新课引入的好坏在某种程度上关系到课堂教学的成败。首先我会选取趣味小魔术作为切入点,构造问题悬念,激发学生兴趣,其目的是把问题作为教学的出发点。以问题为中心,创设问题情境,激发学生的学习兴趣和求知欲。为学生发现新问题创造一个最佳的心理和认识环境。让学生有目标地进入教学内容。

我设计的小实验是:演示 "火柴梗的折断"与"火柴梗的燃烧"等。请同学们思考,这些变化有何不同?这样就达到了上述效果,同时又为下一步探究活动打下了基础。在学生议论纷纷、兴趣高昂时,我布置探究实验一,既满足了学生的求知欲和探索精神,又为进入第二环节做了自然而然的铺垫。

2.实验探究,引导发现

在进行实验探究之前呢,我有一个问题,你们会观察实验吗?我们该怎样观察实验现象呢?在实验进行中我将引导学生按照变化前的物质、变化时的现象、变化后的物质,以及有没有新的物质生成这四个方面进行观察并记录形成表格。

(1)实验探究一

由于九年级学生已经掌握了一部分物理知识且实验相对简单,所以由学生单独操作有关物理变化的实验即实验探究一,培养他们的动手操作能力和实验观察能力,同时学会研钵的使用方法。

[实验]实验Ⅰ　水的沸腾　　　实验Ⅱ　胆矾的研碎

完成实验后,我会引导学生回忆实验,对比分析表格提出问题"实验Ⅰ、Ⅱ有什么共同特征?"通过对比不难发现,以上两个实验都没有生成新的物质,只是反应物的状态和形状发生了改变。进而引出物理变化这一重要概念,培养学生对知识的分析总结概括能力。然后引导学生深入实际,举出生活中常见的物理变化,并将变化归为三类:①形状改变,如矿石粉碎;②状态改变,如三态变化;③能量转变,如灯泡发光。通过联系生活实际可以使知识更加简单,容易理解,掌握物理变化这一概念。

那么什么是化学变化呢？接下来进行实验探究二。这是书上的第一批实验，对于刚接触化学的学生来说，实验具有危险性，学生的实验基础知识不够，教师完成有危险和有技巧的操作，可以起示范作用，同时又尽可能地给了学生清楚观察物质的机会。因此，我将示范给学生看以下两个实验。

(2)实验探究二

[演示]实验Ⅲ 胆矾与氢氧化钠反应　实验Ⅳ 石灰石与稀盐酸反应

认真仔细观察实验后，引导学生分组讨论每组实验的现象，最后每组派一名学生交流，说出他们组归纳的内容。同时评出最佳发言人，及时鼓励表扬每一位发言人的优点，这为今后学生的勇于发言作出铺垫，也为构建互动型课堂打下基础。之后我将实验现象进行总结：在实验Ⅲ中有蓝色沉淀生成，实验Ⅳ中有气体放出，引导学生发现两个实验的共同点——有新物质生成，进而引出化学变化这一重要概念，然后请同学们举出生活中常见的化学现象，加深理解。

学习过以上内容之后，两种变化基本掌握了，我顺势提问："那么我们如何判断有没有新物质生成呢？"学生短暂讨论后，一起交流学习，培养学生合作的意识。接着，我会和学生共同总结出在化学变化中往往伴随着发光、发热、吸热、生成气体、生成沉淀、颜色变化等现象，而物理变化往往是外形、状态等发生了改变，并且结合实例说明这些现象可以帮助我们判断化学变化、物理变化，从而化解教学难点。但在这里需要提醒学生注意的是，有发光、发热、颜色变化、生成气体沉淀等现象发生的并不一定是化学变化，如电灯发光发热等，判断化学变化的根本依据是有新物质生成。

讲到这里，学生初步了解了什么是物理变化，什么是化学变化，我会趁势用一些习题加强学生的理解。

(3)探究物质的性质

在物质的两种变化形式讲完后，要过渡到物质的两种性质教学中来。我设计好如下问题，启发学生：同样是放在空气中，木柴点火能燃烧，为什么钢铁不能呢？同样放在空气中，铁能生锈为什么木柴不生锈？同样是气球，为什么氢气球能飞而口吹的气球不能飞？这些问题启发学生思考，物质不同，物质的性质不同。我再引导学生分析这些物质哪些需要通过化学变化表现出来，哪些不需要化学变化表现出来，进而归纳出化学性质、物理性质的定义。

学习了物质的性质，我会试着让学生分析之前做的四个实验体现了物质的哪些性质，加强学生对物质性质的理解。随后我会强调性质是在一定条件下的性质，性质会随条件的变化而变化，如水的沸点随压强的变化，铁在潮湿的空气中与干燥的空气中化学性质的不同等，让学生初步体会条件与物质性质的关系。紧接着，我会演示课本实验1-2，引导学生观察气体的颜色和状态，以及实验中的现象，在此基础上与学生一起分析氧气、二氧化碳的性质，进而加强对之前学习的4个概念的理解，同时让学生进一步体会到物质的变化体现了物质的性质，利用物质的性质可以鉴别物质。

(4)物质的用途

化学是研究物质的变化和性质的科学，那么我们为什么要研究物质的变化和性质呢？我会通过此设问引出物质的用途。然后，我会列举生产、生活中一些常见物质的应用，讨论分别利用了这些物质的什么性质，揭示物质的用途是由其性质决定的。

3.综合练习，巩固新知

练习巩固是课堂教学中不可缺少的环节，它是学生巩固新知、形成技能、发展智力的重要阶段。也是学生注意力容易分散、精神易疲劳的阶段，因此教师要抓住学生的心理特征进行练习，激发学生的学习兴趣，确保学习任务的圆满完成。为了让更多的学生参与进来，通过课堂练习发现不足，并加深对所学知识的理解，我特地选择了一些典型的实例作为训练题，并进行小组竞答，看看哪组回答得又快又准。

4.归纳小结，总体把握

在本堂课的末尾让一些同学来谈一谈学习了本节课后的收获，通过交流，使学生进一步明确生活与化学的密切联系。并能将所学知识用于生产和生活中且以此来解决实际问题，激发学生热爱科学、热爱生命的激情。最后我将总结本节课所学的重点和难点，在总结的过程中突出重点，强调难点。同时我也会提醒同学们在课下多多关注平日里司空见惯的事物，因为生活本身就洋溢着丰富的自然科学知识。

六、教学特色

纵观本节课的教学，我遵循学生思维发展的规律以及概念形成的规律设计教学，充分利用实验提供实验事实，充分联系生活补充感性材料，让学生在充分感知的基础上形成化学概念，不仅重视知识教学，也充分利用了实验、观察以及分析、归纳等科学方法，还渗透了学科观念，做到了三维目标的有效融合。

七、板书设计

以下是我的完整的板书设计。

物质的变化和性质

一、物质的变化

1.物理变化

2.化学变化

二、物质的性质

1.物理性质

2.化学性质

物质的变化 $\underset{\text{决定}}{\overset{\text{体现}}{\rightleftharpoons}}$ 物质的性质 $\underset{\text{体现}}{\overset{\text{决定}}{\rightleftharpoons}}$ 物质的用途

我的说课到此结束，谢谢各位评委老师的聆听。

【真题九】福建省说课篇目：《蒸馏与萃取》（高中化学）

【参考设计】

《蒸馏与萃取》说课稿

各位评委老师：

大家好！我是高中化学组的01号考生，我说课的题目是《化学实验基本方法》第二课时：蒸馏和萃取。接下来，我将从以下几个方面开始我的说课。

（过渡：首先谈一谈我对教材的理解。）

一、说教材

本节属于人教版化学必修一第一章第一节的内容，学生在初中化学已经初步了解过蒸馏实验，但涉及不深且未真正操作过。本节课继粗盐提纯实验，从固液分离到液液分离，蒸馏以及萃取实验的学习和操作进一步让学生掌握混合物的分离和提纯方法。

（过渡：合理把握学情是上好一堂课的基础，因此要切实做好学情分析，理解学生。接下来我将对学情进行分析。）

二、说学情

由于学生刚进入高中，虽然初中时已经学习过一些常见的化学仪器和药品的使用以及一些基本操作，

但是实验动手操作能力依旧欠缺，且分析能力较弱，所以本节课我会注重引导学生分析实验过程以及其中需要注意的点，并鼓励每一名学生都参与到实验的操作过程中来。

（过渡：新课标要求教学目标是多元的，主要包括学会、会学、乐学三个维度，所以我确定了如下教学目标。）

三、说教学目标

1.知识与技能目标：掌握蒸馏、萃取和分液的原理及实验操作、掌握Cl^-的检验方法。

2.过程与方法目标：在化学学习和实验过程中，逐步养成问题意识，能够发现和提出有价值的化学问题，学会评价和反思，提高自主学习能力，善于与他人合作。

3.情感、态度与价值观目标：激发参与化学活动的热情，逐步形成将所学知识应用于生产、生活实践的意识。

（过渡：基于以上对教材、学情以及教学目标的设立，我确定了如下的教学重难点。）

四、说教学重难点

重难点：蒸馏、萃取和分液的原理及实验操作。

（过渡：现代教学理论认为，在教学过程中，学生是学习的主体，教师是学习的组织者、引导者，教学的一切活动都必须以强调学生的主动性、积极性为出发点。根据这一教学理念，结合本节课的内容特点和学生的年龄特征，本节课我采用如下的教学方法。）

五、说教学方法

讲授法、实验探究法、小组讨论法。

（过渡：为了使学生学有所获，合理安排教学程序是最关键的一环，接下来我将重点来说一下我的教学过程。）

六、说教学过程

（一）导入新课

通过一个生活实例提出问题，在海边，渔民可以怎样解决生活用水问题——将盐水变为淡水，引导学生思考后进入新课的学习。

采用这种导入方法从学生已有的生活实例出发，激发学生的好奇心，让学生带着求知欲进入本节课的学习。

（二）新课讲授

1.蒸馏

首先利用“我们饮用的自来水是纯净的水吗？”提问学生，学生根据已有知识以及生活经验能够回答出自来水不是纯净的水，其中还含有Cl^-以及其他可溶性杂质。紧接着提出该怎样检验自来水中存在Cl^-，学生能够回答出加入硝酸酸化的硝酸银溶液可以检验，但是很明显此方法只能检验Cl^-的存在而不能除去Cl^-，那么又该如何除去Cl^-得到较为纯净的水呢？

在这里我会适时联系生活进行引导，让学生想一下在家中烧开水的时候锅盖上常有水珠出现，结合这个生活实例思考如何得到纯净的水。通过小组讨论，学生能够发现想要得到纯净的水，可以先将水加热变为水蒸气，再收集冷凝后的水蒸气得到纯净的水。对于怎样确认冷凝后的水是纯净的蒸馏水，学生能够根据刚刚检验Cl^-的方法想到如果冷凝后的水中不存在Cl^-，则得到的水是纯净的蒸馏水。

通过一系列由浅入深的问题以及结合学生生活中常见的现象，引导学生学习新知识，使学生学习起来更轻松，记忆更牢固，体现出化学与生活的紧密联系。

在得到生活中制取纯净水的方式后，我会通过视频展示实验室制取蒸馏水的过程，让学生仔细观察蒸馏装置的组成、每个装置的作用以及蒸馏经过了哪两个主要的过程，并思考通过这套装置得到纯净的蒸馏水的原理。师生共同总结出烧瓶、冷凝管、牛角管、锥形瓶的作用以及蒸馏原理。考虑到蒸馏装置中冷凝管中的冷凝水通入方向是个关键点，我会请学生通过观看视频思考冷凝水下进上出的原理，进一步加深学生对冷凝管作用的理解和应用。最后，再次通过小组讨论总结在蒸馏过程中还需要注意的其他问题，由此培养学生在化学实验中的安全意识和严谨的态度。请各个实验小组进行实验，在学生实验的过程中，我会进行巡视指导，及时发现学生在实验中存在的问题以便及时纠正。

这部分我采用视频的方式让学生直观体验化学实验过程，并通过对实验原理的分析和注意点的讲解，培养学生观察和思考的能力，养成良好的实验习惯。

2. 萃取

在学生掌握了蒸馏操作之后，我会给学生们讲解第二种液液分离的实验原理和实验操作——萃取和分液。首先展示梨形分液漏斗并讲解其作用和用法，尤其仔细讲解检漏操作需要注意的点，在这个过程中结合我的示范，再让学生自己练习分液漏斗的检漏操作。在学生掌握基本操作后让学生尝试用四氯化碳萃取碘水中的碘，实验过程中提醒学生认真观察实验现象，并细心进行实验操作，思考分析产品在哪层。萃取完成后引导学生思考上下层液体的流出方向，我会先给学生做出正确的示范操作再让学生自行操作，完成分液操作的学习。

我这样设计的好处在于通过讲解加示范的方式让学生规范掌握萃取和分液的操作，并通过引导学生思考其原理，培养学生的思考分析能力；逐步养成问题意识，能够发现和提出有价值的化学问题，提高自主学习能力。

（三）小结作业

让学生结合本堂课的收获，解答导入时渔民用水的问题，既检测了学生对于本堂课的掌握程度，又可倡导学生珍惜淡水资源，提高学生将化学应用于生产生活中的意识。

最后布置分层作业：思考混合液体中含有多种组分的话，如何通过蒸馏装置分别得到各个组分，所用装置与本节课所学有何不同；并搜集淡化海水的其他方法。这样分层的作业设置，一来使学生加深对蒸馏原理的理解，提高举一反三的能力，二来搜集形式的作业设计也符合新课标理念中的注意从学生已有的经验出发，让他们在熟悉的生活情景和社会实践中感受化学的重要性。了解化学与日常生活的密切关系，逐步学会分析和解决与化学有关的一些简单的实际问题。

七、说板书设计

好的板书能够体现教学重难点，方便学生梳理课堂中学到的知识，我的板书直观而简明，请各位老师看我的板书：

蒸馏与萃取

1. 蒸馏

原理：各物质沸点不同

2. 萃取、分液

原理：溶解度不同

我的说课到此结束,谢谢各位评委老师的聆听。

【真题十】贵州省毕节市说课篇目:《青春期》(初中生物)

【参考设计】

《青春期》说课稿

各位评委老师:

大家好!我是初中生物组的01号考生,我说课的题目是《青春期》。接下来我会从教材分析、教法运用、学法指导、教学过程、板书设计几个部分来具体阐述我对这节课的安排。

一、说教材

(一)说教材的地位和作用

本课是人民教育出版社出版的七年级下册第四单元第一章第三节的内容。在此之前,学生已经学习了人的生殖,这为过渡到本课题的学习起到了铺垫作用。通过本节课学生对青春期的身体和心理变化的学习,可以引导学生正确面对青春期,并且为人体的营养和结构的学习打下了坚实的理论基础。

(二)说教学目标

通过对教材的分析,参照七年级学生的知识水平和理解能力,我制订了以下教学目标:

1.知识与技能目标:理解青春期的身体变化及卫生保健;理解青春期的心理变化及心理卫生。

2.过程与方法目标:培养学生自主探究与合作探究的能力;使用所学的知识去解释生物学现象,解决问题。

3.情感态度与价值观目标:形成学习生物学的兴趣和动力;关注自己和同学的身心变化,共同健康地度过青春期。

(三)说教学重难点

教学重点:青春期的身体变化和心理变化以及青春期的卫生保健。

教学难点:教材中图片资料的分析。

二、说教法

青春期既是敏感的年龄,又是敏感的话题,处于这一时期的初中生往往比较害羞,因此需要教师亲切自然,和学生做朋友。此阶段的学生形象思维能力较强,他们更易通过理论材料和典型事例相结合的方式接受新知识、新理论。因此,结合学生的这些特点,我主要采用的教学方法有:合作探究法、讲授法、讨论法。充分利用教材插图,结合多媒体展示相关资料,加强学生感性认识,同时贯穿启发性原则,引导学生加深理解教材内容,树立正确的价值观念。

三、说学法

本课的教学对象是七年级的学生,大部分学生入学前不具备系统的生物理论知识,所以我在教学过程中特别重视学习方法的引导,让学生掌握正确的学习方法,便可以避免在学习理论知识时走弯路,浪费学习时间。该阶段学生刚步入青春期,他们对于青春期知识还有很多困惑,很多问题他们似懂非懂,但又充满好奇,所以我会指导学生如何收集、处理信息等,把"学习的主动权还给学生",倡导"自主、合作、探究"的学习方式,并使学生养成勤于思考,善于总结的好习惯。

四、说教学过程

(一)导入新课

通过展示学生日常生活中经常遇到的一些情景,从而提出启发性的问题:"为什么会出现这些现象",由于这些情景学生常常见到,所以学生就会积极进行思考,想弄清楚原因,因此使学生从"要我学"转变为"我要学”，并顺利导出本节课的内容：《青春期》。

（二）课程新授

1.青春期的身体变化

首先让学生观察教材中第一个图片资料，教学生怎么看图，横、纵坐标及曲线分别代表什么。然后让学生小组讨论资料后面的4个问题，引导学生总结青春期的身体变化。接下来分析教材中第二个图片资料，小组讨论男生出现遗精和女生出现月经的原因。等学生说出各自讨论结果后，我会总结这些现象出现的原因并讲解青春期的卫生保健知识。通过刚才的两个小组讨论活动，让学生通过观察、思考、讨论的形式对青春期的身体变化进行学习，有利于培养学生的自主学习习惯。

2.青春期的心理变化

通过观看一个青春期儿子和爸爸对话的视频，引导学生总结出青春期的心理变化。再通过追问：同学们生活中有没有类似的情况呢？应该怎么处理呢？从而播放另一个心理健康教育的视频，通过这个视频，引导学生总结出青春期的心理卫生。通过刚才两个视频，可以激发学生的学习兴趣，培养其主动探究意识，激发其思维的积极性，增强了课堂效果。

（三）课堂小结，强化认识

对学生的小组讨论及代表发言做出总结，并再次提示要点，这样学生可以把课堂上学到的知识尽快地转化为自己的认知。

（四）教学反思

依据以人为本、赏识教育的教学理念，我在整个教学过程中因势利导，尤其是学生参与活动的交流方面，带着愉悦的心情体验课堂，使学生学会基本的青春期知识，激发学生的主动学习意识，形成良好的学习习惯。

五、说板书设计

好的板书能够体现教学重难点，方便学生梳理课堂中学到的知识，做到直观清楚、主题突出。我设计的板书如下：

青春期

一、青春期的身体变化
1.青春期的身体变化
2.青春期的卫生保健
二、青春期的生理变化
1.青春期的生理变化
2.青春期的生理卫生

我的说课到此结束，谢谢各位评委老师的聆听。

第三章　答辩真题集萃及真题选解

一、真题集萃

1.结合你所报的学科,谈谈如何体现学生的主体地位。(河南省南乐县特岗)

2.结合你的学科,谈谈如何激发和培养学生的兴趣。(河南省南乐县特岗)

3.教师是人类灵魂的工程师,你认为教师需要哪些素养?(河南省南乐县特岗)

4.两个留守儿童发生口角,其中一个学生说另外一个学生没有爸爸,无人管养,他们俩就打起来了,老师就在现场。如果你是这位老师,你该怎么做?(河南省濮阳市范县特岗)

5.王老师是数学老师,他上课之前让学生自学,然后课上让学生合作讨论。有些老师认为老师的任务就是教授学生知识,但也有老师说,学习就要发挥学生的主体作用,你怎么看?(河南省濮阳市范县特岗)

6.结合你的学科,谈谈你对"表现性评价"的认识。(河南省郑州市二七区)

7.有人说班主任的工作繁杂,吃力不落好,你怎么看?(河南省郑州市二七区)

8.有人认为幼儿老师的工作简单枯燥没有技术含量,也有人认为这份工作需要有爱心、耐心,你怎么看?(河南省南乐县幼儿园)

9.小飞在学校调皮,无故把另一名学生推倒了,你已经处理过此事,但是被推倒的学生家长还是到院长那去要求追究你的责任,你该怎么办?(河南省南乐县幼儿园)

10.现在很多家长觉得不能让孩子输在起跑线上,对此你怎么看?(安徽省宿州砀山县)

11.很多刚入园的小朋友依赖父母,作为幼儿教师,你怎么解决?(安徽省宿州砀山县)

12.学生问问题,老师让他回去画个图再思考思考,你怎么看?(安徽省六安市直)

13.两个班的学生打比赛,起了争执,班长打电话给你,作为老师,你该怎么处理?(安徽省六安市直)

14.教师应具备哪些素质?(安徽省六安市直)

15.有人认为教师这份职业具有桃李满天下的幸福感。也有人认为教师工作繁忙,还有部分教师忙着评职称等,有很多抱怨。对此,谈谈你的看法。(安徽省六安市)

16.你在上课时,有学生在写写画画,还抹眼泪,对此你怎么处理?(安徽省六安市)

17.作为一名教师,如何上好第一堂课?(安徽省六安市)

18.习近平总书记在北京大学师生座谈会上讲话时,曾引用《资治通鉴》选段中描述:"才者,德之资也。德者,才之帅也",请结合岗位谈谈你的认识和理解。(湖北省武汉汉阳)

19.有的老师经常在下班之后熬夜备课和批改作业,但这样却影响了对于自己子女的照顾。如果换成是你,你怎么处理?(湖北省武汉汉阳)

20.你班上有学生在校外打架被拘留。家长知道后,怒气冲冲地跑到校长那里告状,说你没有做好对他孩子的教育,你怎么处理?(湖北省武汉汉阳)

21.为什么立德树人是衡量我校工作的唯一标准?(新疆昌吉学院)

22."人生是一个过程,困难和挫折也能激起美丽的浪花。"对于这句话,谈谈你的理解。(新疆昌吉学院)

23.单位把你调到了一个和你专业不符的岗位,你怎么办?(新疆昌吉学院)

24. 如果你是幼儿教师，如何利用当地资源进行环境创设？（贵州省铜仁思南幼教）

25. 当幼儿发生纠纷时，你如何处理？（贵州省铜仁思南幼教）

26. 有人说老师要教给学生的不是死知识，而是要教会学生研究，使学生具备学习知识的能力，结合实际谈谈你的看法。（贵州省桐梓县）

27. 为了增强老师的责任感与使命感，学校要组织一次“我最喜爱的老师”评选活动，你认为，重点是什么，难点是什么，该如何组织？（贵州省桐梓县）

28. 有的人说要用大力气来制服犟牛，但有人说用一把青草更好，结合工作实际谈谈你的看法。（贵州省桐梓县）

29. 一个家长给孩子的信，信的大概内容就是她希望她的孩子能遇到一个严厉、眼中有光的老师，你从中得到什么启示？（贵州省遵义市红花岗）

30. 孩子调皮，老师没给这个孩子打优，家长来问为什么不给优，是不是没送礼，请问你该怎么办？（贵州省遵义市红花岗）

31. 班上的课前纪律不好，预备铃响了，班上还安静不下来，只有老师来了才安静。若你是班主任你怎么办？（贵州省遵义市红花岗）

32. 有人认为微笑是“无字之书”，老师在课堂上应该面带微笑进行上课；也有人认为微笑是不好的，应该严肃刻板。对此谈谈你的看法。（贵州省遵义播州）

33. 学生在课堂上给老师画漫画还起绰号，你作为老师，应该怎么办？（贵州省遵义播州）

34. 领导让你组织一场师生活动，你怎么处理？（贵州省遵义播州）

35. 结合新时期“四有老师”的标准，你认为教师应具备哪些素养？（贵州省遵义）

36. 备课应该怎样确定教学目标？一堂好课的标准是什么？（贵州省遵义）

37. 你认为现在义务教育阶段的主要问题是什么？怎么解决？（贵州省遵义）

38. 你怎样看待“没有爱就没有教育”？（贵州省六盘水第二批幼儿特岗）

39. 有个学生如果自己考得好就没什么，如果考不好就嫉妒别人，对此，你怎么看？（贵州省六盘水第二批幼儿特岗）

40. 老师用课件在上课，突然停电了，只好改用粉笔板书上课，同样完成了教学目标，但是有的学生却认为粉笔板书太死板，你怎么看？（贵州省六盘水第二批幼儿特岗）

41. 你班幼儿相互抓伤，家长说你处理偏心，你怎么办？（贵州省毕节市幼教）

42. 四句歌词，先根据歌词创编动作，再根据歌词说教学过程。（贵州省毕节市幼教）

43. 伴随着信息技术的发展，很多地方出现了线上教学，有人说互联网教学即将替代传统教学，对此，你怎么看？（河北省石家庄市桥西区）

44. 有人说，现在课堂上的合作探究，让学生自主学习的教学方法，成为了老师上课偷懒的表现，你怎么看？（河北省石家庄裕华区）

45. 请谈谈如何做一名新时代的好老师。（河北省石家庄裕华区）

46. 学困生一直以来都是班级的一块“硬骨头”，面对班级的学困生，作为班主任你应该怎么办？（河北省石家庄裕华区）

47. 常言道：“亲其师，信其道。”作为教师谈谈你将从哪几个方面影响学生。（河北省石家庄高邑县）

48. 教育学家陶行知说过“真的教育是心心相印的活动，唯独从心里发出来的，才能打到心的深处”。你怎样理解这句话？（河北省石家庄市直）

49.怎么上好一堂课?(河北省唐山)

50.三维目标和教学目标一致吗? 为什么?(河北省唐山)

51.你上课有什么教学方法?(河北省唐山)

52.一些学校的考生给孔子烧香摆果盘,对此你怎么看?(河北省唐山)

53.学校要举办家庭教育活动,要请一个专家过来,如果你是组织者,你该怎么办?(河北省唐山)

54.一个学生上课玩手机,你说他没有听你的,这时候校长过来了正好看见,你该怎么办?(河北省唐山)

55.现在在国内读大学,代替同学上课是常事,但近日在美国,一名即将读大三的中国留学生,却因帮同学上课被遣返。对此,你怎么看?(福建省)

56.动车停站的时候站台上烟雾缭绕,你怎么看?(福建省)

57.交通违规违章以前以罚代管,现在要以奖代罚,你有什么建议给领导?(福建省)

58.大学生网络思想政治教育如何开展?(贵州省黔东南职院辅导员面试真题)

59.你班上有一位学生性格孤僻,拒绝与人交流,你要怎么办?(贵州省黔东南职院辅导员面试真题)

60.你在下班路上接到报告,你的一位学生在校外遇到了意外情况,身体受伤,有可能进一步恶化,你要怎么处理?(贵州省黔东南职院辅导员面试真题)

61.近期学生打架事件时有发生,针对校园暴力事件,你怎么看?(天津市南开区)

62.美国的孩子学习很轻松,而中国的孩子们全都在补课,你有何看法?(天津市和平区)

63.某校课间活动期间出现打架斗殴事故,于是学校取消课间活动,改为自习,由任课教师轮流值班盯着。对此,你怎么看?(天津市河东区)

64.学校布置作业,要求家长和孩子共同完成,有学生反馈说自己妈妈忙,没时间。你作为老师,怎么办?(天津市河东区)

65.有人说教学生要鼓励,有人说教学生要采用批评的方式,还有人说学生的好坏取决于老师,你怎么看?(天津市河北区)

66.你是一名新入职的老师,但入职时太显眼,遭到别人非议,你怎么办?(天津市河北区)

67.你为什么要选教师这个职业?(湖南省)

68.你从什么时候想从事老师这个职业?(湖南省)

69.两个学生吵架了,你怎么办?(陕西省西安市)

70.学生上课不带书,你怎么办?(陕西省西安市)

71.有学生跟你表白,你怎么办?(陕西省西安市)

72.你认为当代优秀学生的标准是什么?(山东省济南市天桥区)

73.有人说教师是学生的镜子,学生是教师的影子,谈谈你的理解。(山东省济南市天桥区)

74.在课堂上,有学生当众指出你的错误,你应该怎么办?(山东省济南市天桥区)

75.“一切为了学生,为了学生一切,为了一切学生。”你怎么理解这句话?(广西壮族自治区贺州市)

76.对于多媒体教学的优缺点,老师应如何利用?(广西壮族自治区贺州市)

77.怎么看待学生交网友? 学生要见网友,你怎么办?(广西壮族自治区贺州市)

78.教育不是灌输知识,而是传递火焰。(请板书在黑板上)(四川省眉山市)

79.当你进入教室上课时,发现黑板上有一幅用粉笔画的你的画像,同学们纷纷起哄真像真像,你会怎么做?(四川省眉山市)

80.最近你们班正处于青春期的学生都有一些萌动的现象,就连班上的班长小明也不例外,作为中学班

第四部分

主任的你如何开展一场关于青春期的主题班会。(四川省眉山市)

81.有人说名校是名师的集合,名校是优生的集合;也有人说这是一种教育资源不均衡的现象。对此,你怎么看?(四川省眉山市)

82.你是新老师,学历高,以经验不足为由拒绝与同事合作完成科研活动,结果同事和领导都冷落你,这时,你该怎么办?(广东省梅州市)

83.有些教师要求家长批改作业,让家长代替孩子值日,家长也很乐意。针对这样的情况,你怎么看?(广东省梅州市)

84.你是一位新任教师,你发现班上有名学生在其他课都很认真,唯独上你的课提不起劲来,你怎么办?(广东省梅州市)

85.学校准备组织一场广播操比赛,你怎么有针对性地组织学生进行赛前培训?(广东省梅州市)

86.你带学生参加计算机比赛,有的家长觉得不务正业,不让孩子参加,并且要投诉你,你会怎么做?(广东省梅州市)

87.学校要调查素质教育在本校学生家庭的普及情况,你怎么组织调查?(广东省梅州市)

88.如果新老师管不住班上一名调皮的学生,导致他情绪低落,无心教学。作为年级组长,你会怎么办?(广东省梅州市)

89.学生不会新学的单词,老师罚学生抄几十遍,家长说这种方式属于变相体罚,要告诉领导,你怎么看?(广东省梅州市)

90.你的学生拿了美术比赛一等奖,有人议论纷纷,说是你偏袒他才得第一名的。你作为班主任,会怎么办?(广东省梅州市)

91.结合“不忘初心,牢记使命”,谈谈你对新时代好老师的理解。(贵州省)

92.班上有一名留守儿童辍学了,作为班主任,你会怎么办?(贵州省)

93.新入职老师小王上课总是用“好”“很好”评论学生,你怎么看?(贵州省)

94.特岗教师工作比较艰苦,你怎么开展工作?(贵州省)

95.学生上课爱抠手,爱转笔,爱玩笔。你作为老师,怎样改正学生这些不好的习惯?(贵州省)

96.老师向家长指定书店买教材,你怎么看?(贵州省)

97.一个外国的教育学家说:“以前的教育方法不能用到现代的学生身上,也不能用以前的教育方式教育现在的孩子。”你对此有什么看法?(贵州省)

98.如何在学生中培养社会主义核心价值观?(海南省)

99.如何提高学生学习的主动性,帮助学生克服厌学情绪?(海南省)

100.公开课有作秀的成分,和平时上课形式不一样,你怎么看待?(海南省)

101.小张同学偷了同桌的课外书,如果你是班主任,你该怎么办?(海南省)

102.“为人师表”是衡量一个老师是否合格的重要标准,也是重要要求,对此你怎么看?(广西壮族自治区贺州市)

103.学校领导要你组织一场教学能手评比活动,你怎么做?(广西壮族自治区贺州市)

104.一个外宿的同学因为帮内宿的同学带早餐,导致他早上经常迟到,你作为班主任怎么处理?(广西壮族自治区贺州市)

105.这一节课你准备上试卷评讲课,可是上一节课是体育课,同学们玩得精疲力尽回到教室,上课无精打采,你怎么办?(广西壮族自治区贺州市)

106.为了促进教育公平,在全国范围内实施了网络直播课,请问你怎么看?(广东省佛山市)

107.请谈谈如何对学生进行责任教育。(广东省佛山市)

108.你认为教师应该如何实施惩戒教育?(广东省佛山市)

二、真题选解

【真题一】新学期开学,你在点名时读错了其中一位学生的姓名,引得全班同学哄堂大笑。作为刚接手新班级的班主任,请问你怎么办?

【参考答案】

对我而言,面对因我念错了学生的名字而引得全班哄堂大笑的情况,确实很尴尬。但是,我会快速反应,冷静处理,有效控制课堂秩序,维护教师威严。

首先,我会通过“嘘”的手势、双手掌心向下摊平、双手抓拳“收”的手势等肢体动作让学生们安静下来,并向被我念错了名字的学生道歉,以幽默调侃的方式告诉学生们“人外有人,天外有天”的道理,引导学生虚心学习。

其次,鉴于这是我与学生们的第一次见面,为了防止再念错学生的名字,我会换一种办法点名:让学生进行自我介绍,我对着花名册记录核对;或是同桌间相互介绍,分别介绍说明同桌的情况等。这样一来,学生会感觉很新鲜,认为老师很有创意。

最后,练就扎实的基本功。现在学生的名字都赋予深刻含义,生僻字较多,防止以后出现类似情况,我会在接手新班级之前,先看一遍新生花名册,然后借助字典,确保我认识并记住班里每个学生的名字。同时,加强教学反思,不断提升教育机智,灵活有效地应对突发状况。

【真题二】有人认为现在的孩子越来越自私了,你认为是这样吗? 为什么?

【参考答案】

我认为这种情况是有的,但并不是全部。由于现在学校里的很多小孩都是独生子女,家长对孩子关注过多,使孩子没能克服自我中心倾向,现在很多小孩既自信又自我,甚至有点自私。

第一,从心理角度看,人的一生都在克服自我中心倾向,特别对于儿童来说其有天生的利己倾向。在儿童心理发展未达到成熟阶段的时期,儿童往往单纯地确定“我即世界”,这种自我中心虽然随时间和经历的推移,逐渐接纳他人和减少利己行为。但乃固执己见,不能接受公正、正确的意见。于是,儿童衡量外界的标准便是是否有利于他,相应的行为也如此。因此,自私行为说明孩子的心理发展还不是足够成熟,需要我们进行合理引导。

第二,孩子自私与家庭教育密不可分,父母总怕孩子受一点苦、受一点委屈,对孩子过分的需求总是有求必应,容忍、迁就孩子的错误,这样使孩子很自大,不关心他人利益,偏视公正权益,一切为己。这就是父母的过分宠爱导致孩子的自私。最可怕的是,很多家长没有意识到孩子自私对自身成长的危害。

第三,学校的教育体制也是孩子自私的原因,过度追求学习成绩,忽视了对学生性格和人格的完善,缺乏品德教育。

虽然现在的孩子越来越自私了,但是不能一棒子打死,他们的这种自私性格并没有定型,有的孩子只是在自己喜欢的东西上会变得自私,在有的方面并不自私。我们要理解孩子,相信孩子,从正面进行引导。家长、学校应该发挥各自的作用,相互协调合作,不仅使孩子的智力得到发展,也使孩子的道德品质得到发展,成为一个全面发展的人。

【真题三】你是一个班主任,新学期开学,班上有位成绩优秀的女生,其家长打算不让这位女生继续上学了。你家访后发现主要有两个原因:一是这个家庭有三个孩子在上学(两儿一女),经济负担重;二是家长准备重点保两个儿子上学,今后考大学,家长有“女儿迟早要出嫁是人家的人”的思想。请你现场模拟与家长

第四部分

的沟通、交流。

【参考答案】

某某家长，我了解了您家的情况之后发现，供养三个孩子上学确实非常困难，经济负担很重。但是您放心，现在我们国家有很多针对贫困生的政策，我们学校这学期的助学补助也快发下来了，金额也不小，相信能够帮您解决一定的困难。同时我也了解到，现在我们国家的扶贫中有一个致贫原因是因学致贫，我可以帮您向村里申报，看看您家符不符合相关的扶贫标准，如果符合条件的话，相信一定能够尽快脱贫，到时候孩子上学也就不是问题了。

另外，您女儿不仅学习非常优秀，能力也很强，在班里还是个小干部，经常帮助老师组织活动，以后肯定是个有用之才。并且这孩子还很懂事，很细心，懂得关心别人，相信在家里也一定很孝顺吧。即使小姑娘长大后要嫁人，但只要有孝心，到哪里都会孝顺您的。您想想，如果到时候孩子自己的生存都成问题，还怎么孝敬您？最关键的是，我们自己都吃够了没文化的苦，受够了没钱的难，难道还让孩子继续走我们的老路吗？多一个孩子上学，虽然负担多了一份，但我们家庭走出贫困的几率也大了一份，以后的回报也多了一份。

最后，我说了这么多就是想让您明白，现在这个社会，男女平等，分工平等，肩上的责任与义务也都是平等的，希望您真的不要因为某某是女孩子就放弃让她读书，女孩子也能顶起半边天。希望您能继续让某某回到校园中来，给孩子一个走向美好未来的机会。

【真题四】你是一名新人，工作非常努力，并且经常向老教师请教学习，但是，领导依然认为你工作能力不强，面对这种情况，你怎么办？

【参考答案】

新人的成长离不开领导的关注与激励，领导认为我的工作能力不强，一方面是出于“高标准、严要求”的考虑，另一方面也是基于对我日常工作表现的一种评价，我会正确看待领导的意见，进一步完善自己，争取早日得到领导认可。

我会结合自己平日表现做一次深刻的工作总结，梳理工作中存在的不足。尽管平时我经常向老教师请教学习，但作为新人，谦虚、主动、积极、好学的态度是基本的职业素养。有好的态度但并没有得到认可，说明在学习过程中有很多经验并没能做到学以致用，解决实际工作问题的能力不强，进而表现出的工作能力也不强。因此，领导的评价与提醒是十分中肯的，我会充分利用这个机会反省自身存在的问题。

在将来的工作中，我会保持积极主动、谦虚好学的态度，并改变自己只重外在、忽视内涵的浮躁学习方式，注重学习效率和实际效果，多实践、多尝试，确保所学内容融会贯通，实实在在的变成自己的工作能力，争取在短时间内有明显的提升。我也会把这些想法以当面或书面汇报的方式向领导表态，感谢领导给我的中肯建议，希望领导能继续监督我接下来的工作情况。

我相信只要保持积极上进的心态、踏实稳健的作风，一步一个脚印做好自己的本职工作，不断完善自己，一定可以赢得领导的信任。

【真题五】“没有教不好的学生，只有不会教的老师”，这句话你怎么理解？

【参考答案】

“没有教不好的学生，只有不会教的老师”，这句话最早出自老教育家陈鹤琴之口，不少老师将这句话奉为座右铭。但近日有人发帖指出，这句话带给老师巨大的压力，还片面夸大老师对孩子成长的影响，并不值得推崇。

现在不少人往往单把这一句话拿出来理解，而忘了这句话当时的语境。首先，我认为在一个正常的学校，应该有正常的学生，身心健康，智力发展正常，情感、社会交往正常。如果是一个智障的孩子，那再好的

特级教师,也不会教出一个“爱因斯坦”。其次,孩子是天生有个别差异的个体。其中有些差异是不可改变的。简单否定这种差异,认为每一个学生通过教师的“教”必然达到某种划一的标准,显然是不现实的。在我们看来,正因为存在着这些差异,学生的生命世界才会多姿多彩,才会个性飞扬。这就要求我们对学生要区别对待,因材施教,因人而“评”。所以,不是每个孩子的数理逻辑能力都很强,不是每个孩子都能当“华罗庚”“牛顿”。作为老师最重要的是发现孩子的优势领域,充分发挥孩子的潜能,成为社会各个岗位上的“螺丝钉”,这才算“教得好的老师”!

另外,学生的成长是一个动态、漫长的发展过程,受诸因素制约,同伴、家庭、学校、社会等,我们不可以“一时成败”论英雄。作为一名教育工作者,我们要戒除浮躁心理,要学会等待,切勿“一棍子打死”,任何时候都不能急于作最后的结论:“这个孩子无可救药了,他命该如此”(苏霍姆林斯基语)。“没有教不好的学生”,当年陈鹤琴先生提出这样的口号,我想,大抵也就是强调教育过程中,提醒教育者不要轻易对学生丧失信心,提倡一种“永不放弃”的精神吧。这是一句勉励性的话,不能从纯逻辑理解。

孩子就像一朵花,除了播种、浇水、施肥、除草、捉虫,还要学会等待。“没有教不好的学生,只有不会教的老师”把这句名言当作自己的教育信念,一种“永不放弃”的精神,相信并努力把每一个学生“教”好,发现孩子的长处,让他在社会中实现自己的价值,让每朵花都开得各有所值,这或许是我们对待这句名言应有的态度。

【真题六】有人说,老师等同于父母,对于这种说法,你是怎么看的?

【参考答案】

老师等同于父母的这种说法,我认为有一定的道理,但我认为确切地说老师不仅仅等同于学生的父母,从某种意义上讲,老师的职责和付出要超过父母。

一方面,学生从刚开始懂事到成年,这期间大部分的时间都是在学校度过,老师不仅要负责学生的学习,还要对学生进行心理建设、情感培养、品德引导等,甚至还要对学生的吃喝进行规范和约束。如此看来,老师确实像学生的父母一样爱护和教育他们,但老师给予学生的爱是一种博爱,是具有社会性的爱,这份爱服务于社会,而家长的爱仅局限于亲情的爱。

另一方面,老师除了要对学生有生活上的照顾以外,还要对学生进行系统的知识与技能的传授,这是一种超越于父母的职责。老师是一种具有专业性特点的职业,需要有系统的学科教学知识和教育知识,从而对学生继续进行有计划、科学性的培养,这是父母无法取代的。

综上所述,老师不仅是学生的良师益友,更如学生的父母长辈,传授学生丰富的知识与技能,培养学生良好的行为习惯,引导学生树立正确的思想意识,建设学生美好的心理家园。

如果我能成为一名老师,我不仅会像学生的父母一样照顾他们的生活,更会履行好老师自身教书育人的职责,扮演好老师的各种角色,促使学生健康、快乐地成长。

【真题七】请谈谈,你如何提高小学数学的课堂趣味性?

【参考答案】

(1)注意教学方式的转换,注重教学的生动化和形象化。小学生天性好玩、好动,注意力很容易分散,自制力也不够强,对新事物有强烈的好奇心。要想使学生保持学习数学的兴趣,教学就不能只以单一的形式进行,不然就会把学生刚刚点燃的兴趣火花熄灭。引导学生变换学习形式,不断满足学生的好奇心,是促进学生学习的重要措施。如果教师在教学中抓住儿童的这种心理特点,变换激趣方式,创造一种轻松愉快、和谐风趣的课堂气氛,就会激发学生的求知欲望,逐步引起并加强学生的学习兴趣。

(2)突出学生的学习主体性。课堂教学是学生学习的主要阵地,要增强学生学习数学的兴趣,关键是课堂教学中应确立以学生为主体的思想。只有确立学生的主体地位，放手让学生通过自己的眼睛看，耳朵听，嘴巴讲，脑子思考，才会使书上的知识融汇到他们的思想中去，真正完成从学会到会学的过程，也才会使学生感受到学习的乐趣，逐步增强学习的兴趣。在课堂上，尽量创造条件，让学生上台讲题不失为一种凸显学习主体的好教法。例如，教学"正方体的认识"一节时，在学生充分预习的基础上，鼓励学生争当"小老师"。同学们积极响应。一位中等生手拿着自制的正方体，自告奋勇地走上讲台，滔滔不绝地讲了起来："正方体是由6个正方形围成的立体图形，它有12条棱，8个顶点，6个面"。然后引导学生向其提问，他都能清楚地一一作答。对于那些没有机会上台的学生，可让他们在小组内进行讲解，以此使大多数学生的个性风采得以展现。通过这样的教学形式，既锻炼了学生的逻辑思维能力、独立解决问题的能力，还提高了他们的语言表达能力。

(3)总之，提高学生的计算能力是一项细致的长期的教学工作，除了要做好以上几点外，还应注意要经常让学生板演，在课堂作业上多练习，做好学生的辅导工作等，及时地发现学生在计算中出现的问题，并加以解决，使学生的错误消灭在萌芽之中。

【真题八】新课改倡导学生自主学习，发挥学生的自我个性，但有些老师却把课堂问题都交给学生，让他们自己合作解决。对此，你怎么看？

【参考答案】

教师的这种做法，虽然是在积极实践新课改理念，但是却因为没有正确领悟新课改理念的内容和要求，而在课堂上完全放手，把问题都交给学生做，致使教学改革从一个极端走向了另一个极端。我认为，教师应该在认真领悟新课改理念之后，积极调整自己的教学行为。

新课改理念对教师角色有了全新的要求，教师担负着组织者、引导者和合作者的角色。合作者的角色要求教师要做学习活动中的合作者，要与学生一起观察、一起操作、一起讨论、一起总结。同时，师生还要有心灵的合作。教师只有做到想学生所想，才能做到关心理解学生，实现与学生心灵上的沟通，建立起友好的师生互动合作关系。

在教师参与合作学习时，应当运用各种点拨方式促使学生进一步学习，具体可以采用以下三种点拨：第一，启发式的点拨。在有些情况下，学生在取得了一定的学习成果后，会认为已经达到了目标，从而造成了学习过程的终止。此时，教师要在了解学生的学习进程后，给予及时的肯定与表扬，并启动学生的下一步学习；第二，提示式的点拨。当学生对完成学习任务有一定的困难时，教师要及时发现，并给予一定的提示。让学生找到继续学习的途径；第三，点睛式的点拨。在学生合作学习到了关键时刻，教师往往可以采用突破式的点拨，使得学习目标一步达成。

总之，让学生自主学习也不能放任不管，教师应当准确把握自己在教学中的角色定位，认真履行自己教书育人的职责。

【真题九】如果你和学生有了矛盾冲突，你会怎么去处理？

【参考答案】

(1)当教师与学生发生冲突时，一定要冷静，切不可大发雷霆，建议先采取"冷处理"。可以继续讲课，只当没有发生任何事。当然"冷处理"不等于不处理，如果听之任之，以后会有更多的学生效仿。"冷处理"要求教师冷静思考发生矛盾的原因，尽量不用影响课堂教学的方式来处理师生矛盾。

(2)正面教育为主，方法多样化。对经常同教师对立、滋事，并以此影响课堂教学、班级管理的学生必须进行严厉的批评教育，甚至有时采用一些惩罚措施也是必需的。但对于偶尔同教师唱"对台戏"的学生，教师适当采用多种教育法来解决。当教师听到学生在议论自己的不足时可以充耳不闻，视而不见。学生体会到教师的宽容，学生自感无趣，对做这些无聊的事情自然感到不应该。

(3)争取多方配合,但要慎用。个别教师遇到学生的顶撞和无理,动辄找学校领导评理,要求处分该生,或者请学生家长,发泄心中的不满。这种做法让学生认为教师黔驴技穷、无计可施,反而会有“得胜”的感觉,不利于师生矛盾的解决。当然对于一些重大矛盾需要学校领导、家长配合也是必要的,一定要把握好尺寸。

【真题十】班级中有一名同学学习很好,但是有一次考试没有发挥好,之后他上课和日常就表现得很忧郁。作为班主任,你怎么办?

【参考答案】

这种现象说明这名学生不能正确看待挫折,遇到挫折就灰心丧气,而不是去积极面对,想办法克服困难和挫折。人的一生中,挫折无处不在,引导学生有一个积极面对挫折的态度,树立克服挫折的勇气和自信,是班主任进行德育工作的内容之一。

作为班主任,我会从以下两个方面来帮助这名同学:

一方面,我会找这名学生谈心,引导该学生正确看待挫折。让这名学生明白“金无足赤,人无完人”,一次考不好很正常,要正确看待,对自己过于苛刻或者过于完美的要求,是不切合实际的。现在最重要的是找到这次没有考好的原因,提醒自己下次不再重犯。而且考试只是我们生活中的一小部分,除了考试成绩,我们还有很多美好的事物去追求,比如运动、友谊等,试图打开学生的视野,避免学生走进学习的“死胡同”。

另一方面,我会向这名学生的家长了解该学生最近的学习情况,以找出该学生考试发挥失常的原因。同时向家长反映这名学生在校的近况,引起家长重视,希望家长平时也能多关注、多引导,让学生早点从失败的阴影中走出来,能够正常学习和上课,从而保证下次能发挥好,考个满意的分数。

除此以外,我也会在教师开例会的时候和我们班的任课老师积极沟通,跟任课老师们说明这名学生的近况,希望任课老师们能够对这名学生多一些鼓励,帮助他早日重树信心,积极地面对生活。

【真题十一】你工作很多,要上示范课、公开课,还要带新老师,觉得忙不过来。如果你找领导沟通,要怎么沟通?

【参考答案】

我会趁领导一个人在办公室的时候去找他谈谈,谈之前准备好想要说的内容。

一是向领导描述一下自己目前的状态,比如这些天我既要上示范课、公开课,还要带新教师,工作太多自己不能应付自如等。

二是向领导说明我的工作时间能够完成哪些工作,并把具体的工作用时列出来,让领导明白我目前的工作是超负荷的。如果我超负荷做其他的工作,就会减少本职工作时间,精力分散,最后可能好多工作都做不好。

三是告知领导哪些工作我可以做,哪些工作做不了,希望领导可以考虑把我身上的工作移走一些。

通过我的陈述,领导一定能够明白我目前的工作量太多,的确应该减少。

【真题十二】经调查,一半的学生认为自己没有自由,处于压抑、紧张状态。假如你要组织一次家长会,你会怎么做?

【参考答案】

会前,我会精心准备。第一,确定这次家长会的目的,是要解决班上同学处于压抑、紧张状态的问题,希望家长能给予协助。第二,制订计划。计划内容包括确定发言人、班干部分工等。第三,于会前3~4天通知家长开会的时间、地点以及本次会议的主要内容,强调要与家长们讨论的内容。第四,布置会场,写好会标,精心布置好教室环境,安排好学生家长的座次。

开会时，要热情接待家长，让家长就“为什么最近孩子会认为自己没有自由、处于压抑状态”的问题进行讨论，让家长各抒己见，和家长共同讨论解决问题的方法。一方面，建议家长在家不要给孩子太大压力，多鼓励孩子，和孩子谈心，让孩子恢复积极状态；另一方面，在学校时，教师要多给学生一些关心，多一些表扬，少一些批评。家校共同合作，改变学生压抑、紧张的状态。

会后，对家长意见进行分类整理。对因故或无故不到会者，再分别与其联系，将家长会有关情况及时告知并进行沟通，引导其对学校工作和子女教育给予足够重视。我还会总结本次家长会内容，写出分析报告供以后工作参考。

【真题十三】有学生逃课，你与其家长沟通时，家长表示“我的孩子拿到毕业证书就行了”，对此，你怎么办？

【参考答案】

首先，我会了解学生的家庭情况，了解家长的工作、文化程度和对学生的关心程度。

其次，我会进行一次家访，和家长沟通，让家长了解学生本身的优点、缺点及其在校的表现。让家长明白学生上学不单纯是为了拿到毕业证，更是为了学习知识、提升能力、树立正确的价值观。

最后，我会多次与家长联系沟通，逐步改变家长的观点，让家长多关心学生，多与学生沟通，和老师共同努力教育好学生。

【真题十四】很多人认为现在线上家访很方便，没必要面对面家访，你怎么看？

【参考答案】

我不赞同“线上家访很方便，没必要面对面家访”这种观点。

家访是班级管理工作的一个重要环节，是教师同学生家长沟通的必要途径。尽管现在通讯工具很发达，但面对面家访仍有不可替代的作用。面对面家访可以增进教师对学生及其家长的了解，看到线上家访不能发现的问题，从而更有效地实施个别教育，还可以增进家长和社会对学校工作的认同，形成更为密切的家校联系，这是网络通讯不可比拟的。

总之，面对面家访是联系学校与家庭的一座桥梁，通过面对面家访能促使学校和家庭共同配合，提升教育效果，促进学生健康成长。因此，面对面家访是有必要的，是其他方式不可取代的。

【真题十五】网络成瘾的学生越来越多，有人说不能让学生使用手机。但也有人认为，越不让玩越想玩，你怎么看？

【参考答案】

手机是现代生活中不可缺少的通讯工具，人们可以通过手机进行便捷的交流，但同时人们对手机的依赖也越来越严重。对于学生来说，学习是其主要任务，在手机的使用方面要把握一定的“度”。

学生将手机带进校园既有积极作用，也有消极影响。一方面，学生能通过手机与家长联系，家长能及时了解学生行踪；遇到疑难问题、学习障碍时，可以用手机与老师同学进行交流；遇到危险可以及时向家长、老师和警察求助等。另一方面，配有手机的学生的理解力、反应力、记忆力将会明显下降；不少学生发送短信上瘾，考试时利用手机作弊；还有学生通过手机上网功能聊天、登陆不健康网站、看小说、玩游戏等。

为了促使学生健康使用手机，应采取以下措施：第一，告知家长给孩子买手机时应尽量减少手机除接打电话之外的功能，减少手机对孩子的吸引力；第二，除了上学路上，学生的手机应该交给家长或老师保管，减少学生在课余时间玩手机的机会；第三，对学生进行教育，让他们明白手机上瘾的危害，从而把主要精力放到学习上。

【真题十六】请谈谈如何对学生进行责任教育?

【参考答案】

第一,发挥好学校教育的作用,在校开展多样化的学习活动,如以责任为主题的班会活动、演讲活动、辩论活动等等。通过角色扮演、情景再现等多样化形式,让学生通过身边的真实故事和案例来感受责任的重要性。

第二,发挥好班集体的教育作用,落实全民班干部制度,即赋予每一位学生班级管理者的职责,只要班集体有需要就设置相应的干部。从值日班长到门长、灯长,从心理委员到劳动委员、午睡管理员,每一位班干部都有它存在的“使命”。通过对学生的干部身份的设置,提升他们参与班级管理的主人翁意识、集体意识和责任感。

第三,建立奖惩机制,发挥好正负强化的作用,对于学生的负责行为要及时嘉奖和表扬,对于责任意识欠缺的行为要及时进行批评惩戒。

第四,促进家校合作,发挥好家长的作用,向家长传输培养孩子责任意识的重要性。建议家长鼓励学生在家里承担家务,利用家长微信群等平台对学生的情况进行反馈。

【真题十七】有些老师只注重传授知识,不注重学生的心理健康,你怎么看?

【参考答案】

教师的职责是教书育人,优秀教师要做到“两手抓”:既要抓教书,又要抓育人。所以在出现教师不注重学生心理健康的现象时,应反省自身。

教师只注重传授知识,固然可以提高学生的学习成绩,但也会忽视一些问题。一些学生的父母只注重满足孩子的物质生活条件,无暇顾及孩子的心理发展需要,如果教师不引导学生心理健康发展,有些学生就可能出现心理偏差。

所以,教师应该做到:

一、教好书。教师在给学生传授知识前,自己要有渊博的知识,要不断学习充实自己。教师要认真钻研教材、研究教法,把所教的知识用恰当的方法传授给学生;在授课过程中,遇到学生不懂的问题,能够耐心、细心地为学生答疑解惑,以学生容易接受的方法传授给他们;还要积极引导学生,培养学生浓厚的学习兴趣。

二、育好人。优秀教师不仅要教会学生知识,更要关注学生的品质和修养。作为教师,我们应为人师表,牢记教师的一言一行就是学生的榜样。因此,教师必须品德高尚,为学生树立典范。此外,现代社会学生的个性千差万别,不同的学生有不同的心理发展状态,教师应该用丰富的心理学知识来洞察学生,关注学生的心理健康,尊重他们的个性,促进其全面发展。

【真题十八】作为一名新教师,你如何上好第一节课?

【参考答案】

作为一名新教师,上好第一节课,对于我和班里的学生都具有重要意义。对于学生来讲,有利于他们了解新老师,和新老师之间建立良好的关系;对于我本身来讲,有利于建立我的信心,能给我的教师职业生涯一个好的开始。所以必须重视第一节课,我会做好如下准备:

首先,充分备课。熟悉课上的教学内容,将教学活动的时间安排设计到位,教具准备充分,并在课前试讲几遍,尽可能做到教学语言组织精练,教学内容烂熟于心。

其次,虚心学习。我会向老同事请教,了解所教班级的学生特征,并通过其他任课教师了解该班级学生的学习特点,以便修改我的教学设计,做到有的放矢。

最后,灵活应对。在课堂上除了按照已经设计好的流程来开展教学以外,我还会针对一些突发情况合理调整教学程序、增加教学活动,如组织学生合作探究、开展活动等。

我相信,有了充分的课前准备,课上做到灵活应变,一定能上好我的第一节课。

附录Ⅰ

《新时代中小学教师职业行为十项准则》

教师是人类灵魂的工程师，是人类文明的传承者。长期以来，广大教师贯彻党的教育方针，教书育人，呕心沥血，默默奉献，为国家发展和民族振兴作出了重大贡献。新时代对广大教师落实立德树人根本任务提出新的更高要求，为进一步增强教师的责任感、使命感、荣誉感，规范职业行为，明确师德底线，引导广大教师努力成为有理想信念、有道德情操、有扎实学识、有仁爱之心的好老师，着力培养德智体美劳全面发展的社会主义建设者和接班人，特制定以下准则。

一、坚定政治方向。坚持以习近平新时代中国特色社会主义思想为指导，拥护中国共产党的领导，贯彻党的教育方针；不得在教育教学活动中及其他场合有损害党中央权威、违背党的路线方针政策的言行。

二、自觉爱国守法。忠于祖国，忠于人民，恪守宪法原则，遵守法律法规，依法履行教师职责；不得损害国家利益、社会公共利益，或违背社会公序良俗。

三、传播优秀文化。带头践行社会主义核心价值观，弘扬真善美，传递正能量；不得通过课堂、论坛、讲座、信息网络及其他渠道发表、转发错误观点，或编造散布虚假信息、不良信息。

四、潜心教书育人。落实立德树人根本任务，遵循教育规律和学生成长规律，因材施教，教学相长；不得违反教学纪律，敷衍教学，或擅自从事影响教育教学本职工作的兼职兼薪行为。

五、关心爱护学生。严慈相济，诲人不倦，真心关爱学生，严格要求学生，做学生良师益友；不得歧视、侮辱学生，严禁虐待、伤害学生。

六、加强安全防范。增强安全意识，加强安全教育，保护学生安全，防范事故风险；不得在教育教学活动中遇突发事件、面临危险时，不顾学生安危，擅离职守，自行逃离。

七、坚持言行雅正。为人师表，以身作则，举止文明，作风正派，自重自爱；不得与学生发生任何不正当关系，严禁任何形式的猥亵、性骚扰行为。

八、秉持公平诚信。坚持原则，处事公道，光明磊落，为人正直；不得在招生、考试、推优、保送及绩效考核、岗位聘用、职称评聘、评优评奖等工作中徇私舞弊、弄虚作假。

九、坚守廉洁自律。严于律己，清廉从教；不得索要、收受学生及家长财物或参加由学生及家长付费的宴请、旅游、娱乐休闲等活动，不得向学生推销图书报刊、教辅材料、社会保险或利用家长资源谋取私利。

十、规范从教行为。勤勉敬业，乐于奉献，自觉抵制不良风气；不得组织、参与有偿补课，或为校外培训机构和他人介绍生源、提供相关信息。

附录Ⅱ

《中共中央国务院关于深化教育教学改革全面提高义务教育质量的意见》

义务教育质量事关亿万少年儿童健康成长，事关国家发展，事关民族未来。为深入贯彻党的十九大精神和全国教育大会部署，加快推进教育现代化，建设教育强国，办好人民满意的教育，现就深化教育教学改革、全面提高义务教育质量提出如下意见。

一、坚持立德树人，着力培养担当民族复兴大任的时代新人

1.指导思想。坚持以习近平新时代中国特色社会主义思想为指导，全面贯彻党的教育方针，落实立德树人根本任务，遵循教育规律，强化教师队伍基础作用，围绕凝聚人心、完善人格、开发人力、培育人才、造福人民的工作目标，发展素质教育，培养德智体美劳全面发展的社会主义建设者和接班人。

2.基本要求。树立科学的教育质量观，深化改革，构建德智体美劳全面培养的教育体系，健全立德树人落实机制，着力在坚定理想信念、厚植爱国主义情怀、加强品德修养、增长知识见识、培养奋斗精神、增强综合素质上下功夫。坚持德育为先，教育引导学生爱党爱国爱人民爱社会主义；坚持全面发展，为学生终身发展奠基；坚持面向全体，办好每所学校、教好每名学生；坚持知行合一，让学生成为生活和学习的主人。

二、坚持“五育”并举，全面发展素质教育

3.突出德育实效。完善德育工作体系，认真制定德育工作实施方案，深化课程育人、文化育人、活动育人、实践育人、管理育人、协同育人。大力开展理想信念、社会主义核心价值观、中华优秀传统文化、生态文明和心理健康教育。加强爱国主义、集体主义、社会主义教育，引导少年儿童听党话、跟党走。加强品德修养教育，强化学生良好行为习惯和法治意识养成。打造中小学生社会实践大课堂，充分发挥爱国主义、优秀传统文化等教育基地和各类公共文化设施与自然资源的重要育人作用，向学生免费或优惠开放。广泛开展先进典型、英雄模范学习宣传活动，积极创建文明校园。健全创作激励与宣传推介机制，提供寓教于乐的优秀儿童文化精品；强化对网络游戏、微视频等的价值引领与管控，创造绿色健康网上空间。突出政治启蒙和价值观塑造，充分发挥共青团、少先队组织育人作用。

4.提升智育水平。着力培养认知能力，促进思维发展，激发创新意识。严格按照国家课程方案和课程标准实施教学，确保学生达到国家规定学业质量标准。充分发挥教师主导作用，引导教师深入理解学科特点、知识结构、思想方法，科学把握学生认知规律，上好每一堂课。突出学生主体地位，注重保护学生好奇心、想象力、求知欲，激发学习兴趣，提高学习能力。加强科学教育和实验教学，广泛开展多种形式的读书活动。各地要加强监测和督导，坚决防止学生学业负担过重。

5.强化体育锻炼。坚持健康第一，实施学校体育固本行动。严格执行学生体质健康合格标准，健全国家监测制度。除体育免修学生外，未达体质健康合格标准的，不得发放毕业证书。开齐开足体育课，将体育科目纳入高中阶段学校考试招生录取计分科目。科学安排体育课运动负荷，开展好学校特色体育项目，大力发展校园足球，让每位学生掌握1至2项运动技能。广泛开展校园普及性体育运动，定期举办学生运动会或

附
录

体育节。鼓励地方向学生免费或优惠开放公共运动场所。通过购买服务等方式,鼓励体育社会组织为学生提供高质量体育服务。精准实施农村义务教育学生营养改善计划。健全学生视力健康综合干预体系,保障学生充足睡眠时间。

6.增强美育熏陶。实施学校美育提升行动,严格落实音乐、美术、书法等课程,结合地方文化设立艺术特色课程。广泛开展校园艺术活动,帮助每位学生学会1至2项艺术技能、会唱主旋律歌曲。引导学生了解世界优秀艺术,增强文化理解。鼓励学校组建特色艺术团队,办好中小学生艺术展演,推进中华优秀传统文化艺术传承学校建设。通过购买服务等方式,鼓励专业艺术人才到中小学兼职任教。支持艺术院校在中小学建立对口支援基地。

7.加强劳动教育。充分发挥劳动综合育人功能,制定劳动教育指导纲要,加强学生生活实践、劳动技术和职业体验教育。优化综合实践活动课程结构,确保劳动教育课时不少于一半。家长要给孩子安排力所能及的家务劳动,学校要坚持学生值日制度,组织学生参加校园劳动,积极开展校外劳动实践和社区志愿服务。创建一批劳动教育实验区,农村地区要安排相应田地、山林、草场等作为学农实践基地,城镇地区要为学生参加农业生产、工业体验、商业和服务业实践等提供保障。

三、强化课堂主阵地作用,切实提高课堂教学质量

8.优化教学方式。坚持教学相长,注重启发式、互动式、探究式教学,教师课前要指导学生做好预习,课上要讲清重点难点、知识体系,引导学生主动思考、积极提问、自主探究。融合运用传统与现代技术手段,重视情境教学;探索基于学科的课程综合化教学,开展研究型、项目化、合作式学习。精准分析学情,重视差异化教学和个别化指导。各地要定期开展聚焦课堂教学质量的主题活动,注重培育、遴选和推广优秀教学模式、教学案例。

9.加强教学管理。省级教育部门要分学科制定课堂教学基本要求,市县级教育部门要指导学校形成教学管理特色。学校要健全教学管理规程,统筹制定教学计划,优化教学环节;开齐开足开好国家规定课程,不得随意增减课时、改变难度、调整进度;严格按课程标准零起点教学,小学一年级设置过渡性活动课程,注重做好幼小衔接;坚持和完善集体备课制度,认真制定教案。各地各校要切实加强课程实施日常监督,不得有提前结课备考、超标教学、违规统考、考试排名和不履行教学责任等行为。

10.完善作业考试辅导。统筹调控不同年级、不同学科作业数量和作业时间,促进学生完成好基础性作业,强化实践性作业,探索弹性作业和跨学科作业,不断提高作业设计质量。杜绝将学生作业变成家长作业或要求家长检查批改作业,不得布置惩罚性作业。教师要认真批改作业,强化面批讲解,及时做好反馈。从严控制考试次数,考试内容要符合课程标准、联系学生生活实际,考试成绩实行等级评价,严禁以任何方式公布学生成绩和排名。建立学有困难学生帮扶制度,为学有余力学生拓展学习空间。各地要完善政策支持措施,不断提高课后服务水平。

11.促进信息技术与教育教学融合应用。推进“教育+互联网”发展,按照服务教师教学、服务学生学习、服务学校管理的要求,建立覆盖义务教育各年级各学科的数字教育资源体系。加快数字校园建设,积极探索基于互联网的教学。免费为农村和边远贫困地区学校提供优质学习资源,加快缩小城乡教育差距。加强信息化终端设备及软件管理,建立数字化教学资源进校园审核监管机制。

四、按照“四有好老师”标准，建设高素质专业化教师队伍

12.大力提高教育教学能力。以新时代教师素质要求和国家课程标准为导向，改革和加强师范教育，提高教师培养培训质量。实施全员轮训，突出新课程、新教材、新方法、新技术培训，强化师德教育和教学基本功训练，不断提高教师育德、课堂教学、作业与考试命题设计、实验操作和家庭教育指导等能力。进一步实施好“国培计划”，增加农村教师培训机会，加强紧缺学科教师培训。实施乡村优秀青年教师培养奖励计划，定期开展教学素养展示和教学名师评选活动，对教育教学业绩突出的教师予以表彰奖励。

13.优化教师资源配置。各地要按照中小学教职工编制标准做好编制核定工作，并制定小规模学校编制核定标准和通过政府购买服务方式为寄宿制学校提供生活服务的实施办法。对符合条件的非在编教师要加快入编，不得产生新的代课教师。县级教育部门要按照班额、生源等情况，在核定的总量内，统筹调配各校编制和岗位数量，并向同级机构编制、人力资源社会保障和财政部门备案。制定符合教师职业特点的公开招聘办法，充分发挥教育部门和学校在教师招聘中的重要作用，严格教师资格准入制度。实行教师资格定期注册制度，对不适应教育教学的应及时调整。加大县域内城镇与乡村教师双向交流、定期轮岗力度，建立学区（乡镇）内教师走教制度。进一步实施好农村教师“特岗计划”和“银龄讲学计划”。完善教师岗位分级认定办法，适当提高教师中、高级岗位比例。

14.依法保障教师权益和待遇。制定教师优待办法，保障教师享有健康体检、旅游、住房、落户等优待政策。坚持教育投入优先保障并不断提高教师待遇。完善义务教育绩效工资总量核定办法，建立联动增长机制，确保义务教育教师平均工资收入水平不低于当地公务员平均工资收入水平。完善绩效工资分配办法，绩效工资增量主要用于奖励性绩效工资分配；切实落实学校分配自主权，并向教学一线和教学实绩突出的教师倾斜。落实乡村教师乡镇工作补贴、集中连片特困地区生活补助和艰苦边远地区津贴等政策，有条件的地方对在乡村有教学任务的教师给予交通补助。加强乡村学校教师周转宿舍建设。制定实施细则，明确教师教育惩戒权。依法依规妥善处理涉及学校和教师的矛盾纠纷，坚决维护教师合法权益。

15.提升校长实施素质教育能力。校长是学校提高教育质量的第一责任人，应经常深入课堂听课、参与教研、指导教学，努力提高教育教学领导力。尊重校长岗位特点，完善选任机制与管理办法，推行校长职级制，努力造就一支政治过硬、品德高尚、业务精湛、治校有方的高素质专业化校长队伍。加大校长特别是乡村学校校长培训力度，开展校长国内外研修。倡导教育家办学，支持校长大胆实践，创新教育理念、教育模式、教育方法，营造教育家脱颖而出的制度环境。

五、深化关键领域改革，为提高教育质量创造条件

16.加强课程教材建设。国家建立义务教育课程方案、课程标准修订和实施监测机制，完善教材管理办法。省级教育部门制定地方课程和校本课程开发与实施指南，并建立审议评估和质量监测制度。县级教育部门要加强校本课程监管，构建学校间共建共享机制。学校要提高校本课程质量，校本课程原则上不编写教材。严禁用地方课程、校本课程取代国家课程，严禁使用未经审定的教材。义务教育学校不得引进境外课程、使用境外教材。完善义务教育装备基本标准，有条件的地方可建设创新实验室、综合实验室。

17.完善招生考试制度。推进义务教育学校免试就近入学全覆盖。健全联控联保机制，精准做好控辍保

学工作。严禁以各类考试、竞赛、培训成绩或证书证明等作为招生依据,不得以面试、评测等名义选拔学生。民办义务教育学校招生纳入审批地统一管理,与公办学校同步招生;对报名人数超过招生计划的,实行电脑随机录取。高中阶段学校实行基于初中学业水平考试成绩、结合综合素质评价的招生录取模式,落实优质普通高中招生指标分配到初中政策,公办民办普通高中按审批机关统一批准的招生计划、范围、标准和方式同步招生。稳步推进初中学业水平考试省级统一命题,坚持以课程标准为命题依据,不得制定考试大纲,不断提高命题水平。

18.健全质量评价监测体系。建立以发展素质教育为导向的科学评价体系,国家制定县域义务教育质量、学校办学质量和学生发展质量评价标准。县域教育质量评价突出考查地方党委和政府对教育教学改革的价值导向、组织领导、条件保障和义务教育均衡发展情况等。学校办学质量评价突出考查学校坚持全面培养、提高学生综合素质以及办学行为、队伍建设、学业负担、社会满意度等。学生发展质量评价突出考查学生品德发展、学业发展、身心健康、兴趣特长和劳动实践等。坚持和完善国家义务教育质量监测制度,强化过程性和发展性评价,建立监测平台,定期发布监测报告。

19.发挥教研支撑作用。加强和改进新时代教研工作,理顺教研管理体制,完善国家、省、市、县、校教研体系,有条件的地方应独立设置教研机构。明确教研员工作职责和专业标准,健全教研员准入、退出、考核激励和专业发展机制。建立专兼结合的教研队伍,省、市、县三级教研机构应配齐所有学科专职教研员。完善区域教研、校本教研、网络教研、综合教研制度,建立教研员乡村学校联系点制度。鼓励高等学校、科研机构等参与教育教学研究与改革工作。

20.激发学校生机活力。推进现代学校制度建设,落实学校办学自主权,保障学校自主设立内设机构,依法依规实施教育教学活动、聘用教师及其他工作人员、管理使用学校经费等。各地要完善统筹协调机制,严格控制面向义务教育学校的各类审批、检查验收、创建评比等活动,未经当地教育部门同意,任何单位不得到学校开展有关活动。发挥优质学校示范辐射作用,完善强校带弱校、城乡对口支援等办学机制,促进新优质学校成长。对提高教育质量成效显著和发挥示范辐射作用突出的学校,应给予支持和奖励。

21.实施义务教育质量提升工程。保障义务教育财政经费投入,加大对教师队伍建设、教育教学改革、提高教育质量经费支持力度。实施优秀教学成果推广应用计划,整合建设国家中小学生网络学习平台。推进义务教育薄弱环节改善与能力提升,重点加强乡村小规模学校和乡镇寄宿制学校建设,打造"乡村温馨校园";加快消除城镇大班额,逐步降低班额标准,促进县域义务教育从基本均衡向优质均衡发展。

六、加强组织领导,开创新时代义务教育改革发展新局面

22.坚持党的全面领导。各级党委和政府要把办好义务教育作为重中之重,全面加强党的领导,切实履行省级和市级政府统筹实施、县级政府为主管理责任。党政有关负责人要牢固树立科学教育观、正确政绩观,严禁下达升学指标或片面以升学率评价学校和教师。要选优配强教育部门领导干部,特别是县级教育局局长。县级党委和政府每年要至少听取1次义务教育工作汇报,及时研究解决有关重大问题。加强学校党的建设,充分发挥学校党组织领导作用,强化党建带团建、队建。将校园安全纳入社会治理,完善校园安全风险防控体系和依法处理机制,坚决杜绝"校闹"行为,维护正常教育教学秩序。

23.落实部门职责。教育部门要会同有关部门为深化教育教学改革、提高义务教育质量提供保障条件,

切实管好学校。组织部门要加强对党政领导班子及有关领导干部履行教育职责的考核，按照干部管理权限做好教育部门和单位领导干部选拔任用工作，指导学校做好党建工作。宣传部门要抓好正面宣传和舆论引导工作，营造教书育人良好氛围。机构编制部门要做好学校编制核定工作。发展改革部门要将义务教育发展纳入国民经济和社会发展规划。自然资源、住房城乡建设部门要配合做好学校布局规划，统筹做好土地供给和学校建设工作。财政部门要加大财政投入，优化支出结构，确保义务教育经费落实到位。人力资源社会保障部门要依法落实教师待遇，为学校招聘教师提供支持。民政部门要牵头做好农村留守儿童关爱保护工作。网信、文化和旅游部门要推动提供更多儿童优秀文化产品，净化网络文化环境。党委政法委要协调公安、司法行政等政法机关和有关部门，加强校园及周边综合治理，维护校园正常秩序和师生合法权益。市场监督管理部门要做好校外培训机构登记、收费、广告、反垄断等监管工作。共青团组织要积极开展思想政治引领和价值引领。妇联要加强社区家庭教育指导服务，少先队等群团组织和关心下一代工作委员会要做好少年儿童有关教育引导和关爱保护工作。

24. 重视家庭教育。加快家庭教育立法，强化监护主体责任。加强社区家长学校、家庭教育指导服务站点建设，为家长提供公益性家庭教育指导服务。充分发挥学校主导作用，密切家校联系。家长要树立科学育儿观念，切实履行家庭教育职责，加强与孩子沟通交流，培养孩子的好思想、好品行、好习惯，理性帮助孩子确定成长目标，克服盲目攀比，防止增加孩子过重课外负担。

25. 强化考核督导。各级党委和政府要把全面提高义务教育质量纳入党政领导干部考核督查范围，并将结果作为干部选任、表彰奖励的重要参考。强化教育教学督导，将其作为对省、市、县级政府履行教育职责督导评估的重要内容，把结果作为评价政府履职行为、学校办学水平、实施绩效奖励的重要依据。对办学方向、教育投入、学校建设、教师队伍、教育生态等方面存在严重问题的地方，要依法依规追究当地政府和主要领导责任；对违背党的教育方针、背离素质教育导向、不按国家课程方案和课程标准实施教学等行为，要依法依规追究教育行政部门、学校、教师和有关人员责任。

26. 营造良好生态。全党全社会都要关心支持深化教育教学改革、全面提高义务教育质量工作。新闻媒体要坚持正确舆论导向，做好党的教育方针、科学教育观念和教育教学改革典型经验宣传报道。坚决治理校外违规培训和竞赛行为。大力营造义务教育持续健康协调发展的良好氛围，更好发挥义务教育在实现中华民族伟大复兴中国梦中的奠基作用。

附录Ⅲ

《中国教育现代化2035》解读

2019年2月,《中国教育现代化2035》印发。中共中央、中国国务院发出通知,要求各地区各部门结合实际认真贯彻落实。《中国教育现代化2035》分为五个部分:一、战略背景;二、总体思路;三、战略任务;四、实施路径;五、保障措施。

一、内容解读

(一)战略背景

《中国教育现代化2035》提出推进教育现代化的指导思想是:以习近平新时代中国特色社会主义思想为指导,全面贯彻党的十九大和十九届二中、三中全会精神,坚定实施科教兴国战略、人才强国战略,紧紧围绕统筹推进"五位一体"总体布局和协调推进"四个全面"战略布局,坚定"四个自信",在党的坚强领导下,全面贯彻党的教育方针,坚持马克思主义指导地位,坚持中国特色社会主义教育发展道路,坚持社会主义办学方向,立足基本国情,遵循教育规律,坚持改革创新,以凝聚人心、完善人格、开发人力、培育人才、造福人民为工作目标,培养德智体美劳全面发展的社会主义建设者和接班人,加快推进教育现代化、建设教育强国、办好人民满意的教育。将服务中华民族伟大复兴作为教育的重要使命,坚持教育为人民服务、为中国共产党治国理政服务、为巩固和发展中国特色社会主义制度服务、为改革开放和社会主义现代化建设服务,优先发展教育,大力推进教育理念、体系、制度、内容、方法、治理现代化,着力提高教育质量,促进教育公平,优化教育结构,为决胜全面建成小康社会、实现新时代中国特色社会主义发展的奋斗目标提供有力支撑。

(二)总体思路

《中国教育现代化2035》提出了推进教育现代化的八大基本理念:更加注重以德为先,更加注重全面发展,更加注重面向人人,更加注重终身学习,更加注重因材施教,更加注重知行合一,更加注重融合发展,更加注重共建共享。明确了推进教育现代化的基本原则:坚持党的领导、坚持中国特色、坚持优先发展、坚持服务人民、坚持改革创新、坚持依法治教、坚持统筹推进。

《中国教育现代化2035》提出,推进教育现代化的总体目标是:到2020年,全面实现"十三五"发展目标,教育总体实力和国际影响力显著增强,劳动年龄人口平均受教育年限明显增加,教育现代化取得重要进展,为全面建成小康社会作出重要贡献。在此基础上,再经过15年努力,到2035年,总体实现教育现代化,迈入教育强国行列,推动我国成为学习大国、人力资源强国和人才强国,为到本世纪中叶建成富强民主文明和谐美丽的社会主义现代化强国奠定坚实基础。2035年主要发展目标是:建成服务全民终身学习的现代教育体系、普及有质量的学前教育、实现优质均衡的义务教育、全面普及高中阶段教育、职业教育服务能力显著提升、高等教育竞争力明显提升、残疾儿童少年享有适合的教育、形成全社会共同参与的教育治理新格局。

(三)战略任务

《中国教育现代化2035》聚焦教育发展的突出问题和薄弱环节,立足当前,着眼长远,重点部署了面向教

育现代化的十大战略任务：

一是学习习近平新时代中国特色社会主义思想。把学习贯彻习近平新时代中国特色社会主义思想作为首要任务，贯穿到教育改革发展全过程，落实到教育现代化各领域各环节。以习近平新时代中国特色社会主义思想武装教育战线，推动习近平新时代中国特色社会主义思想进教材进课堂进头脑，将习近平新时代中国特色社会主义思想融入中小学教育，加强高等学校思想政治教育。加强习近平新时代中国特色社会主义思想系统化、学理化、学科化研究阐释，健全习近平新时代中国特色社会主义思想研究成果传播机制。

二是发展中国特色世界先进水平的优质教育。全面落实立德树人根本任务，广泛开展理想信念教育，厚植爱国主义情怀，加强品德修养，增长知识见识，培养奋斗精神，不断提高学生思想水平、政治觉悟、道德品质、文化素养。增强综合素质，树立健康第一的教育理念，全面强化学校体育工作，全面加强和改进学校美育，弘扬劳动精神，强化实践动手能力、合作能力、创新能力的培养。完善教育质量标准体系，制定覆盖全学段、体现世界先进水平、符合不同层次类型教育特点的教育质量标准，明确学生发展核心素养要求。完善学前教育保教质量标准。建立健全中小学各学科学业质量标准和体质健康标准。健全职业教育人才培养质量标准，制定紧跟时代发展的多样化高等教育人才培养质量标准。建立以师资配备、生均拨款、教学设施设备等资源要素为核心的标准体系和办学条件标准动态调整机制。加强课程教材体系建设，科学规划大中小学课程，分类制定课程标准，充分利用现代信息技术，丰富并创新课程形式。健全国家教材制度，统筹为主、统分结合、分类指导，增强教材的思想性、科学性、民族性、时代性、系统性，完善教材编写、修订、审查、选用、退出机制。创新人才培养方式，推行启发式、探究式、参与式、合作式等教学方式以及走班制、选课制等教学组织模式，培养学生创新精神与实践能力。大力推进校园文化建设。重视家庭教育和社会教育。构建教育质量评估监测机制，建立更加科学公正的考试评价制度，建立全过程、全方位人才培养质量反馈监控体系。

三是推动各级教育高水平高质量普及。以农村为重点提升学前教育普及水平，建立更为完善的学前教育管理体制、办园体制和投入体制，大力发展公办园，加快发展普惠性民办幼儿园。提升义务教育巩固水平，健全控辍保学工作责任体系。提升高中阶段教育普及水平，推进中等职业教育和普通高中教育协调发展，鼓励普通高中多样化有特色发展。振兴中西部地区高等教育。提升民族教育发展水平。

四是实现基本公共教育服务均等化。提升义务教育均等化水平，建立学校标准化建设长效机制，推进城乡义务教育均衡发展。在实现县域内义务教育基本均衡基础上，进一步推进优质均衡。推进随迁子女入学待遇同城化，有序扩大城镇学位供给。完善流动人口子女异地升学考试制度。实现困难群体帮扶精准化，健全家庭经济困难学生资助体系，推进教育精准脱贫。办好特殊教育，推进适龄残疾儿童少年教育全覆盖，全面推进融合教育，促进医教结合。

五是构建服务全民的终身学习体系。构建更加开放畅通的人才成长通道，完善招生入学、弹性学习及继续教育制度，畅通转换渠道。建立全民终身学习的制度环境，建立国家资历框架，建立跨部门跨行业的工作机制和专业化支持体系。建立健全国家学分银行制度和学习成果认证制度。强化职业学校和高等学校的继续教育与社会培训服务功能，开展多类型多形式的职工继续教育。扩大社区教育资源供给，加快发展城乡社区老年教育，推动各类学习型组织建设。

六是提升一流人才培养与创新能力。分类建设一批世界一流高等学校，建立完善的高等学校分类发展政策体系，引导高等学校科学定位、特色发展。持续推动地方本科高等学校转型发展。加快发展现代职业教育，不断优化职业教育结构与布局。推动职业教育与产业发展有机衔接、深度融合，集中力量建成一批中国特色高水平职业院校和专业。优化人才培养结构，综合运用招生计划、就业反馈、拨款、标准、评估等方式，引导高等学校和职业学校及时调整学科专业结构。加强创新人才特别是拔尖创新人才的培养，加大应用型、复合型、技术技能型人才培养比重。加强高等学校创新体系建设，建设一批国际一流的国家科技创新基地，加强应用基础研究，全面提升高等学校原始创新能力。探索构建产学研用深度融合的全链条、网络化、开放式协同创新联盟。提高高等学校哲学社会科学研究水平，加强中国特色新型智库建设。健全有利于激发创新活力和促进科技成果转化的科研体制。

七是建设高素质专业化创新型教师队伍。大力加强师德师风建设，将师德师风作为评价教师素质的第一标准，推动师德建设长效化、制度化。加大教职工统筹配置和跨区域调整力度，切实解决教师结构性、阶段性、区域性短缺问题。完善教师资格体系和准入制度。健全教师职称、岗位和考核评价制度。培养高素质教师队伍，健全以师范院校为主体、高水平非师范院校参与、优质中小学(幼儿园)为实践基地的开放、协同、联动的中国特色教师教育体系。强化职前教师培养和职后教师发展的有机衔接。夯实教师专业发展体系，推动教师终身学习和专业自主发展。提高教师社会地位，完善教师待遇保障制度，健全中小学教师工资长效联动机制，全面落实集中连片特困地区生活补助政策。加大教师表彰力度，努力提高教师政治地位、社会地位、职业地位。

八是加快信息化时代教育变革。建设智能化校园，统筹建设一体化智能化教学、管理与服务平台。利用现代技术加快推动人才培养模式改革，实现规模化教育与个性化培养的有机结合。创新教育服务业态，建立数字教育资源共建共享机制，完善利益分配机制、知识产权保护制度和新型教育服务监管制度。推进教育治理方式变革，加快形成现代化的教育管理与监测体系，推进管理精准化和决策科学化。

九是开创教育对外开放新格局。全面提升国际交流合作水平，推动我国同其他国家学历学位互认、标准互通、经验互鉴。扎实推进"一带一路"教育行动。加强与联合国教科文组织等国际组织和多边组织的合作。提升中外合作办学质量。优化出国留学服务。实施留学中国计划，建立并完善来华留学教育质量保障机制，全面提升来华留学质量。推进中外高级别人文交流机制建设，拓展人文交流领域，促进中外民心相通和文明交流互鉴。促进孔子学院和孔子课堂特色发展。加快建设中国特色海外国际学校。鼓励有条件的职业院校在海外建设"鲁班工坊"。积极参与全球教育治理，深度参与国际教育规则、标准、评价体系的研究制定。推进与国际组织及专业机构的教育交流合作。健全对外教育援助机制。

十是推进教育治理体系和治理能力现代化。提高教育法治化水平，构建完备的教育法律法规体系，健全学校办学法律支持体系。健全教育法律实施和监管机制。提升政府管理服务水平，提升政府综合运用法律、标准、信息服务等现代治理手段的能力和水平。健全教育督导体制机制，提高教育督导的权威性和实效性。提高学校自主管理能力，完善学校治理结构，继续加强高等学校章程建设。鼓励民办学校按照非营利性和营利性两种组织属性开展现代学校制度改革创新。推动社会参与教育治理常态化，建立健全社会参与学校管理和教育评价监管机制。

(四)实施路径

《中国教育现代化2035》明确了实现教育现代化的实施路径：一是总体规划，分区推进。在国家教育现代化总体规划框架下，推动各地从实际出发，制定本地区教育现代化规划，形成一地一案、分区推进教育现代化的生动局面。二是细化目标，分步推进。科学设计和进一步细化不同发展阶段、不同规划周期内的教

育现代化发展目标和重点任务，有计划有步骤地推进教育现代化。三是精准施策，统筹推进。完善区域教育发展协作机制和教育对口支援机制，深入实施东西部协作，推动不同地区协同推进教育现代化建设。四是改革先行，系统推进。充分发挥基层特别是各级各类学校的积极性和创造性，鼓励大胆探索、积极改革创新，形成充满活力、富有效率、更加开放、有利于高质量发展的教育体制机制。

(五)保障措施

为确保教育现代化目标任务的实现，《中国教育现代化2035》明确了三个方面的保障措施：

一是加强党对教育工作的全面领导。各级党委要把教育改革发展纳入议事日程，协调动员各方面力量共同推进教育现代化。建立健全党委统一领导、党政齐抓共管、部门各负其责的教育领导体制。建设高素质专业化教育系统干部队伍。加强各级各类学校党的领导和党的建设工作。深入推进教育系统全面从严治党、党风廉政建设和反腐败斗争。

二是完善教育现代化投入支撑体制。健全保证财政教育投入持续稳定增长的长效机制，确保财政一般公共预算教育支出逐年只增不减，确保按在校学生人数平均的一般公共预算教育支出逐年只增不减，保证国家财政性教育经费支出占国内生产总值的比例一般不低于4%。依法落实各级政府教育支出责任，完善多渠道教育经费筹措体制，完善国家、社会和受教育者合理分担非义务教育培养成本的机制，支持和规范社会力量兴办教育。优化教育经费使用结构，全面实施绩效管理，建立健全全覆盖全过程全方位的教育经费监管体系，全面提高经费使用效益。

三是完善落实机制。建立协同规划机制、健全跨部门统筹协调机制，建立教育发展监测评价机制和督导问责机制，全方位协同推进教育现代化，形成全社会关心、支持和主动参与教育现代化建设的良好氛围。

二、社会意义

《中国教育现代化2035》是中国第一个以教育现代化为主题的中长期战略规划，是新时代推进教育现代化、建设教育强国的纲领性文件，定位于全局性、战略性、指导性，系统勾画了我国教育现代化的战略愿景，明确教育现代化的战略目标、战略任务和实施路径。

2035年是中国基本实现社会主义现代化的重要时间节点，面向2035目标描绘好教育发展的远景蓝图，为新时代开启教育现代化建设新征程指明方向，培养造就新一代社会主义建设者和接班人，具有重要的现实意义和深远的历史意义。编制《中国教育现代化2035》，也是中国积极参与全球教育治理、履行我国对联合国2030年可持续发展议程承诺，为世界教育发展贡献中国智慧、中国经验、中国方案的实际行动。

重磅!真题重奖征集(QQ:3232490489),奖励200元至1000元的网校红包

(温馨提示:奖励红包不设门槛,用于支付山香网校任意课程和题库,该红包不能提现,可与其他优惠一同使用)

亲爱的读者:

感谢您对山香教育的信任与支持,您的建议,是我们前进的助推剂!为了进一步提高图书质量,我们特向全国各地的读者开展有奖反馈活动。

1.凡提供山香教材或试卷的错题反馈者,均能获得山香网校学习卡50元;

2.凡提供以下反馈项目者,均能获得山香网校200元代金券的奖励;

3.我们从意见被采纳的人员中每月抽取幸运者2名,奖励山香网校视频课程大礼包(价值1380元)各一份。

¥200 山香网校 代金券

¥1380 大礼包

反馈项目

姓名: 性别: 专业:

报考地区: QQ号: 手机号:

1.本书内容结构安排如何?您有何好的建议?

扫码填写反馈意见

2.您认为本书内容上需改进的有哪些方面?

3.关于版式,您认为本书需要增加哪些栏目或特色?

4.您对本书的印刷/装订/封面有何意见和建议?

联系方式

电话专线:400-600-3363 研发中心QQ:1831595423

招教网:http://www.zhaojiao.net 山香网校:http://www.1211.cn

山香图书勘误链接